中国信息经济学会电子商务专业委员会推荐教材

21 世纪高等院校电子商务系列规划教材

E-Commerce Logistic Management (2nd Edition)

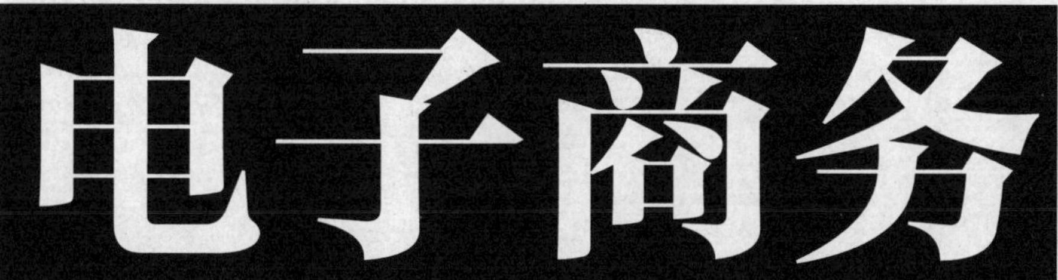

电子商务物流管理 第2版

◆ 马宁 主编

◆ 谢祥 尤薇佳 副主编

人 民 邮 电 出 版 社

北 京

图书在版编目（CIP）数据

电子商务物流管理 / 马宁主编. -- 2版. -- 北京 :
人民邮电出版社, 2017.6（2019.1重印）
21世纪高等院校电子商务系列规划教材
ISBN 978-7-115-45125-5

Ⅰ. ①电… Ⅱ. ①马… Ⅲ. ①电子商务－物流管理－
高等学校－教材 Ⅳ. ①F713.36②F252.1

中国版本图书馆CIP数据核字(2017)第047551号

内 容 提 要

在电子商务背景下，商品销售呈现出渠道多样化、地域广泛化等特点，现代物流及其管理也因此呈现出许多新的特点。本书在分析电子商务物流特点及其发展趋势的基础上，重点介绍了电子商务物流管理的基本过程，该过程包括运输、存储、包装、装卸搬运、流通加工、配送等。除此之外，本书还介绍了新型物流、供应链管理以及物流问题建模与优化等内容。学习本书内容，读者能够更好地理解电子商务与现代物流之间的关系，以及更好地把握电子商务物流管理的现状与发展趋势，对解决现实中的电子商务物流管理问题也具有一定的借鉴和指导意义。

本书内容翔实、案例丰富、实践性强，适合作为经济管理相关专业本专科生的教材，也可作为企、事业单位相关管理人员的参考书和培训用书。

◆ 主　　编　马　宁
副 主 编　谢　祥　尤薇佳
责任编辑　孙燕燕
责任印制　杨林杰

◆ 人民邮电出版社出版发行　　北京市丰台区成寿寺路 11 号
邮编　100164　　电子邮件　315@ptpress.com.cn
网址　http://www.ptpress.com.cn
山东百润本色印刷有限公司印刷

◆ 开本：787×1092　1/16
印张：16.5　　2017 年 6 月第 2 版
字数：400 千字　　2019 年 1 月山东第 5 次印刷

定价：45.00 元

读者服务热线：(010) 81055256　印装质量热线：(010) 81055316
反盗版热线：(010) 81055315
广告经营许可证：京东工商广登字 20170147 号

前 言

物流是实现电子商务的重要环节和基本保证，随着电子商务的迅猛发展，现代物流的重要性越来越为人们所重视。作为一种新兴的商务活动模式，电子商务对传统的物流业发展提出了新的要求。加强对物流的现代化管理，使其适应电子商务发展的需要，已经成为当前一项重要的课题。

作为一本电子商务物流管理领域的教材和参考书，本书主要从电子商务与现代物流的关系入手，将电子商务与现代物流管理有机地结合在一起。在把握现代物流管理新动向的基础上，本书重点介绍了电子商务物流管理的基本过程以及物流管理的新技术、新理念和新方法，并探讨了如何利用 Excel 软件解决物流建模与优化的问题。

全书以案例解读为导向，对电子商务物流管理进行了较为全面的分析，每个章节由内容提要、引导案例、知识内容、要点回顾、本章习题（实践）五部分组成。在内容提要部分，给出本章需要掌握的重点和难点，使读者初步了解本章内容；在引导案例部分，针对每章的具体内容与特点，给出一个能贯穿全章知识要点的典型案例，引起读者的兴趣；在知识内容部分，除叙述理论知识外，每一章中会适当引入一些小案例和小资料，帮助读者加深对理论知识的理解；在要点回顾部分，系统地对本章的知识要点进行梳理，方便读者对本章内容的宏观掌握；在本章习题部分，围绕本章的重点和难点，精心筛选了适量的习题，包括名词解释、简答题、计算题和案例分析题等多种形式。

本书由北京林业大学马宁、北京交通大学谢祥和北京林业大学尤薇佳共同编写。马宁对本书的总体框架以及各章节的结构与内容进行了总策划，并对本书进行了统改和定稿。具体编写分工为：马宁编写了第 1 章、第 3 ~ 9 章以及第 11 章，谢祥编写了第 2 章，尤薇佳编写了第 10 章。

在本书编写过程中，北京林业大学的李金宇、亓越、杨思琦、郑雨婷、崔雅隽等，在资料搜集及文字整理方面做了大量工作，在此表示感谢。此外，本书参考了大量学者的研究成果和教学资料，在此也一并表示感谢。

由于时间匆促，编者水平和经验有限，书中难免有欠妥和错误之处，恳请读者批评指正。

编 者

2017 年 2 月

目录

第1章 导 论

【内容提要】

在电子商务的背景下，现代物流及其管理呈现出许多新的特点，本章在分析电子商务与现代物流融合的基础上，重点讲述电子商务物流管理的目标、内容及展望。

学习完本章后，希望读者掌握：

（1）电子商务与现代物流的关系；

（2）电子商务物流管理的目标和内容；

（3）电子商务物流管理的发展趋势。

引导案例

宜家（IKEA）于 1943 年创建于瑞典，宜家的商业理念是提供种类繁多、美观实用、老百姓买得起的家居用品。截至 2015 年 8 月 31 日，宜家集团在 28 个国家和地区拥有 328 家商场。除此之外，宜家集团在 23 个国家和地区设有 27 个贸易服务部；在 17 个国家和地区设有 43 个分拨中心和 15 个客户分拨中心；在 11 个国家和地区设有 43 个宜家工业集团生产机构。目前，宜家集团拥有员工 155 000 名，其中零售人员 116 500 名，工业人员 20 500 名，产品系列及供应链人员 18 000 名。

对于家具行业来讲，物流活动绝不仅仅是单纯的同城配送，而是涵盖配送、仓储、搬运、安装、代收货款、采购物流等多方面的集合体。在宜家这样一个全球跨国企业的运营中，物流起到的作用是毋庸置疑的。

为了协调采购地和销售市场在空间上的矛盾，保证宜家在全球业务的正常运作和发展，保持宜家在全球市场上廉价而时尚的品牌形象，高效、敏捷、低成本的供应链管理成为宜家的核心。宜家的物流成本优势主要体现在高效的物流中心、与第三方物流合作、减少仓储设备、采用密集运输、平板包装、降低整体运作成本、绿色供应链管理等方面。

1. 高效的物流中心

宜家在 2000 年建成自己的物流中心——DC008，它的库容约为 8 万平方米。其中 5 万平方米采用的是全自动化的仓库（AS/RS），其余 3 万平方米是普通货架仓库。DC008 的自动化立体库，货架高 26 米，有 11 台堆垛机，22 个巷道，存储着 8 000～9 000 种货物，整个仓库可以存放 57 000 个标准托盘。整个系统由 SWISSLOG 提供设备和系统集成，整个自动化立体库是无人操作的。DC008 有一套完善的计算机系统，它是整个宜家配送中心运作的核心，该系统主要包括自动订货系统、仓库管理系统和入库作业调度中心 3 部分。这套系统是宜家和软件供应商一起开发的、“量身定做”的系统，在很大程度上适应了宜家的特点。

2. 与第三方物流合作

宜家和全球最大的物流服务商丹麦的马士基集团有着牢不可断的“纽带关系”，因为宜家的“供应商家族”多年前就一直在和马士基合作。马士基承揽着宜家在全球 28 个国家和地区的 2 000 多家供应商、164 家专卖店、10 000 多种家具材料的物流任务。

3. 减少仓储设备

宜家要求供货厂商把大多数的货物直接送到自选商场，省略中间的仓储存放和搬运工作，目前这个比例已经达到了 60%～70%，未来将达到 90%。针对必须转运的货物，宜家也做出了许多改善之处，例如，减少货物转运次数。同时，宜家还加大力度提高家具超市的面积，降低仓储面积。

4. 平板包装

在储运方面，宜家所有产品都采用平板包装，可以降低家具在储运过程中的损坏率及占用仓库的空间。更重要的是，宜家最大程度地增加装货能力，降低货运量与运货成本，使得在全世界范围内进行生产的规模化布局成为可能。目前，宜家不仅关注货品的单位包装数量，同时竭力多采用船舶和火车的货运方式。因此，所有宜家仓库现在已连接直通铁路网或货运港口。

5. 绿色供应链管理

宜家对供应链上的每一环包括供应商、工厂、商场、运输公司、消费者等进行有效管理，并始终贯彻绿色意识。特别在原材料的采购、产品设计和生产、废弃物处理上极为重视环保。绿色意识主要体现在以下几个方面：绿色战略、绿色设计、绿色材料的选用、绿色供应过程、绿色生产、绿色营销、绿色物流、绿色使用及消费、绿色回收。宜家通过绿色供应链管理的实施，大大提高了其经济效益，也带来了巨大的社会效益，并使经济效益和社会效益协调优化，为企业可持续发展和品牌竞争力的提升奠定了基础。

（资料来源：宜家官网、百度百科、百度文库）

【案例思考】

宜家拥有高效的物流中心系统 DC008，这个系统集配送、仓储、搬运、安装、代收货款、采购物流等多方面于一体，实现了宜家物流管理的信息化。此外，宜家通过与第三方物流合作，采用密集运输、平板包装等方式，进一步降低了企业物流成本，这些做法有助于宜家在激烈的市场竞争中保持领先地位。

通过此案例，你认为现代物流具有哪些特点？那么，对于一个电子商务企业来说，它的物流又应该如何发展呢？希望读者能够通过本章的学习得出答案。

1.1 电子商务与现代物流

1.1.1 电子商务的发展背景

电子商务（E-commerce）是指企业用电子过程代替物理活动并且在企业、顾客和供应商之间建立的新型合作模式。我国国家标准《物流术语》对电子商务的定义是：在 Internet 开放的网络环境下，基于 Browser/Server 的应用方式，实现消费者的网上购物（B2C），企业之间的网上交易（B2B）和在线电子支付的一种新型的交易方式。

从传统商务到电子商务的形成大约经历了 3 个阶段。

1. 20 世纪 60 年代至 90 年代——基于 EDI（电子数据交换）的电子商务

EDI 在 20 世纪 60 年代末期产生于美国，美国首先利用电子设备使簿记工作自动化（无纸办公），降低了成本，提高了办公效率。从最初单项业务的电子化，逐步发展为应用第三方服务或商业增值网，以统一的数据标准，进行多项业务的电子化处理，形成了以计算机、局域网和数据标准为框架的商务系统，即基于 EDI 的电子商务。

2. 20 世纪 90 年代以后——基于互联网的电子商务

这一阶段互联网迅速普及，逐步从大学、科研机构走向百姓家庭和企业，其功能从信息共享演变为一种大众化的信息传播工具。同时，以 XML（可扩展标识语言）为代表的新技术不断涌现，它们不仅能融合原有的 EDI 系统，还可协调和集成异构数据，支持不同应用平台，以电子化形式处理所有商业信息。从此，局限于局域网、基于 EDI 的电子商务发生了质的飞跃，形成了以计算机和信息技术为支撑、基于互联网的电子商务。

3. 2000 年以来——E 概念电子商务

由于电子商务的全球性、方便快捷性、低成本等不可比拟的优势，伴随着信息技术的发展、个性化需求的不断增加和不同企业的大量进入，其内涵和外延在不断充实，逐步扩展到了 E（Electronic，电子）概念的高度，开拓了更广阔的应用空间。凡是通过电子方式进行的各项社会活动，即利用信息技术来解决问题、创造商机、降低成本、满足个性化需求等活动（包括电子政务、电子医务、电子军务等），均被概括为 E 概念的电子商务。

【小案例】

苏宁易购，是苏宁云商集团股份有限公司旗下新一代 B2C 网上购物平台，现已覆盖传统家电、3C 电器、日用百货等品类。在 1999 年，苏宁电器就开始了对电子商务的研究，先后对 8848、新浪网等网站进行过拜访，承办新浪网首个电器商城，并于 2005 年组建 B2C 部门，开始自己的电子商务尝试。

2009 年，苏宁迎来了前所未有的挑战，尽管前面已经经历过空调专营、综合电器连锁两个阶段，但苏宁仍然选择在实体渠道上再造互联网渠道，并全面推动线上到线下（Online To Offline，O2O）融合模式。2010 年年初，苏宁易购上线，苏宁实体店成为一个集展示、体验、物流、售后服务、市场推广于一体的互联网门店——苏宁易购云店。2013 年，苏宁宣布全面转型，更名“苏宁云商”，开启线上线下同价、启动开放平台、设立八大事业部、收购 PPTV，并确立“店商+电商+零售服务商”的“一体两翼”战略。2015 年 8 月 17 日，苏宁易购正式入驻天猫，同年，苏宁列出未来发展的五大领域：创业投资、文化娱乐、电子竞技、体育和公益。目前，苏宁已形成 3 大产业集群：金融、物流和零售体系。

（资料来源：百度百科，搜狐财经 http://business.sohu.com/20161021/n470915678.shtml）

【案例点评】

苏宁转型互联网，通过全零售的发展打破了电器零售商的禁锢，获得了更大的市场空间，进而构建了全新的 O2O 产业生态。

经过 20 多年的发展，电子商务已经成为国家发展、社会活动及人们生活中不可分割的有机组成部分。图 1-1 列出了 CNNIC（中国互联网络信息中心）从 2012 年开始统计的中国互联网用户数量的变化情况，截至 2016 年 6 月我国网民各类互联网应用调查情况如表 1-1 所示。从统计数据来看，网上外卖、网上支付、网络购物等电子商务活动增速强劲，在庞大的互联网用户和消费市场的背景下，未来的中国电子商务必将继续处于快速发展阶段。

图 1-1 中国网民规模和互联网普及率

表 1-1 2015.12—2016.06 中国网民各类互联网应用的使用率

	2016.06		2015.12		
应用	用户规模（万元）	网民使用率	用户规模（万元）	网民使用率	半年增长率
即时通信	64 177	90.4%	62 408	90.7%	2.8%
搜索引擎	59 258	83.5%	56 623	82.3%	4.7%
网络新闻	57 927	81.6%	56 440	82.0%	2.6%
网络视频	51 391	72.4%	50 391	73.2%	2.0%
网络音乐	50 214	70.8%	50 137	72.8%	0.2%
网上支付	45 476	64.1%	41 618	60.5%	9.3%
网络购物	44 772	63.1%	41 325	60.0%	8.3%
网络游戏	39 108	55.1%	39 148	56.9%	-0.1%
网上银行	34 057	48.0%	33 639	48.9%	1.2%
网络文学	30 759	43.3%	29 674	43.1%	3.7%
旅行预订	26 361	37.1%	25 955	37.7%	1.6%
电子邮件	26 143	36.8%	25 847	37.6%	1.1%
网上外卖	14 966	21.1%	11 356	16.5%	31.8%
在线教育	11 789	16.6%	11 014	16.0%	7.0%
论坛/bbs	10 812	15.2%	11 901	17.3%	-9.1%
互联网理财	10 140	14.3%	9 026	13.1%	12.3%
网上炒股或炒基金	6 143	8.7%	5 892	8.6%	4.3%
网络直播服务	32 476	45.8%	—	—	—
在线政务服务	17 626	24.8%	—	—	

1.1.2 现代物流的发展历程

物流（Physical Distribution，PD）概念源于美国，1915 年美国经济学家阿奇萧在《市场流通中的若干问题》一书中就提到物流一词，并指出“物流是与创造需求不同的一个问题”。

1935 年，美国销售协会阐述了实物分配（Physical Distribution，PD）的概念，即“实物分配是指在销售过程中的物质资料和服务，从生产场所到消费场所的流动过程中所伴随发生的种种经济活动”。

第二次世界大战中，围绕战争供应，美国军队建立了“后勤（Logistics）”理论，并将其用于战争活动中。其中所提出的“后勤”是指将战时物资生产、采购、运输、配给等活动作为一个整体进行统一布置，以求战略物资补给的费用更低、速度更快、服务更好。后来，“后勤”一词在企业中广泛应用，又有商业后勤、流通后勤的提法，这时的后勤包含了生产过程和流通过程的物流，因而是一个包含范围更广泛的物流概念。

第二次世界大战以后，西方经济进入大量生产和大量销售的时期，降低流通成本的矛盾引人注目，实物分配（PD）的概念更为系统化。日本的物流概念是 1956 年直接从英文的 Physical Distribution 翻译过去的，1956 年日本派团考察美国的流通技术，引进了物流的概念。20 世纪 50 年代，实物分配的概念在日本被译为“物的流通”。日本著名学者、被称为“物流之父”的平原直就用“物流”这一更为简洁的表达方式代替“物的流通”，之后在国际上迅速地被广泛使用。实际上，我国许多文献中也是按实物分配的概念来阐述物流的。

进入 20 世纪 80 年代以后，随着社会经济的高速发展，物流所面临的经济环境有了很大变化，原来狭义的物流概念受到了前所未有的挑战和批判。1984 年，美国物流管理协会正式将物流这个概念从 physical distribution 改为 logistics，并将现代物流定义为“为了符合顾客的需求，将原材料、半成品、完成品以及相关的信息从发生地向消费地流动的过程，以及为使保管能有效、低成本而从事计划、实施和控制的行为”。这个定义的特征是强调了顾客满意度、物流活动的效率性，以及将物流从原来的销售物流扩展到采购物流、企业内物流和销售物流。

此后，物流的概念又得到进一步的发展。1991 年 11 月，荷兰乌德勒支市举办了第九届物流国际会议，在这次会议上，人们对物流的内涵进行了更多的拓展，不仅接受了欧美的现代物流概念（Logistics），认为物流应包括生产前和生产过程中的物质、信息流通过程，而且还向生产之后的市场营销活动、售后服务、市场组织等领域发展。显然，物流概念的扩展使物流不仅包括了与销售预测、生产计划的决策、库存管理、顾客订货的处理等相关的生产物流，还延伸到了与顾客满意度相关的各种营销物流活动。

除此之外，关于现代物流概念的代表性观点还有以下几种。

美国物流协会（The Council of Logistics）认为：物流是有计划地将原材料、半成品和成品由生产地送到消费地的所有流通活动。其内容包括：为用户服务、需求预测、情报信息联系、材料搬运、订单处理、选址、采购、包装、运输、装卸、废料处理和仓库管理等。

日本物流协会（Japan Institute of Logistics）认为：物流是一种对原材料、半成品和成品的有效流动进行规划、实施和管理的思路，它同时协调供应、生产和销售各部门的个别利益，最终达到满足客户的需求。

欧洲物流协会（European Logistics Association）认为：物流是为达到特定的目的，在一个系统内对人员或商品的运输、安排以及支持活动的计划、执行和控制。

中国台湾物流协会（Taiwan Association of Logistics Management）认为：物流是一种物的实体流通活动的行为，在流通过程中，通过管理程序有效地结合运输、仓储、装卸、包装、流通加工信息等相关物流机能性活动，以创造价值、满足顾客和社会需求。简单地说，物流是物品从生产地至消费者或使用地点的整个流通过程。

中华人民共和国国家标准《物流术语》(GB/T 18354—2001)认为：物流是物品从供应地向接收地的实体流动过程，根据实际需要，实现运输、仓储、装卸、搬运、流通加工、配送、信息处理等基本功能的有机结合。

综上所述，编者认为：现代物流是利用现代信息技术将运输、仓储、装卸搬运、包装、流通加工、配送、信息处理、需求预测、用户服务等活动有机地整合起来，经济有效地将原材料、半成品及产成品由生产地送到消费地的所有流通活动。

1.1.3 电子商务与现代物流融合

电子商务与现代物流之间的关系是相互促进、相互发展的。

1. 电子商务是现代物流和信息技术发展的产物

电子商务是传统商务的延伸，电子商务的整个运作过程是信息流、商流、资金流和物流的流动过程，其优势体现在信息资源的充分共享和运作方式的高效率上。通过互联网进行商业交易，最终的资源配置需要通过商品实体的转移来实现。因此，只有现代物流和信息技术发展到一定阶段，电子商务才具备发展的基础，真正将商品或服务转移到消费者手中。

2. 电子商务离不开现代物流

电子商务是20世纪信息化、网络化的产物。和传统商务过程一样，电子商务中的任何一笔交易，都包含着几种基本的“流”，即信息流、商流、资金流和物流。过去，人们对电子商务过程的认识往往只局限于信息流、商流和资金流的电子化、网络化。但随着电子商务的进一步推广与应用，物流的重要性对电子商务活动的影响日益明显。试想，在电子商务中，消费者网上浏览后，通过轻松点击完成了网上购物，但所购货物却迟迟不能送到手中，其结果可想而知，消费者势必会放弃电子商务，选择更为安全可靠的传统购物方式。

3. 物流是实施电子商务的根本保证

《互联网周刊》撰文列举了人们为什么不选择电子商务的五大理由，从根本上讲，是物流与信息流、商流、资金流严重脱节。电子商务通过快捷、高效的信息处理手段，可以比较容易地解决信息流(信息交换)、商流(所有权转移)和资金流(支付)的问题，而将商品及时地配送到用户手中，即完成商品的空间转移(物流)才标志着电子商务过程的结束。因此，物流系统的效率高低是电子商务成功与否的关键。

4. 电子商务将促进物流技术的大发展

电子商务是一种新型的基于互联网技术的企业与企业、企业与用户间的商业活动形式。电子商务实现了在全世界范围内用互联网技术以电子方式进行物品与服务的交换。随着计算机技术的不断普及，网络技术的不断完善，电子商务势必得到长足的发展和应用，物流技术也将随之不断创新，最终实现真正意义上的“物畅其流”。

【小案例】

中国远洋物流有限公司成立于2002年1月8日，是中国远洋海运集团成员企业，居中国市场领先地位的国际化第三方物流企业，在家电和电子物流、航空物流、化工物流、会展物流、电力物流、供应链管理、海运空运货代等业务领域为国内外客户提供全程物流解决方案。中远物流在中国设立了9家区域公司、400多个业务分支机构，在17个国家和地区设立了海外业务机构，与40多家国际货运代理企业签订了长期合作协议，形成了遍及中国、辐射全球的服务网络系统。

为了顺应电子商务发展的趋势，2014 年 7 月 28 日，物流电商界新锐“无界”正式上线。作为国内最全面、最专业的物流商务平台，无界不仅将为客户提供方便快捷、价格优惠的海运服务，同时也提供包括报关清关、国内外长短途陆运等在内的全面延伸服务，真正实现了全球范围内的点到点运输。

1. 标准化服务商品可直接购买

摒弃了传统物流模式的低效性和复杂性，无界将订舱、报关、清关、倒短、陆运等一系列服务，通过科学的计划、合理的安排，形成了顾客可以直接从网上购买的高度整合的标准化产品。这种举重若轻的运营模式大大降低了物流环节双方的交易成本，在保证服务质量的同时大大提高了服务效率，使得整个行业的服务水平、标准化和集中化的程度又提升到了一个新的高度。

2. 支撑能力覆盖了全国约 80%重要口岸

凭借自身实力，以及依托众多世界级大型航运公司的航运资源和辐射网络，无界提供的服务范围覆盖了包括大连、天津、青岛、上海、宁波等地在内的全国 80%的重要沿海港口和周边延伸地区，以及国外各主要国家及航线。物流电商平台本身的便捷和高效，确保了客户能在任何时候任何地方购买物流商品。

3. 点到点一站式服务

无界不仅依托世界各知名航运企业的支持，同时也汇集了众多实力雄厚的海内外代理机构。前者可以提供数 10 个国家和近百条航线的航运服务，后者则确保了无界有能力为客户提供高质量的国内外陆运资源、经验丰富的陆运团队和种类繁多的延伸服务。两者的有机结合，加上专业过硬的整体运营团队，可打造出覆盖数 10 个国家主要地区的，包括报关、清关、陆运、海运等众多环节在内的点到点一站式服务。

4. 直接面对众多中小型客户的根本需求

一直以来，物流业面临的重要问题是，众多中小客户缺乏合理的采购渠道和信息获取途径，为了达到运输货物的目的，有时不得不忍受极其烦琐的过程和不透明的价格。凭借与众多世界级大型航运公司的深度密切合作，无界可实现实时更新市场价格的变化趋势和船期动态，中小客户可以通过无界直接获取最新的航线、运价信息。

（资料来源：中国远洋物流有限公司官网）

【案例点评】

在互联网的时代，电子商务形式无疑是实现物流行业功能集成化和经营规模化的最佳条件，既是时代的大势所趋，又是市场发展的内在需求。电子商务已经成为中远物流获取物流管理增值效益的重要手段之一。

1.2 电子商务物流管理

1.2.1 电子商务物流概述

电子商务下的物流是伴随电子商务技术和社会需求的发展而出现的，它是实现电子商务真正的经济价值不可或缺的重要组成部分。由于电子商务所独具的信息化、自动化、网络化等特点，以及高速、廉价、灵活等诸多优势，电子商务物流在其运作、管理等方面也有别于一般物流，呈现出以下新的特点。

1. 信息化

物流信息化是电子商务的必然要求。物流信息化表现为物流信息搜集的数据库化和代码化、物流信息处理的电子化和计算机化、物流信息传递的标准化和实时化、物流信息存储的数字化等。物联网（Internet of Things）、射频识别（Radio Frequency Identification，RFID）、条码（Bar Code）、电子数据交换（Electronic Data Interchange，EDI）等物流信息技术在物流信息化管理中发挥着重要作用，本书将在第 2 章对以上物流信息技术进行详细介绍。

2. 自动化

自动化的基础是信息化，自动化的外在表现是无人化，自动化的效果是省力化，自动化可以扩大物流作业能力、减少物流作业差错等。物流自动化的设施非常多，如基于条码/射频的自动识别系统、自动分拣系统、自动存取系统、货物自动跟踪系统等。本书将在第 3～8 章对电子商务物流管理过程进行详细介绍，内容涉及运输、采购与存储、包装、装卸搬运、流通加工和配送等环节的自动化设备及作业过程。

3. 智能化

智能化是物流自动化、信息化的一种高层次应用。在物流作业过程中存在大量的运筹和决策问题，如库存水平的确定、运输（搬运）路径的选择、物流配送中心选址等，解决这些问题除了需要管理学、运筹学等相关知识之外，还需要依靠自动化设备以及信息技术才能完成。为了提高物流现代化水平，物流的智能化已成为电子商务时代物流发展的一个新趋势，本书将在第 11 章对以上决策问题进行建模分析，据此建立智能化的物流优化系统。

4. 网络化

随着全球一体化的程度越来越高，企业很难独自应对变幻莫测的市场竞争环境，以供应链的形式参与竞争已成为企业赢得市场的重要途径。在 20 世纪 90 年代，中国台湾地区的计算机产业创造了“全球运筹式产销模式”，这种模式的基本特点是按照客户订单组织生产，生产采取分散形式，即将全世界的计算机资源全部利用起来，通过全球的物流网络将计算机零部件、元器件和芯片发往同一个物流配送中心进行组装，再由物流配送中心将组装的计算机发给客户。可见，物流网络化是电子商务物流发展的又一个新的特点，实现物流网络化是提高供应链反应速度，增强供应链整体竞争力的关键环节，本书将在第 10 章阐述物流网络化与供应链管理之间的关系。

5. 柔性化

柔性化本来是为实现“以顾客为中心”的理念而在生产领域提出的，但要真正做到柔性化，即真正地根据消费者需求的变化来灵活调节生产工艺，配套的柔性化物流系统是不可或缺的。20 世纪 90 年代，国际生产领域纷纷推出柔性制造系统、计算机集成制造系统、制造资源系统、企业资源计划以及供应链管理的概念和技术等。柔性化物流正是适应生产、流通与消费的需求而发展起来的一种新型物流模式。准时制（Just In Time，JIT）、快速反应（Quick Response，QR）和高效客户反应（Efficientconsumer Response，ECR）等理念的提出，实质就是要将生产、流通进行集成，根据消费需求的“多品种、小批量、多批次、短周期”的特色组织生产，安排物流活动，以上这些概念本书将在第10章进行详细介绍。

结合以上特点，如何理解电子商务物流的概念内涵呢？

首先，物流是指有关“物”的流通的经济活动。在电子商务过程中，物流实现了货物由供应者向需求者的物理性移动，包括运输、仓储、装卸搬运、包装、流通加工、配送等活动，是从供应开始经各种中间环节的转让而到达最终消费者手中的实物运动，并以此实现社会商品的流通。

其次，电子商务物流是关于“物”的信息活动过程。伴随物资的流通将产生大量的信息，具体地说，物流是与上述运输、仓储、装卸搬运、包装、流通加工、配送等物资流通活动相关的信息活动。如果物流要将适当数量的产品在适当的地方用适当的价格供给消费者，就需要借助物流信息进行各种过程的统一和综合。可见，物流是一个借助通信方式控制仓库场所、运输方式、保管方法、加工配送等方面的系统。

此外，电子商务物流是创造时间价值和场所价值的经济活动。物流过程克服了时间和空间的距离，连接供给主体和需求主体，从供应、生产、搬运、仓储到销售，在各个不同环节上创造价值，使这一过程中有形无形的资本获得增值，可见，它是物资在物理性移动中创造经济价值的活动。例如，将产品运输到消费者需要的场所，或在产品流通过程中加以分类的包装，可以方便消费者购买，使产品真正变成商品。

因此，电子商务物流是利用现代信息技术将多种活动有机整合的集成性活动。物流过程也是实现组织目标的过程，要对这一过程进行计划、控制和组织，既要满足顾客需要，又要实现自身盈利。在实现物的流动中包括运输、仓储、装卸搬运、流通加工、包装、配送等实物处理的过程，这些处理过程形成了环环相扣的链接整体，需要信息活动来统一和协调。借助于信息技术手段可以实现物的流动的科学化和数字化，进而降低物流活动的成本，可以说物流是产品流、商流、信息流的相互融合和统一。

电子商务物流的目标是以最经济的方式和手段为顾客提供良好的服务，在使顾客满意的同时创造“第三利润源”。因此，物流企业要始终面向顾客需求为其服务，通过准时、节约、规模优化、库存调节等手段来挖掘和创造“第三利润源”，并在相关利益主体间进行合理分配，以达到双赢或多赢的目的。

1.2.2 电子商务物流管理目标

实施有效的电子商务物流管理，可以降低物流管理成本，实现物流管理的规模效益和协助运作效应的目标，具体如下。

1. 降低物流管理的成本

物流成本是指从原材料供应开始一直到将商品送达到消费者手上所发生的全部物流费用。狭义的物流成本指产品在包装、装卸、运输、储存、流通加工等各物流活动中所支出的人力、财力和物力之总和。

在整个企业生产流通过程中，物流领域是占用时间价值最大的一块，据有关资料显示，工业生产中物流所占用的时间几乎为整个生产过程的90%。但是由于物流技术、配套设备和管理上的不完善或落后，导致物流领域成为企业管理中浪费最严重、消耗最多、成效又不大的一个管理盲点，物流领域也被管理大师彼得·德鲁克称为管理上的“黑大陆”。因此，现代物流管理的首要目的，就是要在保证物流正常运作和确保物流服务水平的同时，进一步降低物流成本，进而挖掘和创造“第三利润源”。

对于企业而言，降低物流管理的成本，在于对物流的各个功能环节进行必要的成本及效益分析，彻底杜绝浪费现象，减少各种原材料及其他生产资料的消耗。对于在物流过程中的一些不产生附加价值的无用功，例如，放置物品、寻找工具等，通过工序分析或流程再造使之最小化，相应增加推进工序前进、创造商品价值和使用价值的有用功的比重，从而减少浪费、降低成本。例如，在实际的物流作业中，两次搬运、倒换等均属于不产生价值的无用功，它们的存在，大大地增加了企业生产的运作成本。若能通过工序或流程再造，使之在生产中所占的比重降低，就能有效地节省企业的运营成本，对企业的获利将起到一个良好的推进作用。

2. 物流管理的规模效益

所谓规模效益，具体体现在物流管理中，主要是通过对各个物流环节的统筹安排，对企业各部门所需使用的原材料及其他生产资料等，通过订货、销售的集中，使得集装货的规模扩大，从而获得因扩大规模而产生的生产、经销商品的单位成本降低，进而实现单位获取利益增加所带来的经济效益。

物流作为企业经营过程中涉及环节众多的一个必需的流程，是企业最容易实现规模效益的领域之一。通过组建物流总部来对企业的物流活动在综合的层面上进行统一的计划、组织和实施，将有效地使企业在节省物流成本的同时扩大物流效益，达到规模经营的效果。例如，通过对本公司物流活动相关环节的计划与运筹安排，巧妙合理地将公司所需的物品与公司产品的订货进行分析和汇总，实现采购与销售的规模化与稳定化，这样就能够使企业的订货或销售达到规模效益。

3. 物流管理的协助运作效应

由于物流活动涉及很多方面，对于企业而言，如何对资源进行优化配置，将有限的资源放置到企业自身具有核心优势的项目上去，是企业经营者所必须考虑的一个问题。在物流管理中，企业对资源进行优化配置最好的方法就是根据协助运作效应来合理配置资源。物流管理中的协助运作效应一般是指企业将部分不涉及企业核心优势或竞争力的物流服务业务外包给具有提供该业务服务优势的第三方物流来执行，通过资源共享的方式实现企业和第三方物流之间合作的“1＋1>2”的增值效应。

实现物流管理协助运作效应的重点在于各个物流运作部门和相关企业具有符合企业物流要求的核心竞争力和优势。为了实现协助运作效应，企业需对其所建立的物流服务网络的资源进行统一规划，强调互利合作，将各个部门间或相关企业间的服务链附加长期性的合作因素，将更多有关合作的信息在运作部门或相关企业间进行公开，通过实时的信息传递与交换，在各个运作部门或相关企业间建立一个互动的合作平台，确保企业的物流业务能够及时有效地完成，从而达到协作的“多赢”效应。

1.2.3 电子商务物流管理内容

所谓电子商务下的物流管理是指社会再生产过程中，根据物质资料实体流动的规律，应用管理的基本原理和科学方法，对电子商务物流活动进行计划、组织、指挥、协调、控制和决策，使各项物流活动实现最佳的协调和配合，以降低物流成本，提高物流效率和经济效益。

简单来说，电子商务物流管理就是研究并应用电子商务物流活动规律对物流全过程、各环节、各方面进行的管理。

电子商务物流管理的过程包括运输、存储、包装、装卸搬运、流通加工、配送等环节，它们相互联系，构成了物流系统的功能组成要素：电子商务的起点——商品包装；电子商务的动脉——商品运输；电子商务的中心——商品存储；电子商务的接点——商品装卸；电子商务的后勤保障——配送；电子商务的中枢神经——物流信息。本书在介绍电子商务物流管理基本过程的基础上，还介绍了新型物流、供应链管理以及物流问题建模与优化等内容，掌握好这些内容，有助于更好地理解电子商务物流管理的意义，对于解决电子商务企业所出现的物流管理问题具有一定的参考价值。

本书所涉及电子商务物流管理各部分内容的关系如图 1-2 所示。

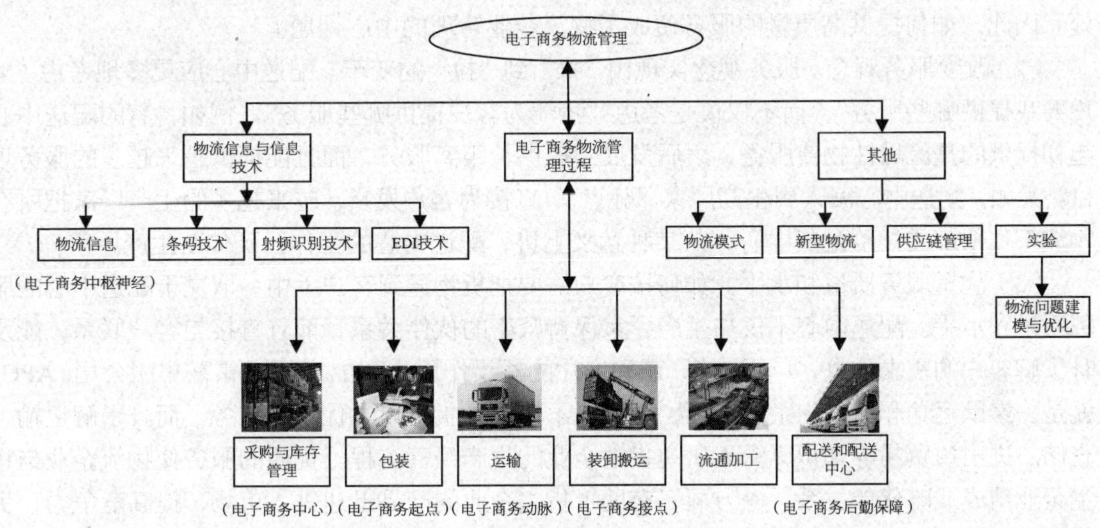

图 1-2　电子商务物流管理内容

1.2.4　电子商务物流管理展望

在电子商务时代，由于企业销售范围的扩大，企业和商业销售方式以及最终消费者购买方式的转变，使得电子商务物流成为一项极为重要的新型服务产业。信息化、全球化、多功能化和一流的服务水平，已成为电子商务时代的物流企业追求的目标。

1. 多功能化——物流产业发展方向

（1）一体化配送中心。在电子商务时代，物流发展到集约化阶段，一体化的配送中心不仅仅提供仓储和运输服务，还必须开展配货、配送和各种提高附加值的流通加工服务项目，并可按客户需要提供其他服务。企业追求全面的系统的综合效果，而不是单一的、孤立的局部效益。

（2）合同型物流方式。在经营形式上，采取合同型物流。这种配送中心是通过签订合同，为一家或数家企业（客户）提供长期服务，而不是为所有客户服务。这种配送中心可能由公用配送中心管理或自行管理，但主要是提供物流服务；也有可能所有权属于生产厂家，交专门的物流公司进行管理。

（3）服务多样性。以往商品经由制造、批发、仓储、零售各环节间的多层复杂途径，最终到消费者手里，而现代流通业已简化为由制造经配送中心而送到各零售点。这将使未来的产业分工更加精细，产销分工日趋专业化，大大提高了社会的整体生产力和经济效益，使流通业成为整个国民经济活动的中心。

（4）技术多样性。在电子商务时代，许多新技术得到了应用，如准时制。销售时点（Point of Sale，POS）信息管理系统的应用，可使商店将销售情况及时反馈给工厂的配送中心，有利于厂商按照市场调整生产，配送中心及时调整配送计划，使企业的经营效益得到增长。

2. 一流的服务——物流企业的追求目标

（1）扩大服务区域。在电子商务时代，物流业是介于供货方和购货方之间的第三方，它以服务作为第一宗旨。从当前物流业的发展现状来看，物流企业不仅要为本地区服务，而且还要进行长距离的服务。客户不但希望得到很好的服务，而且希望服务点不是一处，而是多处。因此，如何提供高质量的服务便成了物流企业管理的中心课题。

（2）改变服务观念。服务观念实现由“推”到“拉”的变革。配送中心应更多地考虑“客户要我提供哪些服务”，而不仅仅是考虑“我能为客户提供哪些服务”。例如，有的配送中心起初提供的是区域性物流服务，之后发展到提供长距离服务，而且能提供越来越多的服务项目。又如，配送中心派人到生产厂家“驻点”，直接为客户发货。越来越多的生产厂家把所有物流工作全部委托给配货中心，从某种意义上讲，配送中心的工作已延伸至生产厂家。

（3）注重服务质量和水平。如何按客户需要把货物送到客户手中，取决于配送中心的服务质量和水平。配送中心不仅与生产厂家保持紧密的伙伴关系，而且直接与客户联系，能及时了解客户的需求信息，实现连接厂商和客户的桥梁作用。例如，美国普雷兹集团公司（APC）就是一家以运输和配送为主的公司，该企业不仅要为货主提供优质的服务，而且了解运输、仓储、进出口贸易等知识，深入研究货主企业的生产经营流程。优质的服务使物流企业与货主企业结成战略伙伴关系，一方面，有助于货主企业的产品迅速进入市场，提高竞争力；另一方面，也使物流企业具有稳定的资源。可见，对物流企业而言，服务质量和服务水平正逐渐成为比价格更为重要的选择因素。

3. 信息化——现代物流业的必由之路

（1）建立良好的信息处理系统。在电子商务时代，要提供最佳的服务，物流系统必须要有良好的信息处理和传输系统。例如，美国洛杉矶西海报关公司与码头、机场、海关等均已联网，当货物从世界各地起运时，客户便可以从该公司获得到达的时间、到岸的准确位置，使收货人与各仓储、运输公司等做好准备，使商品在几乎不停留的情况下，快速流动，直达目的地。又如，美国橡胶公司（USCO）的物流分公司设立了信息处理中心，接受世界各地的订单，IBM 公司只需敲击键盘，即可接受 USCO 公司的订货，通常在几小时内便可把货送到客户手中。因此，良好的信息系统能提供极好的信息服务，赢得客户的信赖。

（2）建立 ECR 和 JIT 系统。高效客户反应（Efficient Customer Response，ECR）可做到客户要什么就生产什么，而不是生产出东西等顾客来买。仓库商品的周转次数每年通常为 20 次左右，若利用 ECR 这一有效手段，就可增加到 24 次，这样，可使仓库的吞吐量大大增加。通过 JIT（Just In Time）系统，物流企业可从零售商店很快地得到销售反馈信息，进而大大提高服务水平。欧洲某配送公司通过远距离的数据传输，将若干家客户的订单汇总起来，在配送中心采用计算机系统编制出“一笔画”式的路径优化“组配拣选单”，配货人员只需到仓库转一次，即可配好订单上的全部货物。可以说，没有现代化的信息管理，就没有现代化的物流。

4. 全球化——物流企业竞争趋势

（1）全球化的物流模式。全球化的物流模式，使企业面临许多新的问题。例如，当北美自由贸易区协议达成后，其物流配送系统已不是仅仅从东部到西部的问题，还有从北部到南部的问题，这里面有仓库建设问题也有运输问题。又如，从加拿大到墨西哥，存在着如何来运送货物，如何设计合适的配送中心，如何提供良好服务的问题。此外，还有信息共享问题，很多企业有不少企业内部的秘密，物流企业很难与之联网。因此，如何建立信息处理系统，以及时获得必要的信息，对物流企业来说是个难题。同时，在将来的物流系统中，能否做到尽快将货物送到客户手里，是提供优质服务的关键因素之一。

（2）全球化的战略定位。全球化战略的趋势，使物流企业和生产企业更紧密地联系在一起，形成了社会大分工。生产厂商集中精力制造产品、降低成本、创造价值；物流企业则花费大量时间、精力从事物流服务。例如，在配送中心，可以对进口商品代理报关业务，进行暂时储存、搬运和配送，以及必要的流通加工等，为客户提供一条龙服务。

5. 标准化——现代物流合理化的基础

物流标准化是以物流作为一个大系统，制定系统内部设施、机械设备、专用工具等各个分系统的技术标准；制定系统内各个分领域，如包装、装卸、运输等方面的工作标准；以系统为出发点，研究各分系统与分领域中技术标准与工作标准的配合，统一整个物流系统的标准；研究物流系统与其他相关系统的配合，进一步谋求物流大系统标准的统一。由于物流标准化的重要性，国际物流业界一直都在不断探索其标准化的措施，可以说，物流标准化是今后物流发展的重要趋势之一。

要点回顾

电子商务下的物流是伴随电子商务技术和社会需求的发展而出现的，它是实现电子商务真正的经济价值不可或缺的重要组成部分。由于电子商务所独具的电子化、信息化、自动化等特点，以及高速、廉价、灵活等诸多优势，电子商务下的物流在其运作、管理等方面也有别于一般物流。

所谓电子商务下的物流管理是指社会再生产过程中，根据物质资料实体流动的规律，应用管理的基本原理和科学方法，对电子商务物流活动进行计划、组织、指挥、协调、控制和决策，使各项物流活动实现最佳的协调和配合，以降低物流成本，提高物流效率和经济效益。简单来说，电子商务物流管理就是研究并应用电子商务物流活动规律对物流全过程、各环节、各方面进行的管理。

电子商务物流管理的过程包括运输、存储、包装、装卸搬运、流通加工、配送等环节，它们相互联系，构成了物流系统的功能组成要素：电子商务的起点——商品包装；电子商务的动脉——商品运输；电子商务的中心——商品存储；电子商务的接点——商品装卸；电子商务的后勤保障——配送；电子商务的中枢神经——物流信息。

本章习题

一、名词解释

电子商务　现代物流　电子商务物流

二、简答题

1. 物流的作用与功能是什么？
2. 物流在电子商务中的地位与作用是什么？
3. 简述电子商务与现代物流的关系。
4. 分析电子商务物流的未来发展趋势。

三、案例分析题

索尼集团公司拥有和经营分布于全世界的 75 家工厂和 20 多个全球性的销售网络。据国际物流专家估计，仅仅在电子产品方面，迄今索尼集团公司每年的全球集装箱货运量已经超过 16 万（标准）箱，是世界上规模比较大的生产厂商和发货人之一。

索尼集团总公司要求索尼集团分公司必须切实做到：竭尽全力缩短从产品出厂到客户手中的过程和所用的时间，特别是要缩短跨国转运、多式联运和不同类型运输方之间货物逗留的时间，保证“零逗留时间、零距离、零附加费用、零风险”，大力加强索尼集团公司和物流服务供应方之间的合作关系，始终保持电子数字信息交换联系的畅通，最终确保索尼物流增收节支。

索尼物流公司在美国各地总共拥有 9 家零配件采购基地，其员工总数不过 300 人；同时索尼物流公司在美国各地拥有 106 家成品配送中心，其员工总数仅仅 700 人。职工队伍人数很少，却能以少胜多，创造出了令人瞩目的物流业绩。

索尼公司认为，仓储成本过高对于物流十分不利。索尼物流在美国年均产生仓储费用高达 2 000 万美元，其中还没有包括昂贵的内陆公路和铁路运输费用、集装箱货物被盗窃所产生的货损、货差赔偿费用和集装箱货物运输保险费用。减少物流仓储必然会减少物流成本，加快供应链运转速度和确保物流的安全操作。

任何事物都是一分为二的。索尼物流公司将其在美国西海岸的几乎全部物流业务集中在洛杉矶附近的卡森物流中心确实有一定的风险，但是索尼公司认为这些风险在目前经营管理技术条件下是可以克服的，其最大的优势是可减少管理层面。把原来错综复杂的物流业务集中到一个中心，不仅可避免不必要的财力、物力、人力等资源的浪费，进一步减少物流基础设施的投资总额，而且可提高物流的效率和效益。迄今为止，索尼公司在美国经营的物流配送所发生的成本是世界上最低廉的。

（资料来源：中国物通网）

案例讨论：分析“零逗留时间，零距离，零附加费用，零风险”的现实意义。

四、拓展实践

通过互联网或实地调研，了解你所在城市的物流业的基本情况，并撰写一份分析报告（不少于 2 500 字）。报告内容包含但不限于以下几个方面：自然条件、地理位置、交通网络、产业布局、物流基础设施及分布情况等。

第 2 章　物流信息与信息技术

【内容提要】

在电子商务飞速发展的背景下，物流信息技术得到了更为广泛的应用，如 EDI（电子数据交换）、GIS（地理信息系统）及 GPS（全球定位系统）等。本章介绍了条码技术、射频识别技术、电子数据交换技术、GPS 与 GIS 技术的构成、分类及应用。

学习完本章后，希望读者掌握：

（1）条码的构成与分类；

（2）射频识别系统的组成；

（3）EDI 的组成与工作过程；

（4）GPS 系统组成、GPS 系统特点；

（5）GIS 的功能。

引导案例

齐国的大将田忌，很喜欢赛马。有一回，他和齐威王约定，要进行一场比赛。

他们商量好，把各自的马分成上、中、下三等。比赛的时候，要上马对上马，中马对中马，下马对下马。由于齐威王每个等级的马都比田忌的马强得多，所以比赛了几次，田忌都失败了。

田忌觉得很扫兴，比赛还没有结束，就垂头丧气地离开赛马场。这时，田忌抬头一看，人群中有个人，原来是自己的好友孙膑。孙膑招呼田忌过来，拍着他的肩膀说："我刚才看了赛马，威王的马比你的马快不了多少呀。"

孙膑还没有说完，田忌瞪了他一眼："想不到你也来挖苦我！"

孙膑说："我不是挖苦你，我是说你再同他赛一次，我有办法准能让你赢了他。"

田忌疑惑地看着孙膑："你是说另换一匹马来？"

孙膑摇摇头说："连一匹马也不需要更换。"

田忌毫无信心地说："那还不是照样得输！"

孙膑胸有成竹地说："你就按照我的安排办事吧。"

齐威王屡战屡胜，正在得意扬扬地夸耀自己马匹的时候，看见田忌陪着孙膑迎面走来，便站起来讥讽地说：

"怎么，莫非你还不服气？"

田忌说："当然不服气，咱们再赛一次！"说着，"哗啦"一声，把一大堆银钱倒在桌子上，作为他下的赌钱。

齐威王一看，心里暗暗好笑，于是吩咐手下，把前几次赢得的银钱全部抬来，另外又加了一千两黄金，也放在桌子上。齐威王轻蔑地说："那就开始吧！"

一声锣响，比赛开始了。

孙膑先以下等马对齐威王的上等马，第一局输了。齐威王站起来说："想不到赫赫有名的孙膑先生，竟然想出这样拙劣的对策。"

孙膑不去理他。接着进行第二局比赛，孙膑拿上等马对齐威王的中等马，获胜了一局。齐威王有点心慌意乱。

第三局比赛，孙膑拿中等马对齐威王的下等马，又战胜了一局。这下，齐威王目瞪口呆了。

比赛的结果是三局两胜，当然是田忌赢了齐威王。

还是同样的马匹，由于调换一下比赛的出场顺序，就得到转败为胜的结果。

那么，齐威王为什么会败给田忌呢？

之前我们在课本上学习这个案例的时候，通常老师会告诉我们孙膑很聪明，通过调整马的出场顺序，使得比赛结果转败为胜。事实上，如果我们进一步去分析这个案例，不难看出，比赛之所以能够转败为胜的重要原因并非是孙膑的聪明，而是孙膑获得了齐威王赛马比赛的出场次序。

我们可以通过以下博弈矩阵来分析这个案例，我们分别用1、2、3代表上等马、中等马和下等马，这样齐威王和田忌的比赛对阵情况如以下矩阵所示：

		齐威王					
		123	132	213	231	312	321
田忌	123	–1	–1	–1	+1	–1	–1
	132	–1	–1	+1	–1	–1	–1
	213	–1	–1	–1	–1	–1	+1
	231	–1	–1	–1	–1	+1	–1
	312	+1	–1	–1	–1	–1	–1
	321	–1	+1	–1	–1	–1	–1

根据以上博弈矩阵，当齐威王和田忌的赛马出场顺序都是"123"的时候，田忌将输去比赛，用"–1"表示；如果齐威王按照"123"排列赛马出场顺序，那么田忌按照"312"排列赛马出场顺序将赢得比赛，用"+1"表示。

通过博弈矩阵我们不难看出，如果齐威王对赛马的出场顺序实施保密措施，这样的话，尽管田忌有孙膑帮忙，那么赢得比赛的概率也只有1/6。相反，如果田忌获取了齐威王的赛马出场顺序，那么田忌通过调整赛马出场次序，将会使赢得比赛的概率提高至1。可见，获取对方的赛马出场顺序，将使得赢得比赛的概率提升5/6，这就是此条信息的价值。

如果齐威王和田忌再赛一场比赛的话，你是齐威王手下的一个谋士，你将如何给齐威王建议呢？

【案例思考】

在这个案例中，信息决定了整个比赛的结果，事实上，信息对于物流管理来说也十分重要。那么，物流信息包含哪些？有哪些信息技术能够对信息进行有效管理呢？希望读者能够通过本章的学习得出答案。

2.1 物流信息与信息技术概述

【小案例】

沃尔玛百货有限公司由美国零售业的传奇人物山姆·沃尔顿先生于1962年在阿肯色州成立。据沃尔玛公司2016年7月更新的数据看，沃尔玛在全球28个国家拥有超过70个品牌下的约11 500家分店以及遍布11个国家的电子商务网站，拥有超过220万的员工。而在中国，沃尔玛已在168个城市开设了423家商场、8家干仓配送中心和11家鲜食配送中心。沃尔玛以精确掌握市场、快速传递商品和优质地满足客户需求著称，是著名的“全球500强”零售业排行冠军，全世界零售业年销售收入位居第一的巨头企业。

对于大型连锁零售企业来讲，物流配送是实行连锁经营不可缺少的重要组成部分。物流配送的水平，在一定程度上体现和决定着整个连锁企业的经营水平。与此同时，物流成本控制是衡量零售企业经营管理水平的重要标志，亦是影响零售企业经营成果的重要因素。沃尔玛之所以能够迅速发展成为世界零售业巨头，其中一个重要的原因是重视物流配送系统的建设和完善。

20世纪70年代沃尔玛建立了物流的信息系统（Management Information System，MIS），也叫管理信息系统，这个系统负责处理系统报表，加快了运作速度。20世纪80年代，沃尔玛投资4亿美元与休斯公司合作发射物流通信卫星，实现了全球4 000多家门店通过全球网络在1小时之内对每种商品的库存、上架、销售量全部盘点一遍，并通知货车司机最新的路况信息，调整车辆送货的最佳线路。物流通信卫星使得沃尔玛产生了跳跃性的发展，很快就超过了美国零售业的龙头——凯玛特和西尔斯。1985年沃尔玛建立了电子数据交换系统（EDI），开始利用电子数据交换系统与供应商建立了自动订货系统，通过网络系统，向供应商提供商业文件、发出采购指令、获取收据和装运清单等，同时也让供应商及时、准确地把握产品的销售情况。1986年沃尔玛建立了更先进的快速反应系统（QR），用来代替采购指令，真正实现了自动订货。该系统利用条码扫描和卫星通信，与供应商每日交换商品销售、运输和订货信息。此外，它将全球卫星定位系统（GPS）应用于物流配送系统，在调度室任何时候都能够知道某一配送车辆的地点。知道配送车辆在哪里、产品在哪里、何时到达商场，这样就可以提高整个物流配送系统的效率。沃尔玛公司还要求其供应商在向其配送中心发送货盘和包装箱时使用无线射频识别（RFID）技术。凭借这些信息技术，沃尔玛如虎添翼，真正实现了“以最低的成本，提供最高质量的服务”的企业理念，取得了长足的发展。

（资料来源：沃尔玛（中国）投资有限公司网站）

案例点评：零售业巨头沃尔玛公司凭借全球第一个物流数据处理中心、物流信息系统、电子数据交换系统、自动订货系统、快速反应系统、全球卫星定位系统及无线射频识别技术等信息技术，使企业实现了“以最低的成本，提供最高质量的服务”的目标。由此可见，物流信息技术对于企业的高效运营已日趋重要，本章将对物流信息及信息技术进行详细介绍，希望读者学完本章后可以掌握各项信息技术的原理及应用情况。

2.1.1 数据和信息

数据是可以记录、通信和识别的符号，它能表达客观事物的性质、形态、数量特征，例如文字、数字、图形、声音等。数字本身不能确切地给出具体意义，而信息是经过加工处理的具有一定意义的、有价值的数据。

数据是信息的素材，是信息的载体。数据和信息既有区别又可相互转换，它们之间的关系是相对的。某一系统的信息可能成为另一系统的数据，这些数据经过加工成为新的信息。例如，一个客户的定货单对销售部门来说它是信息，但对库存管理来说它是数据；当销售部门在计算销售额和销售量时，这个订货单则是数据。

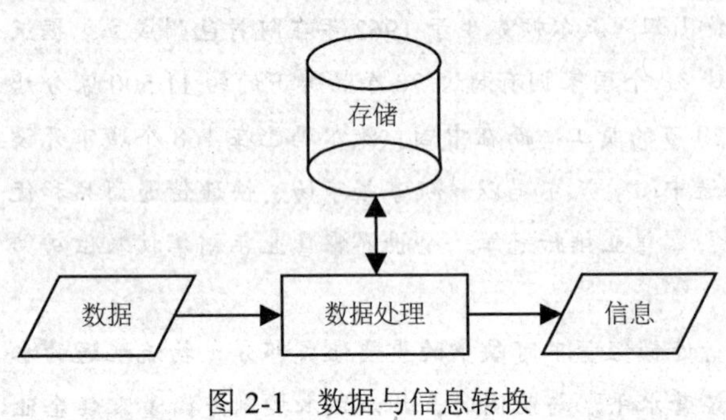

图 2-1 数据与信息转换

在前面的田忌赛马案例中，“123”如果没有被赋予任何含义，那么它仅仅是一串数字而已，没有任何价值；然而，如果“123”代表的是齐威王赛马出场顺序的话，那么它就成为了一则有用的信息，因为田忌获得这条信息以后将转败为胜。可见，信息与数据不同，信息应该是具有一定意义的有价值的数据，如图 2-1 所示。

2.1.2 信息的属性

信息的属性主要包括以下内容。

1. 真伪性（事实性）

真实的信息是有价值的，不真实的信息其价值可能为负。在前面的案例中，如果齐威王赛前发布虚假信息，而田忌信以为真的话，比赛结果将是齐威王获胜，因此，田忌接受虚假信息的价值为负。

2. 模糊性（不完全性）

客观事实的全部信息是不可能得到的，这就要求我们从众多信息中找到关键的信息。例如，在汽车销售环节中，汽车的型号及配置、汽车的销售价格、汽车的库存数量是需要我们关注的关键信息，而汽车的装配信息、汽车的零配件供货商信息等并不是我们需要关注的重点。

3. 知识性

获得的信息应该是新的，或以前不知道的。一则已经知晓的信息将失去它的知识性。

4. 时间性（时效性）

信息在特定的时间内或某一时点上是有价值的，过时则失去价值。在前面的案例中，当赛马结束后，田忌将知道齐威王的赛马顺序，但对于比赛结果已无意义，这条信息也因为比赛的结束而成为失去时效性的无用信息。

5. 滞后性

信息是数据加工的结果，信息必然落后于数据。物流管理过程涉及很多数据，如货物重量、货物编码等，这些数据需要经过一定的加工成为信息，因此物流信息要滞后于物流数据。为了减少滞后性，我们可以考虑应用信息技术来减少数据转化为信息的处理时间，进而提高物流管理效率。

6. 共享性

与物质不同，信息可以被共享。有这样一个形象的比喻：你有一个苹果，我有一个苹果，彼此交换一下，我们仍然是各有一个苹果。如果你有一种思想，我也有一种思想，彼此交换，我们就都有了两种思想，甚至更多。这个比喻说明了信息不会像物质一样因为共享而减少，反而可以因为共享而衍生出更多。

2.1.3 物流信息

所谓物流信息就是与物流活动（包括商品包装、商品运输、商品储存、商品装卸等）有关的一切信息。物流信息是伴随着企业的物流活动的发生而产生的，企业如果希望对物流活动进行有效的控制，就必须及时掌握准确的物流信息的情况。由于物流信息贯穿于物流活动的整个过程中，并通过其自身对整体物流活动进行有效的控制，因此，我们称物流信息为物流的中枢神经。

在电子商务时代，随着人类需求向着个性化的方向发展，物流过程也在向着多品种、少量生产和高频度、小批量配送的方向发展，因此，物流信息在物流的过程中呈现以下特征：物流信息量大大增加；物流信息的来源更加广泛；物流信息的更新速度加快；伴随物流活动产生的信息具有动态易变性。

在物流的管理活动中，信息的收集与管理起着关键作用。进行物流管理时，需要大量准确、即时的信息和用以协调物流系统运作的反馈信息。任何信息的遗漏和错误都将直接影响物流系统运转的效率和效果，进而影响企业的经济效益。因此，信息在物流过程中具有不可替代的重要作用，具体表现在以下几个方面。

（1）物流信息的传送连接着物流活动的各个环节，并指导各环节的工作，起着桥梁和纽带的作用。信息流与物流、资金流一样，已成为构成物流系统的重要组成部分。

（2）物流信息可以帮助企业对物流活动的各个环节进行有效的计划、协调与控制，以达到系统整体优化的目标。通过物流信息的协调作用，各项物流活动（包括商品包装、商品运输、商品储存、商品装卸等）将形成一个整体，从而实现系统的整体优化。

（3）物流信息有助于提高物流企业科学管理和决策水平。当企业准确地掌握了相关物流信息后，企业的管理和决策将会根据物流信息进行相应调整，最终达到科学管理和提高决策水平的目标。

（4）借助物流信息系统实现动态信息管理是确保物流系统高效运转的保证。

可见，物流信息的作用至关重要，只有通过物流信息系统实现动态信息管理，才能确保物流系统的高效运转。

2.1.4 物流信息管理

物流的第一个目的就是要向顾客提供满意的服务；第二个目的就是要实现物流总成本的最低化，也就是要消除物流活动各个环节的浪费，通过顺畅高效的物流系统实现物流作业的成本最优化。

随着物流系统的发展，物流信息量会变得越来越大，物流信息更新的速度也越来越快，如果仍对信息采取传统的手工处理方式，则会引发一系列信息滞后、信息失真、信息不能共享等瓶颈效应，从而造成整个物流系统的效率低下。因此，为了提高物流系统的整体效率，建立基于计算机和通信技术的物流信息系统将成为物流系统的必由之路。

物流信息系统是提高物流信息管理效率的重要工具，物流作业系统的启动往往需要从物流信息系统得到信息，无论多好的物流作业系统，如果不能与信息系统默契配合，也难以很好地运转。从物流系统的整体角度看，信息流和物流工作是同时进行的，关键是两者内容要一致，必须信息先行。

物流信息系统要解决的问题主要包括以下几方面：缩短从接受订单到发货的时间；库存适量化；提高搬运和装卸的作业效率；提高运输效率；使接受订货和发出订货更为省力；提高接受订货和发出订货精度；防止发货、配送出现差错；调整需求和供给；提高成本核算与控制能力。

物流信息系统解决上述问题的目的都是提高对顾客的服务水平和降低物流总成本。需要注意的是，提高服务水平和降低物流总成本之间存在“效益背反”关系，而物流信息系统起着控制物流各种机能并加以协调的作用。物流系统的各个层次以及不同作业环节之间是通过信息流紧密联系在一起的，因此，物流信息系统中都需要具备数据的收集和录入、信息的存储、信息的传播、信息的处理、信息的输出等基本功能。

2.1.5 物流信息技术

物流信息技术（Logistics Information Technology，LIT）是物流现代化的重要标志，也是物流技术中发展最快的领域之一。从物流数据自动识别与采集的条码系统，到物流运输设备的自动跟踪；从企业资源的计划优化到各企业、单位间的电子数据交换；从办公自动化系统中的微型计算机、互联网、各种终端设备等硬件到各种物流信息系统软件，都在日新月异地发展。同时，随着物流信息技术的不断发展，产生了一系列新的物流理念和物流经营方式，不断推进物流的变革。

据统计，物流信息技术的应用，可为传统的运输企业带来以下实效：降低空载率 15%～20%；提高对在途车辆的监控能力，有效保障货物安全；网上货运信息发布及网上下单可增加商业机会 20%～30%；无时空限制的客户查询功能，有效满足客户对货物在运情况的跟踪监控，可提高业务量 40%；对各种资源的合理综合利用，可减少运营成本 15%～30%。对传统仓储企业带来的实效表现在：配载能力可提高 20%～30%；库存和发货准确率可超过 99%；数据输入误差减少，库存和短缺损耗减少；可降低劳动力成本约 50%，提高生产力 30%～40%，提高仓库空间利用率 20%。

物流信息技术在现代企业的经营战略中占有越来越重要的地位。建立物流信息系统，充分利用各种现代化信息技术，提供迅速、及时、准确、全面的物流信息是现代企业获得竞争优势的必要条件。物流信息技术涵盖的内容和种类十分广泛，既有硬件方面的，也有软件方面的，甚至还包括相应的标准和规范。接下来，我们将分别介绍在推动电子商务物流系统发展过程中发挥过至关重要作用的几种物流信息技术：条码、射频、电子数据交换、地理信息系统、全球定位系统等。

2.2 条码技术

2.2.1 条码概述

条码技术（Bar Code）是在计算机的应用实践中产生和发展起来的一种自动识别技术，

它起源于20世纪40年代，发展于20世纪70年代，普及于20世纪80年代，它的每一步发展都引起了世界流通领域的大变革。

条码的研究始于美国，最早出现在20世纪40年代，美国人Joseph Woodland及Bernard Silver于1952年10月7日注册了世界第一个条码的专利（专利编号是＃2 612 994）。由于此专利中的条码是由圆条和空白绘成的同心圆环形（见图2-2），很像微型射箭靶，所以也被称为“公牛眼”条码。

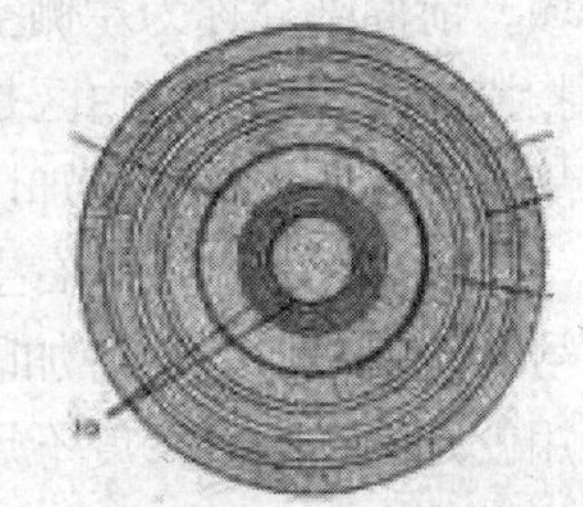
图2-2 “公牛眼”条码

20世纪70年代，随着电子元件和激光成本的持续下降，条码技术的应用越来越经济。1973年，美国统一编码委员会（Uniform Code Countcil，UCC）确定了IBM公司的UPC码作为通用条码，实现了该码制标准化。同年，食品杂货业把UPC码规定为该行业的通用标准码制，为条码技术在商品流通销售领域里的广泛应用奠定了坚实的基础。1977年，欧洲共同体（包括英国、原联邦德国、法国、丹麦、挪威、比利时、芬兰、意大利、奥地利、瑞士、荷兰、瑞典等国）在UPC条码基础上，开发出与UPC码兼容的欧洲物品编码系统（European Article Numbering System，EAN码），并且正式成立了欧洲物品编码协会（European Article Numbering Association，EAN）。到1981年，EAN已经发展成为一个国际性的组织，更名为“国际物品编码协会”（International Article Numbering Assiciation，IAN），但由于历史原因和习惯，国际物品编码协会至今仍沿用EAN的名称。

图2-3 一维条码

所谓条码也称为条形码，是由一组宽窄不同、反射率不同的条和空按一定的编码规则组合起来，用以表示一定信息的代码。为了便于人们识别条码符号所代表的字符，通常在条码符号下部印有所代表的数字、字母或专用符号（见图2-3）。

条码所包含的信息一般都跟所附着的对象有关，如对象物的生产国、制造厂商、产地、名称、特性、价格、数量、生产日期等。使用光电扫描阅读设备对条码进行扫描，就能立即获取条码所反映的信息，并快速、正确、可靠地将其输入计算机系统。条码技术的应用解决了物流信息系统中的数据录入和数据采集的“瓶颈”问题，为物流信息管理提供了有力的技术支持。

一个完整的条码组成次序依次是：静区（前）、起始符、数据符、中间分隔符（主要用于EAN码）、校验符、终止符、静区（后）、供人识读字符，如图2-4所示。

图2-4 条码的构成

（1）静区（Clear Area），也叫空白区，指条码左右两端外侧与空的反射率相同的限制区域，前面部分称为左侧空白区，后面部分则称为右侧空白区，左侧空白区是让扫描设备做好扫描准备，右侧空白区是保证扫描设备正确识别条码的结束标记。当两个条码相距较近时，静区则有助于对它们加以区分。

此外，为防止左右空白区（静区）在印刷排版时被无意中占用，可在空白区加印一个符号（左侧没有数字时加印<号，右侧没有数字时加印>号），这个符号就叫静区标记，主要作用就是防止静区宽度不足。只要静区宽度能保证（静区的宽度通常应不小于 6mm 或者为 10 倍模块宽度），有没有这个符号都不影响条码的识别。

（2）起始符（Start Character），指条码符号的第一位字码，用来标识一个条码符号的开始，扫描器确认此字码存在后开始处理扫描脉冲。

（3）数据符（Data Character），位于条码中间的条、空结构，它是条码的主要内容，包含条码所表达的特定信息。

（4）中间分隔符（Central Seperating Character），位于条码中间位置的若干条与空。

（5）校验符（Check Character），用来判定此次阅读是否有效的字码，通常是一种算术运算的结果，扫描器读入条码进行解码时，先对读入各字码进行运算，如运算结果与检查码相同，则判定此次阅读有效。

（6）终止符（Stop Character），指位于条码结束的条和空结构，终止码用于告知代码扫描完毕，同时还起到只是进行校验计算的作用。

（7）供人识读字符（For People to Read Character），位于条码下方，主要方便人对条码的识读，尤其是当对条码的扫描失误时，可以用人工输入的方式输入供人识读字符，从而保障条码的输入。

条码是迄今为止最经济、最实用的一种自动识别技术。作为一种图形识别技术，条码与其他识别技术相比，具有以下几个方面的特点。

（1）简单、易于制作、可印刷。条码标签易于制作，对设备和材料没有特殊要求，识别设备操作容易，不需要特殊培训且设备也相对便宜。

（2）信息输入速度快。普通计算机的键盘输入速度最快的是每分钟 200 个字符，而利用条码扫描输入信息的速度是键盘输入的 20 倍，并且能实现“即时数据输入”。

（3）采集信息量大。利用传统的一维条码一次可采集几十位字符的信息，二维条码更可以携带数千个字符的信息，并有一定的自动纠错能力。

（4）可靠性高。键盘输入数据出错率为三百分之一，利用光学字符识别技术出错率为万分之一，而采用条码技术误码率低于百万分之一，首读率可达 98%以上。

（5）灵活实用。条码标识既可以作为一种识别手段单独使用，也可以和有关识别设备组成一个系统实现自动化识别，还可以和其他控制设备连接起来实现自动化管理。

2.2.2 条码系统的构成与分类

条码系统一般由条码、条码识读设备、应用系统三部分组成。条码数据作为商品的唯一标示，粘贴或打印在商品上，条码识读设备与应用系统相连，通过扫描商品的条码，获取商品唯一标识数据，从而快速在应用系统中定位到对应商品记录，并根据实际业务（例如入库、销售）对该商品数据记录进行增删改等相应操作。

条码识读设备是用来读取条码信息的设备。最为常用的主要有以下几种（见图 2-5）。

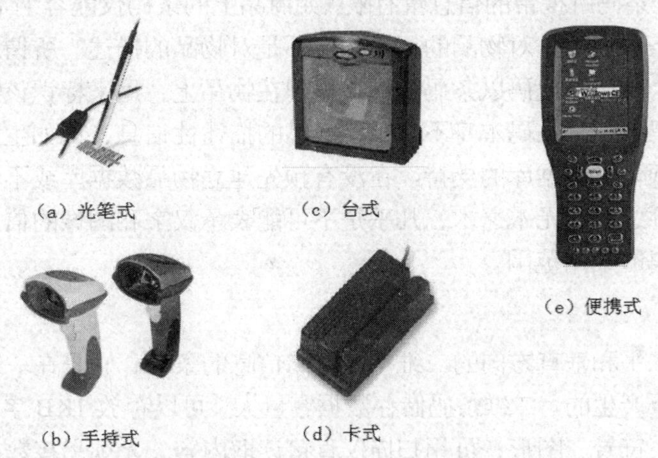

图 2-5　常见的条码识读设备

根据维度的不同，条码主要分为一维条码和二维条码。

1. 一维条码

一维条码只在一个方向（一般是水平方向）表达信息，垂直方向不表达任何信息，其一定的高度通常是为了便于阅读器的对准。由于一维条码的应用可以提高信息录入的速度，减少差错率，因而自其问世以来，很快得到了普及并广泛应用。目前世界上约有 220 种的一维条码，每种一维条码都有自己的一套编码规则，一般较流行的一维条码有 EAN 码、UPC 码、39 码、128 码、交插 25 码、库德巴码以及专门用于书刊管理的 ISBN、ISSN 等（见图 2-6）。

图 2-6　世界上较流行的一维条码

随着信息自动采集技术的发展，对于条码符号表达更多信息的需求与日俱增。此时，一维条码的不足逐渐显现出来，主要包括：数据容量较小，30 个字符左右；只能包含字母和数字；保密性能不高；条码尺寸相对比较大（空间利用率低）；条码遭到损坏后便无法阅读。

因此，由于一维条码所携带的信息量有限，如商品上的条码仅能容纳 13 位（EAN-13 码）阿拉伯数字，一维条码通常是对物品的标识，而不是对物品的描述。所谓对物品的标识，就是给某物品分配一个代码，代码以条码的形式标识在物品上，用来标识该物品以便自动扫描识别器的识读。代码或一维条码本身不表示该产品的描述性信息，诸如生产日期、价格等更多的描述性信息必须依靠数据库的支持。在没有预先建立物品数据库或不便联网的地方，一维条码就变成了无源之水、无本之木，几乎是不可能表示汉字和图像的信息，这在一定程度上也限制了一维条码的应用范围。

2. 二维条码

二维条码是在水平和垂直方向的二维空间存储信息的条码，它是在一维条码无法满足实际应用需求的前提下产生的。二维条码储存数据容量大，可以存放 1KB 字符；可以直接显示英文、中文、数字、符号、图形；可用扫描仪直接读取内容，无须另接数据库；数据可以加密，保密性更高；安全级别最高时，损污 50%仍可读取完整信息。

使用二维条码可以解决以下问题：表示包括汉字、照片、指纹、签字、声音之内的小型数据文件；在有限的面积上表达大量信息；对"物品"进行精确描述；防止各种证件、卡片及单据的伪造；在远离数据库和不便联网的地方实现信息的携带、传递和防伪。由于二维条码的储存量大、保密性高、追踪性高、抗损性强、成本便宜等特性，二维码的应用越来越广泛和普及。

目前二维条码有 20 多种，常用的有：PDF417 码、Code49 码、Code 16K 码、QR code 码、Data Matrix 码、Code one 等（见图 2-7），主要分为堆积式（层排式）和棋盘式（矩阵式）两大类。其中，PDF417 码是目前技术比较成熟、应用比较广泛的一种。中国已经先后制定并颁布了多项二维码国家标准，例如，PDF417 条码国家标准（GB/T17172—1997）、二维码网格矩阵码（SJ/T 11349—2006）和二维码紧密矩阵码（SJ/T 11350—2006）等。2016 年 8 月 3 日，支付清算协会向支付机构下发《条码支付业务规范》（征求意见稿），意见稿中明确指出支付机构开展条码业务需要遵循的安全标准，官方首次承认二维码支付地位。

图 2-7 常用的二维条码

【小资料】

商品条码（Bar Code of Commodity）是由国际物品编码协会和统一代码委员会规定的用于表示商品标识代码的条码，包括 EAN 码和 UPC 码。由于 UPC 码主要流通于北美（美国、加拿大）地区，而 EAN 的会员已达到 100 多个国家和地区。为适应 EAN 码的蓬勃发展和市场发展的需求，北美地区大部分商店的扫描系统更新改造为能同时识别 UPC 码和 EAN 码的自动化系统，EAN 系统和 UPC 系统已合并为一个全球统一的通用商品标识系统——EAN.UCC 系统。在 EAN.UCC 系统中，EAN 和 UPC 是相互兼容的，即 EAN 系统的扫描设备和 UPC 系统的扫描设备都能识读 EAN 码和 UPC 码。

2.2.3 条码在物流中的应用

1. 条码在仓储、运输、配送中的作用

在物品到达物流企业的同时，物流企业可以在物品上粘贴特定的唯一条码标识，用以跟踪该物品在物流中的位置，从而进行实时监控。企业在收货后可以使用条码打印机打印对应的条码标识并粘贴在物品上（对于企业的自营物流，由于物品是企业制造的物品，也可以使用物品的本来标识）；同时，操作员扫描该物品的条码标识实现物品的入库操作，并将操作信息返回给管理系统；此时，用户或管理员登录管理系统，就可以迅速地查询出该货物的状态和位置。

在物流中，物流效率的提高应着重在物流管理效率和物流准确性的提高，而条码技术可以帮助物流企业提高准确性和操作效率，从而提高整个物流的效率。高效准确的物流，在带给客户更好服务的同时，也为企业赢得了利润。当条码帮助物流在各个环节上实现高效准确地监控货物时，物流管理的透明度也提高了，物流企业也实现了从单据到实物的有效管理。

2. 条码在生产过程中的应用

为了在激烈的市场竞争中进一步以质量取胜，企业可以将条码应用于生产质量管理跟踪系统。通过这一技术的应用，企业可以实现动态跟踪生产状况，随时从计算机中得知实际生产的情况及生产的质量情况，如可以跟踪整机、部件的型号、生产场地、生产日期、班组生产线、版本号、批量和序号等信息。

美国某著名汽车公司的工厂把条码刻在车体底部的金属件上，通过装配线上的扫描装置可以对车辆自总装开始到发货出厂的全过程进行跟踪。可见，在一个完整的物流过程中，条码可以在各个关键环节采集相应的物品信息，以实现实时监控和跟踪的目的。

3. 条码在销售和支付过程中的应用

“以二维码为入口的移动超市”是移动终端普遍应用和电子商务模式趋向成熟的标志和产物。用移动设备上的二维码扫描软件，用户可直接扫描二维码进入商家的手机网站，点击中意的产品，即可完成下单及支付，实现轻松购物的时尚理念。从实现企业商家、产业发展的角度来分析，“以二维码为入口的移动超市”的实施让企业商家的销售更具体明确，营销更便捷精准。企业商家投入非常低的成本，获得很好的营销宣传效果，一站式解决企业商家营销的多种困境，拉动企业收入规模增长，预计可直接或间接为企业增加 20%～80%的收入。

从满足消费者消费需求的角度来分析，“以二维码为入口的移动超市”是一种消费革命，将改变消费者的消费习惯，让移动购物变得真实可靠，让用户作为产业链的一环参与到营销过程中，实现消费人群的精准定位。二维码还可制成电子优惠券，消费者通过扫码就可获取优惠券，享受实惠，这种方式不仅能够增加消费者与商家之间的互动，同时也能提高消费者对商家的兴趣，加深印象。

【小资料】

与商品条码不同，物流条码是供应链中用以标识物流领域中具体实物的一种特殊代码，是整个供应链过程，包括生产厂家、配销业、运输业、消费者等环节的共享数据。它贯穿整个贸易过程，并通过物流条码数据的采集、反馈，提高整个物流系统的经济效益。

现在国际上公认的物流条码主要有3种，即EAN-13码、交插二五条码和贸易单元128条码。

交插二五条码是一种连续、无固定长度、具有自校验功能的双向条码。交插二五条码可用于定量储运的单元包装上，也可以用于变量储运单元的包装上。ITF（Interleaved Two Five）条码是在交插二五条码的基础上扩展形成的，主要应用于储运包装箱上。

贸易单元128条码，是连续性、无固定长度、有含义的高密度代码，它能够更多地标识贸易单元的信息，如产品批号、规格、数量、生产日期、有效日期等，实现了信息伴随货物的流动，弥补了EAN码和交插二五码数据容量小的不足。贸易单元128码由A、B、C 3套字符集组成，包括数据符、校验符、终止符，其中C字符集能以双倍的密度来标识全部数字的数据。

2.3 RFID技术

2.3.1 RFID概述

在目前的自动识别领域应用技术中，应用最广泛的是光学技术和无线电技术。条码属于光学技术的范畴，而无线电技术在自动识别领域应用中更具体的技术名称为射频识别技术（Radio Frequency Identification，RFID）。

起初，RFID技术是直接借用雷达技术的理念建立起来的，而1948年，哈里·斯托克曼发表的《利用反射功率的通信》奠定了RFID的理论基础。到了20世纪70年代末期，美国政府通过Los Alamos科学实验室将RFID技术转移到社会，RFID技术及产品进入商业应用阶段。近年来，随着电子技术的发展、标准化问题的出现、RFID产品成本的下降，RFID已经广泛应用于各个领域。RFID被认为是21世纪最重要的技术之一，2003年美国《技术评论》杂志评比对人类未来生活产生深远影响的十大新技术，RFID位居其一。RFID的发展和应用的推广将是世界自动识别行业的一场技术革命。

所谓射频识别技术是一项利用射频信号通过空间耦合（交变磁场或电磁场）实现无接触信息传递，并通过所传递的信息达到识别目的的技术。简单地说，RFID是利用无线电波进行数据信息读写的一种非接触式的自动识别技术。RFID俗称电子标签，其主要核心部件是一个电子标签，直径不到2毫米，通过相距几厘米到几米距离内传感器发射的无线电波，可以读取电子标签内储存的信息，识别电子标签代表的物品、人和器具的身份。

RFID系统的基本原理是：阅读器通过发射天线发送一定频率的射频信号，当射频卡进入发射天线工作区域时产生感应电流，射频卡获得能量被激活；射频卡将自身编码等信息通过卡内置发送天线发送出去；系统接收天线接收到从射频卡发送来的载波信号，经天线调节器传送到阅读器，阅读器对接收的信号进行解调和解码，然后送到后台主系统进行相关处理；主系统根据逻辑运算判断该卡的合法性，针对不同的设定做出相应的处理和控制，发出指令信号控制执行机构动作，如图 2-8 所示。

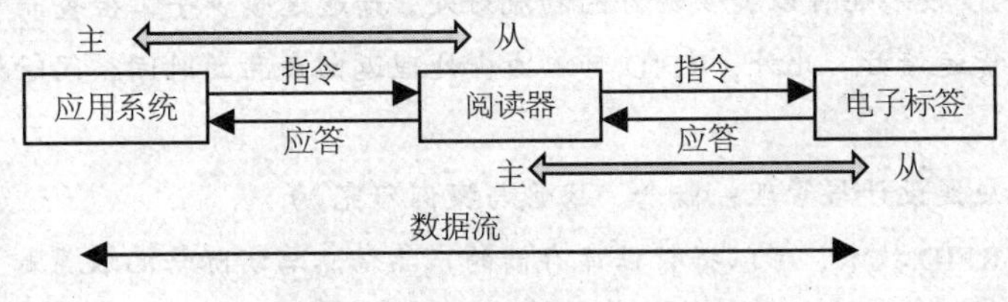

图 2-8 RFID 基本工作原理

RFID 的广泛应用渐渐有取代条码的趋势。RFID 的优点主要包括以下内容。

（1）数据存储的容量大。RFID 容量以 64bits ~ 256bits 为主流，最大可达数百万字节（Mega Bits），可识别具体的物品如产品说明、包装、保存日期、色彩、价格等；而一维条码的容量是 50Bytes，二维条码的最大容量仅 2 000 ~ 3 000 字节，单次仅能识别出单一种类的物品。

（2）可重复使用。RFID 标签的读写方式为 R/W（可读写多次）、R/O（唯读）和 WORM（单次写入多次读取），R/W 所存储的信息可以不断更新，而所有的 RFID 均能不断地被读取；而条码一经印刷即无法更改，而且会随着产品的耗损而寿终正寝。

（3）识别数据方便。在被覆盖的情况下，RFID 能够穿透纸张、木材和塑料等非金属或非透明的材质，并能够进行穿透性通信；而条码扫描机必须在近距离而且没有物体阻挡的情况下，才可以辨读条码。

（4）可同时读取多笔数据。某些先进的读取设备 1 秒中可读取 1 200 个 RFID 电子标签，但是条码扫描器一次只能读取一笔数据。

（5）安全性高。RFID 有密码保护，不易被伪造，欧洲已率先在 2005 年将 RFID 标签嵌入欧元支票，以遏制伪钞泛滥，条码则没有防伪功能。

（6）能在恶劣环境下使用。依不同的材料，RFID 标签的耐热性也有所不同，部分 RFID 标签即使在 180℃的高温下也能正常运作，对水、油和化学药品等物质具有很强抵抗性；而条码一经污染便看不清楚。

（7）使用期限长。RFID 电子标签的使用期限往往可达 10 年以上。

RFID 电子标签的优点虽多，但并非没有缺点。其缺点如下。

（1）易受液体、电磁波、金属或导电环境干扰。若 RFID 电子标签和读取器中间有液体阻隔，或在有电磁波、金属或导电的环境下使用，RFID 电子标签都会受到影响，使通信信号无法正常传送。

（2）无区分识别的适当性。只要任意一 RFID 电子标签进入读取器的感应范围，读取器便会按照接收到的无线电波进行识别，对于无意进行 RFID 标签识别的使用者将造成困惑。

【小案例】

米其林北美公司将 RFID 标签植入一些轮胎，跟踪它们在一个时期内的表现。米其林的工程师开发了一个 RFID 应答器，在轮胎制造过程中进行嵌入，使轮胎的识别号码与车辆识别号码（Vehicle Identification Number，VIN）相联系，从而使轮胎与车辆可以相互识别，并可以记录轮胎制造的时间、地点、最大胎压、轮胎大小等信息。而这些信息使用小型手持阅读扫描器就可以读取，就像杂货店的条形码扫描一样。

轮胎电子产品有 3 个主要用途，包括识别以及一些作业功能，如胎压监测系统和车辆性能检测系统，轮胎可以实际探测道路状况，并通过与车辆的操控系统进行联系以调整车辆的性能。除了能够存储有价值的信息，RFID 技术还可以提供额外的物流好处，如通过减少手工检查而节省大量工作时间和提高效率，从而提高货运绩效。此外，RFID 可以减少处理返回产品的时间，同时提高货运的准确性和减少销售损失。

（资料来源：《供应链设计与管理：概念、战略与案例研究》）

案例点评：应用 RFID 技术，可以将数据库存储的产品信息与实际产品联系起来，随时追踪产品来源、产品型号、产品性能等相关信息，增加产品的可追踪性，提高供应链的业务流程速度。

2.3.2 RFID 系统的构成与分类

最基本的 RFID 系统由电子标签、阅读器和天线三部分组成。电子标签（Tag，也称为射频卡、射频卷标）由耦合元件及芯片组成，每个电子标签具有唯一的电子编码，附着在物体上标识目标对象。电子标签含有内置天线，用于和射频天线间进行通信。阅读器（Reader）是读取（在读写卡中还可以写入）电子标签信息的设备，可设计为手持式或固定式。天线（Antenna）是在电子标签和读取器间传递射频信号的部分。

RFID 标签与读写器之间交换的是数据，由于采用无接触方式通信，还存在一个空间无线信道。因而，RFID 标签与读写器之间的数据交换构成的是一个无线数据通信系统。在这样的数据通信系统模型下，RFID 标签是数据通信的一方，读写器是通信的另一方。要实现安全、可靠、有效的数据通信目的，数据通信的双方必须遵守相互约定的通信协议。没有这样一个通信双方公认的基础，数据通信的双方就互相听不懂对方在说什么，步调也无法协调一致，从而造成数据通信无法进行。

RFID 一般可以依据电子标签的电源、存储器与频率加以分类。

1. 按电子标签的电源划分

RFID 按电源分为被动式和主动式两大类。被动式电子标签（也称为无源标签）的能源由读取器提供，标签上不需附加电池，所以体积小、使用期限较长，但是读取（信号可传递的）距离较短。主动电子标签（也称为有源标签）拥有电源，系统具有唤醒装置，平时标签处于休眠状态，当标签进入唤醒装置的范围时，唤醒装置利用无线电波或磁场来触发或唤醒标签，标签这时才进入正常工作模式，开始传送相关信息。由于本身具备工作所需的电源，因而传送距离较长，但是需要相对较大的体积，需更换电池且成本较高。

2. 按电子标签上的存储器读写功能划分

RFID 按照存储器读写功能划分为唯读、单次写入多次读取及可重复读写三大类。唯读 RFID 电子标签内的数据已于出厂时规定好了，使用者仅能读取标签内的信息，无法进行写入或修改操作。唯读 RFID 的成本较低，一般用于门禁管理、车辆管理、物流管理、动物管理等领域。单次写入多次读取 RFID 和唯读 RFID 的不同之处在于使用者可以往电子标签内写入数据一次，和唯读标签相同，也可进行多次读取。单次写入多次读取 RFID 的成本较高，一般应用于资产管理、生物管理、药品管理、危险品管理、军品管理等领域。可重复读写 RFID 的使用者可以通过读取器多次进行标签信息的读取与写入，成本较高，一般应用于航空货运及行李管理、快递票据、信用卡服务等领域。

3. 按电子标签的频率范围划分

RFID 按频率范围可以划分为低频（Low Frequency）、高频（High Frequency）、超高频（Ultra High Frequency）及微波（Microwave）四大类。

低频标签的工作频率范围为 10kHz ~ 1MHz，常见的主要规格有 125KHz 和 133KHz 两种。一般来说，低频电子标签都是被动式的，其最大的优点在于标签靠近金属或液体的物体时可以有效发射信号，而高频率信号会被反射回来。低频电子标签的缺点是读取距离短，无法同时进行多标签读取以及信息容量较低，一般低频电子标签可用于门禁系统、动物芯片、汽车防盗器和玩具之上。

高频标签的工作频率范围为 1MHz ~ 400MHz，常见的主要规格有 13.6MHz。这段频率的标签主要还是以被动式为主。和低频相比，高频 RFID 可进行多标签识别，一般用于图书馆管理、产品管理、智能卡等领域。

超高频标签的工作频率范围为 400MHz ~ 1GHz，常见的主要规格有 433 MHz 和 868MHz ~ 950MHz 两种。主动式和被动式的应用在这个频段都很普遍，被动式电子标签的读取距离约为 3 ~ 4 米，传输速度较快，而且因为天线可采用蚀刻或印刷的方式制造，所以成本较低。虽然在金属与液状物体上的应用较不理想，但由于读取距离较远，信息传输速率较快，而且可以同时进行大数量标签的读取与识别，目前已成为市场的主流，未来将广泛使用在运输业的旅客与行李管理系统、货架及栈板管理、出货管理及物流管理上。

微波标签的工作频率在 1GHz 以上，常见的主要规格有 2.45 GHz 和 5.8 GHz 两种。微波频段的特性与应用和超高频段相似，读取距离约为 2 米，但是对环境的敏感性较高，一般用于行李追踪、物品管理和供应链管理等。

【小资料】

电子商品编码（Electronic Product Code，EPC），是国际条码组织推出的新一代产品编码体系。EPC 码中既有代表制造厂商及其产品的编码，也有唯一标识该厂商该类产品每一个具体单品的编码。也就是说，EPC 码能够对每个单品都赋予一个全球唯一编码。一般来说，条码识别只能识别一类产品，而不是唯一的商品。例如，牛奶纸盒上的条码到处都一样，要辨别哪盒牛奶先超过有效期将是不可能的，而作为每一个商品唯一号码的“EPC 码”正是解决单品识别问题的最好方法。

EPC 码采用 96 位（二进制）方式的编码体系，可以为 2.68 亿个公司赋码，每个公司可以有 1 600 万产品分类，每类产品有 680 亿的独立产品编码，形象地说可以为地球上的每一粒大米赋一个唯一的编码。

EPC 系统是射频识别技术在物流领域的重要应用。EPC 系统将 RFID 技术应用于物流，极大地拓展了 RFID 技术的应用领域，并推动 EPC 系统在供应链物流等领域的应用。

2.3.3 RFID 在物流中的应用

以 RFID 为基础的软硬件技术构建的 RFID 信息系统，将使产品、仓储、采购、运输、销售及消费的全过程发生根本性的变化。目前，RFID 技术已经在物流的诸多环节中发挥着重要的作用。

1. 生产环节

RFID 技术应用于生产环节中的生产线上，能够实现生产线的自动化和原料、产品的识别定位，这将减少人工识读成本和出错率，同时也提高了生产的效率和质量。RFID 技术还能够对产品进行信息的收集、处理，帮助生产人员轻松地掌握整个生产线的运作情况和产品的生产进度。

2. 配送/分销环节

在配送环节，采用射频技术能加快配送的速度和提高拣选与分发过程的效率与准确率，并能减少人工、降低配送成本。如果到达中央配送中心的所有商品都贴有 RFID 标签，在进入中央配送中心时，托盘通过一个阅读器，可以读取托盘上所有货箱上的标签内容。系统将这些信息与发货记录进行核对，以检测出可能的错误，然后将 RFID 标签更新为最新的商品存放地点和状态。

3. 运输环节

在运输环节中通过 RFID 技术，在运输的货物和车辆贴上 RFID 标签，运输线的检查点上安装上 RFID 接收装置，接收装置检测到 RFID 标签信息后，将标签信息、地理位置等经由 Internet 发送给运输调度中心，这样供应商和经销商就能够比较方便地查阅货物现在所处的位置状态。

4. 仓储环节

在仓库里，射频技术广泛应用于存取货物与库存盘点。当贴有 RFID 标签的货物进入仓储中心时，入口的 RFID 识读器将自动识别标签并完成库存盘点。在整个仓库管理中，将系统制定的收货、取货、装运等实际功能与 RFID 技术相结合，能够高效地完成各种业务操作，如指定堆放区域、上架取货与补货等。

5. 销售环节

在销售环节中，RFID 可以改进零售商的库存管理。当货物被顾客取走时，装有 RFID 识读器的货架能够实时地报告货架上的货物情况，并通知系统在适当的时候补货。同时，对安装有 RFID 标签的货物能够监控其移动轨迹、存放位置等，所有的这些都节约了人工成本、减少了出错、提高了效率。

【小案例】

深圳海关是中国主要口岸海关之一。所有在海关的备案车辆，均按规定安装固定的写有车辆身份信息的电子车牌（RFID 标签），所有备案司机都领用一张写有司机身份信息的司机卡。车辆在到达进（出）境地海关时，系统通过微波读写器自动获取电子车牌、司机卡信息，通过电子地磅获取车辆重量信息（如果载货，则同时通过条码阅读器获取载货清单的条形码信息），然后数据加密传至海关主机，与海关主机中数据库资料核对确认后，再返回查验信息。如果通关车辆为合法车辆，系统自动放行，同时向电子车牌实时写入车辆通关信息。如果通关车辆为异常车辆，系统报警并拦截，等待关员处理，关员处理完毕后，向系统发出车辆放行指令或到车检场进行查验。使用电子车牌通关系统后，车辆可不停车过关，通过带称重地磅的通道验放地段只需要 20 秒，验放通道每道最大通关速度可达到 150 辆次/小时，验放速度提高了 8 倍，通道数量减少 75%，大大提高了效率，节约了人力，排除了人工漏读、误读、不读等人为因素的干扰，消除了口岸车辆堵塞日趋严重的现象，有效克服了海关“严密监管”与“快速通关”的矛盾。

深圳海关的电子车牌（RFID 标签）使用 UHF（902MHz~928MHz）频段的无源卡，可免维护长期、多次反复使用。该电子车牌采用防拆动技术安装在车辆前风挡玻璃，与车形成了唯一对应关系，成为该车唯一的电子身份标志，车辆的身份信息被严格固联在车上。使用双卡微波耦合技术，使安装在车辆上的玻璃介质的电子车牌和空气介质的司机卡能在同一个微波环境下同步工作，既实现对车辆的监管，同时也实现对司机的监管，并实现了人、车对应的合法性对比验证。

（资料来源：《RFID技术在交通中的典型应用案例》）

案例点评：应用RFID技术，海关可以将数据库存储的个人及车辆信息与实际车辆联系起来，能够快速识别车辆，解决"严密监管"与"快速通关"之间的矛盾，提高海关服务质量。

2.4 EDI技术

2.4.1 EDI概述

EDI是英文Electronic Data Interchange的缩写，中文可译为"电子数据交换"。EDI是将贸易、运输、保险、银行和海关等行业的信息，用一种国际公认的标准格式，形成结构化的事务处理的报文数据格式，通过计算机通信网络，使各有关部门、公司与企业之间进行数据交换与处理，并完成以贸易为中心的全部业务过程。EDI包括买卖双方数据交换、企业内部数据交换等。

20世纪60年代末，欧洲和美国几乎同时提出了EDI的概念。早期的EDI只是在两个商业伙伴之间，依靠计算机与计算机直接通信完成。20世纪70年代，数字通信技术的发展大大加快了EDI技术的成熟和应用范围的扩大，也带动了跨行业EDI系统的出现。20世纪80年代，EDI标准的国际化又使EDI的应用跃入了一个新的里程。时至今日，EDI历经萌芽期、发展期，已步入成熟期。

在传统手工条件下，单证发送方首先使用打印机将企业数据库中存放的数据打印出来，形成贸易单证，然后通过邮件或传真的方式发给贸易伙伴，贸易伙伴收到单证以后，由录入人员手工录入数据库中，以便实现单证信息的共享，如图2-9所示。

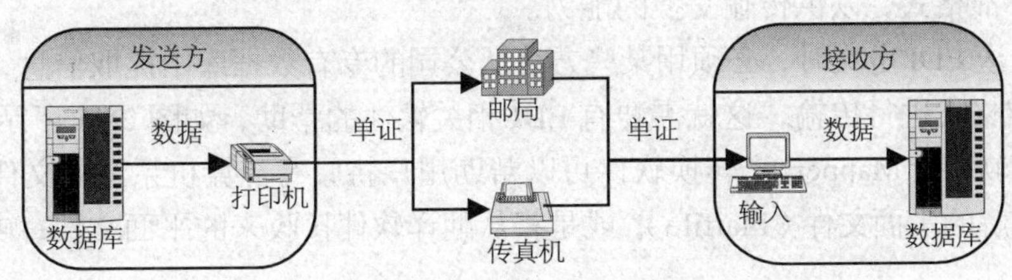

图2-9 手工条件下单证传输

在手工条件下，贸易双方之间重复输入的数据较多，容易产生差错。然而，在EDI条件下，单证发送方数据库中的数据经过翻译软件转换成标准EDI报文，然后通过网络传递给贸易伙伴的计算机，该计算机通过翻译软件将标准EDI报文转换成本企业内部的数据格式，存入数据库中实现单证信息的共享，如图2-10所示。

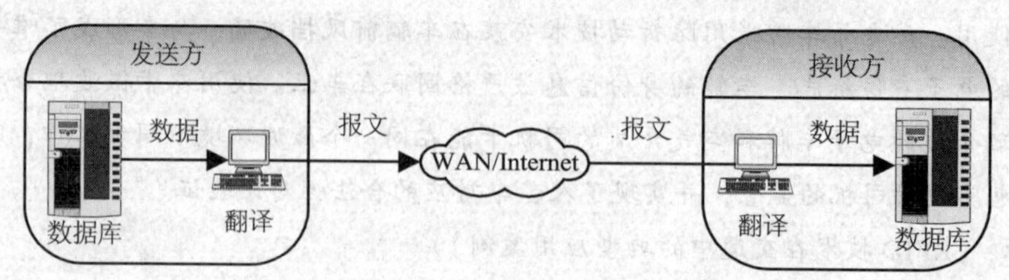

图 2-10 EDI 条件下单证传输

EDI 的特点如下。

（1）EDI 的使用对象是不同的组织之间，EDI 传输的企业间的报文，是企业间信息交流的一种方式。

（2）EDI 所传送的资料是一般业务资料，如发票、订单等，而不是指一般性的通知。

（3）EDI 传输的报文是格式化的，是符合国际标准的，这是计算机能够自动处理报文的基本前提。

（4）EDI 使用的数据通信网络一般是增值网、专用网。

（5）数据传输由收送双方的计算机系统直接传送、交换资料，不需要人工介入操作。

（6）EDI 与传真或电子邮件的区别是：传真与电子邮件，需要人工的阅读判断处理才能进入计算机系统。人工将资料重复输入计算机系统中，既浪费人力资源，也容易发生错误，而 EDI 不需要再将有关资料人工重复输入系统。

2.4.2 EDI 系统的构成与分类

数据标准化，EDI 软件及硬件和通信网络是构成 EDI 系统的三要素。

1. 数据标准

EDI 标准是由各企业、各地区代表共同讨论、制定的电子数据交换共同标准，可以使各组织之间的不同文件格式，通过共同的标准，获得彼此之间文件交换的目的。

2. EDI 软件及硬件

实现 EDI 需要配备相应的 EDI 软件和硬件。EDI 软件具有将用户数据库系统中的信息，译成 EDI 的标准格式，以供传输交换的能力。

当需要发送 EDI 电文时，必须用某些方法从公司的专有数据库中提取信息，并把它翻译成 EDI 的标准格式进行传输，这就需要有 EDI 相关软件的帮助，如图 2-11 所示。

（1）转换软件（Mapper）。转换软件可以帮助用户将原有计算机系统的文件，转换成翻译软件能够理解的平面文件（Flatfile），或是将从翻译软件接收来的平面文件，转换成原计算机系统中的文件。

（2）翻译软件（Translator）。将平面文件翻译成 EDI 标准格式，或将接收到 EDI 标准格式翻译成平面文件。

（3）通信软件。将 EDI 标准格式的文件外层加上通信信封（Envelope），再送到 EDI 系统交换中心的邮箱（Mailbox）。

EDI 所需的硬件设备大致有：计算机、调制解调器（Modem）及电话线。目前所使用的计算机，无论是 PC、工作站、小型机、主机等，均可利用。

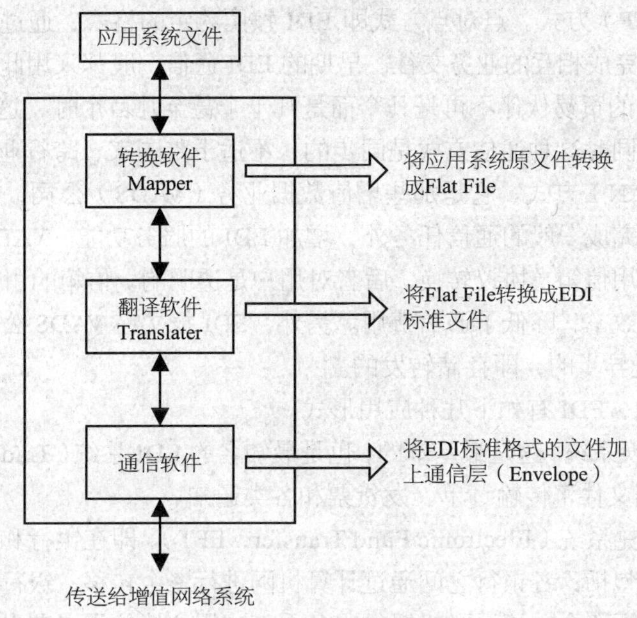

图 2-11　EDI 相关软件

3. 通信网络

通信网络是实现 EDI 的手段。EDI 通信方式有多种，具体内容如下，如图 2-12 所示。

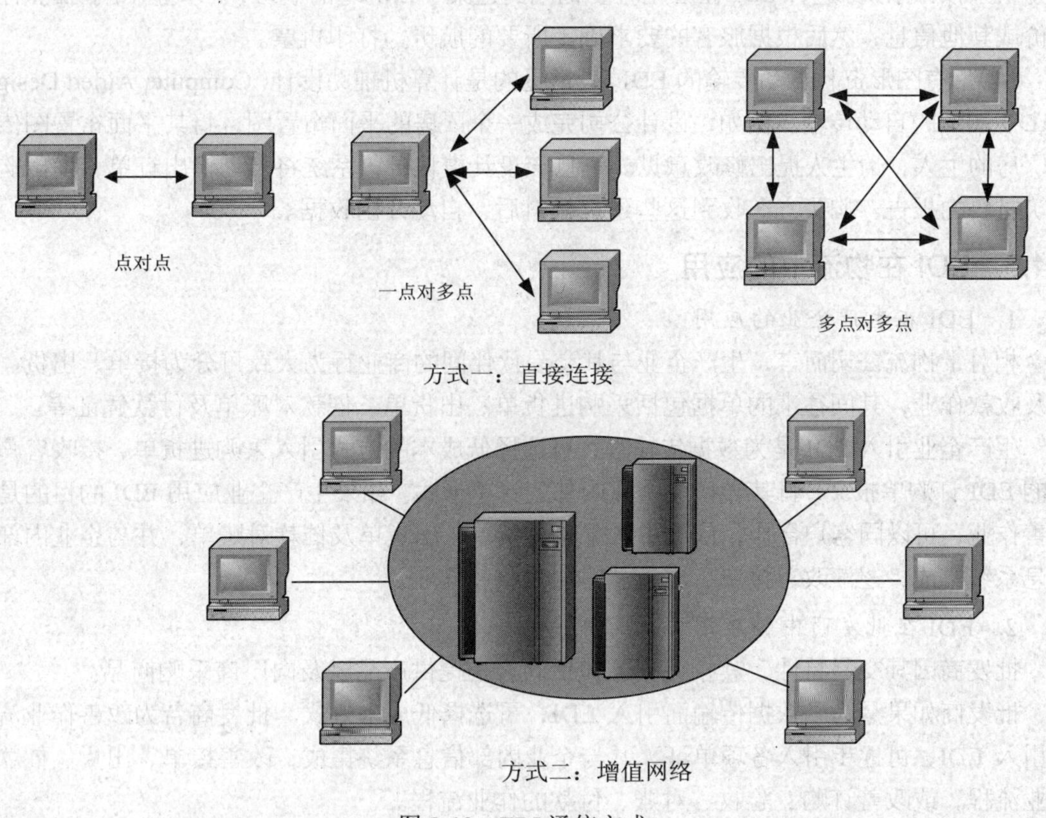

图 2-12　EDI 通信方式

（1）点对点（PTP）方式。点对点方式即EDI按照约定的格式，通过通信网络进行信息的传递和终端处理，完成相互的业务交往。早期的EDI通信一般都采用此方式，但它有许多缺点，如当EDI用户的贸易伙伴不再是几个而是几十个甚至几百个时，这种方式很费时间，需要许多重复发送。同时这种通信方式是同步的，不适于跨国家、跨行业之间的应用。

（2）增值网（VAN）方式。它是那些增值数据业务（VADS）公司，利用已有的计算机与通信网络设备，除完成一般的通信任务外，增加EDI的服务功能。VADS公司提供给EDI用户的服务主要是租用信箱及协议转换，后者对用户是透明的。信箱的引入，实现了EDI通信的异步性，提高了效率，降低了通信费用。另外，EDI报文在VADS公司自己的系统（即VAN中）中传递也是异步的，即存储转发的。

根据EDI的功能，EDI有如下几种应用形式。

（1）贸易数据互换系统。这是最基本的，也是最知名的EDI系统（Trade Data Interchange，TDI），它用电子数据文件来传输订单、发货票和各类通知。

（2）电子金融汇兑系统（Electronic Fund Transfer，EFT）。即在银行和其他组织之间实行电子费用汇兑，具体包括：各银行之间通过计算机网进行资金转移；银行与其他机关或厂商之间通过计算机网进行资金转移；联机银行服务系统，用户持信用卡在自动出纳机上存取现金；在超级市场设电子销售点，用户持信用卡付款，通过计算机网自动转移到商店的账户上。

（3）交互式应答系统（Interactive Qurey Response）。该系统可应用在旅行社或航空公司作为机票预订系统。这种EDI在应用时要询问到达某一目的地的航班，要求显示航班的时间、票价或其他信息，然后根据旅客的要求确定所要的航班，打印机票。

（4）带有图形资料自动传输的EDI。最常见的是计算机辅助设计（Computer Aided Design，CAD）图形的自动传输。例如，设计公司完成一个厂房的平面布置图，将其平面布置图传输给厂房的主人，请主人提出修改意见。一旦该设计被认可，系统将自动输出订单，发出购买建筑材料的报告。购买方在收到这些建筑材料后，自动开出收据。

2.4.3 EDI在物流中的应用

1. EDI在生产企业的应用

相对于物流公司而言，生产企业与其交易伙伴间的商业行为大致可分为接单、出货、催款及收款作业，其间往来的单据包括采购进货单、出货单、催款对账单及付款凭证等。

生产企业引入EDI是为数据传输时，可选择低成本的方式引入采购进货单，接收客户传来的EDI订购单报文，将其转换成企业内部的订单形式。如果生产企业应用EDI的目的是为改善作业，可以同客户合作，依次引入采购进货单、出货单及催款对账单，并与企业内部的信息系统集成，逐渐改善接单、出货、对账及收款作业。

2. EDI在批发商中的应用

批发商因其交易特性，其相关业务包括向客户提供产品以及向厂商采购商品。

批发商如果是为了数据传输而引入EDI，可选择低成本方式。批发商若为改善作业流程而引入EDI，可逐步引入各项单证，并与企业内部信息系统集成，改善接单、出货、催款的作业流程，或改善订购、验收、对账、付款的作业流程。

3. EDI在系统运输业务中的应用

运输企业以其强大的运输工具和遍布各地的营业点在流通业中扮演了重要的角色。

运输企业若为数据传输而引入 EDI，可选择低成本方式，先引入托运单，接收托运人传来的 EDI 托运单报文，将其转换成企业内部的托运单格式。运输企业若引入 EDI 是为改善作业流程，可逐步引入各项单证，且与企业内部信息系统集成，以进一步改善托运、收货、送货、回报、对账、收款等作业流程。

【小案例】

美的集团是一家以家电业为主，涉足房产、物流等领域的大型综合性现代化企业集团，随着自身业务在全球范围的不断扩大，美的已经形成了一个覆盖全球，从生产制造、供应商、物流、渠道到客户的庞大企业供应链群。美的的供应链伙伴群体十分庞大，上下游企业和合作伙伴众多，每年需要交换大量的单据，供应链成员在业务合作中信息交换的速度和准确性直接决定了整个供应链的运作效率。

之前，美的是采用人工的方式实现对大量业务单据的接收、处理和发送，需要花费较长时间来完成单据的处理；同时，人工处理方式难免发生错误（见图 2-13）。为了满足与供应链合作伙伴之间的实时、安全、高效和准确的业务单据交互，提高供应链的运作效率，降低运营成本，美的采用企业级（B2B）数据自动化交互和传输技术，即 EDI（电子数据交换）解决了这个问题（见图 2-14）。

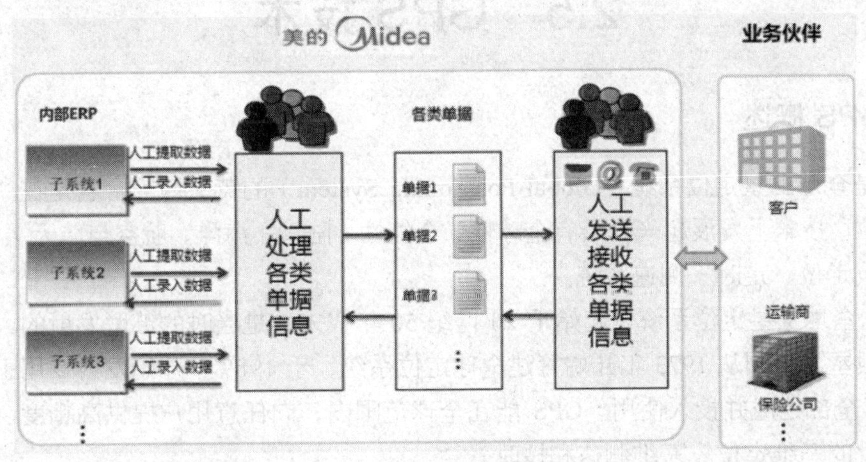

图 2-13　实施 EDI 之前的传统业务流程

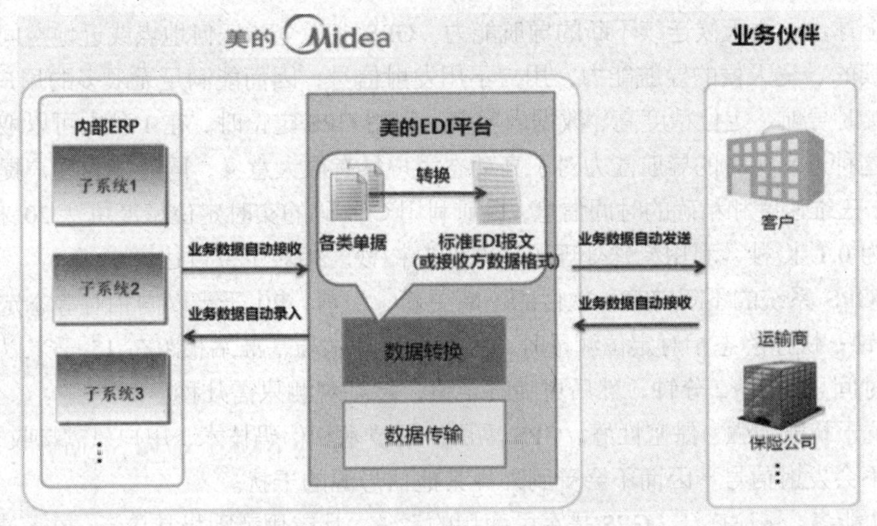

图 2-14　实施 EDI 之后的业务流程

通过 EDI 平台，首先美的与业务伙伴之间的数据交互由过去的人工方式转变为完全的自动化，极大地提升了供应链的工作效率；其次，大大加快了业务处理速度，降低了人工处理方式下的相关成本；再次，由于实行了无纸化和全自动化操作，大大降低了人工处理过程中由于人为操作、纸张丢失等造成的出错率，基本实现了无错化处理。除了以上这些即时的效益之外，EDI 应用对美的全面提升竞争力也有着重要的作用。

（资料来源：全国物流信息网——美的集团 EDI 应用案例）

案例点评：通过实施 EDI，美的产品供应链的响应速度得到极大提高，产品可以在最短的时间内被送达消费者手里，减少了人工方式下产生的错误，提升客户满意度，以更有竞争力的价格向下游供货，提高了客户的忠诚度。此外，通过 EDI 平台，美的提升了企业形象，以高效、精准的工作方式赢得了更多合作伙伴，为企业走向世界，建立与海外客户的合作伙伴关系奠定了坚实的基础。

2.5 GPS 技术

2.5.1 GPS 概述

GPS 是全球卫星定位系统（Global Positioning System）的英文简写。它是在“子午仪卫星导航定位”技术上发展起来的具有全球性、全能性（陆地、海洋、航空与航天）、全天候性优势的导航定位、定时、测速系统。

GPS（全球卫星定位系统）起始于 20 世纪 50 年代末，是当时的苏联发射的人类第一颗人造地球卫星。美国从 1973 年开始筹建全球定位系统，于 1989 年开始发射专用工作卫星，在 1994 年全部建成并投入使用。GPS 能在全球范围内，向任意用户提供高精度、全天候、连续、实时的三维定位、三维测速和授时。

GPS 系统具有以下主要特点。

（1）全球性、全天候连续不断的导航能力。GPS 能为全球任何地点或近地空间的各类用户提供连续的、全天候的导航能力，用户不用发射信号，因而能满足无限多的用户使用。

（2）实时导航、定位精度高、数据内容多。利用 GPS 定位时，在 1 秒内可以取得几次位置数据，这种近乎实时的导航能力对于高动态用户具有很大意义，同时能为用户提供连续的三维位置、三维速度和精确的时间信息，目前利用 C/A 码的实时定位精度可达 20 米～50 米，速度精度为 0.1 米/秒，利用特殊处理可达 0.005 米/秒，相对定位可达毫米级。

随着 GPS 系统的不断完善，软件的不断更新，目前，20 千米以内相对静态定位，仅需 15～20 分钟；快速静态相对定位测量时，当每个流动站与基准站相距在 15 千米以内时，流动站观测时间只需 1～2 分钟，然后可随时定位，每站观测只需几秒。

（3）抗干扰能力强、保密性好。GPS 采用扩频技术和伪码技术，用户只需接收 GPS 的信号，自身不会发射信号，因而不会受到外界其他信号源的干扰。

（4）功能多、用途广泛。GPS 是军民两用的系统，其应用范围极其广泛，在军事上，GPS 将成为自动化指挥系统，在民用上可广泛应用于农业、林业、水利、交通、航空、测绘、安全防范、军事、电力、通信、城市多个领域，尤其以地面移动目标监控在 GPS 应用方面最具代表性和前瞻性。

【小资料】

北斗卫星导航系统（BDS）和美国 GPS、俄罗斯 GLONASS、欧盟 GALILEO，是全球四大卫星导航系统。北斗卫星定位系统是由中国建立的区域导航定位系统，该定位系统可向用户提供全天候、24 小时的即时定位服务，其精度与 GPS 相当。

北斗卫星导航系统由空间段、地面段和用户段三部分组成，空间段包括 5 颗静止轨道卫星和 30 颗非静止轨道卫星，地面段包括主控站、注入站和监测站等若干个地面站，用户段包括北斗用户终端以及与其他卫星导航系统兼容的终端。

自 2012 年 12 月 27 日正式提供区域服务以来，北斗导航区域系统一直在连续、稳定、可靠地运行，全天候、全天时为各类用户提供了大量高精度、高可靠的定位、导航、授时服务，服务已覆盖全球 1/3 的陆地，使亚太地区的 40 亿人口受益。不同于 GPS，“北斗”的指挥机和终端之间可以双向交流，如在 2008 年 5 月 12 日汶川大地震救援过程中，北京武警指挥中心和四川武警部队运用“北斗”进行了上百次交流。

2016 年 6 月 12 日，我国在西昌卫星发射中心用长征三号丙运载火箭，成功发射了第 23 颗北斗导航卫星。这颗卫星入轨并完成在轨测试后，将与其他在轨卫星共同提供服务，进一步增强北斗卫星导航系统的稳健性，强化服务能力，为系统服务从区域向全球拓展奠定坚实基础。

2.5.2 GPS 系统的构成与分类

GPS 系统包括三大部分：空间部分——GPS 卫星星座；地面控制部分——地面监控系统；用户设备部分——GPS 信号接收机。

1. GPS 空间部分

空间卫星系统由均匀分布在 6 个轨道平面上的 24 颗高轨道（距地面约 20 000 千米）工作卫星构成，其中 3 颗是用来及时更换老化或损坏的卫星，保障整个系统的正常工作。该卫星系统能够保证地球上任意一地点的 GPS 用户都能连续地观测到至少 4 颗卫星，从而提供全球范围从地面到 20 000 千米高空之间任意一载体高精度的三维位置、三维速度和系统时间信息。

2. GPS 地面监控部分

主控站。主控站拥有大型电子计算机，接收各监测站的 GPS 卫星观测数据、卫星工作状态数据、各监测站和注入站自身的工作状态数据。其功能是：采集数据、编辑导航电文、诊断功能、调整卫星。

监测站。对每颗卫星进行观测，精确测定卫星在空间的位置，定时向主控站提供观测数据。

注入站。接受主控站送达的改正后的卫星导航电文，并将电文注入飞越其上空的每颗卫星。

3. 用户接收系统

GPS 接收机，是一种特殊的无线电接收机，用来接收导航卫星发射的信号，并以此计算出定位数据。GPS 接收机一般用蓄电池电源，其主要任务是：捕获到按一定卫星高度截止角所选择的待测卫星的信号，并跟踪这些卫星的运行；对于接收到的 GPS 信号进行变换、放大和处理，以便测量出 GPS 信号从卫星到接收天线的传播时间，解译出 GPS 卫星所发送的导航电文，实时地计算出测站的三维位置、三维速度和时间。用户通过测量到太空各可视卫星的距离来计算它们的当前位置，同时收集到至少 4 颗卫星的数据时就可以计算出三维坐标、速度和时间。

GPS 卫星接收机种类很多，按接收机的用途可做以下分类。

（1）导航型接收机。此类型接收机主要用于运动载体的导航，它可以实时给出载体的位置和速度。这类接收机一般采用 C/A 码伪距测量，单点实时定位精度较低，一般为±10 米，有 SA 影响时为±100 米。这类接收机价格便宜，应用广泛。根据应用领域的不同，此类接收机还可以进一步分为：车载型、航海型、航空型、星载型等。

（2）测地型接收机。测地型接收机主要用于精密大地测量和精密工程测量。这类仪器主要采用载波相位观测值进行相对定位，定位精度高。仪器结构复杂，价格较贵。

（3）授时型接收机。这类接收机主要利用 GPS 卫星提供的高精度时间标准进行授时，常用于天文台及无线电通信中时间同步。

2.5.3 GPS 在物流中的应用

1. 导航功能

三维导航既是 GPS 的首要功能，也是它的最基本功能，其他功能都要在导航功能的基础上才能完全发挥作用。飞机、船舶、地面车辆以及步行者都可利用 GPS 导航接收器进行导航。汽车导航系统是在 GPS 的基础上发展起来的，它由 GPS 导航、自律导航、微处理器、车速传感器、陀螺传感器、CD-ROM 驱动器、LCD 显示器组成。由 GPS 卫星导航和自律导航所测到的汽车位置坐标、前进的方向都与实际行驶的路线轨迹存在一定误差，为修正这两者间的误差，使之与地图上的路线统一，需采用地图匹配技术，加一个地图匹配电路，对汽车行驶的路线与电子地图上道路的误差进行实时相关匹配，并做自动修正。此时，地图匹配电路通过微处理单元的整理程序进行快速处理，得到汽车在电子地图上的正确位置，以指示出正确行驶路线。CD-ROM 用于存储道路数据等信息，LCD 显示器用于显示导航的相关信息。

2. 车辆跟踪功能

GPS 导航系统与 GIS 技术、无线移动通信系统（GSM）及计算机车辆管理信息系统相结合，可以实现车辆跟踪功能。利用 GPS 和 GIS 技术可以实时显示出车辆的实际位置，并任意放大、缩小、还原、换图；可以随目标移动，使目标始终保持在屏幕上，还可实现多窗口、多车辆、多屏幕同时跟踪，利用该功能可对重要车辆和货物进行跟踪运输。目前，已开发出把 GPS/GIS/GSM 技术结合起来对车辆进行实时定位、跟踪、报警、通信等的技术，能够满足掌握车辆基本信息、对车辆进行远程管理的需要，有效避免车辆的空载现象，同时客户也能通过互联网技术，了解自己货物在运输过程中的细节情况。

3. 货物配送路线规划功能

货物配送路线规划是 GPS 导航系统的一项重要辅助功能，包括：自动线路规划——由驾驶员确定起点和终点，由计算机软件按照要求自动设计最佳行驶路线，包括最快的路线、最简单的路线、通过高速公路路段次数最少的路线等；人工线路设计——由驾驶员根据自己的目的地设计起点、终点和途经点等，自动建立线路库，线路规划完毕后，显示器能够在电子地图上显示设计线路，并同时显示汽车运行路径和运行方法。

4. 信息查询

为客户提供主要物标，如旅游景点、宾馆、医院等数据库，用户能够在电子地图上根据需要进行查询。查询资料可以文字、语言及图像的形式显示，并在电子地图上显示其位置。同时，监测中心可以利用监测控制台对区域内任意目标的所在位置进行查询，车辆信息将以数字形式在控制中心的电子地图上显示出来。

5. 话务指挥

指挥中心可以监测区域内车辆的运行状况，对被监控车辆进行合理调度。指挥中心也可随时与被跟踪目标通话，实行管理。

6. 紧急援助

通过 GPS 定位和监控管理系统，指挥中心可以对遇有险情或发生事故的车辆进行紧急援助。监控台的电子地图可显示求助信息和报警目标，规划出最优援助方案，并以报警声、光提醒值班人员进行应急处理。

【小案例】

利用通信网络，出租车行业的 GPS 车辆监控调度系统可以实现对车辆的实时调度监控和防劫防盗报警，提高车辆运行的安全性和处理突发事件的能力。系统将 GPS 车载终端、计价器和 IC 卡刷卡器（三机合一）有机地结合在一起，通过数据的传输、处理，加强对车辆和司机的管理，为宏观调控和整体规划提高真实准确的数据，真正解决企业在运营管理中遇到的问题，提升整体管理水平和信息化程度。

车载终端通过卫星接收天线收到卫星信号、自动定位后，通过内置手机模块将位置信息发送到总控中心，总控中心接到信息后，提取出位置信息，实时地将车辆的经度、纬度、速度、状态等信息显示在电子地图上。监控中心可以通过通信网络，向车载终端发送控制指令，并以文本和语言的形式发布各种信息。用户通过服务电话，向调度中心进行召车，调度座席录入用户的用车信息，并向符合条件的出租车进行呼叫。司机可以按抢答键进行应召，调度座席生成派车单并发送到应召的车辆，完成电召业务。车载终端根据系统设置，会自动发送报警信号，司机在紧急情况下也可以启动报警开关，连续发送报警信号和位置信息到调度中心 GIS 终端，当监控中心接到报警信息后，对车辆进行跟踪监听。同时，对其他所有安装车载终端的车辆广播消息，通告出事车辆的情况，并及时转警，有效地保障驾驶员的人身安全。

GPS 系统具有高度稳定性，保证全天候运转；具备强大的二次开发功能和灵活的组件，方便客户业务发展需求；同时系统采用权限管理和网络安全措施，保证数据和系统的安全，采用标准协议和先进的高新技术，保证系统的先进型和可扩展性；通过预留技术接口和标准的数据接口，能够与企业的其他信息系统对接并提供大量的实时数据。

（案例来源：轩慧国信 http://www.bjxhgx.com/details?id=30&cate=2）

案例点评： 利用 GPS/GIS 定位和语音卡技术，可以实现车辆的智能调度，为司机提供车辆需求信息服务，减少空驶率，进而提高车辆和道路资源的有效利用率，提高出租车行业管理水平和效率，树立良好行业形象。

2.6 GIS 技术

2.6.1 GIS 概述

地理信息系统（Geographic Information System，GIS），是以地理空间数据库为基础，在计算机软硬件的支持下，运用系统工程和信息科学的理论，科学管理和综合分析具有空间内涵的地理数据，以提供管理、决策等所需信息的技术系统。简单地说，GIS 是综合处理和分析地理空间数据的一种技术系统，是以测绘测量为基础，以数据库作为数据储存和使用的数据源，以计算机编程为平台的全球空间分析即时技术。地理信息系统作为获取、存储、分析和管理地理空间数据的重要工具、技术和学科，近年来得到了广泛关注和迅猛发展（见图 2-15）。

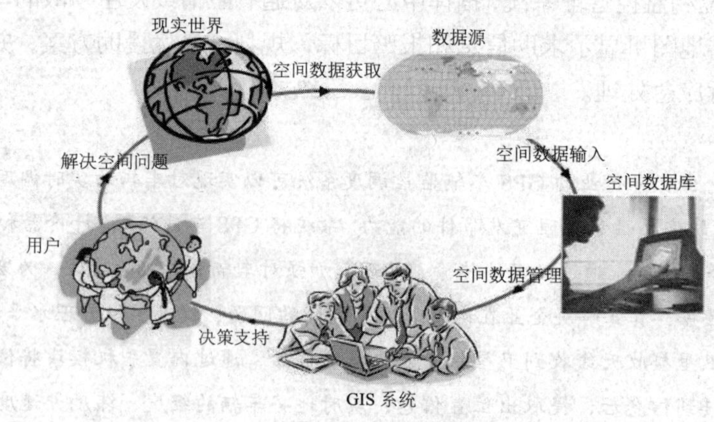

图 2-15 GIS 系统

地理信息系统是一种具有信息系统空间专业形式的数据管理系统，其主要特征是存储、管理、分析与位置有关的信息。地理信息系统的主要作用是将表格型数据（无论它来自数据库、电子表格文件还是直接在程序中输入）转换为地理图形显示，然后对显示结果浏览、操作和分析。其显示范围可以从洲际地图到非常详细的街区地图，显示对象包括人口、销售情况、运输线路以及其他内容。

GIS 功能包括：数据采集、监测与编辑；数据处理；数据存储与组织；空间查询与分析；图形交互与显示。

（1）数据采集、监测与编辑——获取数据，保证 GIS 数据库中的数据完整性、数值逻辑一致性、正确性等。GIS 数据库的建设占整个系统建设投资的 70%以上。

（2）数据处理——包括数据格式化、转换、概括。数据的格式化是指不同数据结构的数据间变换；数据转换包括数据格式转化、数据比例尺的变化。

（3）数据存储与组织——空间数据和属性数据的组织。在数据组织与管理中，最为关键的是如何将空间数据与属性数据融合为一体。

（4）空间查询与分析——最核心的功能。空间查询是最基本的分析功能。空间分析是核心功能，可分为 3 个不同的层次：①空间检索，包括从空间位置检索空间物体及其属性和从属性条件集检索空间物体；②空间拓扑叠加分析，实现了输入要素属性的合并以及要素属性在空间上的连接；③空间模型分析。

（5）图形交互与显示——为用户提供多形式的数据表现的工具，如报告、表格、地图等。

GIS 具有以下特点。

（1）GIS 数据库中不仅包含丰富的地理信息，还包含与地理信息有关的其他信息，如人口分布、环境污染、区域经济情况、交通情况等。

（2）在二维空间编码基础上，实现多专题的第三维信息结构的组合，并按时间序列延续，从而使它具有信息存储、更新和转换能力，为决策部门提供实时显示和多层次分析的方便。这显然是常规二维或二维半的地形图所不具备的。

（3）所有的地理要素，要按经纬度或者特有的坐标系统进行严格的空间定位，才能使具有时序性、多维性、区域性特征的空间要素进行复合和分解，将隐含其中的信息变为显示表达，形成空间和时间上连续分布的综合信息基础，支持空间问题的处理与决策。

（4）将多信息源的空间数据和统计数据进行分级、分类、规格化和标准化，使其适应于计算机输入和输出的要求，便于进行社会经济和自然资源、环境要素之间的对比和相关分析。

目前，GIS 的应用开始向专业化方向发展，功能由通用管理功能转向资源评估、监督、跟踪分析等专业功能方向发展，支持多源、多尺度、多类型集成应用的软件平台工具的开发应用。GPS、遥感技术与 GIS 的集成应用已成为 GIS 软件发展的趋势之一，而这种应用的发展是在应用推动的基础上建立的，针对特定应用领域的集成化的 GIS 将成为资源环境领域 GIS 的发展方向，也是系统与业务结合的需要。

2.6.2 GIS 系统的构成与分类

1. GIS 系统的构成

GIS 的应用系统由 5 个主要部分构成。

（1）硬件。操作 GIS 所需的一切计算机资源；硬件的性能影响到处理速度、使用是否方便及可能的输出方式。当前，GIS 软件可以在很多类型的硬件上运行，从中央计算机服务器到桌面计算机，从单机到网络环境。

（2）软件。不仅包含 GIS 软件，还包括各种数据库、绘图、统计、影像处理及其他程序。GIS 软件的选型，直接影响其他软件的选择，影响系统解决方案，也影响着系统建设周期和效益。

（3）数据。精确的、可用的数据可以影响到查询和分析的结果。

（4）人员。GIS 中最重要的组成部分，包括开发人员和系统操作人员。

（5）方法。GIS 要求明确定义，一致的方法来生成正确的可验证的结果。

2. GIS 系统分类

GIS 按照应用功能可分为以下几种类型。

（1）工具型 GIS。工具型 GIS 也称为地理信息系统开发平台或外壳，具有 GIS 基本功能，供其他系统调用或进行二次开发的操作平台。目前流行的工具型 GIS 软件有 Arcgis、Mapinfo、Mapgis 等。

（2）应用型 GIS。根据用户的需求和应用目的，在工具型 GIS 平台上，通过二次开发完成。该系统分为专题 GIS（如水资源管理信息系统、矿产资源信息系统、农作物估产信息系统、草场资源管理信息系统、水土流失信息系统、环境管理信息系统）和区域 GIS（如黄河流域 GIS、国务院 GIS）。

（3）大众型 GIS。面向大众、不涉及具体专业的 GIS。

GIS 按数据结构划分如下。

（1）矢量 GIS。矢量 GIS 是按照矢量图绘制的 GIS 图形。矢量图是根据几何特性来绘制图形，矢量可以是一个点或一条线，矢量图只能靠软件生成，文件占用内在空间较小，因为这种类型的图像文件包含独立的分离图像，可以自由无限制地重新组合。它的特点是放大后图像不会失真，和分辨率无关，文件占用空间较小，适用于图形设计、文字设计和一些标志设计、版式设计等。

（2）栅格 GIS。栅格 GIS 是按照栅格图像绘制的 GIS 图形。栅格图像，也称光栅图像、栅格图形，是指在空间和亮度上都已经离散化了的图像。我们可以把一幅栅格图像考虑为一个矩阵，矩阵中的任意一元素对应于图像中的一个点，而相应的值对应于该点的灰度级，数字矩阵中的元素叫作像素。这种图像与马赛克拼图相似，是由一系列像素组成的矩形图案，如果所有的像素有且仅有两个灰度级（黑或白），则称为二值图像，也即位图。

2.6.3 GIS 在物流中的应用

1. 配送中心的布局和配送点的分布上

随着经济的发展，物流配送呈现跨地区、跨国家的趋势，但大多数情况下都是经过配送中心及配送点转移到消费者手中。不合理的配送中心和配送点的分布会造成配送成本的增加和服务效率的降低。因此，企业可以利用 GIS 的强大的空间网络分析功能，使其分布趋于合理。

2. 最佳路径的选择上

如何在收到订单后，以最少的运输成本、最短的运输距离和最短的时间完成配送。这时，企业可以借助 GIS 的图形表达功能显示最佳的路径，使配送成本最低。

3. 物流配送的可视化表达和物流配送的动态监测上

企业可以将纸面上的表格和图形通过 GIS 转化为空间网络图，使物流信息更加形象化和直观化。借助于物流配送的动态空间网络图，企业可以实时监测物流配送的动态，发现影响物流配送的症结，从而使整个配送过程货畅其流。

2.7 新型物流信息技术

当下，物联网、大数据、云计算等技术持续发展，尤其是电子商务迅猛发展，为流通业的转型升级提供了契机。物流业要与这些新技术深入结合，实现互联、协同、共享以及共利，推动我国从物流大国迈向物流强国。

2.7.1 物联网

物联网是新一代信息技术的重要组成部分，也是“信息化”时代的重要发展阶段，其英文名称是：“internet of things”。简而言之，物联网就是“物物相连的互联网”。

国际电信联盟（ITU）发布的 ITU 互联网报告，对物联网做了以下定义：通过二维码识读设备、射频识别（RFID）装置、红外感应器、全球定位系统和激光扫描器等信息传感设备，按约定的协议，把任何物品与互联网相连接，进行信息交换和通信，以实现智能化识别、定位、跟踪、监控和管理的一种网络。

根据国际电信联盟的定义，物联网主要解决物品与物品（Thing to Thing，T2T）、人与物品（Human to Thing，H2T）、人与人（Human to Human，H2H）之间的互连。但是与传统互联网不同的是，H2T 是指人利用通用装置与物品之间的连接，从而使得物品连接更加的简化，而 H2H 是指人之间不依赖于 PC 而进行的互连。

在物联网应用中有 3 项关键技术：传感器技术、RFID 标签和嵌入式系统技术。

（1）传感器技术。到目前为止，绝大部分计算机处理的都是数字信号。自从有计算机以来就需要传感器把模拟信号转换成数字信号计算机才能处理。

（2）RFID 标签。它也是一种传感器技术，RFID 技术是融合了无线射频技术和嵌入式技术为一体的综合技术，RFID 在自动识别、物品物流管理有着广阔的应用前景。

（3）嵌入式系统技术。这是综合了计算机软硬件、传感器技术、集成电路技术、电子应用技术为一体的复杂技术。经过几十年的演变，以嵌入式系统为特征的智能终端产品随处可见，小到人们身边的 MP3，大到航天航空的卫星系统。嵌入式系统正在改变着人们的生活，推动着工业生产以及国防工业的发展。

如果把物联网用人体做一个简单比喻，传感器相当于人的眼睛、鼻子、皮肤等感官，网络就是神经系统用来传递信息，嵌入式系统则是人的大脑，在接收到信息后要进行分类处理。这个例子很形象地描述了传感器、嵌入式系统在物联网中的位置与作用。

在物流行业中，目前最常用的物联网感知技术主要有 RFID 技术、GPS 技术、传感器技术、视频识别与监控技术、激光技术、红外技术、蓝牙技术等。物流行业为了使移动或存储中形态各异的“物”能够联网，最常采用的网络技术是局域网技术、无线局域网技术、互联网技术、现场总线技术和无线通信技术。常用的智能技术有智能计算技术、云计算技术、移动计算技术、数据挖掘技术和专家系统技术等。

物联网技术在物流行业中应用的特点可以归纳为以下几个方面。

（1）全面的感知。通过 RFID、GPS、红外感应、传感器等对派送物资的信息进行随时随地的采集，为呈现运输货物的即时状态提供现场端的数据，包括温湿度、所处位置、压力，以及运输距离、速度等。

（2）可靠的传送。通过有线及无线信息网络，使处于物流状态中的货物在网络中实现状态同步，通过可靠的信息共享使物流企业与物流企业、物流企业与客户、物流产业与其他产业之间实现即时沟通和相互融合，形成一体化服务。物联网使物流业脱离孤岛状态，更深入对客户的服务中去。

（3）智能化处理。通过智能控制、云计算等技术，对物流相关信息进行采集、分析和整合，为物流管理决策提供最翔实的数据并提供智能化决策建议和管理控制工具，体现更深一步的“人与物的沟通”。

【小案例】

全国棉花交易市场根据国务院〔1998〕42号文件批准设立，主办单位为中华全国供销合作总社。作为我国棉花流通体制改革的产物和棉花行业的综合服务平台，交易市场1999年成立以来，主要功能是服务于国家棉花宏观调控，打造棉花综合服务平台，主要工作是组织国家政策性棉花的交易，为国家对棉花实施宏观调控服务，以及开展商品棉交易、资金、物流监管、信息等综合服务。

棉花物联网项目经过多年建设，已经完成了125个仓库的初步视频覆盖以及淄博鼎盛仓库的有源RFID电子标签试点覆盖，经过多轮实践，总结出了多个对棉花仓库进行信息化覆盖的实施方案。

（1）通过摄像头进行精密视频覆盖，实现每批标注。根据每个仓库面积及库容，配置安装相应数量的视频摄像头，每个摄像头覆盖约1 500吨棉花，可以实现在视频画面上对每批棉花进行视频标注，并实现移动侦测功能。如果实现标注的棉花出现移动、出库等行为，均会引发后台系统警报，确保棉花时刻处于监管之下。

以新疆仓库应用情况为例，新疆自治区政府确定的“新疆棉花专业监管仓库”44家，平均每个仓库需安装约60个摄像头，通过对这些仓库的视频系统全覆盖，实现400万吨在库棉花的精确标注，为新疆棉花目标价格改革试点政策的顺利实施发挥了重要作用。

（2）通过摄像头进行大面视频覆盖，辅以有源电子标签。由于视频系统的主要功能是对大面积范围内进行标注棉花物理位移的监控预警，防止监管棉花的违规出库，强调的是事中、事后的监管。为进一步防止监管棉花的重复质押，全国棉花交易市场进一步研发了有源电子标签系统，不仅完善对监管棉花物理位移的监管，更从根本上杜绝了重复质押的操作空间。

主要是对于在交易市场进行仓单质押的棉花，以批为单位，配置内置有源RFID电子标签的垛头卡，垛头卡上详细标注了该批棉花的所有信息，可以防止在质押棉花被重复质押的情况。有源RFID电子标签内置有震动感应器和温度感应器，可以实时监测在质押棉花的在库情况，防止在质押棉花私自出库的情况。

（3）通过无源RFID电子标签覆盖所有棉包。目前，无源RFID电子标签经过多轮实验，已经发现了解决棉包无线电信号穿透问题的可能性。如果解决了无线电信号穿透棉包的技术瓶颈，即可以配合专业仓储业务，在轧花厂环节即对每包棉花植入无源RFID电子标签，这样便能实现使用手持读卡设备进行移动巡库功能，大大提升查库时间，节省人工查库成本。同时，手持读卡设备还能植入GPS芯片，将棉包的位置信息也回传至交易市场服务器，增加查库信息的真实性，将不同时期的查库信息进行比对，掌握棉包位置变动情况。也能实时监测每包棉花的出入库及运输情况，实现每包棉花从加工到仓储物流到销售使用所有环节的流转情况全面监测统计的功能。

目前新疆棉花总产量为430万吨，约合1 900万包，内地棉花总产量为206万吨，约合900万包。如优先在新疆实现每包棉花在加工出厂环节即配置无源RFID电子标签，则每年需约1 900万个无源RFID电子标签。项目全部建成并投入运营后，将会形成集棉花仓储、物流配送、贸易流通等产业链于一体的自动监管网络和体系，有利于降低棉花物流成本，提高棉花流通效率，提升棉花产业链的服务效率和服务水平，预计每年实现棉花入库量400万吨，实现年收入1亿元的效益。

（资料来源：中国物流与采购网）

案例点评：本项目通过在仓库部署安装物联网终端与设备，建设以RFID标签为基础的棉包信息采集系统和数字仓库系统，利用RFID标签、传感器、控制器的技术优势与特点，将仓库管理的规章制度、业务棉花出入库作业流程、业务棉花监管流程等内容以数字化方式表现出来，实现对仓库流程执行的智能化监控，提高对仓库的管理效率。

2.7.2 大数据

所谓大数据（Big Data），是指无法在一定时间范围内用常规软件工具进行捕捉、管理和处理的数据集合，是需要新处理模式才能具有更强的决策力、洞察发现力和流程优化能力的海量、高增长率和多样化的信息资产。

对于“大数据”，研究机构 Gartner 给出了这样的定义：“大数据”是需要新处理模式才能具有更强的决策力、洞察发现力和流程优化能力来适应海量、高增长率和多样化的信息资产。

麦肯锡全球研究所给出的定义是：一种规模大到在获取、存储、管理、分析方面大大超出了传统数据库软件工具能力范围的数据集合，具有海量的数据规模、快速的数据流转、多样的数据类型和价值密度低四大特征。

大数据技术的战略意义不在于掌握庞大的数据信息，而在于对这些含有意义的数据进行专业化处理。换而言之，如果把大数据比作一种产业，那么这种产业实现盈利的关键，在于提高对数据的“加工能力”，通过“加工”实现数据的“增值”。

相对于传统的数据库应用，大数据分析具有数据量大、类型多样、价值密度低、处理速度快等特点，采用对所有数据进行收集、分类、处理和整理，并为企业经营决策提供有应用价值的信息。在物流行业中，物流企业与材料供应商、产品制造商、批发零售商、消费者紧紧地联系在一起，所涉及的数据量极大且具有一定经济价值。应用大数据分析恰恰能对这些数据进行快速高效的处理，得到准确的具有潜在价值的信息，对物流行业的发展具有强大的推进作用。而随着物流行业对大数据应用的逐渐深入，未来物流行业获取的数据已不只是行业内部信息，还包括大量的外部信息。对这些数据的判辨，使得物流企业可以预测性地为每家客户量身定制个性化、差异化服务。

大数据涵盖了许多高新技术，主要包括大数据存储、管理和大数据检索使用等技术。这些技术对物流行业发展的各个环节都有着重要的影响，如采集信息端中的识别、定位和感知，传输信息中的移动互联网技术，以及数据的应用和开发方面。通过在这些环节中对大数据的充分利用，物流企业可有效管理公司员工，快速制定出高效合理的物流配送方案，确定物流配送的交通工具、最佳线路，并实时进行监控，以降低物流配送的成本和提高物流配送的效率，给客户提供高效便捷的服务，实现双赢。

总的来说，大数据分析可以帮助物流企业了解行业发展动态、增强客户的忠诚度、提高物流行业管理的透明度和服务质量、优化物流企业盈利方式。

【小案例】

2015 年 7 月 1 日，国务院办公厅印发《关于运用大数据加强对市场主体服务和监管的若干意见》，旨在运用大数据先进理念、技术和资源，加强对市场主体的服务和监管，提高政府治理能力。在大数据的应用方面，相比政府的应变，市场主体一直走在最前沿。

菜鸟网络自成立以来在快递业务数据化方面取得了很多积极进展，如联合高德的地图以及大数据处理产生的 4 级地址库，可以为快递公司提供更精准的线路规划和配送分派；联合快递合作伙伴推广电子面单，普及率已达 50%，提升发货速度超过 30%。据菜鸟网络透露，正在同中通快递、圆通快递试点大数据路由分单合作，以替代快递公司分拨中心的人工凭记忆分单，此举措将提高 50%的分拣效率，未来会在主要快递合作伙伴中推广。

此前推出的“物流预警雷达”在经历 2015 年“双十一”的检验后名声大噪。2015 年的“双十一”，淘宝物流的订单相比 2014 年同期翻了接近一倍，但是整个物流体系运作却非常顺畅，没有出现以往的爆仓现象。整个“双十一”期间其商品及商品在页面上的位置，都依靠算法来筛选。大数据是变量，算法则是规则，设定什么样的规则，就收获什么样的结果。作为淘宝和天猫物流支撑体系枢纽的“菜鸟网络”，根据快递公司开放的物流数据，结合天猫和淘宝的买家预售、浏览、加入购物车、店铺收藏等行为，以及商家的备货数据，给物流合作伙伴提供数据预测。越来越精准的数据分析与预测，使快递公司在应对上更加准确和从容。

大数据的使用不仅为物流行业带来巨大改变，在其他多个行业也发挥着重要作用。作为 2014 年亚太经合组织（APEC）领导人非正式会议的举办地，北京市怀柔区警方也运用大数据，整合历年案件信息，建立犯罪数据分析和趋势预测系统，助力 APEC 期间的安保工作。这套系统共收录怀柔区近 9 年来 1.6 万余件犯罪案件的数据，通过标准化分类后导入系统数据库，同时采用地图标注，将怀柔分成 16 个警务辖区，抓取 4 700 余个犯罪空间坐标实施空间网格编号，通过多种预测模型，自动预测未来某段时间、某个区域可能发生犯罪的概率以及犯罪的种类。

医疗行业也离不开大数据，2014 年深圳市儿童医院成功部署 IBM 集成平台与商业智能分析系统，这标志着深圳市儿童医院建设大数据时代全面信息化的智慧医院取得了阶段性成果。IBM 利用其行业领先的大数据与分析技术，支持深圳市儿童医院搭建信息集成平台，整合原有分散在多系统中的海量数据，实现各部门的信息共享；与此同时，通过商业智能分析对集成数据进行深入挖掘，为医院各部门人员的科学决策提供全面的辅助支持，提升医院的服务水平和管理能力。

（案例来源：百度文库、《中国数字医学》）

案例点评：通过上述案例，我们可以了解到，正是在大数据的帮助下才使得淘宝成功应对“双十一”。随着信息技术和网络的蓬勃发展，大数据已经渗透各个行业中，在引起企业普遍关注的同时为企业与用户带来了极大的便利。在未来，企业如果想要抓住发展的先机，大数据发展战略将不容忽视。

2.7.3 云计算

从技术上看，大数据与云计算的关系就像一枚硬币的正反面一样密不可分。大数据必然无法用单台的计算机进行处理，必须采用分布式架构，依托云计算的分布式处理、分布式数据库和云存储、虚拟化技术。

云计算（Cloud Computing）是基于互联网的相关服务的增加、使用和交付模式，通常涉及通过互联网来提供动态易扩展且经常是虚拟化的资源。

美国国家标准与技术研究院（NIST）定义：云计算是一种按使用量付费的模式，这种模式提供可用的、便捷的、按需的网络访问，进入可配置的计算资源共享池（资源包括网络、服务器、存储、应用软件、服务等），这些资源能够被快速提供，只需投入很少的管理工作，或与服务供应商进行很少的交互。

云计算的特点体现在以下几个方面。

1. 超大规模

“云”具有相当的规模，Google 云计算已经拥有 100 多万台服务器，亚马逊、IBM、微软、雅虎等的“云”均拥有几十万台服务器。企业私有云一般拥有数百上千台服务器。“云”能赋予用户前所未有的计算能力。

2. 虚拟化

云计算支持用户在任意位置、使用各种终端获取应用服务。所请求的资源来自“云”，而不是固定的有形实体。应用在“云”中某处运行，但实际上用户无须了解，也不用担心应用运行的具体位置。只需要一台笔记本电脑或者一个手机，用户就可以通过网络服务来实现我们需要的一切，甚至包括超级计算这样的任务。

3. 高可靠性

“云”使用了数据多副本容错、计算节点同构可互换等措施来保障服务的高可靠性，使用云计算比使用本地计算机可靠。

4. 通用性

云计算不针对特定的应用，在“云”的支撑下可以构造出千变万化的应用，同一个“云”可以同时支撑不同的应用运行。

5. 高可扩展性

“云”的规模可以动态伸缩，满足应用和用户规模增长的需要。

6. 按需服务

“云”是一个庞大的资源池，按需购买，它可以像自来水、电、煤气那样计费。

7. 极其廉价

由于“云”的特殊容错措施，人们可以采用极其廉价的节点来构成“云”。“云”的自动化集中式管理使大量企业无须负担日益高昂的数据中心管理成本，“云”的通用性使资源的利用率较之传统系统大幅提升，因此用户可以充分享受“云”的低成本优势，经常只要花费几百美元、几天时间就能完成以前需要数万美元、数月时间才能完成的任务。

8. 潜在的危险性

对于信息社会而言，“信息”是至关重要的。云计算中的数据对于数据所有者以外的其他云计算用户是保密的，但是对于提供云计算的商业机构而言确实毫无秘密可言。因此，云计算潜在的危险性，是商业机构和政府机构选择云计算服务，特别是选择国外机构提供的云计算服务时，不得不考虑的一个重要前提。

可见，在物流行业中，云计算的巨大分布规模和超级计算能力，能够极大程度地整合物流业的数据资源、计算资源，提高物流产业的整体信息化能力和便捷性。云计算的产生背景具有“一切皆按需服务”的理念，在物流领域中搭建云计算平台能够使地区内不同服务器中的“物流云滴”汇集融合成为“物流小云”，将一定区域的“物流小云”再整合为更大区域的“物流大云”，乃至与物流有关的其他行业的“云”之间形成“混合云”，从信息层面为我国物流业实现高度集约化、统一化、综合化打好基础。

应用云计算的物流业能够增强物流信息的安全性，物流企业不用再担心物流数据丢失、病毒入侵、系统软件更新等问题。物流企业只需在客户端加载少量程序就可以在广泛的服务器中进行计算和信息服务，提高了物流企业的计算资源。云计算使物流信息存储容量达到数百 PB（100 万兆字节），并能够实现动态扩展。由于其设施由第三方所提供，物流企业并不需要购买计算硬件，也无须再自建信息平台，因此也不需要进行系统维护等工作，大大地降低了在物流信息上的投入。此外，我国物流业通过云计算能够为物流客户提供更多的服务，并将当前所使用的软、硬件进行虚拟化云计算设置，使物流服务在虚拟化动态扩展中进行。

【小案例】

2015 年年底，菜鸟网络正式推出中国首个物流云平台。菜鸟物流云是菜鸟网络联合阿里云一起，为物流行业打造的一个基于云计算的物流基础信息服务平台。它能提供安全稳定的云设施环境，依托阿里云强大的计算处理能力，帮助物流企业和物流订单涉及所有链路成员建立连接，沉淀大数据，并在此基础上提供多样化的智能产品。

在 2016 年 10 月 14 日的云栖大会上，菜鸟网络 CTO 王文彬宣布，菜鸟网络与阿里云联合推出“鲲鹏计划”，共同推动全球物流行业“上云”。目前，包括韵达、天天、百世、申通等国内主要快递物流巨头都已在使用物流云服务，日均覆盖单量超过 2 000 万单。以韵达为例，上物流云后，在不到一年的时间内，系统能力得到极大提升。从技术方面来看，韵达通过物流云构建了更加可靠的系统，从构架上消除单点故障的可能；物流云有效地帮助韵达 IT 基础设施成本降至 7 元/万单，下降了 60%。从业务耦合度方面，韵达“上云”后，云上数据交互和计算得到提升，并且与电商平台的物流详情数据的对接效率提升了 10 倍以上。

物流云平台不仅会给快递企业带来效益，与此同时，也会给消费者带来更好的服务体验。应用物流云，不仅物流详情展示的及时性以及准确率都有了大幅的提升，随着信息流转链路更加完整、清晰，处理客户投诉的效率也大大提升。基于云计算能力的动态路由，会让包裹更快、更准地被运输和投递。

2016 年 4 月，菜鸟网络与天天快递达成了“云+端”的合作，天天快递将主要业务系统搬上物流云。目前，天天快递已经成为全中国无线 App 普及率最高的快递企业，82%的快递员通过“云+端”服务送递包裹，覆盖 90%的订单。在过去，按照天天快递现有的系统，客户的位置或投诉等信息无法直接传到快递员的手机端上，要先传回天天快递，再传给快递员；而现在，实现了客户和快递员之间的直接连接，让用户体验更好，还能对快递员起到更有效的监管作用。

申通作为民营快递行业的旗舰品牌，多年来一直致力于为客户提供更加优质的快递体验，为市场需求开拓更具价值和竞争力的产品和运营模式。2015 年，申通快递进一步加强内部管理，全面提升运营能力和管理水平。同时，申通快递也表示，希望今后能加深与菜鸟战略合作的广度和深度，特别在电子面单等数据对接上实现无缝对接。

可见，物流行业启用物流云服务是大势所趋，它不仅能够有效降低物流行业成本，遇上“双十一”“双十二”等业务量大增，物流云可瞬间弹性扩容，不用再担心系统崩溃等问题。根据预测，未来几年内，中国日均包裹量将很快突破 1 个亿，不断增加人力的传统发展模式将不再适用，快递企业应选择基于物流云的新型发展模式，进而使物流网络保持高效运转。

（资料来源：证券时报网——菜鸟网络与阿里云启动“鲲鹏计划”加速物流云项目）

案例点评：随着电子商务的不断发展，物流行业作用越发重要和突出。我国物流建设起步较晚，目前大多数物流企业仍处于提供基础服务阶段（如简单仓储和运输），并且呈现出区域发展不平衡的局面。而物流云将对物流行业产生巨大影响，菜鸟物流云不仅提高了快递公司业务处理水平，还可以给用户带来更好的物流服务体验。随着大数据时代的不断发展，云在物流行业起到的作用会越来越大。

要点回顾

条码也称为条形码，是由一组宽窄不同、反射率不同的条和空按一定的编码规则组合起来，用以表示一定信息的代码。根据维度的不同，条码主要分为一维条码和二维条码。

RFID 技术是一种无线电通信技术，其基本原理是电磁理论，利用无线电波对记录媒体进行读写。最基本的 RFID 系统由电子标签、阅读器和天线三部分组成。

EDI 是将贸易、运输、保险、银行和海关等行业的信息，用一种国际公认的标准格式，形成结构化的事务处理的报文数据格式，通过计算机通信网络，使各有关部门、公司与企业之间进行数据交换与处理，并完成以贸易为中心的全部业务过程。

GPS 是 20 世纪 70 年代由美国陆、海、空三军联合研制的新一代空间卫星导航定位系统。GPS 的特点：（1）定位精度高；（2）观测时间短；（3）全球、全天候工作；（4）高效率、多功能、操作简便、应用广泛等。

GIS 是综合处理和分析地理空间数据的一种技术系统，是以测绘测量为基础，以数据库作为数据储存和使用的数据源，以计算机编程为平台的全球空间分析即时技术。地理信息系统作为获取、存储、分析和管理地理空间数据的重要工具、技术和学科，近年来得到了广泛关注和迅猛发展。

新型物流信息技术包括：物联网、大数据、云计算等。

本章习题

一、名词解释

条码　RFID　EDI　GPS　GIS　物联网

二、简答题

1. 简述 RFID 的基本原理。
2. 简述 EDI 的特点。
3. 简述 GIS 的构成。
4. 简述大数据和云计算在物流行业的应用。

三、案例分析题

联华超市与光明乳业之间建立了自动要货系统。联华各门店在每天晚上 12 点之前汇总当天光明乳业的牛奶销售和库存信息，并在次日 9 点前将该数据传送至联华总部电子数据交换系统（EDI 系统），这些数据处理后在当天 12 点加载到光明乳业有效客户反应系统（ECR）。光明乳业收到数据后，根据天气、销售、促销指标等因素进行订单预测。经预测的订单产生后，该公司开始做发货准备，并将订单数据发送到联华总部电子数据交换系统，联华门店当日晚上 9 点前将收到收货信息。光明乳业在第三天上午 6 点半以前将所订的牛奶送到联华各门店。联华门店在收到货物后，除了在收货单据上签收外，还必须在当日中午 12 点之前将收货信息自动导入管理信息系统（MIS）。

自动订货系统的推行，使牛奶这一冷链商品在门店销售中既保证了鲜度又扩大了销售。同样的方式，“个性生鲜”的特点逐步在联华扎根生长。

（资料来源：百度文库）

思考题：

（1）什么是 EDI 系统？谈谈你对它的理解。

（2）结合联华超市与光明乳业的成功经验，你认为 EDI 系统能给企业带来哪些收益？

四、拓展阅读

菜鸟网络被视作是继电商平台和蚂蚁金服后阿里的第三极。阿里通过联合顺丰及三通一达等物流公司，立志打造一个“中国智能物流骨干网”，让通过这个网络发出的任何商品实现全国 24 小时可达。目前淘宝上相关的多家大型快递公司的前台数据系统已经接入菜鸟网络，这意味着一张全国性快递监控网络已经被阿里收入囊中。菜鸟网络的核心资源是物流大数据，通过收集物流公司的大数据，以提升快递公司乃至快递行业的效率。

中国目前 70%的快速包裹数据，都是在菜鸟网络上运转。从商家一发货开始，菜鸟网络就能知道该物品要经过哪几个节点，在什么时间点送到哪个最末端的网络。“以前快递只能根据以往的经验来判断物流量，但是现在菜鸟网络能够提前预判一个城市到全国各地的包裹数量和运输路线，从而提前准备人力和配送车辆等资源。”大数据在累积到一定的数量后，将发挥更大的威力。“一方面，菜鸟网络能帮助快递公司估算分布中心的人力和场地资源；另一方面，商家通过菜鸟的配送系统可以预估各个城市之间的备货量，实现动态补货。”

通过应用大数据和云计算，菜鸟网络打造了一个“中国智能物流骨干网”。请同学们课后查阅资料，了解新型物流信息技术的其他应用案例，并尝试对其未来发展趋势和主要问题进行分析。

第3章 运　输

【内容提要】

在电子商务的背景下，商品销售呈现出渠道多样化、地域广泛化等特点，为了更好地满足客户需求，实现电子商务运输管理的便捷化、合理化就显得尤为重要。本章介绍了运输的含义、运输的功能、运输方式的分类，以及运输合理化途径等。

学习完本章后，希望读者掌握：

（1）运输的功能；

（2）不同运输方式的优缺点；

（3）影响运输合理化的因素；

（4）实现运输合理化的途径。

引导案例

中邮物流有限责任公司（简称中邮物流公司）成立于 2003 年 1 月 18 日，隶属于中国邮政集团公司，是专业经营和管理邮政物流业务的大型国有企业，注册资本 3.7 亿元人民币。公司下设 31 个省级子公司，是一家集仓储、封装、配送、加工、理货、运输和信息服务于一体的现代化综合性物流企业。

公司的市场定位是围绕国民经济和社会发展需要，以多批次、高时效、高附加值、小批量、小体积、小重量的物品为主，重点为 IT（电子、电信）医药、出版、汽车配件、高档消费品、烟草、电子商务等行业的国内外大中型制造企业、品牌流通企业和电子商务企业提供定制化的、高层次精益物流服务。

中国邮政通过推行先进的邮政网络运行体制，能够承担物流的处理、储存、配送等服务。经过长期的发展建设，中国邮政已经形成一个由飞机、火车、汽车等不同运输工具组成的庞大的干线运输网。根据中国邮政最新数据，目前其拥有邮路 2.3 万余条，589.7 多万千米；拥有遍布全国城乡、规模强大、品牌统一的营销和投递网。

航空邮路：以邮政自办航空为主体，民航委办为补充，航空邮路 2 140 条。主要承担省会至首都、省会至省会、省会至主要城市之间的邮件运输。全国拥有专用邮政运输飞机 18 架。

铁路运输：主要承担各省会以上和省会之间及主要城市之间的邮件运输，全国 228 条铁路邮路和 371 辆邮政火车车厢，在全国形成一个巨大的十线运输网，为客户提供迅捷、准确、安全、方便的邮件与物流运输。

公路运输：中国邮政具有国内较强的公路运输能力，遍布全国的运输网络。汽车邮路 1.8 万条以及各类邮政汽车 9.1 万辆。农村投递路线 9.1 万条，城市投递段道 5.5 万条。确保了邮件及物流产品及时、准确地运送到用户手中。

此外，中邮物流目前已投入使用的专业化物流信息系统（“CNPL”），在邮政大网的支持下，开通了全国所有地市，有力支持了邮政全国性一体化物流项目的顺利运作。

（资料来源：中邮物流有限责任公司网站、《物流与供应链管理案例》）

【案例思考】

中邮物流有限责任公司是一家集仓储、封装、配送、加工、理货、运输和信息服务于一体的现代化综合性第三方物流企业，为国内外大中型制造企业、品牌流通企业和电子商务企业提供定制化的、高层次精益物流服务。中邮物流有限责任公司的物流服务内容涉及航空、铁路和公路等多种运输方式，以满足不同类型客户的需求。

通过此案例，你认为不同的运输方式有哪些特点？那么，如何利用不同的运输方式实现运输合理化呢？希望读者能够通过本章的学习得出答案。

3.1 运输概述

【小资料】

根据国家统计局2015年发布的统计数据，2005—2014年我国交通运输行业货物运输情况汇总（见图3-1～图3-3）。

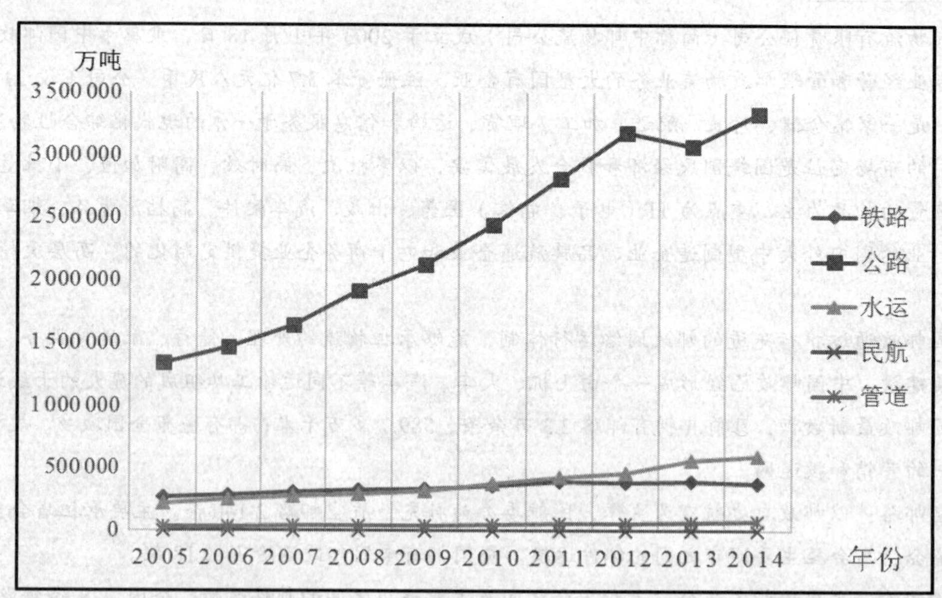

图3-1 各种运输方式2005—2014年货运量总计

根据以上分析，公路的货运量在所有运输工具中占比最大，且总体呈平稳上升趋势，这是由公路投资费用少、汽车运输机动灵活、可以实现门到门运输且大部分的运输方式都需与公路运输结合起来等特点决定；而水运所占的货物周转量比率最大，则是由水运运输能力大、平均运距长等特点决定；

此外，根据里程数统计图可知，民航航线里程数逐年递增且上升趋势较明显，究其主要原因，则是航空运输速度快，在远距离运输中占优势地位。

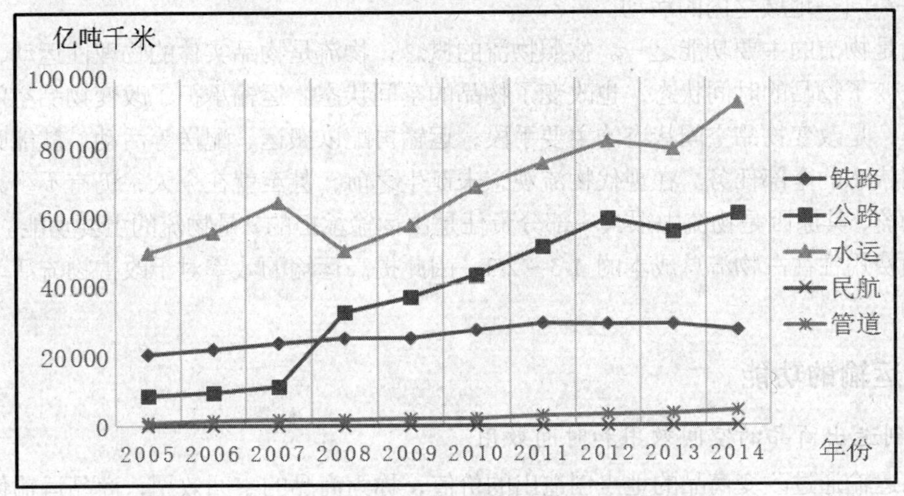

图 3-2　各种运输方式 2005—2014 年货物周转量总计

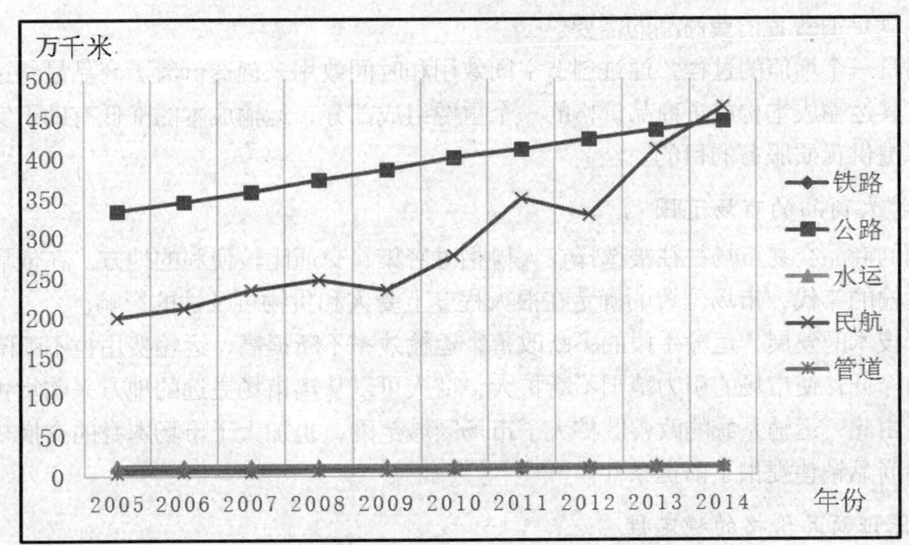

图 3-3　各种运输方式 2005—2014 年里程数统计

电子商务作为一种新的商业经济模式，有着强大的生命力。它的迅速发展引发了交易方式的创新，特别是流通模式的变革。随着电子商务不断发展，提高运输效率已成为运输行业最主要的竞争手段之一，在电子商务背景下，现代物流运输将更加趋于合理、高效。

3.1.1　运输的含义

我国国家标准《物流术语》（GB/T 4122.1—1996）对运输的定义是：用设备和工具，将物品从一地点向另一地点运送的物流活动。其中，运输包括集货、分配、搬运、中转、装入、卸下、分散等一系列操作。

运输是人和物的载运及输送。本书中专指“物”的载运及输送。它是在不同地域范围间

（如两个城市、两个工厂之间，或一个大企业内相距较远的两车间之间），以改变“物”的空间位置为目的的活动，对“物”进行空间位移。和搬运的区别在于，运输是较大范围的活动，而搬运是在同一地域之内的活动。

运输是物流的主要功能之一。按照物流的概念，物流是物品实体的物理性运动，这种运动不但改变了物品的时间状态，也改变了物品的空间状态。运输承担了改变物品空间状态的主要任务，是改变物品空间状态的主要手段；运输再配以搬运、配送等活动，就能圆满完成改变空间状态的全部任务。在现代物流观念未诞生之前，甚至就在今天，仍有不少人将运输等同于物流，其原因是物流中很大一部分责任是由运输承担的，是物流的主要功能。据调查，货物运输费用往往占物流总成本的 1/3～2/3，因此提高运输的效率对于改善物流活动具有极大的帮助。

3.1.2 运输的功能

1．创造出商品的空间效用和时间效用

商品运输通过改变商品的地点创造出的价值，称为商品的空间效用；商品运输使得商品能够在适当的时间内到达消费者手中，就产生了商品的时间效用。通过这两种效用的产生，才能真正满足消费者消费商品的需要。

运输是一个增值的过程，通过创造空间效用和时间效用来创造价值。商品最终运送到顾客手中，其运输成本构成了商品价格的一个重要组成部分，运输成本的降低有助于实现以较低的成本提供优质服务的目的。

2．扩大商品的市场范围

早期的商品交易市场往往被选择在人口相对密集、交通比较便利的地方。在依靠人力畜力进行运输的年代，市场位置的确定在很大程度上受人和货物可及性的影响。

随着技术的发展，运输手段的不断改善，运输效率不断提高，运输费用也不断降低。运输费用的降低，使市场的引力范围不断扩大，商人可以从离市场更远的地方采购货物在市场上出售。由此，运输系统的改善既扩大了市场区域范围，也加大了市场本身的交换规模，为大规模的商品销售提供了前提条件。

3．保证商品价格的稳定性

各个地区因为地理条件的不同，拥有的资源也各不相同，如果没有一个顺畅的商品运输体系，其他地区的商品就不能到达本地市场，那么，本地市场所需要的商品也就只能由本地来供应，正是因为这种资源的地域不平衡性，造成了商品供给的不平衡。因此，在一年中，商品的价格可能会出现很大的波动。但是，如果拥有一个顺畅的运输体系，那么，当本地市场对商品的供给不足时，外地的商品就能够通过这个运输体系进入本地市场，本地市场的过剩产品能够通过这个体系运送到其他市场，从而保持供求的动态平衡和价格的稳定。

4．促进社会分工的发展

当商品的生产和销售两大功能分开之后，如果没有一个高效的商品运输体系，那么，这两大功能就不能实现。商品运输是商品生产和商品销售之间不可缺少的联系纽带，只有有了它，才能真正地实现生产和销售的分离，促进社会分工的发展。

3.1.3 运输在物流系统中的作用

1. 运输是物流网络构成的基础

物流系统是一个网络结构系统，系统中的运输生产企业、配送活动使物品在位置空间中发生位移的活动，称为线路活动；其他物流活动是在物流节点（物流配送中心或车站码头）上进行的，称为节点活动，线路活动和节点活动共同构成物流网络。

在直供系统中，只存在起始节点和终端节点，无中间节点，物流的节点活动只在起始节点和终端节点上进行。从网络结构上看，如果没有运输或配送这类线路的活动，网络节点将成为孤立的点，网络结构也就不存在，零售店或用户也就无法得到需要的物品。在中转物流系统中存在物流中心和配送中心，它们是中间节点，物流的节点活动主要在这些节点上进行。

2. 运输是物流系统功能的核心

物流系统具有三大效用，或称三大功能，即创造物品的空间效用、时间效用和形质效用。有关空间效用和时间效用的概念前已述及，而形质效用是指通过流通加工，改变物品的形状和性质，达到促进销售、方便运输和提高物品利用效果的目的。

（1）空间效用通过运输或配送活动来实现，它是物流系统三大功能不可缺少的功能之一。因为在社会化大生产条件下，产品的生产和消费在空间上的矛盾不但不会消除，反而会随着经济全球化而越来越扩大，这种扩大会增加对物流业. 特别是对运输、配送业务的需求。

（2）时间效用主要通过仓储活动来实现，这一功能虽然在物流系统中是不可缺少的功能之一，但有弱化的趋势。

（3）形质效用由流通加工业务来实现，它随着运输、配送功能的增强而更加完善。流通加工功能，一部分从属于运输、配送功能，为运输、配送服务，另一部分也需要运输、配送功能与之紧密配合。

综上所述，物流系统的各种功能中，运输、储存、流通加工是主体功能，装卸、搬运、包装和信息处理则是从属功能，而主体功能中的运输功能的主导地位更加凸显，是所有功能的核心。因此，运输对发展经济、提高国民生活水平有着十分重大的影响，现代的生产和消费，就是靠运输事业来发展和实现的。

3.2 铁路运输

【小案例】

2015 年 4 月 10 日，中国铁路 95306 网站（http://www.95306.cn）正式上线运营。中国铁路 95306 网站主要开展 3 项服务业务：一是提供铁路货运电子商务服务，开办“我要发货”、运费查询、货物追踪等铁路货运业务；二是提供大宗物资交易服务，支持煤炭、矿石、钢铁、粮食、化工、水泥、矿建、焦炭、化肥、木材、饮食品共 11 个品类物资在线交易并提供配套物流服务；三是提供小商品交易服务，包含商品选购、在线支付、物流配送、网络营销、客户服务等功能。

网站定位是依托铁路运输网络，联合海运、空运、快递优势资源，搭建一个大宗货物、小商品交易及物流服务为一体的电商物流综合平台。简单地说，作为电商物流综合平台的 95306 网站，就是要实现“可以买、可以卖、可以运”三大功能。

受大宗商品需求持续萎靡的影响，2015 年一季度，铁路货运量占全社会货运量的比重不足 10%；而与此同时，散货快运业却在电子商务的快速发展中迎来爆发式增长。因此，中国铁路总公司方面认为此次可以利用互联网获取新货源，补齐零散货物运输这块短板，让铁路货运结构与中国经济结构调整相匹配，向高附加值的现代物流升级。

网站运营以来，货运服务、大宗物资交易服务已经实现相应的功能。例如，货运服务，在针对不同货物时，95306 网站提供了多种货运服务选择，如散堆装货物、批量成件货物、液体货物、快运货物等，无论是企业用户还是个人，在选择对应的货运类别、填写货运清单后，便可以发货。

（资料来源：百度百科、搜狐网）

案例点评：中国的电子商务起步较晚，铁路运输与电子商务的最佳结合方式仍需不断探索。95306 网站的运行是中国铁路在互联网时代的一次变革。中国铁路的“互联网+”之路，应当发挥比较优势，找准当前电子商务领域的切入点，找到适合自己的定位。未来的铁路运输可以与电子商务平台开展更加紧密的合作，进而充分发挥各自的资源优势。结合案例，本小节将讲述什么是铁路运输和铁路运输的优缺点。通过学习，读者可进行小组讨论，针对铁路运输的特点，探讨电子商务环境下的中国铁路运输发展方向。

3.2.1 铁路运输的含义

我国国家标准《物流术语》对铁路运输的定义是：使用铁路设施、设备运送货物的一种运输方式。铁路运输主要承担长距离、大数量的货运，在没有水运条件的地区，几乎所有大批量货物都是依靠铁路，这是在干线运输中起主力运输作用的运输形式。

3.2.2 铁路运输的优缺点

铁路运输具有以下优点。

（1）运行速度快，时速一般在 80～120 千米。

（2）运输能力强，可满足大量货物一次性高效率运输。

（3）铁路运输过程受自然条件限制较小，连续性强，能保证全年运行。

（4）通用性能好，既可运客又可运各类不同的货物。

（5）火车客运运输到发时间准确性较高。

（6）车运行比较平稳，安全可靠。

从经济指标上看，铁路货运成本结构的显著特点是：“与运量无关”的成本费用（指线路、通信设备、大型建筑物、技术建筑物的运用、维护费用以及管理人员工资等）占铁路货运成本的 50%左右，始发和终到作业费用约占运输成本的 18%。所以，运距短时成本高，只有运距较长时，成本才能大幅度下降。

当然，铁路运输也存在投资太高、建设周期长等缺点。一条干线要建设 5～10 年，而且占地太多，随着人口的增长，将给社会增加更多的负担。因此，综合考虑，铁路适于在内陆地区运送中、长距离、大运量、时间性强、可靠性要求高的一般货物和特种货物；从投资效果看，在运输量比较大的地区之间建设铁路比较合理。

3.3 公路运输

【小案例】

贵阳货车帮科技有限公司是一家高科技公司，总部位于贵州省贵阳市。其主要产品为“货车帮”手机 App，该手机 App 专门针对国内的卡车司机提供货源匹配核心功能，同时提供交易担保、卡车团购、维修救援、汽配销售等周边产品服务。

通过移动互联网大数据撮合空车与货源，减少货车空驶，货车帮创新了中国物流行业车货匹配模式和物流园区建设模式，极大地减少了公路物流的资源浪费。正是在“货车帮”软件人性化功能的吸引下，短短 5 年时间，已有 93 万名司机注册成为会员，认证的物流企业达到 20 万户，占全国物流货主总数的 40%。据测算，2015 年货车帮为中国节省燃油费超过 500 亿元，目前已成为中国最大的货车综合服务平台。

贵阳货车帮创始人、CEO 戴文建还表示：“贵阳货车帮的发展愿景是，做中国公路物流信息化领跑者+中国最大的货车综合服务平台，最终成为中国公路物流领域的‘阿里巴巴’。”

（资料来源：贵阳网、百度百科）

案例点评：运输行业普遍存在的车辆空驶问题恰恰给货车帮提供了发展机遇，货车帮通过电子商务技术将货源信息整合并提供给货运公司，减少了货运车辆空驶，提高了货物运输效率。本小节主要针对什么是公路运输，公路运输的优缺点进行了详细介绍。希望在学习完本小节之后，读者可以掌握公路运输的相关知识，并从多个角度思考电子商务对于公路运输的作用。

3.3.1 公路运输的含义

我国国家标准《物流术语》对公路运输的定义是：使用公路设施、设备运送货物的一种运输方式。公路运输主要适合用来运输制造产品。制造产品的特点就是价值比较高，包括纺织及皮革制品、橡胶与塑料制品、仿金属制品、通信产品及照相器材等。

公路运输主要以卡车为运输工具，包括专用运输车辆，如集装箱、散装、冷藏、危险品等运输车辆。公路运输是连接铁路、水路和航空运输起始端和末端不可缺少的条件，是沟通城乡、工农、生产与消费的桥梁和纽带。没有公路运输的衔接，铁路、水路和航空运输就不能正常进行。

3.3.2 公路运输的优缺点

公路运输的优点如下。

（1）时空上的灵活性。从空间上说，公路运输可以实现“门到门”的运输，充分方便了货物的使用者。从时间上说，公路运输可以实现即时运输，即根据货物使用者的要求，以合适的批量随时启运。

（2）运输条件的灵活性。公路运输的服务范围不仅在等级公路上，还可以延伸到等级外的公路，甚至许多乡村便道的范围。普通货物的装卸对场地、设备没有专门的要求，客运站点设置灵活，有的只设置一个停靠点即可。

（3）服务的灵活性。服务的灵活性具体表现为能够根据货物使用者或旅客的具体要求提供有针对性的服务，最大限度地满足不同性质的货物运输要求和不同层次旅客的需求。

公路运输的缺点如下。

（1）运输能力小，每辆普通载重汽车每次只能运送 5 吨货物。

（2）运输能耗很高。

（3）运输成本高。

（4）劳动生产率低。由于汽车体积小，无法运送大件物资，因而不适宜运输大宗和长距离货物。公路建设占地多，随着人口的增长，占地多的矛盾将表现得更为突出。

因此，公路运输比较适宜在内陆地区运输短途旅客和货物，因而，可以与铁路、水路联运，满足铁路、港口集疏旅客和物资的要求。公路运输可以深入山区及偏僻的农村，也可以在远离铁路的区域从事干线运输。

3.4 水路运输

【小案例】

全球贸易的兴盛使得每一刻都有数以十万计的各类船舶在四大洋上航行，全球的 5 000 余个港口，6 000 余家船舶公司，数十万家货代，数百万家贸易公司，因物流每天以不同的载体、不同的数据格式交互海量信息。这一切行为都产生着天量级的数据。可靠、准确、高效地利用这些数据，为海运物流链中的众多环节提供生产和经营指导，是市场参与者的一致诉求。

亿海蓝（北京）数据技术股份公司多年来致力于通过海上船舶、海运货物的数据采集和挖掘，打造全球最大的船舶位置实时追踪网络和集装箱追踪平台，该公司是全球海运物流供应链可视化服务的开创者。亿海蓝不仅可以通过船位、船舶、港口、航线等基础数据跟踪海上船舶与运输货物，为海运物流参与方提供实时准确可视的个体动态，而且能够把这些零散的动态数据沉淀、搜集、整理、建模后形成多维基础大数据模型，为铁矿石、原油、煤炭、天然气等大宗商品贸易商提供物流动态和行业情报。

（资料来源：亿海蓝官网）

案例点评：亿海蓝致力于建造互联网下的航运生态圈，互联网为亿海蓝海上船舶、海运货物等水路运输提供了更准确高效的服务条件。那么，水路运输拥有哪些优点？又有哪些缺点？本小节将会详细讲述。

3.4.1 水路运输的含义

我国国家标准《物流术语》对水路运输的定义是：使用船舶（或其他水运工具），在江、河、湖、海等水域运送货物的一种运输方式。

【小资料】

天津港，也称天津新港，位于天津市海河入海口，处于京津冀城市群和环渤海经济圈的交汇点上，是中国北方最大的综合性港口和重要的对外贸易口岸。天津港是世界航道等级最高的人工深水港。目前，天津港主航道水深已达 21 米，可满足 30 万吨级原油船舶和国际上最先进的集装箱船进出港。2013 年，天津港货物吞吐量首次突破 5 亿吨，集装箱吞吐量突破 1 300 万标准箱，成为中国北方第一个 5 亿吨港口。

天津港集装箱物流中心位于天津港北疆港区，总占地面积 7.03 平方千米，囊括了现代物流、集装箱业务、国际贸易与航运服务、信息服务、铁路换装等多项服务功能，为客户创造和提供了良好的投资环境。根据天津港“南散北集”的总体布局，作为天津港现代物流体系核心部分，天津港集装箱物流中心将成为天津港跻身国际大港的标志性工程，全球物流供应链的重要节点，中国北方规模大、影响力强、一流的现代物流基地。

（数据来源：百度百科）

3.4.2 水路运输的优缺点

水路运输的优点如下。

（1）运输能力强。在五种运输方式中，水路运输能力最强。在长江干线，一支拖驳或顶推驳船队的运载能力已超过万吨，国外最大的顶推驳船队的运载能力达 3 万～4 万吨，世界上最大的油船已超过 50 万吨。

（2）在运输条件良好的航道，通过能力几乎不受限制。

（3）水路运输通用性能也不错，既可运客，也可运货，可以运送各种货物，尤其是大件货物。

从经济技术指标上看，水路运输的优点如下。

（1）水运建设投资省。水路运输只需利用江河湖海等自然水利资源，除必须投资购建船舶、建设港口之外，沿海航道几乎不需投资。

（2）运输成本低。水运的基本成本结构是高的可变成本和低的固定成本。由于海运平均运距较长，因而海运货运成本大大低于其他运输成本。

（3）劳动生产率高，在确保货运大宗运输和远距离的前提下可实现。

（4）平均运距长。特别是远洋运输在我国对外经济贸易方面占有独特重要地位，我国有超过 90%的外贸货物采用远洋运输，是发展国际贸易的强大支柱；战时又可以增强国防能力，这是其他任何运输方式都无法代替的。

水路运输的缺点如下。

（1）受自然条件影响较大。内河航道和某些港口受季节影响较大，冬季结冰，枯水期水位变低，难以保证全年通航。

（2）运送速度慢。在途中的货物多，会增加货主的流动资金占有量。总之，水路运输综合优势较为突出，适宜于运距长、运量大、时间性不太强的各种大宗物资运输。

3.5 航空运输

【小案例】

继 2016 年上半年两架 B767-300 型宽体全货机投入运行后，9 月 3 日，顺丰航空有限公司（以下简称“顺丰航空”）第 3 架 B767-300 型宽体全货机平稳飞抵深圳宝安国际机场，加入顺丰机队。至此，顺丰航空全货机数量增长至 34 架，是目前国内运营全货机数量最多的货运航空公司。

顺丰航空隶属于顺丰速运，致力为顺丰速运提供高效稳定的快件空运服务，是顺丰快递业务核心竞争力的重要保证，也是顺丰速运品牌的有力延伸。

顺丰航空自2009年开航以来，构建了以深圳、杭州为双枢纽，辐射全国的航空运输网络，未来将依据公司业务发展规划持续稳步完善运输网络与机队建设，为顺丰速运快件运输提供更全面的保障。2016年，顺丰航空已陆续引进8架全货机保障航空快件的运输，目前由3架B767、16架B757与15架B737构成的梯队运力正发挥效能，为现有航空货运网络的高效运转提供有力支持。

（资料来源：民航资源网）

案例点评：顺丰航空的高速发展离不开顺丰速运高效的服务理念，航空运输已成为顺丰速运的核心竞争力之一，这也使得顺丰速运在航空运输方面占有了重要的一席之地。

3.5.1 航空运输的含义

我国国家标准《物流术语》对航空运输的定义是：使用飞机或其他飞行器运送货物的一种运输方式。航空运输的单位成本很高，因此，主要适合运载两类货物：一类是价值高、运费承担能力较强的货物，如贵重设备的零部件、高档商品等；另一类是紧急需要的物资，如救灾抢险物资等。

航空运输由于其突出的高速直达性，使之在交通大系统中具有特殊的地位并且拥有很大的发展潜力。目前，在世界范围内，航空运输都处于高速增长阶段。

3.5.2 航空运输的优缺点

航空运输的优点如下。

（1）高速直达性。高速直达性是航空运输最突出的特点。由于在空中较少受到自然地理条件的限制，因而航空线一般取两点间最短距离。这样，航空运输就能够实现两点间的高速、直达运输，尤其在远程直达上更体现其优势。

（2）安全性。随着人类科学技术的进步，在不断对飞机进行技术革新的同时，维修技术也得到了提高，这些都加强了航空运输的安全性。尽管飞行事故会造成机毁人亡（事故严重性最大），但按单位货运周转量或单位飞行时间损失率来衡量，航空运输的安全性是很高的。

（3）经济特性良好。尽管从经济方面来讲，航空运输的成本及运价均高于铁路、水运，是一种价格较高的运输方式，因此，一般不如其他运输方式普及，尤其是在不发达国家。但如果考虑时间的价值，航空运输又有其独特的经济价值。因此，随着经济的发展、人均收入的提高及时间价值的提高，航空运输在运输中的比例呈上升之势。

（4）包装要求低。货物空运的包装要求通常比其他运输方式要低。在空运中，用一张塑料薄膜裹住托盘的货物并不少见。空中航行的平稳性和自动着陆系统减少了货损的比率，因此可以降低包装要求。

当然，航空运输也存在着飞机造价高、能耗大、运输能力小、成本很高、技术复杂等缺点。因此，航空运输适宜长途旅客运输和体积小、价值高的物资、鲜活产品及邮件等货物运输。

针对航空运输的优缺点，航空运输适用以下主要作业。

（1）成为国际运输的重要工具，这是航空运输的主要收入来源。目前，国际间的一些货物联系基本上依赖于航空运输，它对于对外开放、促进国际间技术、经济合作与文化交流具有重要作用。

（2）适于高附加值、低重量、小体积的物品运输。目前，机场临近地区的工业区域为高级电子工业、精密机械工业、高级化学产品工业等附加价值很高的产业的黄金发展地带。而且，机场发挥着流通中心的功能，为这些企业创造了优良的投资环境。

（3）航空货运没有特定的商品，它与其他运输方式的最大区别就在于大多数航空货运是在紧急的情况下，而不是在日常的基础上处理的。当证明高成本是可行的情况时，厂商们通常会利用定期的或不定期的航空服务来运输货物。高价值或极易腐烂的产品最有可能成为正常空运的产品；当一种产品的营销期极为有限时，例如，圣诞节产品、高级时装或鲜鱼之类的产品，航空运输也是物流作业唯一最实际的运输方法；像零部件或消费类的日常物流产品也可能成为航空货运的候选对象。

（4）快捷运输的途径。航空运输是鲜活易腐等特种货物以及价值较高或紧急物资的运输工具。

（5）作为邮政运输的手段。

（6）实现多式联运的一种重要运输方式。

3.6　管道运输

【小资料】

管道运输是国际货物运输方式之一，具有运量大、不受气候和地面其他因素限制、可连续作业以及成本低等优点。管道运输已成为中国继铁路、公路、水路、航空运输之后的第五大运输行业。随着我国工业化进程的加快和能源结构优化的推进，我国油气管道建设正迎来一个大的发展机遇期。

截至2014年年底，我国陆上油气管道总里程超过12万千米，使得31个省区市和特别行政区近10亿人受益，标志着我国油气骨干管网保障格局基本形成，在保障国家能源安全方面发挥了重要作用。同时，西油东送、北油南运、西气东输、北气南下、海上登陆、就近供应、覆盖全国的油气管道供应格局已然形成。

国内天然气管线布局日趋成熟，四大进口天然气管道也已成定局，清洁能源消费时代稳步进行中。受国家环保政策大力推动，天然气消费在我国能源消费中占比越来越大，天然气管道的全方位建设不仅方便了国内资源的输送也加大了进口量的输送，更推进了我国“天然气大时代”的来临。截至2014年年底，我国新增天然气长输管道里程约4 500千米全国天然气管道里程达到6.9万千米，形成了由西气东输系统、陕京系统、涩宁兰系统、川气东送、西南管道系统为骨架的横跨东西、纵贯南北、连通海外的全国性供气网络，“西气东输、海气登陆、就近外供”的供气格局已经形成，并已在西南、环渤海、长三角、中南及西北地区形成了比较完善的区域性天然气管网。

随着国民经济对油气资源需求的持续稳定增长，预计未来，10～20年我国油气管道建设还将处于稳定增长期，其中天然气管道及储气库等配套设施建设将是今后发展重点。预计到2020年，全国油气管网总里程将达到16万千米。

（资料来源：中投顾问发布的《2016—2020年中国管道运输行业投资分析及前景预测报告》）

3.6.1 管道运输的含义

我国国家标准《物流术语》对管道运输的定义是：由大型钢管、泵站和加压设备等组成的运输系统完成物料输送工作的一种运输方式。其运输形式是靠物体在管道内顺着压力方向循序移动实现的，和其他运输方式重要区别在于，管道设备是静止不动的。

目前全球的管道运输承担很大比例的能源物资运输，包括原油、成品油、天然气、油田伴生气、煤浆等。其完成的运量常常大大高于人们的想象（如在美国接近于汽车运输的运量），一般人很少注意到它的地位和作用。近年来，管道运输也被进一步研究用于解决散状物料、成件货物、集装物料的运输，并向容器式管道运输系统发展。

3.6.2 管道运输的优缺点

管道运输的优点如下。

（1）运量大。一条输油管线可以源源不断地完成运输任务。根据其管径的大小不同，其每年的运输量可达数百万吨到几千万吨，甚至超过亿吨。

（2）占地少。运输管道通常埋于地下，其占用的土地很少。运输系统的建设实践证明，运输管道埋藏于地下的部分占管道总长的95%以上，因而对于土地的永久性占用很少，仅为公路的 3%、铁路的 10%左右。在交通运输规范系统中，优先考虑管道运输方案，对于节约土地资源的意义重大。

（3）管道运输建设周期短、费用低，运营费用也低。管道运输系统的建设周期与相同量的铁路建设周期相比，一般来说要短 1/3 以上。

（4）管道运输安全可靠、连续性强。由于石油天然气易燃、易爆、易挥发、易泄漏，采用管道运输方式，既安全又可以大大减少挥发损耗和对空气、水和土壤的污染，也就是说，管道运输能较好地满足运输工程的绿色环保要求。此外，由于管道基本埋藏于地下，其运输过程受恶劣多变的气候条件影响小，可以确保运输系统长期稳定地运行。

（5）管道运输耗能少、成本低、效益好。发达国家采用管道运输石油，每吨千米的能耗不足铁路的 1/7，在大量运输时的运输成本与水运接近，因此在无水运条件下，采用管道运输是一种最为节能的运输方式。

管道运输是一种连续工程，运输系统不存在空载行程，因而系统的运输效率高，理论分析和实践证明，管道口径越大，运输距离越远，运输量越大，运输成本就越低，以运输石油为例，管道运输、水路运输、铁路运输的运输成本之比为 1∶1∶1.7。

管道运输的缺点如下。

（1）专用性强，只能运输石油、天然气及固体料浆（如煤炭等），但是，在它占据的领域内，具有固定可靠的市场。

（2）管道起输量与最高运输量间的幅度小。在油田开发初期，采用管道运输困难时，还要以公路、铁路、水陆运输作为过渡。

3.7 联合运输

【小案例】

防城港市位于中国大陆海岸线最西南端，是中国唯一与东盟海陆河相连的城市、西部第一大港和我国24个主要沿海港口之一、21世纪“海上丝绸之路”国际海陆枢纽城市。

2016年1~3月，已有1.3万多吨高铁水泥轨枕到达防城港，该批轨枕由黎塘站发运到防城港，在港口换装后再远渡阿根廷。这是防城港市沿海铁路公司与该市港务局集团为降低企业物流成本实施的海铁联运运输项目。

该批高铁轨枕来自广西三维铁路轨道公司一批海外订单。为发挥铁路优势、港口优势，顺利让这批货物出海，沿海铁路公司与港务局进行合作，通过为企业降低港杂费、船运费、铁路运输费用等，共同为这批货物制定了一套从黎塘经沿海铁路运至防城港码头，然后经海运抵达阿根廷的海铁联运方案。经过反复价格对比，该公司最终决定将所有高铁轨枕全部通过海铁联运从防城港出口。

（资料来源：新华网）

案例点评：海铁联运是当今国际上多式联运的重要模式，具有快速、安全、运能高、成本低等优势，对各类进出口企业、港口、铁路来说都具有积极的战略意义。接下来，本小节将就联合运输相关问题进行阐述。

3.7.1 联合运输的含义

我国国家标准《物流术语》（GB/T 13562—1992）对联合运输的定义是：一次委托，由使用两种或者两种以上运输方式，或不同的运输企业将一批货物运送到目的地的运输。目前国际上采用的多式联运有：公铁联运、陆海联运、陆空（海空）联运。

【小资料】

《联合国国际货物多式联运公约》是1980年5月24日在日内瓦举行的联合国国际联运会议第二次会议上，经与会的84个贸发会议成员国一致通过的。《联合国国际货物多式联运公约》全文共40条和一个附件。该公约在结构上分为总则、单据、联运人的赔偿责任、发货人的赔偿责任、索赔和诉讼、补充规定、海关事项和最后条款8个部分。

《联合国国际货物多式联运公约》是关于国际货物多式联运中的管理、经营人的赔偿责任、法律管辖等的国际协议，旨在对多式联运经营人和托运人之间的权利义务关系进行规定，解决因国际货物多式联运的发展而带来的一系列法律问题。公约由总则、单据、联运人的赔偿责任、发货人的赔偿责任、索赔和诉讼、补充规定、海关事项及最后条款8个部分组成，共40条。国际多式联合运输是指按照多式联运合同，以至少两种不同的运输方式，由多式联运经营人将货物从一国境内接受货物的地点运往另一国境内指定交付货物的地点。公约规定，国际多式联运需同时具备下列6个条件：（1）必须有一个多式联运合同；（2）必须使用一份包括全程的多式联运单据；（3）必须至少是两种不同运输方式的连贯运输；（4）必须是国际间的货物运输；（5）必须由一个多式联运经营人对全程运输总负责；（6）必须是全程单一的运费费率。

公约的主要内容是：（1）该公约适用于货物起运地和（或）目的地位于缔约国境内的国际货物多式联运合同。多式联运单据是证明多式联运合同和多式联运人接受货物并负责按照合同条款交付货物的单据。在一般情况下，它就是多式联运合同，还可以作为货物收据和提货凭证。（2）该公约并不排除各缔约国国内法律管辖。(3)实行统一责任制和推定责任制。(4)多式联运经营人的责任期间为自接管货物之时起，至交付货物之时止。(5)赔偿责任限制为每件或每一运输单位 920 特别提款权，或按货物毛重计算，每千克 2.75 特别提款权，两者以较高者为准。(6)货物损害索赔通知应于收到货物的次 1 工作日之前以书面形式提交多式联运经营人，延迟交付损害索赔通知必须在收到货物后 60 日内书面提交，诉讼或仲裁时效期间为两年，自货物交付之日起或应当交付之日起算。如果在货物交付之日起 6 个月内，没有出具书面索赔通知来说明索赔的性质和主要事项，则诉讼在此期间届满后即失去时效。(7)管辖权法院有：①被告主要营业所或被告的居所所在地；②合同订立地；③货物接管地或交付地；④合同指定并在多式联运单据中载明的其他地点。公约允许双方在索赔发生后达成协议选择其他地点的法院进行诉讼。此外，公约还允许双方订立仲裁协议，将有关争议提交仲裁，索赔人可选择的仲裁地点与上述诉讼管辖地基本相同。(8)公约附有国际多式联运海关事项的条款，规定缔约国海关对于运输途中的多式联运货物，一般不做检查，但各起运国海关所出具的材料应完整与准确。

3.7.2 联合运输的特点

联合运输具有以下特点。

(1)运输全程中至少使用两种运输方式，而且是不同方式的连续运输。

(2)多式联运的货物主要是集装箱货物，具有集装箱运输的特点。

(3)多式联运是一票到底，实行单一费率的运输。发货人只要订立一份合同一次付费，一次保险，通过一张单证即可完成全程运输。

(4)多式联运是不同方式的综合组织，全程运输均是由多式联运经营人组织完成的。无论涉及几种运输方式、分为几个运输区段，多式联运经营人要对全程负责。

(5)货物全程运输是通过多式联运经营人与各种运输方式、各区段的实际承运人订立分运或分包合同来完成的，各区段承运人对自己承担区段的货物运输负责。

(6)在起运地接管货物，在最终目的地交付货物及全程运输中各区段的衔接工作，由多式联运经营人的分支机构(代表)或委托的代理人完成。这些代理人及承担各项业务的第三者对自己承担的业务负责。

(7)多式联运经营人可以在全世界运输网中选择适当的运输路线、运输方式和各区段的实际承运人，以降低运输成本，提高运达速度，实现合理运输。

同传统货运方式相比，联合运输具有以下优点。

(1)提高了装卸效率，加速了船舶的周转。

(2)有利于提高运输质量，减少货损货差。

(3)节省各项费用，降低运货成本。

(4)简化货运手续，便利货物运输。

(5)把传统单一运输串联成连贯的成组运输，从而促进了国际多式联运的发展。国际多式联运是在集装箱运输的基础上产生和发展起来的一种综合性的连贯运输的方式。它一般以集装箱为媒介，把海、陆、空各种单一的传统运输方式有机地结合起来，组成一种国际的、连贯的运输。它是实现“门到门”运输的有效途径，既简化了手续，减少了中间环节；又加快了货运速度，降低了运输成本，并提高了货运质量。

3.8 运输合理化

【小案例】

沃尔玛公司是世界上最大的商业零售企业，在物流运营过程中，尽可能地降低成本是其经营的哲学。沃尔玛有时采用空运，有时采用船运，还有一些货物采用卡车进行公路运输。在中国，沃尔玛百分之百地采用公路运输，所以如何降低卡车运输成本，是沃尔玛物流管理面临的一个重要问题，为此他们主要采取了以下措施。

（1）沃尔玛使用一种尽可能大的卡车，大约有16米加长的货柜，比集装箱运输卡车更长或更高。沃尔玛把卡车装得非常满，产品从车厢的底部一直装到最高，这样非常有助于节约成本。

（2）沃尔玛的车辆都是自有的，司机也是自己的员工。沃尔玛的车队大约有5 000名非司机员工，有3 700多名司机，车队每周一次运输可以达7 000～8 000千米。

卡车运输是比较危险的，有可能会出交通事故。因此，对于运输车队来说，保证安全是节约成本最重要的环节。沃尔玛的口号是“安全第一，礼貌第一”，而不是“速度第一”。在运输过程中，卡车司机们都非常遵守交通规则。沃尔玛定期在公路上对运输车队进行检查，卡车上面都带有公司的号码，如果看到司机违章驾驶，检查人员就可以根据车上的号码报告，以便于进行惩处。沃尔玛认为，卡车不出事故，就是节省公司的费用，就是最大限度地降低物流成本。

（3）沃尔玛采用全球定位系统对车辆进行定位，因此在任何时候，调度中心都可以知道这些车辆在什么地方，离商店有多远，还需要多长时间才能把货物运到商店，这种估算可以精确到小时。沃尔玛知道卡车在哪里，产品在哪里，就可以提高整个物流系统的效率，有助于降低成本。

（4）沃尔玛的连锁商场的物流部门，24小时进行工作，无论白天或晚上，都能为卡车及时卸货。另外，沃尔玛的运输车队还利用夜间进行运输，从而做到了当日下午进行集货，夜间进行异地运输，翌日上午即可送货上门，保证在15～18个小时内完成整个运输过程，这是沃尔玛在速度上取得优势的重要措施。

（5）沃尔玛的卡车把产品运到商场后，商场可以把它整体卸下来，而不用对每个产品逐个检查，这样就可以节省很多时间和精力，加快了沃尔玛物流的循环过程，从而降低了成本。这里有一个非常重要的先决条件，就是沃尔玛的物流系统能够确保商场所得到的产品是与发货单完全一致的产品。

（6）沃尔玛的运输成本比供货厂商自己运输产品要低，所以厂商也使用沃尔玛的卡车来运输货物，从而做到了把产品从工厂直接运送到商场，大大节省了产品流通过程中的仓储成本和转运成本。

沃尔玛的集中配送中心把上述措施有机地组合在一起，做出了一个最经济合理的安排，从而使沃尔玛的运输车队能以最低的成本高效率地运行。

（资料来源：书通网）

案例点评：本案例主要介绍了零售企业沃尔玛的物流运输解决方案。为缩短运输时间、降低运输成本，沃尔玛在如何实现运输合理化上下工夫，采用安全保障措施，应用先进的物流信息技术以及与配送中心的工作密切结合，实现了高效合理的运输，有效降低在整个物流系统中的运输成本。

3.8.1 不合理运输的表现

1. 空驶

空驶是指空车无货载行驶，可以说是不合理运输的最严重形式。

2. 对流运输

对流运输也称“相向运输”或“交错运输”，指将同一种货物在同一线路上或平行线路上做相对方向的运送，而与对方运程的全部或一部分发生重叠交错的运输称对流运输，如图 3-4 和图 3-5 所示。

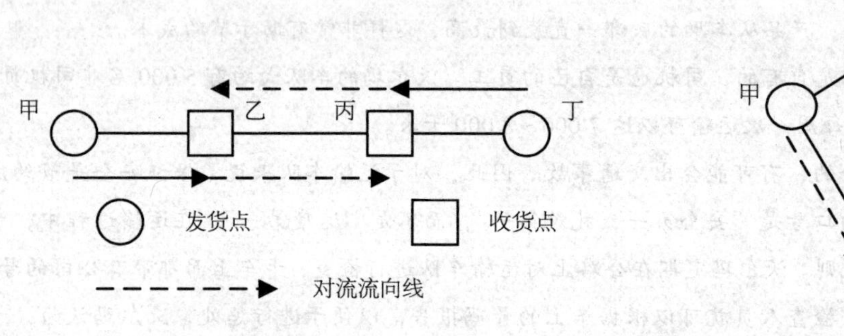

图 3-4 明显的对流运输

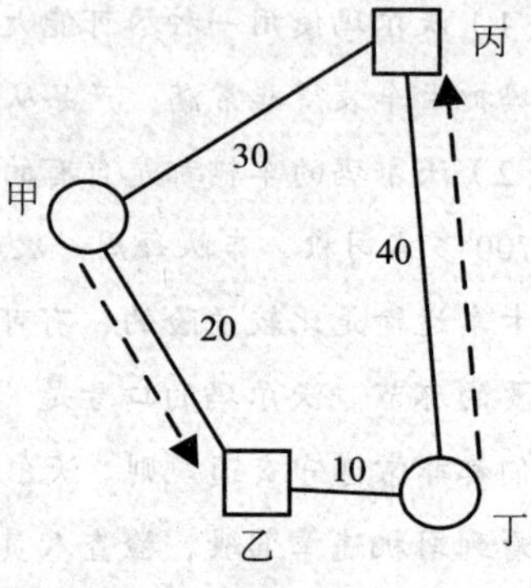

图 3-5 隐蔽的对流运输

3. 迂回运输——近路不走走远路，大路不走走小路

迂回运输是舍近取远的一种运输，如图 3-6 所示。这是放弃短距离运输，而选择路程较长路线进行运输的一种不合理形式。

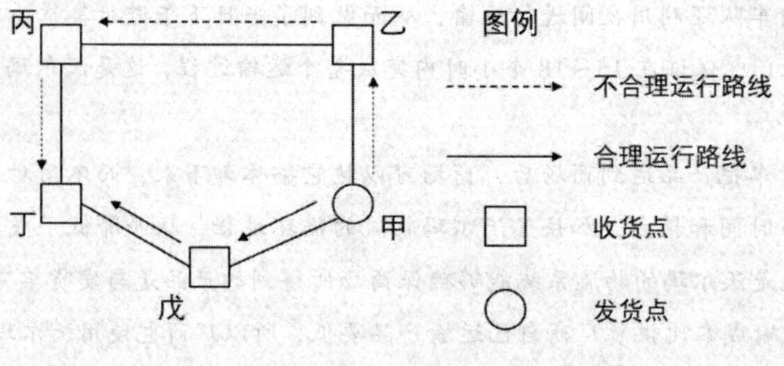

图 3-6 迂回运输

4. 倒流运输

倒流运输是指货物从销售地或中转地向产地或起运地回流的一种运输现象，如图 3-7 所示。其不合理程度要甚于对流运输，其原因在于两程的运输都是不必要的，形成了双程的浪费。

5. 重复运输

本来可以直接将货物运到目的地，但是未达目的地就将货卸下，再重复装运送达目的地，这是重复运输的一种形式；另一种形式是，同品种货物在同一地点运进，同时又运出。重复运输的最大毛病是增加非必要的中间环节，这就延缓了流通速度，增加费用，增大货损。

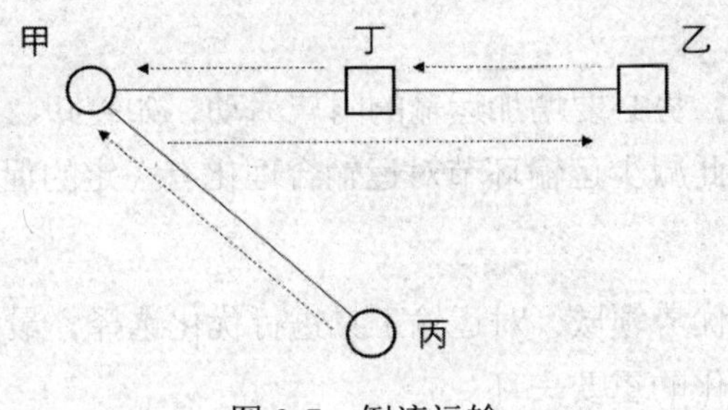

图 3-7　倒流运输

6. 过远运输

过远运输是指调运物资舍近求远，如图 3-8 所示。

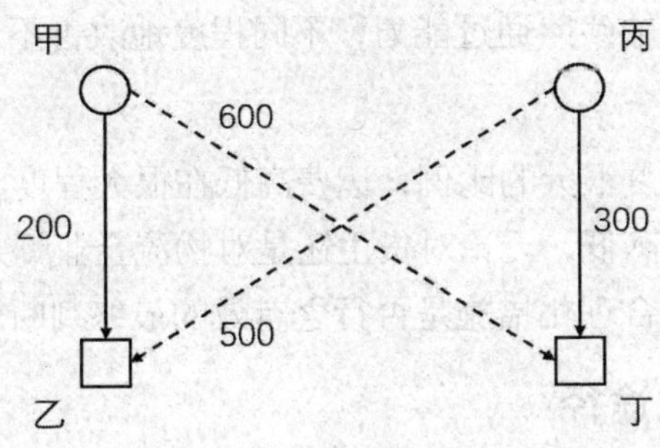

图 3-8　过远运输

7. 超限运输

超限运输超过规定的长度、宽度、高度和重量，容易引起货损、车辆损坏和公路路面及公路设施的损坏，还会造成严重的事故。这是当前表现突出的不合理运输。

8. 运力选择不当

未发挥各种运输工具的优势，而不正确地利用运输工具造成的不合理现象，称为运力选择不当。如弃水走陆，铁路、大型船舶的过近运输，运输工具承载能力就选择不当。

9. 搬运方式选择不当

搬运方式选择不当是指对于货主而言，可以选择最好的托运方式而未选择，造成运力浪费及费用支出加大的一种不合理运输。应选择整车而未选择，反而采取零担托运；应当直达而选择了中转运输，应当中转运输而选择了直达运输等都属于这一类型的不合理运输。

3.8.2 影响运输合理化的因素

影响物流运输合理化的因素有很多，起决定作用的有 5 个方面，称作合理运输的"五要素"。

1. 运输距离

运输过程中，运输时间、运输费用等若干技术经济指标都与运输距离有一定的关系，运距长短是运输是否合理的一个最基本的因素。

2. 运输环节

每增加一个运输环节，势必要增加运输的附属活动，如装卸、包装等，各项技术经济指标也会因此发生变化，因此减少运输环节对运输合理化有一定的促进作用。

3. 运输工具

各种运输工具都有其优势领域，对运输工具进行优化选择，最大限度地发挥运输工具的特点和作用，是运输合理化的重要一环。

4. 运输时间

在全部物流时间中运输时间占绝大部分，尤其是远程运输，因此，运输时间的缩短对整个流通时间的缩短具有决定性的作用。此外，运输时间缩短，还有利于加速运输工具的周转，充分发挥运力效能，提高运输线路通过能力，不同程度地改善不合理。

5. 运输费用

运费在全部物流费用中占很大的比例，运费高低在很大程度上决定整个物流系统的竞争能力。实际上，运费的相对高低，无论对货主还是对物流企业都是运输合理化的一个重要的标志。运费的高低也是各种合理化措施是否行之有效的最终判断依据之一。

3.8.3 合理运输的实现途径

1. 提高运输工具实载率

实载率有两个含义：一是单车实际载重与运距之乘积和标定载重与行驶里程之乘积的比率，这在安排单车、单船运输时，是作为判断装载合理与否的重要指标；二是车船的统计指标，即一定时期内车船实际完成的货物周转量（以吨千米计）占车船载重吨位与行驶千米之乘积的百分比。在计算时车船行驶的千米数，不但包括载货行驶，也包括空驶。

提高实载率的意义在于：充分利用运输工具的额定能力，减少车船空驶和不满载行驶的时间，减少浪费，从而求得运输的合理化。

2. 采取减少动力投入，增加运输能力的有效措施求得合理化

这种合理化的要点是，少投入、多产出，走高效益之路。运输的投入主要是能耗和基础设施的建设，在设施建设已定型和完成的情况下，尽量减少能源投入，是少投入的核心。做到了这一点就能大大节约运费，降低单位货物的运输成本，达到合理化的目的。

3. 发展社会化的运输体系

运输社会化的含义是发展运输的大生产优势，实行专业分工，打破一家一户自成运输体系的状况。一家一户的运输小生产，车辆自有，自我服务，不能形成规模，且一家一户运量需求有限，难以自我调剂，因而经常容易出现空驶、运力选择不当（因为运输工具有限，选择范围太窄）、不能满载等浪费现象，且配套的接货、发货设施，装卸搬运设施也很难有效地运行，所以浪费颇大。实行运输社会化，可以统一安排运输工具，避免对流、倒流、空驶、运力不当等多种不合理形式，不但可以追求组织效益，而且可以追求规模效益，所以发展社会化的运输体系是运输合理化的非常重要的措施。

4. 开展中短距离铁路公路分流，“以公代铁”的运输

这一措施的要点，是在公路运输经济里程范围内或者经过论证，超出通常平均经济里程范围，也尽量利用公路。这种运输合理化的表现主要有两点：一是对于比较紧张的铁路运输，用公路分流后，可以得到一定程度的缓解，从而加大这一区段的运输通过能力；二是充分利用公路从门到门和在中途运输中速度快且灵活机动的优势，实现铁路运输服务难以达到的水平。我国“以公代铁”目前在杂货、日用百货运输及煤炭运输中较为普遍，一般在200千米以内，有时可达700~1 000千米。山西煤炭外运经认真的技术经济论证，用公路代替铁路运至河北、天津、北京等地是合理的。

5. 尽量发展直达运输

直达运输是追求运输合理化的重要形式，其对合理化的追求要点是通过减少中转过载换载，从而提高运输速度，省却装卸费用，降低中转货损。直达的优势，尤其是在一次运输批量和用户一次需求量达到了一整车时表现最为突出。此外，在生产资料、生活资料运输中，通过直达，建立稳定的产销关系和运输系统，也有利于提高运输的计划水平，考虑用最有效的技术来实现这种稳定运输，从而大大提高运输效率。

特别需要一提的是，如同其他合埋化措施一样，直达运输的合理性也是在一定条件下才会有所表现，不能绝对认为直达一定优于中转。这要根据用户的要求，从物流总体出发做综合判断。如果从用户需要量看，批量大到一定程度，直达是合理的，批量较小时中转是合理的。

6. 配载运输

这是充分利用运输工具载重量和容积，合理安排装载的货物及载运方法以求得合理化的一种运输方式。配载运输也是提高运输工具实载率的一种有效形式。

配载运输往往是轻重商品的混合配载，在以重质货物运输为主的情况下，同时搭载一些轻泡货物，如海运矿石、黄沙等重质货物，同时运输木材、毛竹等；铁路运矿石、钢材等重物上面搭运轻泡农、副产品等，在基本不增加运力投入及基本不减少重质货物运输情况下，解决了轻泡货的搭运，因而效果显著。

7. “四就”直拔运输

“四就”直拔是减少中转运输环节，力求以最少的中转次数完成运输任务的一种形式。一般批量到站或到港的货物，首先要进分配部门或批发部门的仓库，然后再按程序分拨或销售给用户。这样一来，往往出现不合理运输。

“四就”直拨，首先是由管理机构预先筹划，然后就厂或就站（码头）、就库、就车（船）将货物分送给用户，而无须再入库了。

8. 发展特殊运输技术和运输工具

依靠科技进步是运输合理化的重要途径。例如，专用散装及罐车，解决了粉状、液状物运输损耗大、安全性差等问题；袋鼠式车皮、大型半挂车解决了大型设备整体运输问题；“滚装船”解决了车载货的运输问题，集装箱船比一般船能容纳更多的箱体，以上这些都是通过应用先进的科学技术实现运输合理化的案例。

9. 通过流通加工，使运输合理化

有不少产品，由于产品本身形态及特性问题，很难实现运输的合理化，如果进行适当加工，就能够有效解决合理运输问题。例如，将造纸材在产地预先加工成干纸浆，然后压缩体积运输，就能解决造纸材运输不满载的问题。轻泡产品预先捆紧包装成规定尺寸，装车就容易提高装载量；水产品及肉类预先冷冻，就可提高车辆装载率并降低运输损耗。

要点回顾

运输是指设备和工具，将物品从一地点向另一地点运送的物流活动。其中包括集货、分配、搬运、中转、装入、卸下、分散等一系列操作。

运输的基本原理包括规模经济和距离经济。

运输方式主要分为：（1）铁路运输；（2）公路运输；（3）水路运输；（4）航空运输；（5）管道运输；（6）联合运输。

不合理运输的表现包括：空驶、对流运输、迂回运输、倒流运输、重复运输、过远运输、超限运输、运力选择不当及搬运方式选择不当。

本章习题

一、名词解释

铁路运输　公路运输　管道运输　联合运输

二、简答题

1. 简述运输的功能。
2. 简述各种运输方式的优缺点。
3. 影响运输合理化的因素有哪些？
4. 简述合理运输的实现途径。

三、案例分析题

在美国，铁路集装箱专列平均速度为 70～90 千米/时，在专用线、编组站等环节疏导很快，基本上不压箱。在港口，进口货在船舶到港之前一般都向海关预申报，它每天运距可以达到 1 500 千米以上，因而船到港后，当天就可以卸箱装上集装箱货车或铁路车辆（若当天有车辆），或在第二天转运到口岸地区其他集装箱站场。美国的多式联运服务大致包括 4 个独立的作业环节：（1）港口作业。船停港总共 3～5 天，其中通关作业一般为 1～2 天。（2）港口附近周转作业（即从港口转到火车上）。（3）铁路长途运输。多式联运长途运输方式主要是铁路，平均运行速度 60～80 千米/时，一般工作日集装箱在列车出发前 3～4 小时集中到站场，列车的运输距离可以达每天 1 200～1 500 千米。（4）内陆中转站的内陆作业集装箱的停留时间主要取决于物流工作的商业考虑，如集装箱运输过程是由集装箱所有者来控制，当港口至货主的运距为 1 500 千米时，采用集装箱货车运输。集装箱从船上运到集装箱货车后，其运送速度一般为 80 千米/时，若配备两个驾驶员则会减少停车时间，在 24 小时内集装箱最大运输范围可达 2 000 千米。

（资料来源：百度文库）

思考题：

（1）结合案例分析物流标准化的重要性，并回答什么是物流标准化？

（2）物流标准化有哪些要求？

四、拓展实践

访问国家统计局网站，整理并分析我国运输行业货运统计数据。根据相关统计数据，分析我国运输行业货物运输总体运行情况，并形成一份实践报告（不少于 2 500 字）。

第 4 章　采购与存储管理

【内容提要】

提高采购与存储管理水平是电子商务物流管理的重要环节。本章介绍了采购管理、存储管理以及库存管理的方法和模型。

学习完本章后，希望读者掌握：

（1）采购管理的内容；

（2）存储管理的功能；

（3）ABC 分类法；

（4）库存控制模型。

引导案例

亚马逊公司（Amazon.com）是美国最大的一家网络电子商务公司，位于华盛顿州的西雅图。美国亚马逊网上书店自 1995 年 7 月在美国开业以来，至今已经历了 20 余年的发展历程。根据 ComScore 数据显示，到 2011 年 6 月，全球约有 20%的独立用户使用亚马逊的零售和拍卖网站，亚马逊全球独立用户数量也达到了 2.822 亿，位居全球第一。根据 2016 年《财富》美国五百强排名，电子零售巨头亚马逊位于第 18 位，成为达到销售额 1 000 亿美元用时最快的电子商务公司，目前其市值为 2 800 亿美元，超过排名第一位的沃尔玛。

从 2010 年起的 3 年时间，亚马逊建设物流中心投资超过 139 亿美元，其中 2011 年投资了约 46 亿美元用以大规模地建设物流中心。目前亚马逊在美国本土总共拥有十余个物流中心，主要分布在美国的亚利桑那州、印第安纳州、特拉华州、堪萨斯州、肯塔基州、内华达州、宾夕法尼亚州、南卡罗来纳州、田纳西州和维吉尼亚州 10 个州。截至 2012 年年底，亚马逊仓储中心总数已达到 89 个。大规模物流中心的建设使其加强了对物流环节的掌控，提高了发货环节的效率。物流中心的主要功能是为货物提供收发货和仓储周转。同时，物流中心也为在亚马逊网站上代销的第三方卖家提供物流服务。大规模的物流中心可以聚合订单要求，完成并实现信息集中和货物集中，如上所述，加强了亚马逊对物流环节的掌控，提高了收发货环节的效率。

在物流存储环节，与一般的 B2C 仓库不同，亚马逊仓库的所有货物都是随机摆放的。计算机通过复杂而且精密的算法，以储物格的空间效率实现最大化为原则来进行货物的随机摆放。负责上架的员工会根据行走的路线以及货架上的空间随意摆放，并将货物信息（包括摆放位置）扫描至系统中。员工拣货时，系统会根据订单需求以及系统中货物摆放的位置进行最短拣货路径的计算，然后将订单分配给员工，员工手持终端进行拣货操作。这种看似杂乱无章的摆放方式实际上有效地减少了员工的工作量，提高了配送效率。

亚马逊成立初期采用的是零库存的商业模式，即亚马逊只进行订单的处理，向分销商订购产品，然后直接发给顾客，不需要承担库存的风险。但是，这种运作模式对于包含多种不同产品的订单来说实现起来是十分复杂的，而且如果顾客选择接受一个交货单，亚马逊需要承担的物流成本会高出很多。如今，亚马逊采取了混合方式进行运作，即对于需求量大的产品大量库存，而对于需求量小和体积庞大、不规则的产品由分销商管理库存。

（资料来源：百度文库）

【案例思考】

在此案例中，我们不难看出，支撑电子商务企业高速发展的是其背后强大的供给存储体系，完善的物流系统是企业生存和发展的命脉。然而如何进行合理的采购和存储管理，建立属于电子商务企业自身的强大供给存储体系呢？本章将重点介绍采购管理、存储管理及库存管理等内容。

4.1 采购管理

【小案例】

在采购活动中，人们常说的一句话是："买的不如卖的精。"所谓"精"，就是拥有较多的信息，能够利用信息来获得交易过程中的支配权。下面的例子是一位老练的生活消费品个人采购者的采购行为，看看她在采购过程中如何因为缺乏信息而不能实现正确的采购，即以正确的价格购买到正确的商品。

乔娜是一位有点时装购买癖的时髦女青年。每逢有空闲时间，她最大的爱好就是在商业街逛时装店，各个时装店的时装风格、价格她几乎都了如指掌。此外，她还订有大量的时装杂志，巴黎、罗马、米兰、伦敦、纽约等 8 大时装流行中心最新发布的时装款式，她都一清二楚。虽然她的衣柜里已经挂满了各类服装，但她每次逛街仍然忍不住要购买最新款式的服装。

有一天，乔娜来到商业街，在一家服装店里发现了在服装杂志上刚刚发布的款式的时装，试穿之后，感觉非常合身。经过与商店的一番讨价还价，商店的最低出价是 750 元。当然，乔娜是聪明的购买者，不经过货比三家，她是不会贸然购买的。接着，乔娜又去了几家商店，发现有好几家商店里都有同样的服装。经过一家接一家的讨价还价之后，乔娜以这些商店中开出的最低价 490 元买下了这件服装。

过了一个月后，乔娜到外地出差，发现在当地也有与她在一个月前买的一模一样的服装，可是价格要比她所在的城市便宜得多，一件只要 80 元。她以为她看错了，于是反反复复地又看了几遍，发现产地、面料甚至货号都与她买的完全一样，这时她才感觉上当了。

在这个案例中我们可以发现，乔娜上当的原因大致有 3 点：（1）乔娜缺乏有关该种款式服装进价的信息和其他有关销售成本的信息，难以确定正确的讨价还价目标。（2）时装的成本构成信息比较复杂，相同面料、款式和做工的服装，会因为无形资本的含量，如品牌、产地、销售商店的不同而导致价格上较大的差异，这一点已经成为商业惯例，消费者对此有很大的认同。（3）时装成本构成信息的复杂性，使买卖双方形成天然的不平等，卖方拥有的信息多，可以轻而易举地欺骗买方；买方拥有的信息少，想识破卖方的骗局只能通过货比三家。但是，假如数家卖方进行了联手欺诈，消费者将更容易上圈套。例如在上述案例中，我们可以设想两种情形：一是卖相同服装的商店实行价格联盟策略，大家的售价都一样，这样货比三家就失去了意义；二是通过将一家商店的价格标低，其余商店价格标高的手法，使价格标高的商店为价格标低的商店促销，然后销售利润按比例分成。

信息不对称不仅会使乔娜这样的个人采购者上当，就连以再生产、再销售为目的的企业采购者，有时也不免因信息不对称而上当。曾有人利用当前在批发企业广泛存在的代销行为为某个有大量积压产品的工业企业策划过一个骗局：先派人将少量商品送到批发企业请他们为其代销；然后派人到批发企业的下端——零售商那里大量回购自己的产品，给批发企业造成该种商品极其畅销的假象；当批发企业销售完商品要求再次代销时，这家工厂就会说这种商品市场供不应求，如果还想经营，就必须经销，而不能代销。由于批发企业在代销过程中已经迅速获得利益，很容易接受该种商品畅销的错误信息，因而往往会做出错误的采购决策。

（资料来源：语文新课程资源网）

案例点评：从乔娜的这次购买经历，不难看出信息对于采购的重要性，而在获取相关信息之前，还需要我们了解何为采购管理以及采购管理的流程等相关问题，从而才能实现合理的采购管理。

【小资料】

根据上面的案例，我们介绍几个概念，以更好地理解采购过程中的信息不对称现象。

“私有信息”是现代经济学的行话，通俗地说，如果我知道一些你不知道的东西，我之所知就是我的私人信息。信息，归根结底是有关某些事物的一些信息。比如有关一些产品是否具有严重的缺陷的信息，这样的信息往往只被能接近和熟悉这种产品的人“私下”观察到，那些无法接近这种产品的人却无从了解或者难以了解。相反，如果一则信息是大家都知道的，或者是所有有关的人都知道的，它就叫作“公共信息”或者“公共知识”。“私有信息”的存在导致了“信息的不对称性”：一些人了解的情况比其他的人要多。把你掌握的关于这件事物的信息放在天平的一边，把他掌握的关于同一件事物的信息放在天平的另一边，一边轻、一边重，就是信息的不对称性。有时我们也用“隐藏的信息”或“隐蔽的信息”这些术语来代替“私有信息”。

4.1.1 采购管理概述

1. 采购管理的含义

采购管理是对物料从供应商到组织内部物理移动的管理过程，是企业经营管理和生产运作管理的一个重要的方面，是物流供应链管理的起始环节。

2. 采购管理的作用

（1）保障供应的必要前提。供应物流是保证企业生产经营正常进行的必要前提，因此，采购为企业保证供应、维持正常生产和降低缺货风险创造了条件。物资供应是生产的前提条件，生产所需要的原材料、设备和工具都要由采购来提供；没有采购就没有生产条件，没有物资供应就不可能进行生产。

（2）保证质量的重要环节。采购供应的物资的质量好坏直接决定着企业产品质量的好坏。能不能生产出合格的产品，取决于采购所提供的原材料以及设备工具的质量的好坏。

（3）控制成本的主要手段。采购的成本构成了生产成本的主体部分，其中包括采购费用、购买费用、进货费用、仓储费用、流动资金占用费用以及管理费用等。采购的成本太高，将会大大降低生产的经济效益，甚至导致亏损。因此，加强采购和供应的组织与管理，对于节约占用资金、压缩存储成本和加快营运资本周转起着重要的作用。

（4）企业与市场的信息接口。采购人员虽然直接和资源市场打交道，但是资源市场和销售市场是交融混杂在一起的，都处在大市场之中。所以，采购人员也可以为企业及时提供各种各样的市场信息，供企业进行管理决策。

（5）加强客户关系的有效途径。采购是企业和资源市场的关系接口，是企业外部供应链的操作点。只有通过采购部门人员与供应商的接触和业务交流，才能把企业与供应商联结起来，形成一种相互支持、相互配合的关系。

4.1.2 采购管理的内容

1. 供应商管理

采用供应商投标竞价等方法选择供应商，并建立供应商信息资料库，后期维护供应商关系，必要时可外延进行供应商培训等。

2. 采购最佳批量与采购时期的管理

根据历史统计消耗情况，建立模型，用最佳经济批量计算，并考虑实际情况进行修改后，在合理的提前期发出订单，进行采购，保证原料的及时供应并控制冗余。

3. 采购价格管理

对不同供应商，采取招标竞价的方法确定合理价格；

对长期供应商，可采取批量采购打折的方法确定价格；

对价格建立数据库，及时更新；

对公司有剩余能力生产的原材料，与相关生产部门共同决定外购或自制政策。

4. 付款时间管理

合理利用供应商的赊销期及相关现金折扣，与财务部门共同确定付款时间，按期付款。

4.1.3 与传统采购管理的差异

（1）传统的采购管理思想中买卖双方的关系是相互对立的，现代采购管理思想中买卖双方是合作伙伴关系。

（2）传统的采购管理思想认为供应商的数目越多越好，现代的采购管理思想认为越少越好。

（3）传统的采购是定期交货，现代的采购是及时交货。

（4）传统采购中先设计产品后质询价格，现代采购是供应商参与商品设计。

（5）传统采购管理中信息交换是定期的、库存较大，现代采购管理的信息交换是及时的、信息量较小。具体的差异如表 4-1 所示。

表 4-1 现代采购管理与传统采购管理的差异

	传统采购管理	现代采购管理
供应商/买方关系	相互对立	合作伙伴
合作关系	可变的	长期
合同期限	短	长
进货数量	大批量	小批量

续表

	传统采购管理	现代采购管理
运输策略	单一品种整车发送	多品种整车发送
质量问题	检验\再检验	无须入库检验
与供应商的信息沟通	采购订单	口头发布
信息沟通频率	离散的	连续的
对库存的认识	资产	祸害
供应商数量	多，越多越好	少，甚至一个
设计流程	先设计产品后询价	供应商参与产品设计
产量	大量	少量
交货安排	每月	每周或每天
供应商地理分布	很广的区域	尽可能靠近
仓库	大，自动化	小，灵活

4.1.4 采购管理的流程

采购流程是指有生产或消费需求的企业购买所需要的各种产品的全过程。一般来说，一个完整的采购过程大体上应该包括以下几个步骤。

1．接受采购任务，制定采购单

这是采购工作的任务来源，通常是企业各个部门把任务报到采购科来，采购科给各个采购员下采购任务单。也有很多是采购科主动根据企业的生产销售情况，自己来安排各种物资的采购计划，给每个采购员下采购任务单。

2．制订采购计划

采购员在接受采购任务单后，要制订具体的采购工作计划。首先是进行资源市场调查，包括对商品、价格、供应商的调查分析，选定供应商，确定采购方法、采购日程计划及运输方法、货款支付方法等。

3．根据既定的计划联系供应商

通过各种方式，如出差、电话、E-mail等和供应商取得联系。

4．与供应商洽谈、成交，最后签订订货合同

这是采购工作的核心步骤。要和供应商反复进行磋商谈判、讨价还价，讨论价格、质量、送货、服务及风险赔偿等各种限制条件，最后把这些条件用订货合同的形式规定下来，形成订货合同。订货合同签订以后，才意味着已经成交。

5．运输进货及进货控制

订货成交以后，就是履行合同，就要开始运输进货，运输进货可以由供应商负责，也可以交给专业的运输公司负责或者自己提货。无论采取哪种方式，采购员要监督进货进程，确保按时进货。

6．到货检验、入库

采购员要监督有关人员进行检验、验收和入库，包括数量和质量的检验和入库。

7. 支付货款

货物到达后按照合同的规定支付货款。

8. 善后处理

一次采购完成后，要进行采购直接评估，并妥善处理好一些未尽事宜。但是不同类型的企业，在采购时又有不同的特点，具体实施起来还要与企业的实际情况相结合。

4.2 存储管理

4.2.1 存储管理概述

1. 存储管理的含义

存储管理是指商品生产出来之后而又没有到达消费者手中之前所进行的商品保管过程。

2. 存储管理的目标

（1）存储管理应力求做到最大化利用空间，最有效使用劳力及设备。在存储区内进行的大部分活动是货品的搬运，需要大量的人力及设备来进行物品的搬进、搬出，因此人力和机械设备操作应达到经济和安全的需要。

（2）存储应力求随时准备存取所有物品。因为存储创造了商品时间价值，所以应能做到一旦有求，货品马上变得有用。

（3）保护货物。良好的管理、清楚的通道、干净的地板、适当且有次序的存储及安全的运行，都将使存储工作变得有效率并促进工作士气的提高。

4.2.2 存储管理的功能

存储系统是企业物流系统中不可缺少的子系统。物流系统的整体目标是以最低成本提供令客户满意的服务，存储系统在其中发挥着重要作用。由于存储在时间上协调原材料、产成品的供需，起着缓冲和平衡调节的作用，企业可以为客户在需要的时间和地点提供适当的产品，从而提高产品的时间效益。存储活动能够促进企业提高客户服务的水平，增强企业的竞争力。存储在物流系统中的重要作用主要表现在以下几个方面。

1. 降低运输成本、提高运输效率

大规模、整车运输会带来运输的经济性。在供应物流方面企业大多是从多个供应商分别小批量购买原材料并运至仓库，然后将其拼箱并整车运输至工厂。由于整车运输费率低于零担运输费率，因此这将大大降低运输成本、提高运输效率。在销售物流方面，企业将各工厂的产品大批量运到市场仓库，然后根据客户的要求小批量运到市场或客户。这种仓库的作用不仅是拼箱装运，而且还可按客户要求进行产品整合。

2. 进行产品整合

如果考虑到颜色、大小、形状等因素，企业的一个产品线包括了数千种不同的产品。这些产品经常在不同工厂生产，企业可以根据客户要求将产品在仓库中进行配套、组合、打包，然后运送给各地客户。否则，从不同工厂满足订货将导致不同的交货期。仓库除了满足客户订货的产品整合需求外，对于使用原材料或零配件的企业来说，从供应仓库将不同来源的原材料或零配件配套组合在一起，整车运到工厂以满足需求也是很经济的。

3. 支持企业的销售服务

仓库合理地靠近客户，使产品被适时地送到客户手中，将提高客户的满意度并扩大企业销售，这一点对于企业产成品仓库来说尤为重要。

4. 调节供应和需求

由于生产和消费之间或多或少存在时间或空间上的差异，存储可以提高产品的时间效益，调整均衡生产和集中消费或均衡消费和集中生产在时间上的矛盾。

4.2.3 存储管理的流程

存储管理的作业流程，是指以保管活动为中心，从仓库接收商品入库开始，到按需要把商品全部完好地发送出去的全部过程（见图 4-1）。

（1）进货管理，包括货物接运、货物验收和货物入库 3 个作业环节。

（2）存储保管，保管原则和保管方式。

（3）出货管理，核对凭证、备货（包括拣货、库内加工等）、出验。

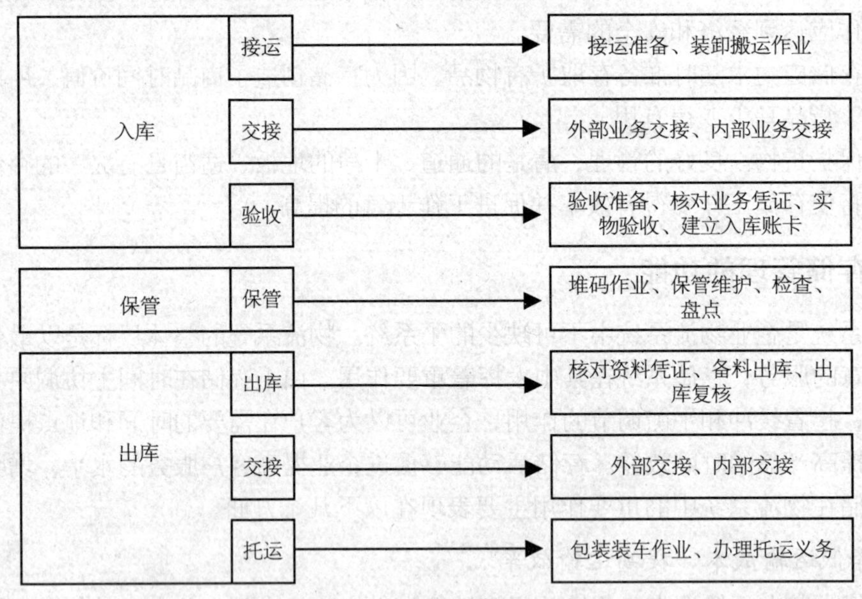

图 4-1 存储业务流程

【小案例】

ZARA 是西班牙 Inditex 集团旗下的一个子公司，它既是服装品牌，也是专营 ZARA 品牌服装的连锁零售品牌。1975 年建立于西班牙的 ZARA，隶属于 Inditex 集团，为全球排名第三、西班牙排名第一的服装商，在世界各地 56 个国家，设立超过两千家的服装连锁店。该公司坚持自己拥有和运营几乎所有的连锁店网络的原则，同时投入大量资金建设工厂和物流体系，以便于“五个手指抓住客户的需求，另外五个手指掌控生产”，快速响应市场需求，为顾客提供“买得起的快速时装”。

在新产品设计过程中，ZARA 密切关注潮流和消费者的购买行为，收集顾客需求的信息并汇总到西班牙总部的信息库中，为设计师设计新款式提供依据，以快速响应市场需求。在与生产、运营团队一起决定一个具体的款式用什么布料、如何剪裁以及如何定价时，设计师必须首先访问数据库中的实时信息。ZARA 借助自主开发的信息系统对产品信息和库存信息进行管理，控制原材料的库存，并为产品设计提供决策信息。卓越的产品信息和库存管理系统，使得 ZARA 的团队能够管理数以千计的布料、各种规格的装饰品、设计清单和库存商品，使存货不超过下季度出货量 20%。

在 ZARA 的仓库中，产品信息都是通用的、标准化的，这使得 ZARA 能快速、准确地准备设计，对裁剪给出清晰生产指令。ZARA 的团队也能通过这个系统提供的信息，以现存的库存来设计一款服装，而不必去订购原料再等待它的到来。

设计方案确定后，生产计划和采购人员开始订单履行流程的管理：制订原材料采购计划和生产计划，监视库存的变化，分配生产任务和外包生产，跟踪货源的变化情况，防止生产不足和生产过剩。

ZARA 公司在西班牙拥有属于自己的 22 家工厂，50%的产品是通过自己的工厂来完成生产，这些工厂都有自己的利润中心，进行独立管理。其他 50%的产品则由 400 余家外部供应商来完成生产，这些供应商 70%位于欧洲，主要分布在西班牙和葡萄牙。ZARA 公司希望这样能够进行有效管理，保证供应商能对其订单的变化做出迅速的反应，要求与其合作的供应商都把它作为自己的第一选择。

产品究竟自产还是外包，这个决定也是由采购人员做出的。选择的标准有：产品需求的速度和市场专家的意见、成本效益原则、工厂的生产能力。ZARA 公司自己生产产品，原材料尽量从 Inditex 集团内的厂家购买，其中大约有 40%的布料供应来自于内部。这其中又有 50%的布料是未染色的，这样就可以迅速应对夏季颜色变换的潮流。为了防止对某一个供应商的依赖，同时也鼓励供应商更快地做出反应，ZARA 剩余的原材料供应来自于 260 家供应商，每家供应商的份额最多不超过 4%。

ZARA 的供应链依靠精确的预测和更多即时的市场信息，反应速度比一般公司快，低存货量和精确的库存数据不仅降低了成本，同时大大提高了 ZARA 的核心竞争力。

（资料来源：ZARA 官网，百度百科）

案例点评：本案例中 ZARA 通过采购管理和库存管理的有效结合，实现了快速供货及低库存量的目标。前面已经介绍了采购管理的内容，接下来就将对库存管理进行详细的介绍。

4.3 库存管理

一般情况下，人们设置库存的目的是防止短缺，就像水库里储存的水一样。另外，它还具有保持生产过程连续性、分摊订货费用、快速满足用户订货需求的作用。在企业生产中，尽管库存是出于种种经济考虑而存在，但是库存也是一种无奈的结果。它是由于人们无法预测未来的需求变化，才不得已采用的应付外界变化的手段，也是因为人们无法使所有的工作都做得尽善尽美，才产生一些人们并不想要的冗余与囤积。

4.3.1 ABC 分类法

1．ABC 分类思想

1897 年，意大利经济学家帕列托在对 19 世纪英国社会各阶层的财富和收益统计进行分析时发现：80%的社会财富集中在 20%的人手里，而 80%的人只拥有社会财富的 20%，这就是“二八法则”。“二八法则”反映了一种不平衡性，但它却在社会、经济及生活中无处不在。

“二八法则”是ABC分类法的指导思想。所谓“二八法则”简单地说就是20%的因素带来80%的结果。在库存管理中，同样存在“二八法则”现象，即少量库存占用大量资金的情况。由于此类库存价值较高，因此需要实施更为精细化的管理策略，以更好地控制库存成本。

【小资料】

国际上有一种公认的企业法则——“二八法则”，其基本内容如下。

一是“二八管理法则”。企业主要抓好20%的骨干力量的管理，再以20%的少数带动80%的多数员工，以提高企业效率。

二是“二八决策法则”。抓住企业普遍问题中的最关键的问题进行决策，以达到纲举目张的效应。

三是“二八融资法则”。管理者要将有限的资金投入到经营的重点项目，以此不断优化资金投向，提高资金使用效率。

四是“二八营销法则”。经营者要抓住20%的重点商品与重点用户，渗透营销，牵一发而动全身。

总之，“二八法则”要求管理者要抓关键人员、关键环节、关键用户、关键项目、关键岗位。

2. ABC分类曲线

根据“二八法则”思想，将库存物品依据所占资金的多少划分为A、B、C 3类。其中，A类存量少，但占用资金多，是特别重要的类型；C类存量多，但占用资金少，是不太重要的类型；B类介于A、C之间，是一般重要的类型。ABC分类曲线如图4-2所示。

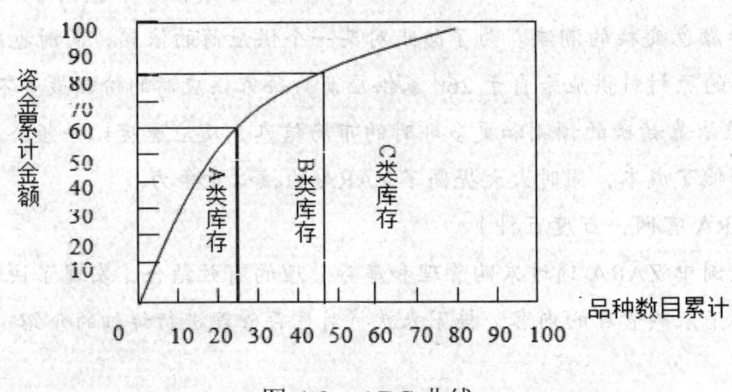

图4-2 ABC曲线

3. ABC分类标准和步骤

对库存实施ABC分类管理，分类标准如表4-2所示。

表4-2 ABC分类标准

类 型	占库存总量的百分比	占库存总资金的百分比
A类（特别重要）	5%～20%	60%～70%
B类（一般重要）	20%～30%	20%左右
C类（不太重要）	60%～70%	15%以下

实施ABC分类步骤如下。

（1）计算每种库存物资在一定时期（1年）内的供应金额，其计算方法是单价乘以供应物资的数量。

（2）按供应金额的大小顺序排出其品种序列，然后计算各品种的供应金额占总供应金额的百分比。

（3）按供应金额大小的品种序列计算供应额的累计百分比，占供应总金额的 60%～70% 的各种物资作为 A 类，占余下累计 20%左右的为 B 类，其他为 C 类。

根据以上步骤，ABC 分类示例如表 4-3 所示。

表 4-3 ABC 分类示例

产品序号	数量	单价	占用资金	占用资金百分比（%）	累计百分比（%）	占产品项百分比（%）	分类
1	10	680	6 800	68.0	68.0	10	A
2	12	100	1 200	12.0	80.0	20	A
3	25	20	500	5.0	85.0	30	B
4	20	20	400	4.0	89.0	40	B
5	20	10	200	2.0	91.0	50	C
6	20	10	200	2.0	93.0	60	C
7	10	20	200	2.0	95.0	70	C
8	20	10	200	2.0	97.0	80	C
9	15	10	150	1.5	98.5	90	C
10	30	5	150	1.5	100	100	C
合计			10 000	100			

4. ABC 分类管理策略

由于不同类别的物资重要程度不同，因此需要对库存物资实施分类管理策略。

（1）A 类物资。应施以尽可能紧的控制，包括最完整、精确的记录，最高的作业优先权，高层管理人员经常检查，小心精确地确定订货量和订货点，制定紧密的跟踪措施以使库存时间最短。

（2）B 类物资。正常的监控，包括做记录和固定时间的检查；只有在紧急情况下，才赋予较高的优先权；可按经济批量订货。

（3）C 类物资。简单的控制，如设立简单的记录或者不设立记录、可通过半年或者一年一次的盘存来补充大量的库存、给予最低的优先作业次序等。

根据以上分类管理策略，对 ABC 分类物资采取不同的订货方式，如表 4-4 所示。

表 4-4 ABC 分类管理策略

分类结果	管理重点	订货方式
A 类	为了压缩库存，投入较大力量精心管理，将库存压到最低水平	计算每种物品的订货量采用定期订货方式
B 类	按经营方针调节库存水平，例如，要降低水平时，就减少订货量和库存	采用定量订货方式
C 类	集中大量地订货，不费太多力量，增加库存储备	采用订货点法进行订货

【小资料】

订货点法，是对于某种物料或产品，由于生产或销售的原因而逐渐减少，当库存量降低到某一预先设定的点时，即开始发出订货单（采购单或加工单）来补充库存。直至库存量降低到安全库存时，发出的订单所订购的物料（产品）刚好到达仓库，补充前一时期的消耗，此一订货的数值点，即称为订货点。

定量订货法，是预先确定一个订货点和订货批量，随时检查库存，当库存下降到订货点时就发出订货，订货批量取经济订货批量。

定期订货法，是按预先确定的订货时间间隔按期进行订货，以补充库存的一种库存控制方法。其决策思路是：每隔一个固定的时间周期检查库存项目的储备量。根据盘点结果与预定的目标库存水平的差额确定每次订购批量。

4.3.2 库存控制模型

1. 库存控制模型原理

如果通过采购的方式补充库存，则要求总费用（库存费用＋采购费用）最小（见图 4-3）。订购批量增加，库存量增加，库存费用增加，但采购次数减少、采购费用减少；订购批量减少，库存量减少，库存费用减少，但采购次数增加、采购费用增加。

同理，如果通过生产方式补充库存，那么要求总费用（库存费用＋生产费用）最小。生产批量增加，库存量增加，库存费用增加，但生产次数减少、生产装配费用减少；生产批量减少，库存量减少，库存费用减少，但生产次数增加、生产装配费用增加。

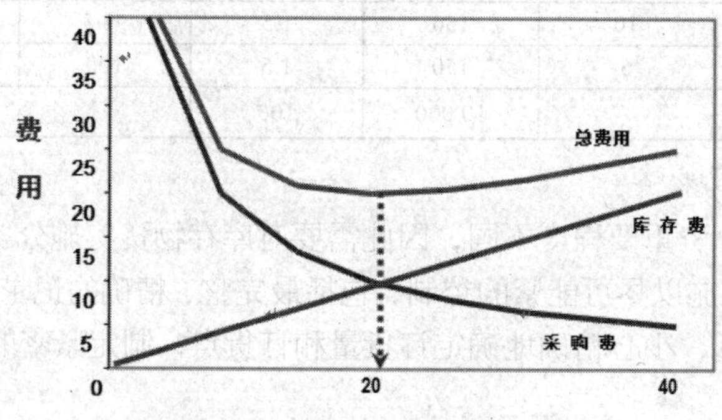

图 4-3　库存控制模型原理

2. 库存控制模型参数

（1）存储费 C_1。存储费也称库存持有成本，是指维持一定库存水平所需耗费的相关成本。包括货物占用资金应付的利息以及使用仓库、保管货物、货物损坏变质等支出的费用。

首先要考虑的库存持有成本是库存投资的融资成本。企业贷款时，需要支付利息；即使企业使用自己的资金，也会产生机会成本，从而使得这些资金不能用于其他投资。两种情况下，都会由于库存占用的资金而产生利息成本。资金成本通常用投资数量的百分率来表示。

另外，很多其他库存持有成本如保险、税金、损坏、盗窃以及仓储费用也取决于库存的价值。

（2）订货费 C_3。订货费也称订货成本，通常是不考虑订单的大小，而认为每次订货的成本是一样的。该成本包括订单的准备及订单的处理（包括支付、邮寄、电话费、运输、发票确认、接收等）。补充是向其他厂商购买的方式进行。

实际上订货费包括两项费用：一是订购费用（固定费用），如手续费、电信往来、派人员外出采购等费用，订购费与订货次数有关而与订货数量无关；二是货物的成本费用，它与订货数量有关（可变费用），如货物本身的价格、运费等。

（3）生产费 C_3。通过自行生产的方式来补充库存，需要支出两项费用：一项是装配费用（或称准备、结束费用，是固定费用），如更换模、夹具需要工时，或添置某些专用设备等属于这项费用；另一项是与生产产品的数量有关的费用，如材料费、加工费等（可变费用）。

（4）缺货费 C_2。当存储供不应求时所引起的损失，如失去销售机会的损失、停工待料的损失以及不能履行合同而缴纳罚款等。在不允许缺货的情况下，在费用上处理的方式是缺货费为无穷大。

3. 经济订购批量模型

（1）模型假设

① 缺货费用（C_2）无穷大；

② 当存储降至零时，可以立即得到补充（即备货时间或拖后时间很短，可近似看作零）；

③ 需求是连续的、均匀的，设需求速度 R（单位时间的需求量）为常数，则 t 时间的需求量为 Rt；

④ 外购时，每次订货量不变，订购费（C_3）不变；

⑤ 单位存储费（C_1）不变。

（2）订货费用（见图 4-4）

假定每隔 t 时间补充一次库存，那么订货量必须满足 t 时间的需求 Rt，记订货量为 Q，则 $Q=Rt$。每次订购费为 C_3，货物单价为 K，则 t 时间内总订货费 $=C_3+KRt$，则 t 时间的平均订货费 $=C_3/t+KR$。

（3）存储费用（库存持有成本）

设 Q 为订货数量，图 4-5 描述了在 T 时期内一个订单周期的库存模式。

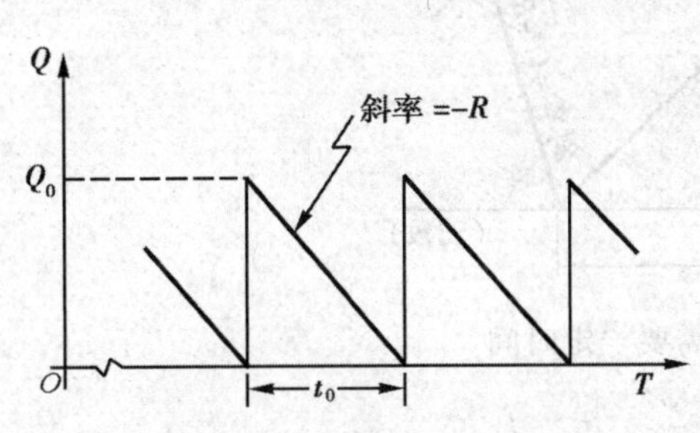

图 4-4　不允许缺货，备货时间很短

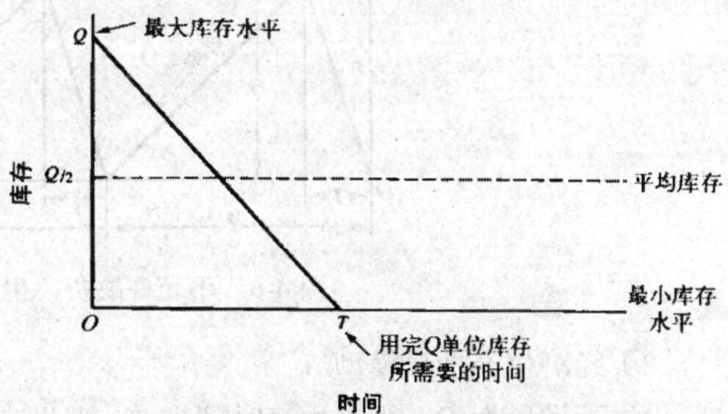

图 4-5　随时间变化的库存水平

由图 4-5 可见，在整个周期内，库存水平从最大存量 Q，向最小存量 0 以固定的速率减少，那么平均库存应为 $Q/2$。随着时间的推移，该模式会反复循环，如果每个周期内的平均库存都是 $Q/2$，则所有周期的总平均库存也为 $Q/2$。

由于单位时间内单位物品的存储费用为 C_1，则 t 时间内所需平均存储费用 $=C_1\times Rt/2$。

（4）经济订购批量。t 时间内总的平均费用是订货费用与存储费用之和，总成本是时间周期 t 的函数：

$$C(t)=\frac{C_3}{t}+KR+\frac{1}{2}C_1Rt$$

只需对上式利用微分求最小值的方法。令：

$\frac{\mathrm{d}C(t)}{\mathrm{d}t}=-\frac{C_3}{t^2}+\frac{1}{2}C_1R=0$，得最佳订购周期 $t_0=\sqrt{\frac{2C_3}{C_1R}}$。

因为 $\frac{d^2C(t)}{dt^2}>0$，即每隔 t_0 时间订货一次可使费用 $C(t)$ 达到最小。

因此，最佳订购批量为 $Q_0=Rt_0=\sqrt{\frac{2C_3R}{C_1}}$，该式即为存储论中著名的经济订购批量（Economic Ordering Quantity）公式，简称为 EOQ 公式。

由于 Q_0、t_0 皆与货物单价 K 无关，因而此后在费用函数中可略去 KR 这项费用。如无特殊需要不再考虑此项费用。因此，将 $t_0=\sqrt{\frac{2C_3}{C_1R}}$ 代入成本函数 $C(t)=\frac{C_3}{t}+\frac{1}{2}C_1Rt$，得最小订购成本 $C_0=C(t_0)=C_3\sqrt{\frac{C_1R}{2C_3}}+\frac{1}{2}C_1R\sqrt{\frac{2C_3}{C_1R}}=\sqrt{2C_1C_3R}$。

4. 经济生产批量模型

（1）模型假设（见图 4-6）

① 生产需要一定时间；

② 其余与经济订购批量模型相同。

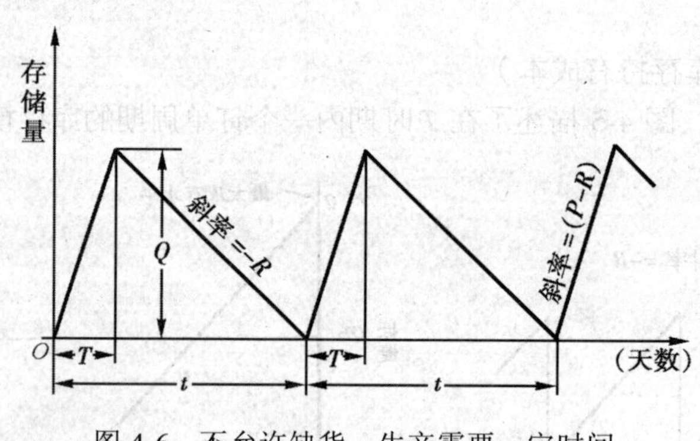

图 4-6 不允许缺货，生产需要一定时间

（2）经济生产批量模型

设生产批量为 Q，所需生产时间为 T，则生产速度为 $P=Q/T$。

已知需求速度为 R（$R<P$），生产的产品一部分满足需求，剩余部分作为存储。如图 4-6 所示，在［0，T］区间内，存储以（$P-R$）速度增加，在［T，t］区间内存储以速度 R 减少。T 与 t 均为待定参数。

$(P-R)T=R(t-T)$，即 $PT=Rt$（等式表示以速度 P 生产 T 时间的产品等于 t 时间内的需求），并求出 $T=Rt/P$。

t 时间内的平均存储量为 $\frac{1}{2}(P-R)T$，t 时间内所需存储费为 $\frac{1}{2}C_1(P-R)Tt$。

t 时间内所需装配费为 C_3。

单位时间总费用 $C(t)=\frac{1}{t}\left[\frac{1}{2}C_1(P-R)Tt+C_3\right]=\frac{1}{t}\left[\frac{1}{2}C_1(P-R)\frac{Rt^2}{P}+C_3\right]$

设 $\min C(t)=C(t_0)$，利用微积分方法可求得：

最佳生产周期 $t_0=\sqrt{\dfrac{2C_3P}{C_1R(P-R)}}$，最佳生产批量 $Q_0=\sqrt{\dfrac{2C_3PR}{C_1(P-R)}}$，

最小生产成本 $\min C(t)=C(t_0)=\sqrt{2C_1C_3R\dfrac{P-R}{P}}$。

与经济订购批量模型相比较，这里的 t_0，Q_0 只是多了一个因子 $\sqrt{\dfrac{P}{P-R}}$，当 P 相当大时，该因子趋近于 1，则两个模型就相同了。

5. 允许缺货的经济订购批量模型

（1）模型假设（见图 4-7）

① 允许缺货，并把缺货损失定量化来加以研究。由于允许缺货，因而企业在存储降至零后，还可以再等一段时间然后订货。这就意味着企业可以少付几次订货的固定费用，少支付一些存储费用。一般地说，当顾客遇到缺货时不受损失或损失很小，而企业除支付少量的缺货费外也无其他损失，这时发生缺货现象可能对企业是有利的。

② 其余与经济订购批量模型相同。

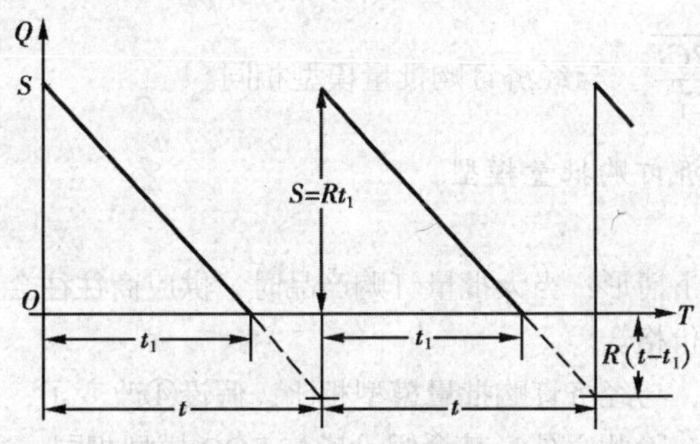

图 4-7 允许缺货，备货时间很短

（2）允许缺货的经济订购批量模型

设单位时间单位物品存储费用为 C_1，每次订购费为 C_3，缺货费为 C_2（单位缺货损失），R 为需求速度。求最佳存储策略，使平均总费用最小。

如图 4-7 所示，假设最初存储量为 S，可以满足 t_1 时间的需求，t_1 时间的平均存储量为 $S/2$，在 $(t-t_1)$ 时间的存储为零，平均缺货量为 $\frac{1}{2}R(t-t_1)$。

由于 S 仅能满足 t_1 时间内的需求 $S=Rt_1$，有 $t_1=S/R$。

在 t 时间内所需存储费为 $C_1\dfrac{1}{2}St_1=\dfrac{1}{2}C_1\dfrac{S^2}{R}$

在 t 时间内的缺货费为 $C_2\dfrac{1}{2}R(t-t_1)^2=\dfrac{1}{2}C_2\dfrac{(Rt-S)^2}{R}$

订购费为 C_3

$$\text{平均总费用 } C(t)=\frac{1}{t}\left[C_1\frac{S^2}{2R}+C_2\frac{(Rt-S)^2}{2R}+C_3\right]$$

利用多元函数求极值的方法求 $C(t, S)$的最小值：

$$\frac{\partial C}{\partial S}=\frac{1}{t}\left[C_1\frac{S}{R}-C_2\frac{Rt-S}{R}\right]=0$$

由于$R\neq 0, t\neq 0$，因此$C_1S-C_2(Rt-S)=0$，$S=\dfrac{C_2Rt}{C_1+C_2}$

$$\frac{\partial C}{\partial t}=-\frac{1}{t^2}\left[C_1\frac{S^2}{2R}+C_2\frac{(Rt-\mathrm{S})^2}{2R}+C_3\right]+\frac{1}{t}\left[C_2(Rt-S)\right]=0$$

由于$R\neq 0, t\neq 0$，因此$-C_1\dfrac{S^2}{2}-C_2\dfrac{(Rt-S)^2}{2}-C_3R+tR\left[C_2(Rt-S)\right]=0$

将以上两个公式整理，可得：

最佳订货周期$t_0=\sqrt{\dfrac{2C_3(C_1+C_2)}{C_1RC_2}}$，最佳订购批量$S_0=\sqrt{\dfrac{2C_2C_3R}{C_1(C_1+C_2)}}$，

最小订购成本$\min C(t,S)=C_0(t_0,S_0)=\sqrt{\dfrac{2C_1C_2C_3R}{C_1+C_2}}$。

与经济订购批量模型相比较，当 C_2 很大时（即不允许缺货），$C_2\to\infty$，$\dfrac{C_2}{C_1+C_2}\to 1$，则$t_0\approx\sqrt{\dfrac{2C}{\mathrm{C}_1R}}$，$S_0\approx\sqrt{\dfrac{2RC_3}{C_1}}$，与经济订购批量模型相同。

6. 数量折扣的经济订购批量模型

（1）模型假设

数量折扣发生在如下情形：当大批量订购产品时，供应商往往会为了促使顾客增大订购批量而提供较低的购买价格。

在数量折扣模型中，与经济订购批量模型相比，假设④改变了，即单位产品的成本根据订货数量的大小而变化，除此之外，其余假设皆与 EOQ 模型相同。

假设货物单价为 $K(Q)$，设 $K(Q)$按 3 个数量等级变化：

$K(Q)=\begin{cases}K_1 & 0<Q\leqslant Q_1\\ K_2 & Q_1<Q\leqslant Q_2\\ K_3 & Q_2<Q\end{cases}$，如图 4-8 所示。

（2）数量折扣的经济订购批量模型（见图 4-9）

总成本最小的模型为：$\min C=\dfrac{1}{2}C_1Q+\dfrac{R}{Q}C_3+K(Q)R$。

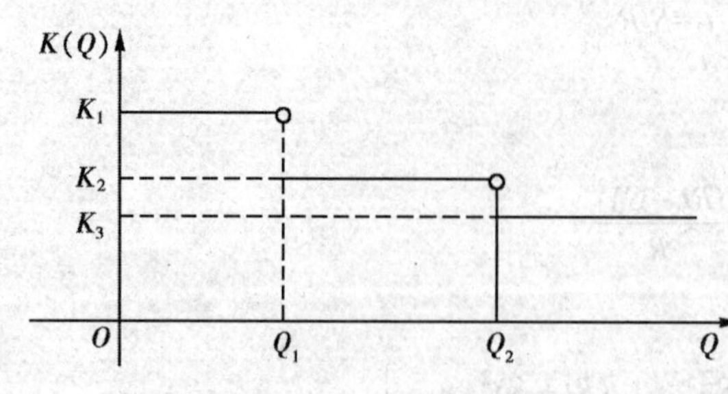

图 4-8 价格随订购数量变化

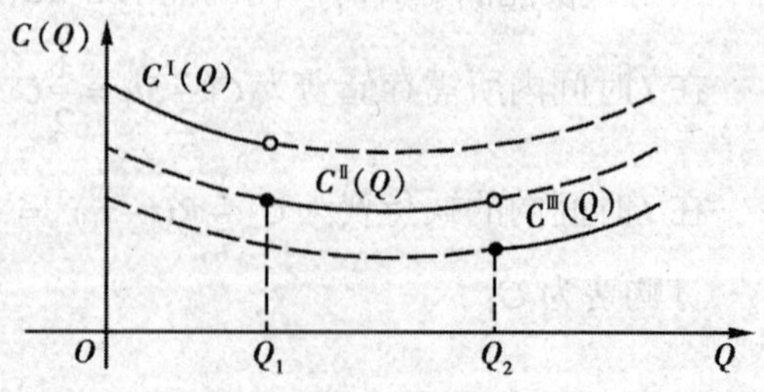

图 4-9 数量折扣的经济订购批量模型

设最佳订购批量为 Q_0，在给出价格折扣情况下，求解步骤：

① 对 $C^{\mathrm{I}}(Q)$（不考虑定义域）求得极值点为 Q_0，最佳订货批量 Q_0 的总成本为：

$$C_0=\sqrt{2C_1C_3R}+K(Q)R$$

② 若 $Q_0<Q_1$，计算：

$$[0,Q_1]C^{\mathrm{I}}(Q_0)=\sqrt{2C_1C_3R}+K_1(Q_0)R$$

$$[Q_1,Q_2]C^{\mathrm{II}}(Q_1)=\frac{1}{2}C_1Q_1+\frac{R}{Q_1}C_3+K_2(Q_1)R$$

$$[Q_2,Q_3]C^{\mathrm{III}}(Q_2)=\frac{1}{2}C_1Q_2+\frac{R}{Q_2}C_3+K_3(Q_2)R$$

由 $\min\{C^{\mathrm{I}}(Q_0),\ C^{\mathrm{II}}(Q_1),\ C^{\mathrm{III}}(Q_2)\}$ 得到经济订购批量 Q^*。

例如 $\min\{C^{\mathrm{I}}(Q_0),\ C^{\mathrm{II}}(Q_1),\ C^{\mathrm{III}}(Q_2)\}=C^{\mathrm{II}}(Q_1)$，则取 $Q^*=Q_1$。

（3）若 $Q_1\leqslant Q_0<Q_2$，计算 $C^{\mathrm{II}}(Q_0)$、$C^{\mathrm{III}}(Q_2)$。

$$[Q_1,Q_2]C^{\mathrm{II}}(Q_0)=\sqrt{2C_1C_3R}+K_2(Q_0)R$$

$$[Q_2,Q_3]C^{\mathrm{III}}(Q_2)=\frac{1}{2}C_1Q_2+\frac{R}{Q_2}C_3+K_3(Q_2)R$$

由 $\min\{C^{\mathrm{II}}(Q_0),\ C^{\mathrm{III}}(Q_2)\}$ 决定经济订购批量 Q^*。

（4）若 $Q_2<Q_0$，则取经济订购批量 $Q^*=Q_0$。

要点回顾

采购管理是对物料从供应商到组织内部物理移动的管理过程，是企业经营管理和生产运作管理的一个重要的方面，是物流供应链管理的起始环节。采购管理的内容包括：（1）供应商管理；（2）采购最佳批量与采购时期的管理；（3）采购价格管理；（4）付款时间管理。

存储管理是指商品生产出来之后而又没有到达消费者手中之前所进行的商品保管过程。存储管理的功能：（1）降低运输成本、提高运输效率；（2）进行产品整合；（3）支持企业的销售服务；（4）调节供应和需求。存储的作业流程：（1）进货管理；（2）存储保管；（3）出货管理。

如果通过采购的方式补充库存，则要求总费用（库存费用＋采购费用）最小；如果通过生产方式补充库存，那么要求总费用（库存费用＋生产费用）最小。根据以上原理，库存管理的模型包括：经济订购批量模型、经济生产批量模型、允许缺货的经济订购批量模型和数量折扣的经济订货批量模型。

本章习题

一、名词解释

采购管理　存储管理　经济订购批量

二、简答题

（1）简述采购管理的作用。

（2）简述现代采购管理与传统采购管理的差异。

（3）简述存储管理的目标。

（4）简述 ABC 分类管理策略。

三、计算题

（1）某商店销售甲商品成本单价 500 元，年存储费用为成本的 20%，年需求量 365 件，需求速度为常数。甲商品的订购费为 20 元，提前期为 10 天，求 E.O.Q 及最低费用。

（2）某肥皂公司拥有年产量为 60 000 箱的生产线。估计每年市场的需求量为 26 000 箱，全年的需求量不变。与生产线有关的清洗、准备及启动成本大约为 135 元。每箱的制造成本为 4.50 元，年持有成本率为 24%。则 $C1=0.24\times4.50$ 元=1.08 元。那么建议的生产批量为多少呢？若生产准备时间为 5 天，那么什么时间开始订货？（一年按 250 个工作日计算）

（3）某收音机配件公司有一种产品，并且对该产品的延迟订货模型的假设是有效的。从该公司得到的信息如下：年需求量 R=2 000 单位/年；产品单位成本为 C=50 元/单位；年存储费用为成本的 20%，每个订单费用为 25 元/订单。公司正在考虑允许该产品适当地出现一些延迟订货，预计每年延迟订货的单位成本为 30 元。试确定最佳订货量和最低订货成本。（一年按 250 个工作日计算）

（4）假设有一种产品，供应商采用数量折扣报价，数量折扣如下表所示：

折扣类型	订单大小	折扣/%	单位成本/元
1	0～999	0	5.00
2	1 000～2 499	3	4.85
3	2 500 以上	5	4.75

某公司年度库存持有成本率为 20%，每份订单的订购成本为 49 元，年需求量为 5 000 单位，该公司应该如何选择订货数量？

第5章 包 装

【内容提要】

在电子商务的背景下，商品物流呈现出规模化、复杂化等特点，为了保证商品的安全，便于商品的流通，促进商品的销售，需要对商品包装实现更为科学化的管理。本章介绍了包装的含义、作用、种类和包装技术，以及改进包装的方法等。

学习完本章后，希望读者掌握：

（1）包装的作用；

（2）包装的种类；

（3）重要的包装技术；

（4）改进包装的方法。

引导案例

三只松鼠股份有限公司，上线于2012年，是中国第一家定位于纯互联网食品品牌的企业，也是当前中国销售规模最大的食品电商企业。2015年11月11日，三只松鼠“双十一”单日全网交易额达到2.66亿元，2015年全年销售额破25亿元人民币。公司的核心竞争力定位为独创9OFS用户体验：取料原产地（Origin）、全程最新鲜（Fresh）、极致优服务（satisfaction）。企业对于优质服务的追求在包装箱的设计上体现得淋漓尽致。

三只松鼠的包装外箱是自己品牌的松鼠头像包装箱，有个可爱的名字——鼠小箱。外包装箱的设计简洁大方，突出“松鼠”设计元素。箱上贴着一个给快递员的便条：以提醒轻拿轻放，爱护箱子。这个设计既人性化又创意无比，给消费者一种非常受重视的感觉。除此之外，外箱还有一个塑料开箱器，叫鼠小器，贴附在外箱的一角，用来戳开箱子外面的透明胶，避免客户因收到快递用钥匙、圆珠笔等开箱带来的不便和尴尬。人性化的包装设计，可谓是想客户之所想，将细节做到极致。

坚果的包装根据不同口味，会有不同的设计风格，但基本元素都是松鼠大头。更贴心的是双层食品包装设计，外包是防水牛皮纸，内包是真空铝塑袋子，保证在物流运输过程中食品不受潮、保持新鲜度，让消费者从视觉到味觉身心愉悦，给消费者带来了极致体验，实现了产品销售的快速增长。

【案例思考】

通过以上案例，我们不难看出：一方面，企业选用优质的材料包装产品，可以实现在运输、存储等物流环节保护商品的功能；另一方面，企业在外包装上融入卡通形象、加入贴心的设计，让消费者体验到品牌的用心专业，提升消费者认同感，促进产品销售。那么包装还有哪些功能？包装的种类有哪些？如何对包装进行改进？本章将对包装进行详细介绍。

5.1　包装概述

中国包装行业用 20 多年的时间，走完了发达国家近 40 年的发展路程，基本上改变了“一流产品，二流包装，三流价格”的局面。包装行业已从一个分散落后的行业，发展成一个拥有一定现代技术装备、分类比较齐全的完整工业体系。当今包装工业发展的显著特点是包装市场的国际化、包装业发展的全球化，各国包装业发展的相互关联及依存程度也越来越高。包装不仅成为物流的重要环节，而且逐步成为国民经济的一个重要的产业部门。

5.1.1　包装的含义

我国国家标准《物流术语》对包装（GB/T 4122.1—1996）的定义是：为在流通过程中保护产品、方便储运、促进销售，按一定技术方法而采用的容器、材料及辅助物等的总体名称。也指为了达到上述目的而采用容器、材料和辅助物的过程中施加一定技术方法等的操作活动。具体来讲，包装包含了两层含义：一是静态的含义，指能合理容纳商品、抵抗外力、保护宣传商品、促进商品销售的物体，如包装容器等；二是动态的含义，指包裹、捆扎商品的工艺操作过程。

人们对包装概念的理解应用，是随着社会生产的发展不断变化的。早期人们对商品进行包装，主要是为了保护商品；随着科学技术的不断进步和商品经济的发展，人们对包装的认识不断深化，对其赋予了新的内容，即要方便商品运输、装卸和保管，它是商品在生产领域的延续。现代包装，又向消费领域延伸，成为“无声的推销员”。从物流的角度来看，包装是生产的终点，但却是物流的起点。

5.1.2　商品包装的效用

1. 包装在运输活动中的效用

在运输活动中，运输包装件不仅与运输设备有关，还与运输时间有关。在这些关系中，运输包装件有提高装载率，提供保护和缩短运输时间等 3 个方面的效用。

（1）提高装载率。在运输活动中，与运输设备容积利用率有关的运输包装件因素有两个，一是尺寸，二是结构和材料。商品运输包装的尺寸主要是指底面尺寸。如果它能与运输设备间有模数配合，就能大大提高设备容积利用率。以火车车皮为例：假设它的长、宽、高 3 个方向上的装载率都只有 90%，那么车皮装载效率仅为 0.9×0.9×0.9＝0.729，即只有 72.9%。这说明有 27.1%的装载空间未被利用。采用标准模数的集合包装，较易解决提高设备利用率的问题。此外，合理的运输包装件结构和材料也能提高运输设备容积的利用率，如有内部支撑件的运输包装件，可以堆码高一些，能提高运输设备容积利用率。当然，这要增加包装的费用，只有在提高装载率和增加包装费用两方面进行权衡，才能进行决策。

（2）对内装货物提供保护。运输包装件在空间转移中往往受到冲击力和振动力而受到损伤。一般来说，铁路运输中冲撞振动的机会较多，运输时间也长，损坏的可能性最大，汽车运输次之，航空运输的损坏率最小。在实际工作中，3 种运输方式的费用是不同的，铁路运输的费用最低，汽车费用次之，航空费用最高。对于运输包装来说，其保护效用的好坏必然与包装费用的高低成正比关系。因此，合理运输包装的采用应权衡包装费用与运输方式之间的关系。通常，极易损坏和价格昂贵的商品，不宜增加包装费用，而宜采用空运。

在运输活动中，运输包装的保护效用还体现在满足运输途中和运输目的地的气候自然环境所提出的要求。例如，在北方要注意防寒，到南方要注意防热、防潮、防雨等。

（3）缩短运输时间。例如，采用集合包装有利于运输活动的有效管理，减少差错，大大缩短运输时间。

2. 商品运输包装在装卸活动中的效用

在装卸活动中，运输包装件不仅与装卸过程所受到的物理作用有关，也与装卸效率有关。

在装卸过程中，不管是机械装卸还是人力装卸，都会有跌落的情况。一般来说，机械装卸比人工装卸跌落的次数少，跌落的高度也较低。实际经验表明，为避免损伤而提供的包装保护，对于机械装卸要简单一些，而对于人力装卸要困难一些，因为人力搬运所造成的货物损伤，有不少是出于搬运工人的体力和精神上的原因，以致装卸中发生的索赔事件大部分是由于搬运失误而造成的。以人力进行换装时，包装必须将单件毛重控制在能为人力所搬动的限度内，还要求包装的外形尺寸适合于人工操作。包装物过大，人工操作感到困难；包装物过轻过小，则人工装卸搬运的操作频率增加，也容易引起疲劳和降低效率。在适应人力装卸上，为了有效提高效率，运输包装件一般不超过 25 千克，包装件的宽度不宜超过肩宽，包装件应装有把手、方便抓拿，以保证人力装卸的效率。为了提高装卸效率，运输包装件的集装化是一个必然趋势。集装能减少货物单位的总件数，由此可缩短装卸时间、提高效率。如果运输过程中全部使用叉车式装卸车进行装卸搬运，单件毛重就没有必要过小，可以在交易约定的限度内，采用较大的包装。

3. 商品运输包装在保管活动中的效用

在保管活动中，运输包装件不仅与保管设备有关，而且与和时间有关的物理作用有关，还与仓库的自动化管理有关。保管中仓库的高堆垛和高密度储存可节省建筑费用和占地面积，但高堆垛超过一定限度就会因包装压坏而造成损失。如一件重 20 千克重的纸箱包装货物，它的耐压能力为 8 层高重 160 千克，那么，在堆放 8 层后，即使距仓库顶部还有富裕空间，也不能再堆放第 9 层。因此，如果运输包装以其尺寸标准化来适应保管设备，以其足够的抗压强度来适应保管中所受到的静压力，那就一方面能有效利用仓库的容积，另一方面能减少包装压坏而造成的损失。

一般来说，要提高包装件的抗压强度，就需要增加包装费用。而立体仓库的出现就能做到在不增加包装费用的前提下充分利用仓库容积。伴随立体仓库而来的仓库管理自动化，还可通过随机储存而提高空间利用率，也可减少货物损失。

4. 运输包装与商品特性配合中的效用

从商品包装的从属性和商品包装的系统观可知，商品的特性也是影响包装效用的要素，特别是包装的保护和提高物流效率两个效用，在多数情况下，必须充分注意商品的特性，否则便无法实现。商品的特性对包装的影响如下。

（1）产品的物态不同，需要不同的容器。产品除适合直接装箱的固态刚性体和软性体外，还有粉状、粒状、油状、胶状、液体、气体等物态，这就需要各种袋、桶等不同形状的包装容器。这些容器必须注意密封，要严防渗漏。

（2）产品有不同的外形，有方形、球形、多面形、锥形、细长形等。这就要求具有固定良好、体积小，且方便搬运的包装。

（3）产品有不同的比重、容量，有轻重之分。对于重量轻的松泡产品如羽绒服等产品应设法压缩体积，设计的包装要保证在堆放中不被压坏，跌落中不破损。对于重量大的产品如小五金等，则其包装要注意强度，要保证在搬运中不会破损。

（4）产品有不同的强度，有的易损坏，有的不易损坏，对于容易受冲击或震动损坏的产品如仪器、家用电器等，一定要采用不同形式的缓冲包装。

（5）有些商品有怕潮、怕霉、怕锈的特点，其包装必须采取防潮、防霉、防锈等措施。有的产品如皮毛、纺织品有怕虫蛀的特点，则要注意防虫。

（6）有些产品有怕异味的特点，如一些食品和药品。异味可能来自包装，也可能来自周围其他商品，在设计包装和流通管理中要注意这一点。

（7）有些产品有易腐败变质的特点，这就要求采用冷冻包装或采用真空包装、充气包装等包装形式来防止产品变质。

（8）有些产品有易燃易爆的特点，如黄磷易燃、双氧水易爆等，必须采取有效措施来防护，并且要有明显的说明、特殊的标志和注意事项。

（9）有些产品有易死亡的特点，这主要指活鱼、活鸡等商品，这就需要采取特殊的包装来防止或减少其死亡。

（10）有些产品具有有毒性的特点，这就要求设计严密不漏的包装，与外界隔绝，严防渗漏，并有明显标志。

5.1.3 商品包装的作用

一般来说，商品包装的作用主要有 4 个方面。

（1）保护商品。这是最重要的作用，它是指保护被包装的商品，防止风险和损坏，诸如渗漏、浪费、偷盗、损耗、散落、掺杂、收缩和变色等。产品从生产出来到使用之前这段时间，保护措施是很重要的，包装如不能保护好里面的物品，这种包装则是一种失败。

（2）促进销售。促进某种品牌的销售，特别是在自选商店里更是如此。在商店里，包装吸引着顾客的注意力，并能把他们的注意力转化为兴趣。有人认为，每个包装箱都是一个广告牌。良好的包装能够提高新产品的吸引力，包装本身的价值也能引起消费者购买某个产品的动机。此外，提高包装的吸引力要比提高产品单位售价的代价要低。

（3）方便物流。制造者及营销者要把产品从一个地方搬到另一个地方，牙膏或钉子放在纸盒内可以很容易在库房里搬动，酱菜和洗衣粉不方便包装，已被现在的小包装所取代，这使制造者及营销者运送起来就非常方便。

（4）方便消费。为了辨别，包装上必须注明产品型号、数量、品牌以及制造厂家或零售商的名称。包装能帮助库房管理人员准确地找到产品，也可帮助消费者找到他想买的东西。

【小案例】

商品包装作为商品设计的延续，已经成为商品营销的一个基础元素。富有创意的经典包装，已经成为企业提升品牌价值最简单、最有效的方法。

说起可口可乐的玻璃瓶包装，至今仍为人们所称道（见图 5-1）。1898 年，鲁特玻璃公司一位年轻的工人亚历山大·山姆森在同女友约会中，发现女友穿着一套筒型连衣裙，显得臀部突出，腰部和腿部纤细，非常好看。约会结束后，他突发灵感，根据女友穿着这套裙子的形象设计出一个玻璃瓶。经过反复修改，亚历山大·山姆森不仅将瓶子设计得非常美观，很像一位亭亭玉立的少女，他还把瓶子的容量设计成刚好一杯水大小。瓶子试制出来之后，获得大众交口称赞。有经营意识的亚历山大·山姆森立即到专利局申请专利。

图 5-1　可口可乐的玻璃瓶

当时，可口可乐的决策者坎德勒在市场上看到了亚历山大·山姆森设计的玻璃瓶后，认为非常适合作为可口可乐的包装。于是，他主动向亚历山大·山姆森提出购买这个瓶子的专利。经过一番讨价还价，最后可口可乐公司以600万美元的天价买下此专利。要知道在100多年前，600万美元可是一项巨大的投资。然而实践证明，可口可乐公司这一决策是非常成功的。

亚历山大·山姆森设计的瓶子不仅美观，而且使用非常安全，易握不易滑落。更令人叫绝的是，其瓶型的中下部是扭纹型的，如同少女所穿的条纹裙子；而瓶子的中段则圆满丰硕，如同少女的臀部。此外，由于瓶子的结构是中大下小，当它盛装可口可乐时，给人的感觉是分量很多的。采用亚历山大·山姆森设计的玻璃瓶作为可口可乐的包装以后，可口可乐的销量飞速增长，在两年的时间内，销量翻了一倍。从此，采用山姆森玻璃瓶作为包装的可口可乐开始畅销美国，并迅速风靡世界。600万美元的投入，为可口可乐公司带来了数以亿计的回报。

（资料来源：时代经贸）

案例点评：一个小小的玻璃瓶为何会为可口可乐带来如此大的收益呢？从包装的作用来看，可口可乐瓶体的设计满足了保护商品、促进销售、方便物流、方便消费的作用，是包装设计的一个成功典范。

5.1.4　商品包装的种类

1. 按形态划分

按形态划分，可分为个装、内装和外装。

（1）个装，又称为商品包装。它是市场销售的最小包装单位，与产品最直接的包装；将产品装于包裹、袋子或容器等，可作为商品标志。

（2）内装，指包装货物的内部包装。它是保护产品的基本包装，以一个或二个以上单位予以整理包装，其次是为了使水分、湿气、光热、冲撞、挤压等外力因素不会引起内容物破损，还需具有促销产品的视觉展视效果。

（3）外装，又称为工业包装。目的是以运输货物为主，包括木箱、瓦楞纸箱、塑胶盒、输送袋等；其次在于保护及搬运作业，并施以缓冲、固定、防湿、防水等技术；最终目的在于存储装运，以及识别产品的包装情况。

2. 按功能划分

按功能划分，可分为工业包装和商业包装。

（1）商业包装，或称消费者包装或内包装、或销售包装。它通常是以零售为主，也是商业交易的封象，是商品的一部分，注重销售的易买性，以新颖和美观的外表来满足销售者激起购买欲望，所以又称为消费性包装。在 B2C 这种商务模式中，商业包装应该是最重要的。

为了吸引消费者的注意力，成功的商业包装能够方便顾客、引起消费者的购买欲，并能提高商品的价格。但是，理想的商业包装从物流的角度看又往往是不合适的。例如，重量只有 24 克的洋参胶囊，为了引起消费者的注意，设计的包装盒体积有 3 100 立方毫米。对于物流来说，这样做会过大地占据运输工具和仓库的空间，是不合理的。

（2）工业包装，或称运输包装或外包装。以产品或物品的运输保管为主要包装，注重与产品的储运保护性，以陆、海、空运的装载容积，促进储运的合理化。工业包装的对象包括非消费者使用的原料、零件、半成品或成品等，包装的方法随物品性质与储运的环境而定，所以又称为运输包装。在 B2B 商业模式中，工业包装是最重要的。

工业包装又有内包装和外包装之分，如卷烟的条包装为内包装、大箱包装为外包装。运用包装手段，将单个的商品或零部件用盒、包、袋、箱等方式集中成组，以提高物流管理的效率。这种将单个分散的商品组装成一个更大单元的方式称为成组化或集装化。

3. 按包装材料划分

按包装材料划分，可分为纸箱包装、木箱包装、纸袋包装、玻璃瓶包装、塑料袋包装（软包装）等。

（1）纸制品包装：成本低廉、透气性好，且印刷装饰性较好。

（2）塑料制品包装：种类繁多，综合性能比较好。

（3）木制容器包装：一般用在重物包装以及出口物品的包装等方面，现在有很大一部分已经被瓦楞纸箱代替。

（4）金属容器包装：主要有罐头、铁桶和钢瓶。

（5）玻璃陶瓷容器包装：耐腐蚀性较好，比较稳定。

（6）纤维容器包装：麻袋和尼纶袋。

（7）复合材料包装：利用两种以上的材料复合制成的包装。

（8）其他材料包装：竹、藤、苇等制成的包装。

4. 按运输工具不同划分

按物资运输工具的不同，可分为铁路货物包装、卡车货物包装、船舶货物包装、航空货物包装等。

5. 按包装方法划分

按包装方法划分，可分为防湿包装、防锈包装、缓冲包装、收缩包装、真空包装等。

6. 按包装商品种类划分

按包装商品种类划分，可分为食品包装、药品包装、蔬菜包装、机械包装、危险品包装等。

7. 按包装容器划分

按包装容器划分，可分为包装袋、集装袋、一般运输包装袋、小型包装袋（或称普通包装袋）、包装盒、包装箱、瓦楞纸箱、木箱—木板箱、框板箱、框架箱、塑料箱、集装箱、包装瓶、包装罐（筒）、小型包装罐、中型包装罐和集装罐。

8. 按包装使用次数划分

按包装使用次数划分，可分为一次性使用包装和重复使用包装。

5.2 商品包装技术

商品包装技术是针对产品的特殊需要而采用的包装技术和方法。由于产品特性不同，在流通过程中受到内外各种因素影响，其物性会发生人们所不需要的变化，或称变质，有的受潮变质，有的受振动冲击而损坏。所以，需要采用一些特殊的技术和方法来保护产品免受流通环境各因素的影响。此类技术和方法也称特殊包装技法。它所包括的范围极为广泛，如缓冲、保鲜、防潮、防锈、脱氧、充气、灭菌等。

5.2.1 缓冲包装技术（防震包装技术）

所谓防震包装是指为减缓内装物受到的冲击和振动、保护其免受损坏所采取一定防护措施的包装。防震包装的作用主要是克服冲击和振动对被包装物品的影响。

容器之间，用以减轻冲击和振动，保护内装物免受损坏。常用的缓冲包装材料有泡沫塑料、木丝、弹簧等。发泡包装是缓冲包装的较新方法，它是通过特制的发泡设备，将能生产塑料泡沫的原料直接注入内装物与包装容器之间的空隙处，约经几十秒钟即引起化学反应，进行 50～200 倍的发泡，形成紧裹内装物的泡沫体。对于一些形体复杂或小批量的商品最为合适。

（1）克服冲击所采用的方法通常叫缓冲；所用材料叫缓冲材料。

（2）克服振动所采用的方法通常叫防振、隔振，所用材料叫防振材料、隔振材料。

防震包装是综合考虑了冲击和振动的影响而采用的方法，所用材料叫防震缓冲材料或叫防震材料、缓冲材料（见图 5-2）。

图 5-2 几种主要的防震材料

5.2.2 防湿（水）包装技术

防湿包装的目的就是隔绝大气中的水分对被包装物品的作用，但由于每种物品吸湿特性不同，因而对水分的敏感程度各异，对防湿性能要求也有所不同。防湿包装设计就是防止水蒸气通过，或将水蒸气的通过减少至最低限度。

一定厚度和密度的包装材料，可以阻隔水蒸气的透入，其中金属和玻璃的阻隔性最佳，防潮性能较好；纸板结构松弛，阻隔性较差，但若在表面涂上防潮材料，就会具有一定的防潮性能；而塑料薄膜有一定的防潮性能，其透湿强弱与塑料材料有关，特别是加工工艺、密度和厚度的不同，其差异性较大。

一般的防湿包装方法有两类：防止被包装物品失去水分的防湿包装；防止被包装物品增加水分的防湿包装。为了提高包装的防潮性能，可用涂布法、涂油法、涂蜡法、涂塑法等方法。涂布法，就是在容器内壁和外表加涂各种涂料，如在布袋、塑料编织袋内涂树脂涂料，纸袋内涂沥青等涂油法，如增强瓦楞纸板的防潮能力，在其表面涂上光油、清漆或虫胶漆等；涂蜡法，即在瓦楞纸板表面涂蜡或楞芯渗蜡；涂塑法，即在纸箱上涂以聚乙烯醇丁醛（PvB）等。还有在包装容器内盛放干燥剂（如硅胶、泡沸石、铝凝胶）等。此外，对易受潮和透油的包装内衬一层至多层防湿材料（如牛皮纸、柏油纸、邮封纸、上蜡纸、防油纸、铝箔和塑料薄膜等），或用一层至多层防潮材料直接包裹商品。上述方法既可单独使用，又可几种方法一起使用。

5.2.3 防锈包装技术

防锈包装是为防止金属制品锈蚀而采用一定防护措施的包装。防锈包装可以采用在金属表面进行处理。例如，镀金属（包括镀锌、镀锡、镀铬等）镀层不但能阻隔钢铁制品表面与大气接触，且电化学作用时镀层先受到腐蚀，保护了钢铁制品的表面；也可采用氧化处理（俗称发蓝）和磷化处理（俗称发黑）的化学防护法。还可采用除油防锈、涂漆防锈和气相防锈等方法，如五金制品可在其表面涂一层防锈油，再用塑料薄膜封装。涂漆处理是对薄钢板桶和某些五金制品先进行喷砂等机械处理后涂上不同的油漆。气相防锈是采用气相缓蚀剂进行防锈的方法，目前采用的是气相防锈纸，即将涂有缓蚀剂的一面向内包装制品，外层用石腊纸、金属箔、塑料袋或复合材料密封包装。若包装空间过大，则可填加适量防锈纸片或粉末。此外，还可采用普通塑料袋封存、收缩或拉伸塑料薄膜封存、可剥性塑料封存和茧式防锈包装、套封式防锈包装以及充氮和干燥空气等封存法防锈。

一般的防锈包装工艺有两类：（1）防锈包装前金属制品的清洁和干燥；（2）防锈封存包装。用防锈材料对金属制品表面进行处理与包封。

常用防锈包装材料与方法。

（1）防锈油脂封存包装（M—2）。将防锈油脂涂覆于金属制品表面，然后用石蜡纸或塑料袋封装，称防锈油脂封存包装；

（2）气相缓蚀剂防锈封存包装（M—3）。气相缓蚀剂（Vapor Phase Inhibitor），简写为VPI，也称挥发性缓蚀剂。它在常温下具有一定的蒸气压，在密封包装内能自动挥发到达金属制品表面，对金属起防止锈蚀的作用；

（3）可剥性塑料封存包装（M—6）。可剥性塑料是以塑料为基本成分，加入矿物油、防锈剂、增塑剂、稳定剂以及防霉剂和溶剂配制而成的防锈材料。

5.2.4 防虫及防鼠包装技术

防虫害包装技术是通过各种物理因素（光、热、电、冷冻等）或化学药剂作用于害虫的肌体，破坏害虫的生理机能和肌体结构，劣化害虫的生活条件，促使害虫死亡或抑制害虫繁殖，以达到防虫害的目的。

一般的防虫害包装技术分为4类：（1）高温防虫害包装技术；（2）低温防虫害包装技术；（3）电离辐射的防虫害包装技术；（4）微波与远红外线防虫害包装技术。

5.2.5 防霉包装技术

防霉包装是防止包装和内装物霉变而采取一定防护措施的包装。它除防潮措施外，还要对包装材料进行防霉处理。防霉包装必须根据微生物的生理特点，改善生产和控制包装储存等环境条件，达到抑制霉菌生长的目的。第一，要尽量选用耐霉腐和结构紧密的材料，如铝箔、玻璃和高密度聚乙稀塑料、聚丙烯塑料、聚脂塑料及其复合薄膜等，这些材料具有微生物不易透过的性质、有较好的防霉效能。第二，要求容器有较好的密封性，因为密封包装是防霉的重要措施，如采用泡罩、真空和充气等严密封闭的包装，既可阻隔外界潮气侵入包装，又可抑制霉菌的生长和繁殖。第三，采用药剂防霉的方法，可在生产包装材料时添加防霉剂，或用防霉剂浸湿包装容器和在包装容器内喷洒适量防霉剂，如采用多菌灵（BCM）、百菌清、水杨脱苯胺、菌舀净、五氯酚钠等，用于纸与纸制品、皮革、棉麻织品、木材等包装材料的防霉。第四，还可采用气相防霉处理，主要有多聚甲醛、充氮包装、充二氧化碳包装，也具有良好的效果。

5.2.6 保鲜包装技术

保鲜剂包装，是采用固体保鲜剂（由沸石、膨润土、活性炭、氢氧化钙等原料按一定比例组成）和液体保鲜剂（如以椰子泊为主体的保鲜剂，以碳酸氢钠、过氧乙酸溶液、亚硫酸与酸性亚硫酸钙、复方卵磷脂和中草药提炼的CM保鲜剂等）进行果实、蔬菜的保鲜。固体保鲜剂法是将保鲜剂装入透气小袋封口后再装入内包装，以吸附鲜果、鲜菜散发的气体而延缓后熟过程。液体保鲜剂法是将鲜果浸涂液，鲜果浸后取出，表面形成一层极薄的可食用保鲜膜，既可堵塞果皮表层呼吸气孔，又可起到防止微生物侵入和隔温、保水的作用。硅窗转运箱保鲜包装，是采用塑料密封箱加盖硅气窗储运鲜果、鲜菜、鲜蛋的保鲜方法。硅气窗又称人造气窗，在塑料箱、袋上开气窗，有良好的调节氧气、二氧化碳浓度，抑制鲜菜果和鲜蛋的呼吸作用，可延长储存期。

5.2.7 脱氧包装技术

脱氧包装又称除氧封存剂包装。即利用无机系、有机系、氢系三类脱氧剂，除去密封包装内游度态氧，降低氧气浓度，从而有效地阻止微生物的生长繁殖，起到防霉、防褐变、防虫蛀和保鲜的目的。脱氧包装适用于某些对氧气特别敏感的制品。

5.2.8 充气包装和真空包装技术

充气包装是采用二氧化碳气体或氮气等不活泼气体置换包装容器中空气的包装技术方

法。它是通过改变包装容器中的气体组成成分，降低氧气浓度的方法，达到防霉腐和保鲜的目的。真空包装是将制品装入气密性容器后，在容器口前抽真空，使密封后的容器基本上没有氧气的包装技术方法。一般肉类食品、谷物加工食品及一些易氧化变质商品可采用此类方法包装。

5.2.9 高温短时间灭菌包装技术

这是将食品充填并密封于复合材料制成的包装内，然后使其在短时间内保持 135℃左右的高温，以杀灭包装容器内细菌的包装方法。这种方法可以较好地保持色、肉、蔬菜等内装食品的鲜味、营养价值以及色调等。

5.2.10 其他包装技术

除了以上主要包装技术外，还有为防止外部的水进入使用防水包装材料进行密封的防水包装技术；防止包装材料的劣化、剥落、开口等现象发生，保证连着性的连着封口包装技术；为使包装物品捆绑、结扎得更为结实而实施的强化捆绑技术以及为便于物品分拣识别的标识技术等。

【小资料】

市面上常见的纯牛奶包装，包括无菌枕包装、无菌砖包装、屋顶盒包装、百利包包装、爱克林立体式包装、塑料桶包装、玻璃瓶包装等。不同的包装材质，其作用不尽相同，如图 5-3～图 5-9 所示。

1. 无菌枕包装

包装材质：PE/纸板/铝箔。

包装成本：0.2 元左右。

保质期：40～50 天。

作用：

（1）纸张具有良好的阻隔性、避光性、可在常温下存放；

（2）产品保质期长，适合家庭消费，无须冷藏；

（3）加强包装成型后的挺度和硬度；

（4）成本相对较低。

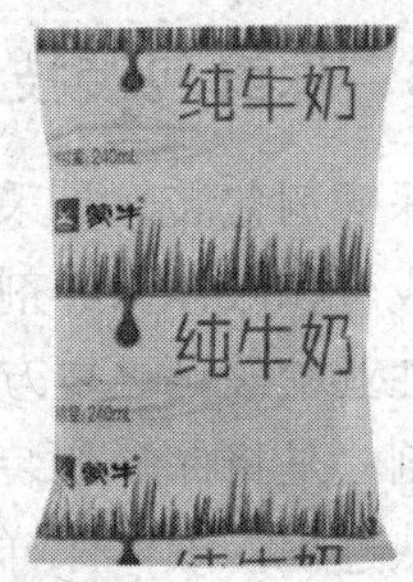

图 5-3 无菌枕包装

2. 无菌砖包装

包装材质：PE/纸板/铝箔。

包装成本：0.4 元左右。

保质期：6 个月左右。

作用：

（1）产品保质期长，大限度地保留营养和风味；

（2）安全性好，常温储存，且便于长途运输。

缺点：

（1）抗压性能差，容易破损；

（2）设备要求较高，成本高，环境因素考虑。

图 5-4 无菌砖包装

3. 屋顶盒包装

包装材质：PE/纸板/PE 三层保鲜层。

包装成本：0.5 元左右。

保质期：7～10 天。

作用：

（1）独特设计可防止氧气、水分进入，有效隔光；可保持牛奶的鲜度；

（2）可以微波炉直接加热，卫生环保性好；

（3）外观时尚、货架展示效果好；

（4）拧盖设计，方便开启和倒取。

图 5-5　屋顶盒包装

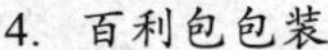
4. 百利包包装

包装材质：高密度聚乙烯。

包装成本：0.1 元左右。

保质期：鲜牛奶 4 天左右，纯牛奶、乳饮料 30 天左右。

作用：

（1）包装价格低廉、避光性很好，运输方便、存储空间小；

（2）包装安全卫生，具有一定的保鲜性，但较无菌枕包装和屋顶盒包装而言，保质期稍短。

缺点：

（1）饮用、携带不方便；

（2）外观落后。

图 5-6　百利包包装

5. 爱克林立体式包装

包装材质：碳酸钙和聚烯烃混合而成的材料。

保质期：21 天左右。

作用：

（1）二次自动封口，具有更强的抗冲击强度，包装阻隔性能优越，能有效隔光、隔热，防渗漏，抵抗微生物渗透；

（2）侧方鼓起处方便手持，不易导致过度挤压造成牛奶涌出。

图 5-7　爱克林立体式包装

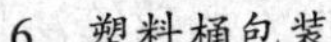
6. 塑料桶包装

包装材质：HDPE 材料/BOPP 材料。

保质期：10 天左右。

作用：

（1）手把的独特设计、易携带；

（2）保质期长、易储存、不易变形，不易损坏；

（3）大容量包装适合家庭使用。

缺点：打开后，需要及时食用，容易造成浪费。

图 5-8　塑料桶包装

7. 玻璃瓶包装

包装材质：玻璃瓶由纯碱、石灰石做成的。

保质期：1～2 天。

作用：

（1）传统的包装形式，符合环保要求，能重复使用，并且成本低；

（2）玻璃瓶能够制成多种多样的美观造型。

缺点：

（1）包装材料质量大、易破碎；

（2）运输不方便且运费较高，同时增加了洗瓶和消费成本。

图 5-9　玻璃瓶包装

5.3　商品包装的管理

商品包装的管理是随着经济发展而出现的一种经济管理活动。商品包装管理的目的是通过实现包装合理化使商品流通有秩序地、协调地、富有成效地进行，并创造良好的经济效益。

5.3.1　商品包装的标志

运输包装标志主要是应物流管理的需要而产生的。商品在物流流动中要经过多环节、多层次的运输和中转，要完成各种交接，这就需要标志来识别货物；包装货物通常为密封容器，经手人很难了解内装物是什么，同时内部产品性质不同，形态不一，轻重有别，体积各异，保护要求也就不一样。物流管理中许多事故和差错常常是因为标志不清或错误而造成的，如错发、错运、搬运装卸操作不当、储存保管不善等。所有这些都说明包装标志对有效地进行装卸、运输、储存等物流活动起着重要影响。

包装标志就是指在运输包装外部采用特殊的图形、符号和文字，以赋予运输包装件传达功能。其作用有三：一是识别货物，实现货物的收发管理；二是明示物流中应采用的防护措施；三是识别危险货物，暗示应采用的防护措施，以保证物流安全。因此，运输标志也区分为 3 类：一是收发货标志，或叫包装识别标志：二是储运图示标志；三是危险货物标志。

5.3.2　物流环境对包装的影响

物流环境是指货物在整个流动过程中所处的条件，有物质的和非物质的（如政策法规），而物质的又有人造系统环境和自然系统环境之分。货物的包装设计固然与其自身的特点密不可分，但也与物流环境密切相关。

1. 作业环境

作业环境是指物料处理与运输作业有关的人造系统环境。货物受损常起因于运输、保管、配送以及所选择的服务方式。如果采用自己服务的方式，使用自己的工作人员和作业工具，则货物能处于自己的控制之下，受损率可以小一些；如果采用外包服务方式，货物可能会经历许多环节、多次装卸转运，公司对物流控制的作用极其有限，防止货损的包装措施就多一些。

在物流系统中，最容易引起货物损坏的原因是：震动、碰撞、刺破和挤压。震动常见于运输过程；碰撞在运输和搬运过程中都可能发生；刺破一般在搬运时被作业场地周围的尖锐硬器所损；挤压主要发生在堆垛时，过高的堆垛会使底层货物受压变形、被压碎。

2. 自然环境

自然环境主要有温度、湿度等因素，外部自然环境主要与包装货物的稳定性和易变质性有关。有些货物在高温下会软化融解、分解变质、变色；而有些货物在低温下会爆裂、变脆或变质。值得提醒的是，对温度有要求的货物，仅仅靠包装是不够的，还需要在运输和储存条件方面采取必要的措施。水和蒸汽对货物的损害很大，危害性要超过温度，几乎绝大多数的货物在潮湿的环境中都会受到不同程度的损害，如生锈、霉变、受缩变形，严重的会发生腐蚀、潮解。除了避免将货物放置在潮湿环境中以外，良好的包装是对付意外受潮情况的最有效手段。

3. 其他因素

如空气中的有害化学物质，有些货物很容易受到化学物质的污染而变质；也有些货物怕光，见光后会变色、变质，需要采取一些特殊的包装手段。

5.3.3 商品包装的合理化

商品包装作为电子商务物流的起点，对整个物流的过程起着重要的作用。因而，在设计商品包装的时候，必须进行认真的考虑，以实现商品包装的合理化。商品包装的设计必须根据包装对象的具体内容进行考虑。

1. 包装合理化的概念

包装合理化，一方面包括包装总体的合理化，这种合理化往往用整体物流效益与微观包装效益的统一来衡量；另一方面也包括包装材料、包装技术、包装方式的合理组合及运用。

2. 包装不合理的表现

（1）包装不足。包装不足指的是以下几方面：包装强度不足，从而使包装防护性不足，造成被包装物的损失；包装材料水平不足，材料不能很好承担运输防护及促进销售作用；包装容器的层次及容积不足，缺少必要层次与不足所需体积造成的损失；包装成本过低，不能保证有效的包装。由于包装不足，造成的主要问题是增加物流过程中的损失和降低促销能力，这一点不可忽视。我国曾经进行过全国包装大检查，经过统计分析，认定由于包装不足引起的损失，一年高达 100 亿元以上。

（2）包装过剩。包装过剩指的是以下几方面：包装物设计强度过高，如包装材料截面过大、包装方式大大超过强度要求等，从而使包装防护性过高；包装材料选择不当，选择过高，如可以用纸板却不用而采用镀锌、镀锡材料等；包装技术过高；包装层次过多，包装体积过大；包装成本过高。一方面，包装过剩，可能使包装成本支出大大超过减少损失可能获得的效益；另一方面，包装成本在商品成本中比重过高，损害了消费者利益。

3. 包装合理化的途径

（1）包装的轻薄化。由于物流包装只是起保护作用，对产品使用价值没有任何意义，因此在强度、寿命、成本相同的条件下，采用更轻、更薄、更短、更小的包装，可以提高装卸搬运的效率。而且，轻薄短小的包装一般价格比较便宜，如果用作一次性包装还可以减少废弃包装材料的数量。

（2）包装的单纯化。为了提高包装作业的效率，包装材料及规格应力求单纯化，包装规格还应标准化，包装形状和种类也应单纯化。

（3）包装的标准化。包装的规格和托盘、集装箱关系密切，应考虑到和运输车辆、搬运机械的匹配，从系统的观点制定包装的尺寸标准。

（4）包装的机械化。为了提高作业效率和包装现代化水平，各种包装机械的开发和应用很重要。

（5）包装的绿色化。绿色包装是指无害少污染的符合环保要求的各类包装物品，主要包括纸包装、可降解塑料包装、生物包装和可食用包装等。这是包装合理化的发展主流。

（6）包装设计合理化。包装设计需要运用专门的设计技术，将物流需求、加工制造、市场营销及产品设计等因素结合起来综合考虑，尽可能满足多方面的需要。当然，对物流包装来说，设计中考虑的首要因素是货物的保护功能。包装设计基本上决定了货物的保护程度，但不能忽视费用问题。包装设计应正好符合保护货物的要求，过度的包装会增加包装费用，而且包装的尺寸大小会影响运输工具和仓库容积使用率。

5.3.4 商品包装的标准化

商品包装的标准化就是要制定、贯彻和修改商品包装标准。商品包装标准化对于现代企业具有重要的意义。商品包装的标准化，可以大大减少包装的规格型号，从而提高包装的生产效率，便于商品的识别和计量；可以提高包装的质量，节省包装的材料，节省流通的费用，而且也便于专用运输设备的应用；可以从法律的高度促进可回收型包装的使用，促进商品包装的回收利用，从而节省社会资源，产生较大的社会和经济效益。

【小资料】

世界著名零售业巨头沃尔玛现在使用的包装材料有70%是RPC（可回收塑料包装筐）而不是瓦楞纸箱，其中最重要的一个原因就是纸箱没有统一的占地标准和展示产品的功能。产品堆码整齐统一的重要性不言而喻。

例如，在一个农产品配送中心会有来自不同产地的商品，如果商品的种类繁多，而包装件的尺寸大小不一，那么如何搬运这些货物就是一个很大的难题。如果商品的包装标准化，拥有统一的占地面积，而且有一个完整的占地尺寸和托盘的尺寸相等，这个问题就迎刃而解了。在这里，我们不妨把RPC与瓦楞纸箱做一下比较，明确它们各自的优势所在。

RPC是最早实现标准化的运输材料，因为其规格一致，所以便于堆码。RPC底部均有插槽，其堆码稳定性也优于纸箱。RPC不仅具有标准化的优势，还具有很强的展示功能。因为RPC没有顶盖，可以直接看到内装的产品；不必在外包装上印刷图案，省去了一笔印刷费用而又不失包装的推销功能。瓦楞纸箱对商品的保护性能很强，其优良的抗压、抗戳穿和防潮性能是RPC不能与之相比的。由于RPC是经回收后重复使用的包装产品，因而至少从外观上看是比较陈旧的，而纸箱却是干净美观的。现在纸箱企业间的竞争十分激烈，随着价格的透明化，利润也越来越薄。但值得注意的是，纸箱行业正在受到RPC的挑战。有很多纸箱企业现在已经意识到，他们的客户不再像以前一样执着地选择纸箱作为产品的外包装，而是把注意力转向其他种类的包装形式，其中RPC对纸箱的冲击尤为突出。

由于人们对包装储运和销售功能的双重要求提高，纸箱在包装市场中的重要地位已经开始动摇，尤其是农产品的包装。究其原因，其实就是观念在作怪。纸箱厂通常只关心客户的订单，而不过问纸箱送达用户之后的情况。纸箱只是供应链的一部分，要能从这一部分想到另一部分，综观整个供应链，这样就能找出关键所在。RPC 在这一点上做得要远远好于纸箱。

沃尔玛公司有关负责人道出了纸箱产品存在的最重要的两个弊端。

首先，纸箱的规格成千上万，这对于追求个性化包装的商家当然是重要的，但却给整个物流环境带来很大麻烦，不便于堆码、运输，还会占用大量的宝贵空间，集装箱就是一个典型例子。

其次，由于其结构封杀了产品自身展示的功能，虽然可以在包装箱的外面印刷精美的图案，但这需要加大包装成本。

FEFCO（欧洲瓦楞纸制造商联合会）与 FBA（美国纸箱协会）和一些大型纸箱企业联合推出了《欧洲通用瓦楞纸箱占地标准》，目的就是加强瓦楞纸箱便于堆码和展示产品的功能。这一措施将有效地推动瓦楞纸箱行业的发展。更重要的是一种观念的转变，这套标准不仅改变了人们对原本在销售及堆码方面和 RPC 相比处于劣势地位的纸箱的认识，而且成了纸箱行业向更成熟的方向发展的一个标志。

（资料来源：工业 360）

5.4 如何改进包装

5.4.1 单元载货系统化

物流系统效率化的关键在于使单元载货系统化。所谓单元载货系统化是把货物归整成一定数量的单件进行运输，其核心是自始至终采用托盘运输，即从发货至到货后的装卸，全部使用托盘运输方式。为此，在物流过程中所有的设施、装置、机具均应引进物流标准概念。

物流标准是指为实现标准化，提高物流效率，将物流系统各要素的基准尺寸体系化，其基础就是单元货载尺寸。

单元货载尺寸是运输车辆、仓库、集装箱等能够有效利用的尺寸。单件载货尺寸按 JIS20603 的规定，托盘以 1 100×1 100mm 和 1 000×1 200mm 为标准。将这一标准数值进行整数分割或组合而成的 69 种数值的正方形尺寸和 40 种数值的长方形尺寸作为运输包装系列尺寸的规格值。采用这种运输包装系列尺寸，企业可以使货物恰好不多不少地码放在托盘上，既不易溢出，也不留有空隙。卡车的车厢规格，也最好按单元货载尺寸的要求制造，使装载货物时既不致超出也不至于余空。

物流托盘标准化的思想就是把运输包装系列尺寸、单件货载尺寸、车厢尺寸和一系列的规格尺寸作为一个整体联系起来。

5.4.2 包装大型化

随着交易单位的大型化和物流过程中搬运的机械化，单个包装也趋大型化，如作为工业原料的粉粒状货物，就使用以吨为单位的柔性容器进行包装。

大批量出售日用杂货或食品的商店因为销售量大，只要不是人力搬运，也无须用 20 千克的小单位包装。包装单位大型化可以节省劳力，降低包装成本，与包装大型化同步的是最近在有的批发商店里，直接将工业包装的货物摆在柜台上，可见对这种大型化包装应给予足够的重视，由此也可以看出包装的趋势。

5.4.3 包装机械化

包装过去主要是依靠人力作业的人海战术，进入大量生产、大量消费时代以后，包装的机械化也就应运而生。包装机械化从逐个包装机械化开始，直到装箱、封口、捆扎等外包装作业完成。此外，还有使用托盘堆码机进行的自动单元化包装，以及用塑料薄膜加固托盘的包装等。在超级市场，预先包装（原包装）业已普及，就是从保证卫生出发，食品包装机械化也是非常必要的。

如上所述，包装机械化对于节省劳动力、货物单元化、提高销售效率，以及采取无人售货方式等均是必要的、不可缺少的。

5.4.4 包装的循环再生

包装的寿命很短，多数到达目的地后便废弃了，但随着物流量的增大，垃圾公害问题提上议事日程。随着对"资源有限"认识的加深，包装材料的回收利用和再生利用受到了重视。今后应尽可能地积极推行包装容器的循环使用，并尽可能地回收废弃的包装容器予以再生利用。这是非常重要的，特别是过大包装、过分包装、包装废弃物问题，回收再生利用等包装与社会机制协调的问题将日益突出。

要点回顾

包装是指为在流通过程中保护产品、方便储运、促进销售，按一定技术方法而采用的容器、材料及辅助物等的总体名称。

商品包装的作用包括：（1）保护商品；（2）促进销售；（3）方便物流；（4）方便消费。

商品包装技术主要有：缓冲包装技术、防湿（水）包装技术、防锈包装技术、防虫及防鼠包装技术以及其他包装技术。

商品包装的管理是随着经济发展而出现的一种经济管理活动。商品包装管理的目的是通过实现包装合理化使商品流通有秩序地、协调地、富有成效地进行，并创造良好的经济效益。

改进包装的方法有：（1）采用单元货载尺寸和运输包装系列尺寸；（2）包装大型化；（3）包装机械化；（4）包装的循环再生。

本章习题

一、名词解释

包装　缓冲包装技术　防湿（水）包装技术　防锈包装技术

二、简答题

1．简述商品包装的作用。

2．选择3种包装技术进行简要介绍。

3．影响商品包装的因素有哪些？

4．如何改进包装？

三、案例分析

1921年5月，当香水创作师恩尼斯·鲍将他发明的多款香水呈现在香奈尔夫人面前让她选择时，香奈尔夫人毫不犹豫地选出了第五款，即现在誉满全球的香奈尔5号香水。然而，除了那独特的香味以外，真正让香奈尔5号香水成为“香水贵族中的贵族”却是那个看起来不像香水瓶，反而像药瓶的创意包装。

服装设计师出身的香奈尔夫人，在设计香奈尔5号香水瓶型上别出心裁。“我的美学观点跟别人不同：别人唯恐不足地往上加，而我一项项地减除。”这一设计理念，让香奈尔5号香水瓶简单的包装设计在众多繁复华美的香水瓶中脱颖而出，成为最怪异、最另类，也是最为成功的一款造型。香奈尔5号以其宝石切割般形态的瓶盖、透明水晶的方形瓶身造型、简单明了的线条，成为一股新的美学观念，并迅速俘获了消费者。从此，香奈尔5号香水在全世界畅销80多年，至今仍然长盛不衰。

1959年，香奈尔5号香水瓶以其所表现出来的独有的现代美荣获“当代杰出艺术品”称号，跻身于纽约现代艺术博物馆的展品行列。香奈尔5号香水瓶成为名副其实的艺术品。对此，中国工业设计协会副秘书长宋慰祖表示，香水作为一种奢侈品，最能体现其价值和品位的就是包装。“香水的包装本身不但是艺术品，也是其最大的价值所在。包装的成本甚至可以占到整件商品价值的80%。香奈尔5号的成功，依靠的就是它独特的、颠覆性的创意包装。”

（资料来源：时代经贸 ECONOMIC & TRADE UPDATE）

思考题：

（1）香水的包装成本可以占到整件商品价值的80%，在高价策略下，购买香水的人却只增不减的原因是什么？

（2）为什么香奈儿5号香水能够成为“香水贵族中的贵族”？

四、拓展实践

利用课余时间到附近超市进行商品包装调查，观察不同商品的包装（如外形、材料、商标、条码等），结合实际分析商品包装的技术和功能，并以PPT的形式进行课堂汇报。

第6章 装卸搬运

【内容提要】

装卸搬运是介于物流各个环节（如运输、存储等）之间起衔接作用的活动，是物流活动得以进行的必要条件，在物流活动中占有重要地位。本章介绍了装卸搬运的含义、装卸搬运的作用、装卸活性指数，以及装卸作业优化方法等。

学习完本章后，希望读者掌握：

（1）装卸搬运的作用；

（2）几种典型的装卸搬运设备；

（3）装卸活性指数；

（4）装卸作业优化方法。

引导案例

云南双鹤医药有限公司是北京双鹤这艘医药航母部署在西南战区的一艘战舰，是一个以市场为核心、现代医药科技为先导、金融支持为框架的新型公司，是西南地区经营药品品种较多、较全的医药专业公司。虽然云南双鹤已形成规模化的产品生产和网络化的市场销售，但其流通过程中物流管理严重滞后，造成物流成本居高不下，无法形成价格优势。

装卸搬运活动是衔接物流各环节活动正常进行的关键，而云南双鹤以前恰好忽视了这一点，由于搬运设备的现代化程度低，只有几个小型货架和手推车，大多数作业仍处于人工作业为主的原始状态，工作效率低且易损坏物品。另外，仓库设计的不合理，造成长距离的搬运；并且库内作业流程混乱，形成重复搬运，大约有70%的无效搬运，这种过多的搬运次数，损坏了商品，也浪费了时间。

为了控制装卸搬运成本、降低物流总成本，云南双鹤医药有限公司采取了一些有效措施，在允许的情况下，减少作业环节。

1. 采用“二就直拨”的方法

（1）就厂直拨。企业可以根据订单要求，直接到制药厂提货，验收后不经过仓库就将商品直接调运到各店铺或销售单位。

（2）就车直拨。对外地运来的商品，企业可事先安排好短途运输工具，在原车边即行分拨，装上其他车辆，转运收货单位，省去入库后再外运的手续。

以上这两种方法既减少了入库中的一切作业环节，又降低了储存成本。

2. 减少装卸搬运环节

改善装卸作业，既要设法提高装卸作业的机械化程度，还必须尽可能地实现作业的连续化，从而提高装卸效率，缩短装卸时间，降低物流成本，其合理化措施有以下几点。

（1）防止和消除无效作业。尽量减少装卸次数，努力提高被装卸物品的纯度，选择最短的作业路线等都可以防止和消除无效作业。

（2）提高物品的装卸搬运活性指数。企业在堆码物品时事先应考虑装卸搬运作业的方便性，把分类好的物品集中放在托盘上，以托盘为单元进行存放，既方便装卸搬运，又能妥善保管好物品。

（3）积极而慎重地利用重力原则，实现装卸作业的省力化。装卸搬运使物品发生垂直和水平位移，必须通过做功才能完成。由于我国目前装卸机械化水平还不高，许多尚需人工作业，劳动强度大，因此必须在有条件的情况下利用重力进行装卸，将设有动力的小型运输带（板）斜放在货车、卡车上进行装卸，使物品在倾斜的输送带（板）上移动，这样就能减轻劳动强度和能量的消耗。

（4）进行正确的设施布置。采用“L”型和“U”型布局，以保证物品单一的流向，既避免了物品的迂回和倒流，又减少了搬运环节，从而节省了成本。

除此之外，云南双鹤医药有限公司还重视对原有仓库的技术改造，根据实际需要，尽可能引进国外先进的仓储管理经验和现代化物流技术，有效地提高仓库的储存、配送效率和服务质量。同时，也有利于装卸搬运有效衔接仓储和运输。

云南双鹤医药有限公司所采取的措施取得了可喜的效果，降低了该公司的装卸搬运成本，同时，使得装卸搬运环节充分衔接了物流其他各环节，从而降低了仓储、运输等成本，公司总的物流成本也有很大的降低。

（资料来源：百度文库、《现代物流案例与实践》）

【案例思考】

云南双鹤医药有限公司通过采取一系列措施降低公司装卸搬运成本，从而使得公司总的物流成本得到降低，这表明装卸搬运活动是衔接物流各环节活动正常进行的关键。从本案例不难看出，使装卸搬运合理化的途径主要包括减少操作次数、提高装卸搬运活性指数、实现装卸作业的省力化以及进行正确的设施布置等。那么，实施装卸搬运管理的原则是什么？ 装卸搬运的设备有哪些呢？这些内容将会在本章进行详细介绍。

6.1 装卸搬运概述

装卸搬运是物流系统的构成要素之一，属于衔接性的物流活动。在任何其他物流活动互相过渡时，都是以装卸搬运来衔接的。因而，装卸搬运往往成为整个物流系统的“瓶颈”，是物流各功能之间能否形成有机联系和紧密衔接的关键。在实际操作中，装卸与搬运是密不可分的，因此，在物流学科中并不过分强调两者差别而是作为一种活动来对待。

6.1.1 装卸搬运的含义

装卸搬运是介于物流各环节（如运输、储存等）之间起衔接作用的活动，是物流各项活动中出现频率最高的一项作业活动。装卸活动效率的高低，直接会影响到物流整体效率。

据统计，在生产物流中，我国机械工厂每生产 1 吨成品，需进行 252 吨次的装卸搬运，其成本为加工成本的 15.5%；在铁路物流中，我国铁路货运以 500 千米为分界点，当运距低于 500 千米，装卸时间则超过实际运输时间；在国际远洋物流中，往返美国与日本之间的远洋运输需 25 天，其中运输时间 13 天，装卸时间 12 天。可见，装卸搬运是生产和运输物流中的一个非常重要的环节。

虽然装卸活动本身并不产生效用和价值，但是，由于装卸活动对劳动力的需求量大，需要使用装卸设备，因此物流成本中装卸费用所占的比重较大，装卸活动的合理化对于物流整体的合理化至关重要。

装卸搬运是指在物流过程中，为运输、保管和配送的需要而对货物进行的装卸、搬运、堆垛、取货、理货等，或与之相关的作业。装卸搬运活动的基本工作包括装车（船、机）、卸车（船、机）、堆垛、入库、出库以及连接上述各项活动而做的短程输送，是伴随运输、保管和配送等活动而产生的必要活动。装卸搬运原理如图 6-1 所示。

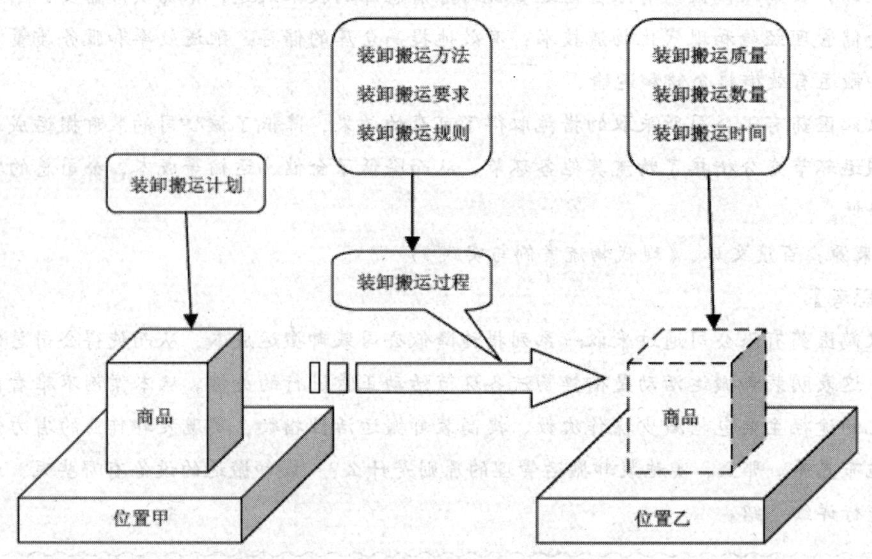

图 6-1 装卸搬运原理图

装卸搬运过程包括以下几点。

（1）装卸：将物品装上运输机或由运输机卸下。

（2）搬运：使物品在较短的距离内移动。

（3）堆码：将物品或包装货物进行码放、堆垛等的有关作业。

（4）取出：从保管场所将物品取出。

（5）分类：将物品案品种、发货方向、顾客需求等进行分类。

（6）理货：将物品备齐，以便随时装货。

【小资料】

装卸活性是指货物的存放状态对装卸搬运工作的方便（或难易）程度，称为货物的“活性”，也称装卸活性。活性一般是用“活性指数”进行定量的衡量，根据物料所处的状态，即物料装卸、搬运的难易程度，可划分不同的级别，也即所谓“活性指数”。一般来说，活性指数用数字 0、1、2、3、4 表示，具体代表的含义如下。

0 级——物料杂乱地堆在地面上的状态。

1 级——物料装箱或经捆扎后的状态。

2 级——箱子或被捆扎后的物料，下面放有枕木或其他衬垫后，便于叉车或其他机械作业的状态。

3 级——物料被放于台车上或用起重机吊钩钩住，即刻移动的状态。

4 级——被装卸、搬运的物料，已经被起动、直接作业的状态。

如图 6-2 所示，工厂的物料处于散放状态的活性指数为 0，集装、支垫、装载和在传送设备上移动的物料，其活性指数分别为 1、2、3、4。在货场装卸搬运过程中，下一步工序比上一步的活性指数高，因而下一步比上一步工序更便于作业时，称为“活化”。装卸搬运的工序、工步应设计得使货物的活性指数逐步提高，则称“步步活化”。通过合理设计工序、工步，以做到步步活化作业的同时，企业还要采取相应措施和方法尽量节省劳动力，降低能耗。

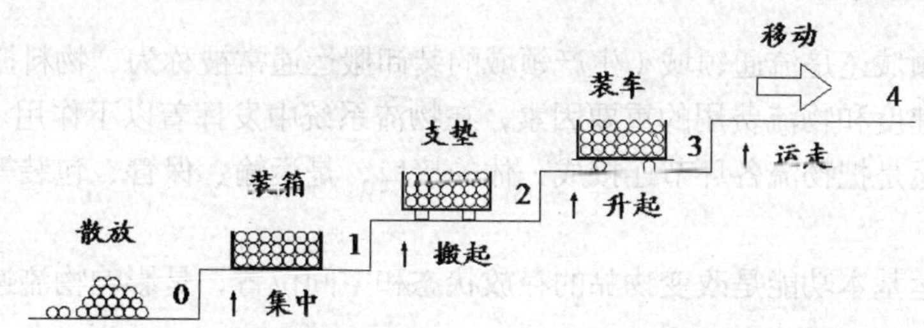

图 6-2　物品装卸活性

6.1.2　装卸搬运的分类

1. 按装卸搬运的设施、设备分类

（1）仓库（或配送中心）装卸：是配合入库、维护保养、出库等活动进行，并且以堆垛、上架、取货等操作为主的活动。

（2）铁路装卸：是对火车车皮的装进及卸出，其特点是一次作业就需实现一车皮的装进或卸出，很少有像仓库装卸时出现的整装零卸或零装整卸的情况。

（3）港口装卸：既包括码头前沿的装船卸船，也包括后方的支持性装卸搬运。有的港口装卸还采用小船在码头与大船之间“过驳”的方式，因其装卸的流程较为复杂，往往经过几次的装卸及搬运作业才能最后实现船与陆地之间货物过渡的目标。

（4）汽车装卸：是对汽车车厢的装进及卸出，一次装卸批量不大。由于汽车的灵活性，可以减少或根本减去一些搬运活动，直接或单纯利用装卸作业达到车与物流设施之间货物过渡的目的。

（5）飞机装卸：是对飞机机舱的装进及卸出，一般通过传送带搬运，自动化程度较高。

2. 按装卸搬运的作业方式分类

（1）吊上吊下方式：采用各种起重机械从货物上部起吊，依靠起吊装置的垂直移动实现装卸，并在吊车运行范围内或回转范围内实现搬运或依靠搬运车辆实现搬运；属垂直装卸方式。

（2）叉上叉下方式：采用叉车从货物底部托起货物，并依靠叉车的运动进行货物位移，搬运完全靠叉车本身，货物可不经中途落地直接放置到目的处；属水平装卸方式。

（3）滚上滚下方式：主要用于港口装卸，利用叉车或半挂车、汽车承载货物，连同车辆一起开上船，到达目的地后再从船上开下，称“滚上滚下”方式。滚上滚下方式需要有专门的船舶，对码头也有不同要求，这种专门的船舶称“滚装船”。

（4）移上移下方式：是在两车之间（如火车及汽车）进行靠接，然后利用各种方式，不使货物垂直运动，而靠水平移动从一个车辆上推移到另一车辆上，称移上移下方式。汽车与仓库或配送中心货台高度一致时，也可采用移上移下方式。

（5）散装散卸方式：这是集装卸与搬运于一体的装卸方式，一般从装点直到卸点，中间不再落地，适用于对散装物进行装卸。

此外，按作业动态分类，有垂直装卸、水平装卸两种形式；按作业特点分类，有连续装卸搬运、间歇装卸搬运两种形式；按作业对象分类，有散装货物装卸、单件货物装卸、集装货物装卸等形式。

6.1.3 装卸搬运的作用

无论在生产领域还是流通领域（生产领域的装卸搬运通常被称为“物料搬运”），装卸搬运都是影响物流速度和物流费用的重要因素，在物流系统中发挥着以下作用。

（1）装卸搬运是把物流各环节连接成一体的接口，是运输、保管、包装等物流作业得以顺利实现的根本。

（2）装卸搬运基本功能是改变物品的存放状态和空间位置，是影响物流速度和物流费用的重要环节。

（3）装卸搬运质量的好坏、效率的高低是整个物流过程的关键所在。

6.1.4 装卸搬运管理的原则

1. 尽量不进行装卸原则

装卸作业本身并不产生价值。物流过程中，货损发生的主要环节是装卸搬运环节，而在整个物流过程中，装卸搬运作业又是反复进行的，从发生的频数来讲，超过任何其他活动。所以，过多的装卸次数必然导致损失的增加。从发生的费用来看，一次装卸的费用相当于几十千米的运输费用。因此，每增加一次装卸，费用就会有较大比例的增加。此外，装卸搬运又会大大减缓整个物流的速度。为此，应该通过合理的规划与布局，合理安排作业计划，采用合理的作业方式，实现物品装卸搬运次数最小化，如图 6-3 所示。

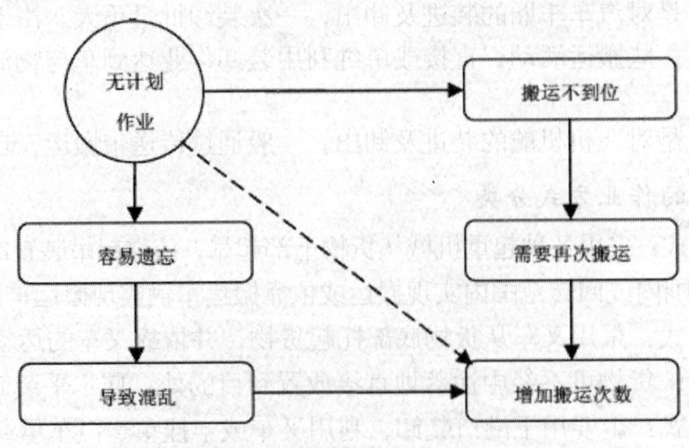

图 6-3 低效的无计划作业

2. 装卸连续性原则

装卸连续性是指两处以上的装卸作业要配合好。进行装卸作业时，为了不使连续的各种作业中途停顿，而能协调地进行，整理其作业流程是很必要的。因此，进行“流程分析”，对商品的流动进行分析，使经常相关的作业配合在一起，也是很必要的。如把商品装到汽车或铁路货车上，或把商品送往仓库进行保管时，应当考虑合理取卸，或出库的方便。所以某一次的装卸作业，某一个装卸动作，有必要考虑下一步的装卸而有计划地进行。要使一系列的装卸作业顺利地进行，作业动作的顺序、作业动作的组合或装卸机械的选择及运用是很重要的。

3. 减轻人力装卸原则

减轻人力装卸就是把人的体力劳动改为机械化劳动。在不得已的情况下，非依靠人力不可时，尽可能不要让搬运距离太远。关于“减轻人力装卸”问题，主要是在减轻体力劳动、缩短劳动时间、防止成本上升、劳动安全卫生等方面推进省力化、自动化。

4. 提高“搬运灵活性”原则

物流过程中，常需将暂时存放的物品，再次搬运。从便于经常发生的搬运作业考虑，物品的堆放方法是很重要的，这种使于移动的程度，被称为“搬运灵活性”，衡量商品堆存形态的“搬运灵活性”，用灵活性指数表示。一般将灵活性指数分为 5 个等级，即：散堆于地面上为 0 级；装入箱内为 1 级；装在货盘或垫板上为 2 级；装在车台上为 3 级；装在输送带上为 4 级，如表 6-1 所示。

表 6-1　搬运灵活性指数表

物品状态	物品移动的机动性	作业需求（依次）				需作业的数目	活性指数
		集中	搬起	升起	运走		
直接置地	移动时需逐个用人力搬到运输工具中	是	是	是	是	4	0
置于容器	可人工一次搬运，但不便于机械使用	否	是	是	是	3	1
置于托盘	可方便地使用机械搬运	否	否	是	是	2	2
置于车内	不需借助其他机械便可移动	否	否	否	是	1	3
置于传送带	物品已处于移动状态	否	否	否	否	0	4

5. 把商品整理为一定单位的原则

把商品整理为一个单位就是把商品汇集成一定单位数量，然后再进行装卸，既可避免损坏、消耗、丢失，又容易查点数量，而且最大的优点在于使装卸、搬运的单位增加，使机械装卸成为可能，以及使装卸、搬运的灵活性好等。这种方式是把商品装在托盘、集装箱和搬运器具中原封不动地装卸、搬运，进行输送、保管。

6. 从物流整体的角度去考虑的原则

在整个物流过程中，要从运输、储存、保管、包装与装卸的关系来考虑。装卸要适合运输、储存保管的规模，即装卸要起着支持并提高运输、储存保管能力、效率的作用，而不是起阻碍的作用。对于商品的包装来说也是一样的，过去是以装卸为前提进行包装，要运进许多不必要的包装材料，现在采用集合包装，不仅可以减少包装材料，同时也省去了许多徒劳的运输。

【小案例】

装卸搬运从最初的手工作业，经过机械化、自动化、集成化的历程，已经发展为智能化的装卸搬运作业系统。目前，日本安川电机上市了面向中小型货物装卸用途的机器人“motomaneh80”。这种优化了设计的机器人，虽然将可搬运重量减小到了 80 千克，但强化了上臂部分的负荷能力，同时还提高了运作速度，扩大了运作范围，适用于汽车部件以及金属加工品等的搬运。在装卸用途方面，eh80 提高了腕部轴的强度，各关节轴的运作速度合计为 22.34rad/s，最大作用距离为 2 051 毫米，机器人旋转时的最小半径为 340 毫米。另外，还加强了上臂部的粗度，将设在机械臂前端的手部的配管及布线缠绕在机器人机体上，避免与周围的物体相互干扰，可确保搬运路径最短。在价格方面，包括机器人机体、控制器以及机器人操作箱的套装产品为 567 万日元（含税）。这种造价不高的机器人却大大提高了货物装卸的效率。

（资料来源：《现代物流管理》）

案例点评：从本案例可以看出，货物装卸从最初的手工作业，已经发展为智能化的装卸搬运作业系统。装卸搬运机器人的存在也使得货物装卸变得更加快捷、简便。

6.2 装卸搬运设备

装卸搬运技术是进行装卸搬运作业的方法，而装卸搬运设备则是进行装卸搬运作业的劳动工具或物质基础，其技术水平是装卸搬运作业现代化的重要标志之一。装卸搬运设备大致可分为车辆类、起重机类、输送机类、升降机类等。

6.2.1 装卸搬运设备分类

1. 车辆类

在厂区、仓库、运输的起止点内专用于搬运的车辆统称为工业车辆，有用内燃机做动力的（汽油、柴油），也有使用电池组驱动的，主要有叉车、拖车、卡车、手推车、单轮手推车、手推托盘车等搬运车或跨运车（将集装箱等大型货物吊在门形架内进行搬运的车辆，常用在集装箱码头上）等。

2. 起重机类

起重机是将货物吊起在一定范围内做水平移动的机械，是采用输送机之前曾被广泛使用的具有代表性的搬运机械。

起重机按其构造或形状可分为天车、悬臂起重机、集装箱起重机、巷道堆垛机或库内理货机、汽车起重机、龙门起重机等各种悬臂（转臂）式起重机。

3. 输送机、升降机类和绞车类

输送机是连续搬运货物的机械，根据用途和所处理货物形状的不同而种类各异，有带式输送机、辊子输送机、链式输送机、重力式辊子输送机、伸缩式辊子输送机、振动输送机、液体输送机等。输送机还可以分为移动式输送机和固定式输送机；此外还有重力式输送机和电机驱动式输送机。

升降机和绞车是使物体做垂直方向移动的机械，升降机被广泛用于多层楼房仓库。绞车是使用缆绳和链条吊升重物的装置，有电动和手动两种。

【小资料】

下面一组图片为港口装卸集装箱过程中涉及的装卸搬运设备。

图 6-4　集装箱货船靠泊

图 6-5　集装箱装卸

图 6-6　龙门吊

图 6-7　岸吊

图 6-8　重箱正面吊

图 6-9　集装箱堆场

【小资料】

下面一组图片为港口装卸散货过程中涉及的装卸搬运设备。

图 6-10 抓斗机

图 6-11 带式输送机

图 6-12 斗轮堆取料机

图 6-13 堆料机

6.2.2 装卸搬运设备的选择

选择装卸搬运设备主要依据 5 个条件。

（1）货物特性：根据货物本身和包装等特性，选择适宜的装卸搬运机械。

（2）作业特性：根据是否单纯的装卸或搬运，选择不同功能的机械。

（3）环境特性：根据作业场地、建筑物的构造、设置的配置、地面的承受力等选择相应的搬运机械。

（4）作业速率：按货物的物流速度、进出量要求确定是高速作业还是平速作业，是连续作业还是间歇作业，据此选择合适的机械。

（5）经济效益：考虑以上各因素后，还要从经济性角度加以分析，在多个方案中优中选优。

6.3 装卸作业优化

【小案例】

红云红河烟草（集团）有限责任公司（简称红云红河集团）成立于2008年11月8日，集团是以烟草为主业，跨地区经营的大型国有企业，其核心品牌“云烟”“红河”为“中国驰名商标”“中国名牌产品”。2012年生产卷烟516万箱，实现税利587亿元，位列中国企业500强第160位，云南百强企业第2位。

1. 烟草物流概述

烟草物流包括卷烟的采购、入库、仓储、呼叫、分拣、结算、送货等环节，如图6-14所示。烟草物流管理的主要任务是尽可能降低烟草物流的总成本，为消费者、卷烟零售商、烟草商业企业等带来便利。

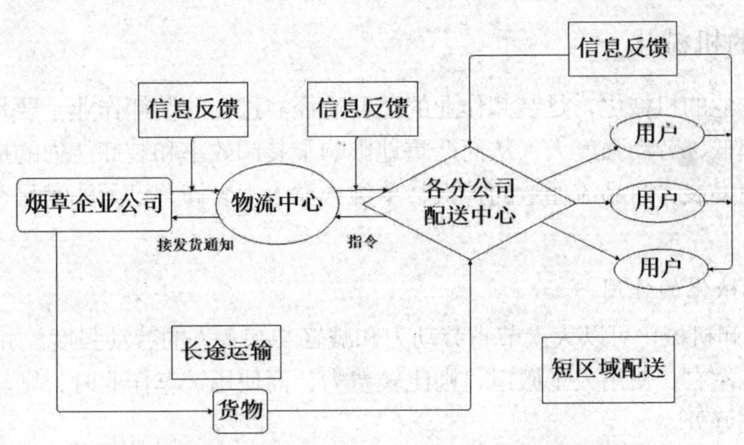

图6-14 红云红河集团烟草物流示意图

烟草物流具有很强的地域性，烟草企业物流基本都分辖区管理，同时卷烟属贵重物品，且易燃、易碎坏、易变性、易受潮。烟草物流区别于其他物流对配送、仓储等要求较高。

2. 装卸搬运存在的问题

（1）合并装卸搬运环节繁杂和次数过多。装卸搬运不仅不增加烟叶的价值，相反，烟叶的“综合碎耗”会随之增加。

（2）生产物流作业的集中程度过低，机械化、自动化作业目标尚未达成，人工化作业普遍。

（3）托架单元化组合使用度不够，装卸搬运过程中货物的损失增加，装卸成本增加，货物的安全性得不到保障。

（4）未能合理分解装卸搬运程序，影响装卸搬运的效率。

3. 降低装卸搬运成本的措施

（1）简化合并装卸搬运环节和降低次数。公司在生产物流系统设计中研究了各项装卸搬运作业的必要性，尽可能取消、合并装卸搬运环节和降低装卸搬运次数。

（2）实现生产物流作业的集中和集散分工。公司集中了烟草物流的卸载点和装载点，在货场内部，同一等级和产地的烟叶应尽可能集中在同一区域进行物流作业，如建立专业货区、专业卸载平台等，以提高装卸搬运效率。

（3）进行托架单元化组合，充分利用机械进行物流作业。公司在实施物流系统作业过程中，充分利用和发挥机械作业，如叉车、平板货车等，增大操作单位，提高作业效率和物流“活性”，实现物流作业标准化。

（4）合理分解装卸搬运程序，改进装卸搬运各项作业流程，提高装卸搬运效率，力争在最短时间内完成烟叶加工的所有工艺流程。

（5）提高生产物流的快速反应能力。公司通过烟叶数据库的建设，促进网络信息的发展，将物流的各个环节连成一个整体。

案例点评：公司分析了烟草物流的特点及存在的问题，通过减少、简化生产工艺流程，从而达到降低综合损耗以及物流相关成本的目的。公司通过实施物流管理系统，活化了各物流子系统及其相互间的作业关系，从根本上，简化了生产作业流程，实现了标准化物流模式，有效地降低了烟叶的综合损耗和物流成本（见图 6-14）。装卸搬运是整个物流过程的重要一环，接下来，本小节将简要介绍提高装卸搬运效率的途径和方法。

6.3.1 装卸的机械化

实现装卸作业的机械化，是装卸作业的重要途径。过去的装卸作业主要是依靠人力手搬肩扛，劳动效率低，劳动强度大，从而严重地影响了装卸效率和装卸能力的提高。随着我国国民经济的迅速发展，商品流通量的扩大，单纯依靠人工装卸，已无法满足客观形势发展的需要。

1. 装卸机械化的作用

（1）实现装卸机械化可以大大节省劳动力和减轻装卸工人的劳动强度。如装卸自行车时，每箱重 180 千克左右，使用人工搬运，则比较费力，而使用铲车作业时，则轻而易举，充分显示了机械化的好处。

（2）装卸机械化可以缩短装卸作业时间，加快车船周转。各种运输工具在完成运输任务的过程中，有相当一段时间是属于等待装卸的。如能缩短装卸时间，就能用现有的运输工具完成更多的运输任务，这样不仅提高了物流的经济效益，也有利于社会经济效益的提高。

（3）有利于商品的完整和作业安全。商品的种类、形状极其复杂，但都可以根据商品的不同特性来选择或设计不同的机型和设备，以保证商品的完整。如果人工把超过自身重量二三倍的木箱，从 3 米高处拿下，而又不使商品受损，是难以做到的。

（4）有效地利用仓库库容，加速货位周转。随着生产的发展，流通速度的加快，仓储的任务不断增加，无论是库房还是货场都要充分利用空间，提高库容利用率。因此，必须增加堆垛和货架的高度。但人工作业使堆码高度受到限制，若采用机械化作业，就可提高仓库的空间利用率，同时由于机械作业速度快，可及时腾空货位。

（5）装卸机械化可大大降低装卸作业成本，从而有利于物流成本的降低。由于装卸效率的提高，作业量大大增加，摊到每一吨商品的装卸费用相应地减少，因此降低了装卸成本。

2. 装卸机械化的原则

（1）符合装卸商品种类及特性的要求。不同种类的商品的物理、化学性质及其外部形状是不一样的，因此，在选择装卸机械时必须符合商品的品种及其特性要求，以保证作业的安全和商品的完好。

（2）适应运量的需要。运量的大小直接决定了装卸的规模和装卸设备的配备、机械种类以及装卸机械化水平。因此，在确定机械化方案前，必须了解商品的运量情况。对于运量大的，应配备生产率较高的大型机械；而对于运量不大的，宜采用生产率较低的中小型机械；对于无电源的场所，则宜采用一些无动力的简单装卸机械。这样，既能发挥机械的效率，又使方案经济合理。

（3）适合运输车辆类型和运输组织工作特点。装卸作业与运输是密切相关的，因此，在考虑装卸机械时，必须考虑装载商品所用的运输工具的特性，包括车船种类、载重量、容积、外形尺寸等，同时要了解运输组织的情况，如运输取送车（船）次数、运行图、对装卸时间的要求、货运组织要求、短途运输情况等。例如，在港口码头装卸商品和在车站装卸商品，所需要的装卸机械是不同的。即使是同一运输工具，即使构造相同，也要采取不同的装卸机械。如用于铁路敞车作业和用于铁路棚车作业的装卸机械是不一样的。

（4）经济合理，适合当地的自然、经济条件。在确定选择机械化方案时，要做技术分析，尽量达到经济合理的要求。对现有的设施、仓库和道路要加以充分利用，同时要充分考虑到装卸场所的材料供应情况、动力资源，以及电力、燃料等因素。要充分利用当地的地形、地理条件，应当贯彻因地制宜、就地取材的原则。

6.3.2 装卸的集装化

装卸的集装化就是把许多需要运输的商品集中成一个单元，进行一系列的运输、储存和装卸作业，从而可以取得多方面的效果。集装化主要采取以下几种形式。

1. 集装箱化

除了符合国际和国内标准的通用集装箱外，还有多种多样的，根据不同特殊要求专门设计的专用集装箱，以及集装袋、集装网、集装盘等，主要有以下几种。

（1）专用集装箱，包括通风式集装箱、折叠式通风集装箱、多层合成集装箱等。通风式集装箱适用于不怕风吹雨淋的商品和怕闷热的农副土特产品，如日用陶瓷、水果等。折叠式通风集装箱适用于装运瓜果、蔬菜、陶瓷等商品。多层合成集装箱主要用于装运鲜蛋，既通风又固定，每一层都有固定的格子，鲜蛋装满后，将每一层用固定装置组成集装箱。

（2）集装袋，是一个大型口袋，上下都能开口，装货时用绳结栓住从上口装，卸货时将下口的绳结拉开，商品可自动出来。主要用于装运化肥、碱粉等袋装商品。

（3）集装网，是指用麻绳或钢丝绳制成的网络，麻绳网主要用于装运水泥等商品，钢丝绳网主要用于装运生铁。

（4）集装盘，是指将许多件商品放在一类似托盘的木盘上，然后用塑料带或铁皮把商品捆扎在木盘上。它与托盘的不同之处在于木盘随货而去，不能回收。

2. 托盘化

托盘有由木材制成的，也有由钢材、塑料等材料制成的。托盘除了起搬运工具的作用外，主要起集合商品的作用。实行托盘化有许多优点，主要是它适合机械装卸，可以提高装卸效率；可以有效地保护商品，减少破损；可以节省物流费用，还可以推动包装的标准化。多年来，我国商业物流部门在使用托盘方面积累了不少经验，不少物流企业的仓库、专用线，都已使用了托盘作业。

6.3.3 装卸的散装化

装卸的散装化即对大宗商品如煤炭、矿石、金属、水泥、原盐、粮食等的运输采用散装的方法。装卸的散装化作业与成件商品的集装化作业已成为装卸现代化的两大发展方向。装卸的散装化，具有节省包装用具、节省劳动力、减轻劳动强度、减少损耗、减少污染、缩短流通时间等优点，对提高装卸效率，加速车船周转、提高经济效益，具有重要意义。

开展装卸的散化必须具备一定的条件和物质基础。散装化有连续性的特点，必须有配备专用的设备，包括专用散装运输工具及设施、仓库、港口、车站的装卸设备，做到装、卸、运、储各个环节的工具设备成龙配套。发、转、收各部门之间要加强横向联系，形成综合能力，如果有一个环节在设备的衔接上，或工作的配合上脱节，就将影响散装化的开展。

6.3.4 其他装卸作业优化方法

（1）在汽车运输方面，采用集装箱专用挂车和底盘车。当集装箱由集装箱装卸桥从船舱吊起后，直接卸在专用挂车上，汽车就可以直接接走；又如散装粮食专用车在装卸时，采取汽车的载荷部位自动倾翻的办法，不用装卸即可完成卸货任务。

（2）在船舶运输方面，采用滚装船的办法。滚装船，是在海上航行的专门用于装运汽车和集装箱的专用船。它是在火车、汽车渡轮的基础上发展而来的一种新型运输船舶。在船尾有一类似登陆艇的巨大跳板和两根收放跳板的起重柱。世界上第一艘滚装船是美国于 1958 年建成并投入使用的。近年来，世界各国相继建造了一定数量的滚装船，成为远洋船队中一支现代化的新生力量。

【小资料】

滚装船又称“开上开下”船，或称“滚上滚下”船，它是利用运货车辆来载运货物的专用船舶，用牵引车牵引载有箱货或其他件货的半挂车或轮式托盘直接进出货舱装卸。

我国实现滚装化也已有多年，在运载汽车作业上，效果十分显著。如上海江南造船厂建造的 24 000 吨级滚装船，可载 4 000 辆汽车或 350 个集装箱。在装卸时，集装箱挂车用牵引车拉进拉出船舱；汽车则可直接开进开出。这种船的装卸速度比一般集装箱船快 30%，装卸费用比集装箱低三分之二左右；也无须在港口安装大型超重装卸设备。

在船舶运输方面，国外又开始使用载驳船。载驳船，又称子母船，用于河海联运。其作业过程是先将驳船（为尺度统一的船，又称为子船）装上货物，再将驳船装上载驳船（又称母船），运至目的港后，将驳船卸下水域，由内河推船分送至目的港装卸货物并待另一次运输。载驳船的优点是不需码头和堆场，装卸效率高，停泊时间短，便于河海联运。其缺点是造价高，需配备多套驳船以便周转，需要泊稳条件好的宽敞水域作业，且适宜于货源比较稳定的河海联运航线。因此，虽然早在 1963 年美国就建造了第一艘载驳船，但未得到很大发展。

要点回顾

装卸搬运是介于物流各环节（如运输、储存等）之间起衔接作用的活动，是物流各项活动中出现频率最高的一项作业活动，装卸活动效率的高低，直接会影响到物流整体效率。

装卸搬运过程：装卸、搬运、堆码、取出、分类及理货。

装卸搬运设备可分为车辆类、起重机类、输送机、升降机类和绞车类等。

装卸活性是指货物的存放状态对装卸搬运作用的方便（或难易）程度，称为货物的“活性”，也称装卸活性。

改善装卸作业的途径主要有装卸的机械化、装卸的集装化、装卸的散装化等。

本章习题

一、名词解释

装卸搬运　装卸活性

二、简答题

1．简述商品搬运的过程。

2．商品装卸搬运的原则有哪些？

3．简述商品装卸搬运的作用。

4．简述装卸搬运活性分析的步骤。

三、案例分析题

德州仪器公司基于TIRIS无线电频识别技术，（RFIT）开发的一项全新“Smart Pallet”系统，利用自动化技术消除了重复分拣，并缩短了配送时间。联合利华公司（意大利）是全球第一个使用Smart Pallet系统的企业，现在它的订货处理时间降低了20%，员工数量减少了1/3。在安装RFIT系统之前，联合利华的Elida-Gibbs工厂每天需要3个工人处理200个托盘，现在一个仓库管理员一天就可以发送350个托盘，这样就可以减少托盘的堆垛和再装载工序。

德州仪器公司和一家计算机工程公司Sinformat SRI联合开发联合利华的物流系统。Sinformt SRI设计了基于视窗操作的计算机软件EASY SEND，德州仪器公司开发了低频的RFIT系统采控制生产过程，记录产品位置，对产品称重和进行标签操作。配有无线电频率读数器的叉车在仓库装载活动中穿梭不息，这些读数器将每个托盘的状态及时传送给仓库门口的无线电应答器，然后再传送到仓库的计算机控制中心，管理人员就可以随时知道任何一笔订单所处的位置。结合半导体技术、微电子包装、计算机系统设计的TIRIS系统由3个部分组成：无线电发射应答器、计算机系统阅读器和天线。无线电发射应答器被固定在托盘出入的仓库门口，信息阅读器和天线被装在叉车在联合利华的高科技仓库中，每一个托盘都有一个条码，通过扫描仪将信息输入仓库的程序逻辑控制器。除此以外，计算机还存有该托盘的详细数据；它可装货箱的数量、订单装运地点、运送的商品种类。一个托盘装载了货物后；经过第一道门口时，用薄膜包装、称重，经过最后一道门时再次称重，以确保准确度。托盘按先进先出法处理，排列顺序依次输入计算机中。当托盘被放在装载底板上时，叉车上的TIRIS信息阅读器就开始检查、传送由门口的无线电发射应答器发出的无线电频信号，精确定位托盘。当托盘到达装货地点时，另一个无线电发射应答器就会警示计算机托盘准备装进拖车中，随后货车的衡量工具自动根据计算较总负荷与单个托盘的重量，如出现任何偏差便在系统内标注记号。联合利华公司通过对托盘的先进管理，节约了时间；减少了差错，也降低了物流成本。

（资料来源：物流案例管理 http://www.doc88.com/p-954290556879.html）

思考题：

（1）联合利华公司的托盘管理先进之处在哪里？

（2）这种托盘管理给联合利华带来什么益处？

（3）联合利华公司的物流信息录入系统的特点是什么？

（4）如何在计算机托盘管理系统的高投资和降低成本间取得均衡？

四、拓展实践

通过实地走访货场（如铁路、港口等），观察货场中的货物摆放情况。根据本章所学知识，评估其活性指数，并形成一份评估报告（不少于 1 000 字）。

第7章 流通加工

【内容提要】

规模化、专业化的现代生产方式，一方面降低了生产成本，增加了经济效益；另一方面，却无法满足日益多样化的客户需求，合理的流通加工是解决此问题的有效途径。本章介绍了流通加工的含义、流通加工内容、流通加工设备、流通加工合理化的途径等。

学习完本章后，希望读者掌握：

（1）流通加工产生的原因；

（2）生产资料、食品以及消费资料的流通加工；

（3）几种典型的流通加工设备；

（4）流通加工合理化的途径。

引导案例

Nike（耐克）是全球著名的体育运动品牌，英文原意指希腊胜利女神，中文译为耐克。公司总部位于美国俄勒冈州。公司生产的体育用品包罗万象，如服装、鞋类、运动器材等。它的商标图案是个小钩子。耐克一直将激励全世界的每一位运动员并为其献上最好的产品视为光荣的任务。耐克首创的气垫技术给体育界带来了一场革命。运用这项技术制造出的运动鞋可以很好地保护运动员的膝盖，当运动员在做剧烈运动落地时，气垫可以减小对膝盖的影响。如今，耐克公司生产经营活动遍布全球六大洲，其员工总数达到了 22 000 人，与公司合作的供应商，托运商，零售商以及其他服务人员接近 100 万人。目前，Nike 公司拥有的专利数目超过美国制造隐形战机的国防承包商所拥有的专利数目。截至 2015 年年底，该公司一共获得 5 060 项专利，其中不包括已经过期的专利项目。2016 年，《福布斯》网站公布了该杂志评选出来的年度全球最具价值品牌排行榜，在时尚产业领域，耐克击败奢侈品牌 LV 成为全球时尚产业最有价值的品牌。

耐克除了在品牌建设方面表现突出之外，还勇于在商品物流管理方面进行创新。随着消费理念的不断转变，消费者对于成品鞋子有了更高的挑剔，成品鞋子不足以展现消费者的独特性和个性化，为了更好地张扬个性，抑或是想要更加适合的尺寸，耐克开始通过专属定制来满足消费者的要求。目前，这种理念已经在一些地区的耐克鞋店和官方网站得到了成功实践。Nike ID 诞生于 1999 年，在中国大陆地区于 2008 年 4 月 24 日起在线上推出，而最让鞋迷热衷的就是可以对钟爱的球鞋、服装和运动配件进行个性化设计，通过选择多种颜色配色和材质，并加入个性化的符号，设计出一款专属于自己的 Nike ID 产品。Nike ID 专属定制设计，是一项能充分展现个人创意的服务，消费者可以随时随地通过网站或者前往开设在耐克店中的 Nike ID Studio 选择喜爱的 Nike 产品，并进行个性化的设计，定制一款独一无二又最具个性的 Nike 产品。

（资料来源：百度文库）

【案例思考】

耐克通过在商品流通加工环节的创新，创造了商品附加值，满足了客户的多样化需求，弥补了生产环节无法直接满足用户个性化需求的不足，可见流通加工在物流活动中是十分重要的。

通过此案例，你认为流通加工与生产加工有什么区别？如何通过流通加工更好地实现商品价值呢？希望读者能够通过本章的学习得出答案。

【小资料】

2015 年，编者在美国访学期间登录 Nike 网站，进行了一次个性化购物体验，具体流程如下。

（1）选择一款耐克的跑步鞋，基本价格为 150 美元，如图 7-1 所示。

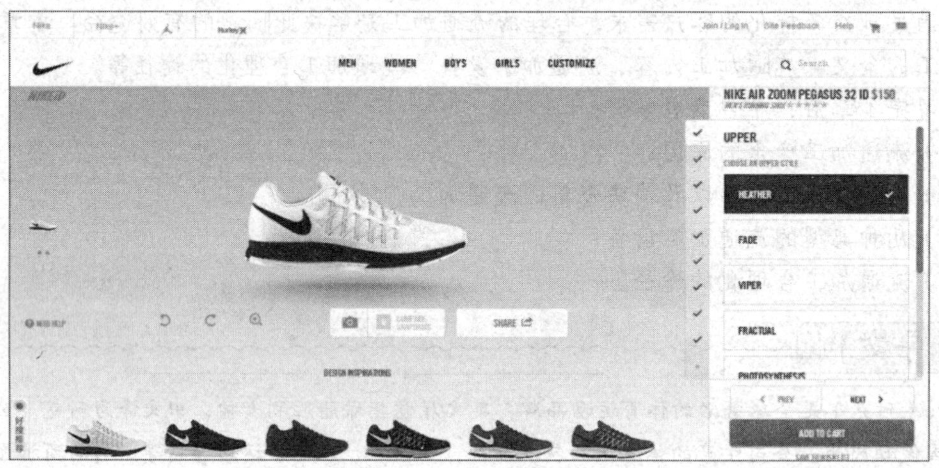

图 7-1　选择耐克鞋

（2）设计鞋面的颜色和花纹，如图 7-2 所示。

图 7-2　设计鞋面

（3）设计配饰，如图 7-3 所示。

图 7-3　设计配饰

（4）设计 Nike 商标和个性化标识，如图 7-4 所示。

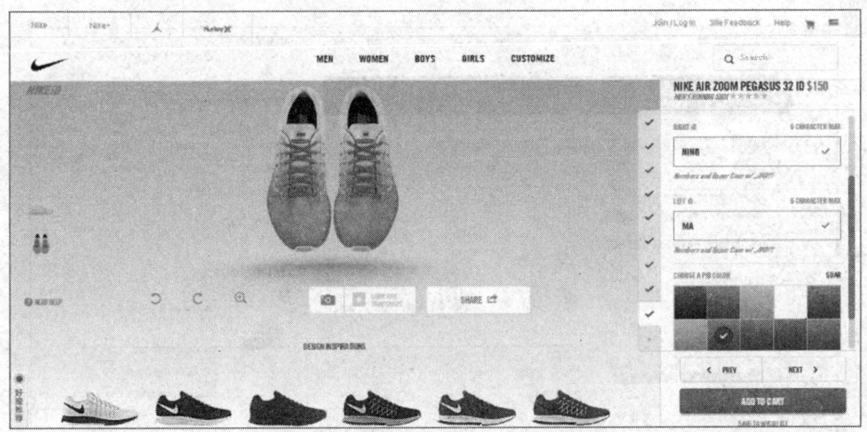

图 7-4　设计商标和个性化标识

（5）选择尺寸，如图 7-5 所示。

图 7-5　选择尺寸

（6）完成设计，生成订单，如图 7-6 所示。

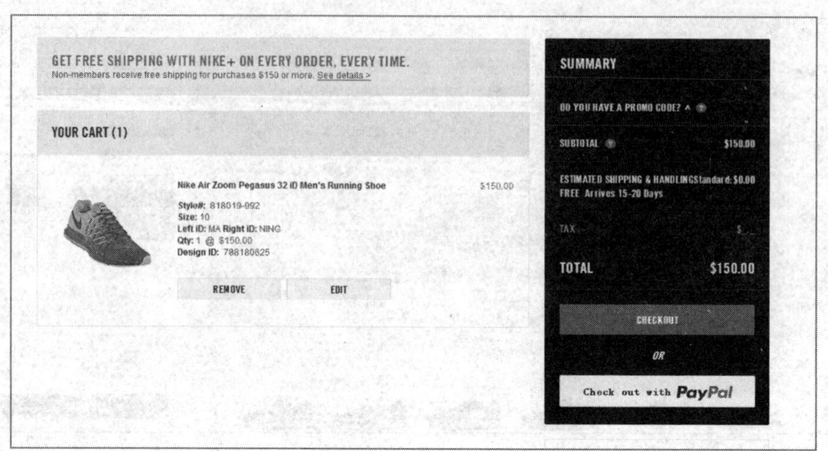

图 7-6　生成订单

（7）在线支付，如图 7-7 所示。

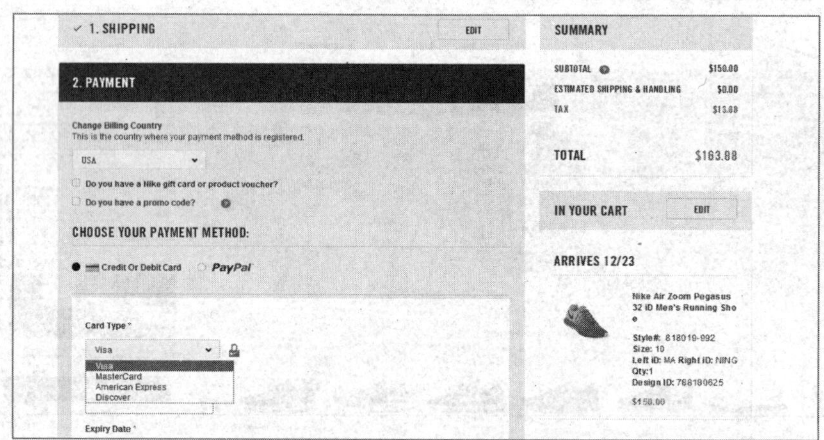

图 7-7　在线支付

7.1　流通加工概述

流通加工的重要作用不可轻视，它起着补充、完善、提高、增强商品销售价值的功能，能起到运输、储存等其他功能要素无法起到的作用。所以，流通加工的地位可以描述为提高物流水平，促进流通向现代化发展的重要环节。

电子商务的繁荣使得物流行业重新崛起，而现代物流的发展又离不开流通加工环节的不断优化。现代化的物流背景要求企业更加关注流通加工环节，创造更为高效、合理的流通环境。

7.1.1　流通加工的含义

流通加工是一种特殊的物流功能要素，是在物品从生产领域向消费领域流动的过程中，为了促进销售、维护产品质量和提高物流效率，对物品进行的加工；是物品发生物流变化、化学变化或形态变化，以满足消费者多样化需求和提高服务水平的附加值需要。

我国国家标准《物流术语》（GB/T 18354—2006）对流通加工的定义是：物品在从生产地到使用地的过程中，根据需要施加包装、分割、计量、分拣、刷标志、拴标签、组装等简单作业的总称。流通加工是指某些原材料或产成品从供应领域向生产领域，或从生产领域向销售领域流动的过程中，为了有效利用资源、提高物流效率、方便用户、促进销售和维护产品质量，在流通领域对产品进行的初级或简单再加工。

【小案例】

阿迪达斯是一家德国运动用品制造商。阿迪达斯体育用品，一个近百年历史的运动品牌。品牌创始人是阿迪达斯勒，他是一个制鞋匠，还是一位痴迷的业余田径运动员。

阿迪达斯是许多技术突破的先行者，共获得超过 700 多项专利。在阿迪达斯，诞生了世界上第一双冰鞋，第一双多钉扣鞋，第一双胶铸足球钉鞋……特别是阿迪达斯的旋入型鞋钉是个非常革命性的概念，人们甚至认为它为联邦德国足球队 1954 年获得世界杯立下了汗马功劳。阿迪达斯始终以“领跑者”的姿态立于世界体育用品的品牌阵营，且不断享受着接踵而来的成功喜悦。也就是这样一个优秀的运动品牌，不仅为世界体育事业做出杰出贡献，同时在其创新与引导下，世界体育产业经济及体育用品行业发展才呈现出更多的精彩。

阿迪达斯除了在品牌建设方面表现突出之外，还勇于在商品物流管理方面进行创新。为了更好地迎合顾客对商品的个性化需求，阿迪达斯在商品流通加工环节提出了顾客自助搭配运动鞋的创新理念，目前，这种理念已经在一些地区的阿迪达斯鞋店得到了成功实践。

阿迪达斯公司在美国有一家超级市场，设立了组合式鞋店，摆放着不是做好了的鞋，而是做鞋用的半成品，款式花色多样，有 6 种鞋跟、8 种鞋底，均为塑料制造，鞋面的颜色以黑、白为主，搭配的颜色有 80 种，款式有百余种。顾客进来可任意挑选自己所喜欢的各个部位，交给职员当场进行组合。只要 10 分钟，一双崭新的鞋便唾手可得。这家鞋店昼夜营业，职员技术熟练，鞋子的售价与成批制造的价格差不多，有的还稍便宜一些。所以顾客络绎不绝，销售金额比邻近的鞋店多 10 倍。

（资料来源：阿迪达斯官网、《现代物流管理》）

案例点评：阿迪达斯通过在商品流通加工环节的创新，创造了商品附加值，满足了客户的多样化需求，弥补了生产环节无法直接满足用户需求的不足，可见流通加工在物流活动中是十分重要的。

7.1.2 流通加工产生的原因

1. 流通加工的出现与现代生产方式有关

现代生产发展趋势之一就是生产规模大型化、专业化，依靠单品种、大批量的生产方法降低生产成本获取规模经济效益，这样就出现了生产相对集中的趋势。这种规模的大型化、生产的专业化程度越高，生产相对集中的程度也就越高。生产的集中化进一步引起产需之间的分离，产需分离的表现首先为人们认识的是空间、时间及人的分离。弥补上述分离的手段则是运输、储存及交换。近年来，人们进一步认识到，现代生产引起的产需分离并不局限于上述 3 个方面。“少品种、大批量、专业化”的现代生产方式，使得产品的功能（规格、品种、性能）往往不能和消费需要密切衔接，弥补这一分离的方法，就是流通加工。所以，流通加工的诞生实际是现代生产发展的一种必然结果。

2. 流通加工不仅是大工业的产物，也是网络经济时代服务社会的产物

流通加工的出现与现代社会消费的个性化有关。消费的个性化和产品的标准化之间存在着一定的矛盾，使本来就存在的产需第 4 种形式的分离变得更加严重。本来，弥补第 4 种分离可以采取增加一道生产工序或消费单位加工改制的方法，但在个性化问题十分突出之后，采取上述弥补措施将会使生产及生产管理的复杂性及难度增加，按个性化生产的产品难以组织高效率、大批量的流通。所以，在出现了消费个性化的新形势及新观念之后，就为流通加工开辟了道路。

3. 流通加工的出现还与人们对流通作用的观念转变有关

在社会生产向大规模生产、专业化生产转变之后，社会生产越来越复杂，生产的标准化和消费的个性化出现，生产过程中的加工制造常常满足不了消费的要求。而由于流通的复杂化，生产过程中的加工制造也常常不能满足流通的要求。于是，加工活动开始部分地由生产及再生产过程向流通过程转移，在流通过程中形成了某些加工活动，这就是流通加工。流通加工的出现使流通过程明显地具有了某种“生产性”，流通过程从价值观念来看是可以主动创造价值及使用价值的，而不单是被动地“保持”和“转移”的过程。因此，人们必须研究流通过程中孕育着多少创造价值的潜在能力，这就有可能通过努力在流通过程中进一步提高商品的价值和使用价值。

4. 效益观念的树立也是促使流通加工形式得以发展的重要原因

20 世纪 60 年代以后，效益问题逐渐引起人们的重视。过去人们盲目追求高技术，引起了燃料、材料投入的大幅度上升，结果新技术、新设备虽然采用了，但往往是得不偿失。20 世纪 70 年代初，第一次石油危机的发生证实了效益的重要性，使人们牢牢树立了效益观念，流通加工可以以少量的投入获得很大的效果，是一种高效益的加工方式，自然就获得了很大的发展。所以，流通加工从技术上来讲，可能不需要采用什么先进技术，但这种方式是现代观念的反映，在现代的社会再生产过程中起着重要作用。

7.1.3 流通加工与生产加工的区别

流通加工是在流通领域从事的简单生产活动，具有生产制造活动的性质。流通加工和一般的生产加工在加工方法、加工组织、生产管理等方面并无显著区别，但在加工对象、加工程度方面存在较大差别，其主要差别表现在以下几个方面，如表 7-1 所示。

表 7-1 流通加工和生产加工的区别

	生产加工	流通加工
加工对象	原材料、零配件、半成品	进入流通过程的产品
所处环节	生产过程	流通过程
加工程度	复杂的、完成大部分加工	简单的、辅助性的补充加工
附加价值	创造价值和使用价值	完善其使用价值并提高
加工单位	生产企业	流通企业
加工目的	为交换、消费	为消费、流通

第一，流通加工的对象是进入流通过程的商品，具有商品的属性，以此来区别多环节生

产加工中的一环。流通加工的对象是商品，而生产加工对象不是最终产品，是原材料、零配件、半成品。

第二，流通加工程度大多是简单加工，而不是复杂加工。一般来讲，如果必须进行复杂加工才能形成人们所需的商品，那么，这种复杂加工应专设生产加工过程，生产过程理应完成大部分加工活动，流通加工对生产加工则是一种辅助及补充。特别需要指出的是，流通加工绝不是对生产加工的取消或代替。

第三，从价值观点看，生产加工目的在于创造价值及使用价值，而流通加工则在于完善其使用价值，并在不进行大的改变情况下提高价值。

第四，流通加工的组织者是从事流通工作的人，能密切结合流通的需要进行这种加工活动，从加工单位来看，流通加工由商业或物资流通企业完成，而生产加工则由生产企业完成。

第五，商品生产是为交换为消费而生产的，流通加工一个重要目的，是为消费（或再生产）所进行的加工，这一点与商品生产有共同之处。但是，流通加工有时候也是以自身流通为目的，纯粹是为流通创造条件。这种为流通所进行的加工与直接为消费进行的加工从目的来讲是有区别的，这又是流通加工不同于一般生产的特殊之处。

7.2 流通加工内容

7.2.1 生产资料的流通加工

生产资料的流通加工是进行社会再生产的必要环节，它能够实现社会再生产的连续性和高效性。生产资料的流通加工中最具代表性的是钢材、水泥、木材的流通加工。例如，钢材的流通加工是对薄板的剪裁和切断、型钢的熔断、厚钢板的切割、线材的切断等集中下料、线材冷拉加工等；水泥的流通加工是利用水泥加工机械和水泥搅拌运输车进行，水泥搅拌车作业可避免繁华闹市区，节省现场作业空间，具有灵活机动的特点；木材的流通加工是在流通加工点将原本锯裁成各种规格的木材，同时将碎木、碎屑等集中加工成各种规格板，甚至还可以进行打眼、凿孔等初级加工。除此之外，平板玻璃、铝材等同样可以在流通阶段进行像钢材那样的剪裁、切断、弯曲、打眼等各种流通加工。这种流通加工以适应顾客需求的变化、服务顾客为目的，不仅能够提高物流系统的效率，而且可以促进生产的标准化和计划化，提高商品的价值和销售效率。

7.2.2 食品的流通加工

流通加工应用最多的是食品行业，因为食品行业的产品大多具有易变质、易腐坏、时效性强的特点，而且食品的加工程度还会影响到国家的公共卫生安全。为了便于保存，提高流通的效率，食品的流通加工是不可缺少的。食品流通加工的具体项目主要有以下几种。

（1）冷冻冷藏加工。为解决鲜肉、鲜鱼，及一些易变质的水果、蔬菜等在流通加工中的保鲜及装卸搬运问题而采取的低温、冷冻方式的加工。

（2）分选加工。农副产品的规格、质量差异较大，为获得一定规格的产品，采取人工或机械分选的方式加工。这种方式有利于产品的等级划分，从而制定合理的价格。其广泛用于果类、瓜类、谷物等加工。

（3）精制加工。农、牧、副、渔等产品的精加工是在产地或销售地设置加工点，去除无用部分，甚至进行切分、洗净、分装等加工。例如，鱼贩会将鱼内脏去除洗净后切成块状，这种加工不但大大方便了购买者，而且还可对加工的淘汰物进行综合利用。例如，鱼类的精制加工所剔除的内脏可以用来制造某些药物或饲料，鱼鳞可以制造高级黏合剂，头尾可以制鱼粉等；蔬菜的加工剩余物可以制饲料、肥料等。

（4）分装加工。许多生鲜食品零售起点量较小，而为保证其高效输送，出厂包装较大，也有一些是采用散装运输方式运达销售地区。为了便于销售，在销售地区按客户所要求的零售起点量进行新的包装，即大包装改小包装、散装改小包装、运输包装改销售包装，这种方式称为分装加工。例如，在超市中工作人员把散装大米装成小袋，便于消费者购买。

7.2.3 消费资料的流通加工

消费资料的流通加工以服务顾客、促进销售为目的，如对衣料品增加标识和印制商标、粘贴标价、安装做广告用的幕墙、对家具的组装、地毯剪接等。它主要是增加顾客对消费资料商标、标签的认知和广告促销的作用。所以，对消费资料的流通加工总的标准是既要达到对顾客的吸引、促成交易，又要注重美观与艺术感。

【小资料】

下面介绍几种常见的流通加工形式。

1. 钢板剪切流通加工

汽车、冰箱、冰柜、洗衣机等生产制造企业每天需要大量的钢板，除了大型汽车制造企业外，一般规模的生产企业如若自己单独剪切，难以解决因用料高峰和低谷的差异引起的设备忙闲不均和人员浪费问题。如果委托专业钢板剪切加工企业，可以解决这个矛盾。专业钢板剪切加工企业能够利用专业剪切设备，按照用户设计的规格尺寸和形状进行套裁加工，精度高、速度快、废料少、成本低。专业钢板剪切加工企业在国外数量很多，大部分由流通企业经营，这种流通加工企业不仅提供剪切加工服务和配送服务，还出售加工原材料和加工后的成品。

2. 水泥的流通加工

在水泥流通服务中心，将水泥、沙石、水以及添加剂按比例进行初步搅拌，然后装进水泥搅拌车。事先计算好时间，水泥搅拌车一边行走，一边搅拌，到达工地后，将搅拌均匀的混凝土直接进行浇注。

3. 木材的流通加工

一种情况是，树木被砍伐后，先在原地去掉树杈和树枝，将原木运走，剩下的树杈、树枝、碎木、碎屑掺入其他材料，在当地木材加工厂进行流通加工，做成复合板；也可以将树木在产地磨成木屑，对其进行压缩处理后运往外地造纸厂。另一种情况是，在消费地建木材加工厂，将原木加工成板材或按用户需要加工成各种形状的材料，供给家具厂、木器厂。木材进行集中流通加工、综合利用，出材率可提高到 72%，原木利用率达到 95%，经济效益可观。

4. 玻璃的流通加工

平板玻璃的运输货损率较高，玻璃运输的难度比较大。在消费比较集中的地区建玻璃流通加工中心，按照用户的需要对平板玻璃进行套裁和开片，可使玻璃的利用率从 62%～65%提高到 90%以上，大大降低了玻璃破损率，增加了玻璃的附加价值。

（资料来源：百度文库）

7.3 流通加工设备

7.3.1 贴标机

在流通加工作业中，贴标签作业是作业量较大的一种。以自动化程度而言可分为手工、半自动、全自动 3 种。在自动贴标机中，可分为接触式和非接触式两种，接触式贴标机必须是商品与贴标机接触才能贴标；而非接触式则是贴标机与商品没有接触的状态下贴标，是利用空气喷射的力量将标签贴在商品上。在物流中心的作业中，半自动的贴标机较为普遍，因为物流中心大部分贴标签作业是属于多种少量的情形，然而对于少种多量的商品来说，自动化的贴标设备更为合适，如图 7-8 所示。

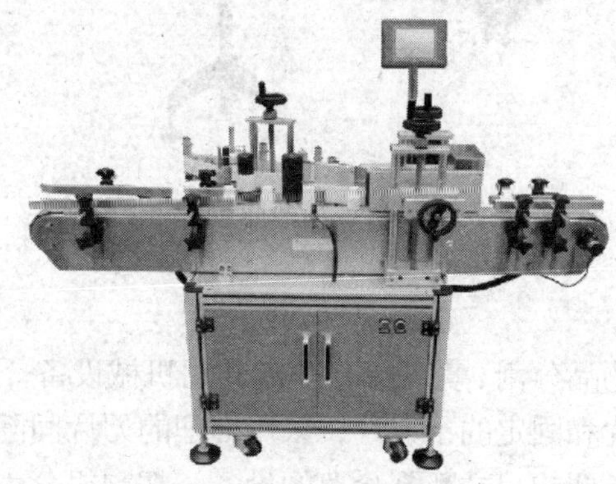

图 7-8 全自动贴标机

7.3.2 封箱机

封箱机作业是指在流通加工完成，把商品放入纸箱后的一个封上箱口的作业。封箱机主要适用于纸箱的封箱包装，既可单机作业，也可与流水线配套使用，广泛应用在家用电器、纺织、食品、百货、医药、化工等行业。封箱机采用胶带对纸箱封口，经济快速、容易调整，可一次完成上、下自动封箱动作，如果采用印字胶带，则更可提高产品形象，如图 7-9 所示。

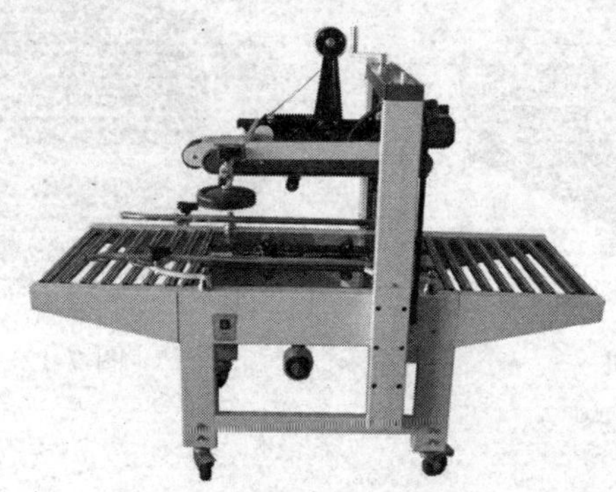

图 7-9 自动胶带封箱机

7.3.3 热收缩包装机

热收缩包装机是目前市场比较先进的包装设备之一，采用收缩膜包裹在产品或包装件外边，经过加热使收缩薄膜裹紧产品或包装件，充分显示物品外观，提高产品的展销性，增加美观及价值感。同时，包装后的物品能密封、防潮、防污染，并保护商品免受来自外部的冲击，具有一定的缓冲性，尤其是当包装易碎品时，能防止器皿碎时飞散，如图 7-10 所示。

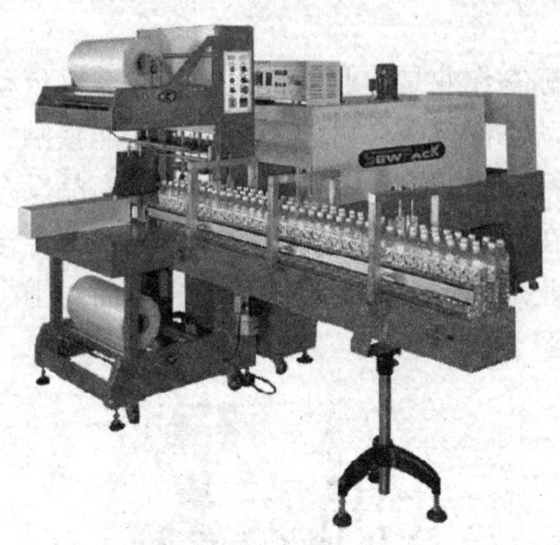

图 7-10　全自动热收缩包装机

7.3.4　剪切设备

剪切加工设备是用于物品分割、剪切等作业的专用机械设备，主要有剪板机、切割机等。剪板机是借用运动的上刀片和固定的下刀片，采用合理的刀片间隙，对各种厚度的金属板材施加剪切力，使板材按所需要的尺寸断裂分离的设备。切割机分为火焰切割机、等离子切割机、激光切割机、水切割等。激光切割机效率最快，切割精度最高，切割厚度一般较小。等离子切割机切割速度也很快，切割面有一定的斜度。而火焰切割机主要适用于切割厚度较大的碳钢材质，如图 7-11、图 7-12 所示。

图 7-11　剪板机

图 7-12　激光切割机

7.3.5　冷链设备

主要的冷链设备有冷库、低温冰箱、普通冰箱、冷藏箱、冷藏包、冷柜、冷藏车、蓄冷箱等。冷库（冷藏库）是利用降温设施创造适宜的湿度和低温条件的仓库，是加工、贮存产品的场所。它能摆脱气候的影响，延长各种产品的贮存期限以调节市场供应。冷藏车是用来运输冷冻或保鲜的货物的封闭式厢式运输车，是装有制冷机组的制冷装置和聚氨酯隔热厢的冷藏专用运输汽车，常用于运输冷冻食品（冷冻车）、奶制品（奶品运输车）、蔬菜水果（鲜货运输车）、疫苗药品（疫苗运输车）等，如图 7-13、图 7-14 所示。

图 7-13　冷藏车

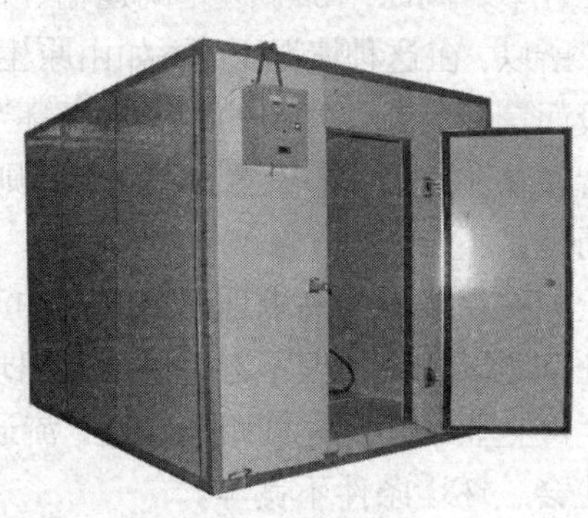

图 7-14　冷库

【小案例】

作为国内乳企巨头之一，光明乳业始终坚持科技先行。近几年相继推出了“畅优”、莫斯利安常温酸牛奶等获得国家专利认证的产品。同时，光明乳业围绕公司战略目标，充分发挥科技创新等方面的领军优势，加强食品安全管理的执行力，落实到每个环节、每个细节。

光明的鲜奶配送是冷链概念，即强调所有环节都在冷藏环境下（0～4℃）进行并保持不中断。为了支持自身的主营业务，光明乳业多年来一直在不断完善它的冷链物流。如今，光明是全机械化挤奶，牛奶一挤出来马上就被冷却，装入冷藏奶槽车送到工厂；到达工厂后，奶槽车直接与管道连接，进入加工程序；产品生产出来后都被放在物流配送中心的冷库里，超市销售的产品由冷藏车直接配送到超市。

值得一提的是，光明的设计思想是“门对门”，冷库有门廊，温度保持在 0～10℃的范围内，冷藏车到冷库接货时，车先倒进冷库门廊，从而保证这条链条不中断。

（资料来源：现代物流报）

案例点评：牛奶在流通过程中对温度有很高的要求，光明乳业采用“门对门”的冷链设计思想，实现了产品从仓储状态变为运输状态的全程恒低温，可见，打造企业冷链物流是光明乳业保证产品质量的关键。

7.4　流通加工的合理化

7.4.1　不合理的流通加工形式

1．流通加工地点设置的不合理

流通加工地点设置即布局状况是整个流通加工能否有效运作的重要因素。一般而言，为衔接单品种大批量生产与多样化需求的流通加工，加工地设置在需求地区，才能实现大批量的干线运输与多品种末端配送的物流优势。

如果将流通加工地设置在生产地区，其不合理之处在于：首先，多样化的需求要求多品种、小批量产品由生产地向需求地的长距离运输会出现不合理；其次，在生产地增加了一个加工环节，同时增加了近距离运输、储存、装卸等一系列物流活动。

所以，在这种情况下，不如由原生产单位完成这种加工而无须设置专门的流通加工环节。一般而言，为方便物流的流通加工环节应设在产出地，设置在进入社会物流之前，如果将其设置在物流之后，即设置在消费地，则不但不能解决物流问题，又在流通中增加了中转环节，因而也是不合理的。

即使在产地或需求地设置流通加工的选择是正确的，还有流通加工在小地域范围的正确选址问题。如果处理不善，仍然会出现不合理。这种不合理主要表现在交通不便，流通加工与生产企业或用户之间距离较远，流通加工点的投资过高（如受选址的地价影响），加工点周围社会、环境条件不良等。

2. 流通加工方式选择不当

流通加工方式包括流通加工对象、流通加工工艺、流通加工技术、流通加工程度等。流通加工方式的确定实际上是与生产加工的合理分工相关的。分工不合理，本来应由生产加工完成的作业，却错误地由流通加工完成，或本来应由流通加工完成的作业，却错误地在生产过程中完成，这都会造成不合理。

流通加工不是对生产加工的代替，而是一种补充和完善。所以，一般来说，如果工艺复杂，技术装备要求较高，或加工可以由生产过程延续或轻易解决的都不宜再设置流通加工环节，尤其不宜与生产过程争夺技术要求较高、效益较高的最终生产环节，更不宜利用一个时期市场的压迫力使生产者变成初级加工或前期加工，而流通企业完成装配或最终形成产品的加工。如果流通加工方式选择不当，就可能会出现生产争利的恶果。

3. 流通加工作用不大，形成多余环节

有的流通加工过于简单，或者对生产和消费的作用都不大，甚至有时由于流通加工的盲目性同样未能解决品种、规格、包装等问题，相反却增加了作业环节，这也是流通加工不合理的重要表现形式。

4. 流通加工成本过高，效益不好

流通加工之所以能够有生命力，重要优势之一是有较大的投入产出比，具有补充、完善的作用。如果流通加工成本过高，则不能实现以较低投入实现更高使用价值的目的。

【小案例】

黑龙江稻农卖给加工企业的五常大米收购价不足2元，每斤大米的加工成本约为0.2元，但该大米的最高售价却可达每斤上百元。加工企业通过设置不合理订单控制稻农，压制收购价，以致稻农和加工企业获利悬殊。

对于稻农和消费者而言，这是一个双输的结果：稻农没有享受到终端销售价格的益处，消费者也没有因稻农的低价出售而受惠。既然作为生产和消费两个终端的群体都没有从高价中受益，那么收购价和销售价之间差价所带来的巨额利润，无疑就留在了流通环节。正如有稻农给出的估算：按水稻出米率60%计算，如果加工企业大米每市斤卖50元的话，水稻价格应该是每市斤30元。可是企业收购价平均不足2元，去掉加工费、包装费，企业利润至少在10倍以上。

这种现象，从经济学上讲就是“流通暴利”，在农产品领域表现得尤为明显。每每在CPI一路攀升时，我们总能看到一些蔬菜在销售市场上的价格不断飙升，如“豆你玩”“蒜你狠”“姜你军”等，可若要问一下那些生产这些农产品的菜农，得到的答案却是“菜贱伤农”。一边是“价贵伤民”，另一边是“价贱伤农”，这说明在农产品从生产到终端市场的长长产业链条上，处于两端的生产者和消费者在产品价格上没有太多话语权。

（资料来源：新华网）

案例点评：从生产到终端市场的产业链条上，流通环节会使商品价值增加，但如果流通成本过高，将会伤及生产者和最终消费者的利益。本案例中，流通环节不应该借助自己居间的地位来谋求不合理的高额利润，如果这种不合理的利益分配格局长期持续下去，其结果一方面会挫伤广大农户的积极性，危及农业的基础地位；另一方面也会扭曲经济链条，推高物价涨幅，侵害消费者的利益。

7.4.2 实现流通加工合理化的途径

流通加工合理化的含义是实现流通加工的最优配置，不仅做到避免各种不合理，使流通加工有存在的价值，而且做到最优的选择。为避免各种不合理现象，对是否设置流通加工环节、在什么地点设置、选择什么类型的加工、采用什么样的技术装备等，需要做出正确抉择。实现流通加工合理化主要考虑以下几个方面。

1. 加工和配送相结合

加工和配送相结合就是将流通加工设置在配送点中。一方面按配送的需要进行加工，另一方面加工又是配送业务流程中分货、拣货、配货的重要一环，加工后的产品直接投入配货作业，这就无须单独设置一个加工的中间环节，使流通加工有别于独立的生产，而使流通加工与中转流通巧妙地结合在一起。同时，由于配送之前有加工，可以使配送服务水平大大提高。这是当前合理流通加工的重要形式，在煤炭、水泥等产品的流通中已经表现出较大的优势。

2. 加工和配套相结合

在对配套要求较高的流通中，配套的主体来自各个生产单位，但是完全配套有时无法全部依靠现有的生产单位进行适当的流通加工，可以有效促成配套，大大提高流通的“桥梁与纽带”的能力。

3. 加工和合理运输相结合

前面已提到流通加工能有效衔接干线运输和支线运输，促进两种运输形式的合理化。利用流通加工，在支线运输转干线运输或干线运输转支线运输等这些必须停顿的环节，不进行一般的支转干或干转支，而是按干线或支线运输合理的要求进行适当加工，从而大大提高运输及运输转载水平。

4. 加工和合理商流相结合

通过流通加工有效地促进销售，提高商流的合理化程度，是流通加工合理化的重要考虑方向之一。流通加工与配送的结合，通过流通加工，提高了配送水平，强化了销售，是流通加工与合理商流相结合的一个成功例证。此外，通过简单地改变包装加工，形成方便用户的购买量，通过组装加工消除用户使用前进行组装、调试的麻烦，都是流通加工有效促进商流的例子。

5. 加工和节约相结合

节约能源、节约设备、节约人力、节约耗费是流通加工合理化的重要考虑因素之一，也是目前我国设置流通加工时考虑其合理化的较普遍形式。

对于流通加工合理化的最终判断，是看其是否能实现社会的和企业本身的两个效益，而且是否取得了最优效益。对流通加工企业而言，与一般生产企业的一个重要不同之处是，流通加工企业更应树立社会效益第一的观念。如果只是片面追求企业的微观效益，不适当地进行流通加工，甚至与生产企业争利，这将违背流通加工的初衷，或者其本身已不属于流通加工的范畴。

要点回顾

流通加工是指物品在从生产地到使用地的过程中，根据需要施加包装、分割、计量、分拣、刷标志、拴标签、组装等简单作业的总称。

流通加工和一般的生产加工在加工方法、加工组织、生产管理等方面并无显著区别，但在加工对象、加工程度方面存在较大差别。

流通加工的内容包括：生产资料的流通加工、食品的流通加工以及消费资料的流通等。

流通加工的设备有：贴标机、封箱机、热收缩包装机、剪切设备以及冷链设备。

不合理的流通加工形式：(1) 流通加工地点设置的不合理；(2) 流通加工方式选择不当；(3) 流通加工作用不大，形成多余环节；(4) 流通加工成本过高，效益不好。

流通加工合理化的途径：(1) 加工和配送相结合；(2) 加工和配套相结合；(3) 加工和合理运输相结合；(4) 加工和合理商流相结合；(5) 加工和节约相结合。

本章习题

一、名词解释

流通加工　生产加工

二、简答题

1. 简要介绍流通加工产生的原因。
2. 简述流通加工与生产加工的区别。
3. 简述流通加工的经济效益。
4. 简述实现流通加工合理化的途径。

三、案例分析题

Reliance Steel & Aluminum Co.又称 Reliance 钢铁和铝公司、美国信心钢铁铝业公司，总部位于加利福尼亚州洛杉矶，是美国规模最大的金属服务中心企业。旗下 180 多座工厂分布于美国 37 个州以及比利时、加拿大、中国和韩国，通过遍及美国 31 个州、比利时以及韩国首尔的 100 个城市的网络，公司提供增值金属加工服务，并且分销超过 90 000 种的全系列金属产品。这些产品包括镀锌钢、热锻造钢、冷加工钢、不锈钢、铝、黄铜、铜、钛和合金钢，面向不同行业内的95 000余名客户销售产品。

在20世纪70年代，Reliance集团开始建立专业的金属物流中心，用于存储类似于铝、不锈钢、黄铜和铜等经过挑选的金属制品。该中心还配备了自动化的材料装卸设备以及精确的切割设备。

Reliance集团公司主要为顾客提供诸如配送、金属加工和存货管理等服务。Reliance集团公司从制造商处大批量买进金属制品，然后再小批量卖出。在2002年，Reliance集团公司有40%以上的销售业务是在将货物送到制造商客户和最终用户手中之前，为顾客提供了金属加工服务。这些根据客户要求所做的服务通常是在接到用户订单后的24小时内完成的，服务种类有：纵向和横向切割、锯条、煅烧、表面处理、高精度锯割、剪切等。这些服务为顾客节省了时间、劳动力和成本，最终将为顾客节约制造总成本。在2002年，公司每个工作日处理大约8 400件加工订单，平均每个加工订单约为830美元。

（资料来源：现代物流案例与实践，百度百科）

思考题：

（1）Reliance Steel & Aluminum公司的流通加工有何特点？

（2）Reliance Steel & Aluminum公司的流通加工主要内容有哪些？还能扩展吗？

第 8 章　配送与配送中心

【内容提要】

提高客户对于电子商务过程的满意度，需要一个高效、安全的配送体系，更需要对配送中心的选址进行合理的前期规划。本章介绍了配送、配送模式、配送中心的选址原则和程序、配送中心选址模型等。

学习完本章后，希望读者掌握：

（1）配送模式；

（2）配送中心的功能；

（3）配送中心选址原则和程序；

（4）配送中心选址模型（包括连续选址模型、离散选址模型）。

引导案例

以 B2C 模式称霸电商的天猫，在 2012 年 4 月推出颇有自营式 B2C 模式特点的天猫超市时，并未引起业内的过多关注。在天猫超市刚成立时，只开通了上海站与杭州站，此后陆续开通苏州站、宁波站、无锡站，大概是因为江浙沪经济发达、人口密度大、网购深入人心、物流成本低廉。随后，天猫超市才接连开通北京、广州等站，并将配送区域划分为华东区、华南区、华北区、华中区等。由于配送区域有限，且物流难以实现当日达，天猫超市并未在全国范围内引起轰动。即便如此，凭借淘宝首页、天猫首页强大的导流，天猫超市人气剧增。其所到之处，无不改写当地网超格局。天猫超市在促销、增加品类上下工夫的同时，也意识到物流的重要性，不断扩充配送区域、提高送货速度。

在配送区域上，经过持续扩展，天猫超市现已覆盖上海、浙江、江苏、安徽、广东、北京、天津、河北、福建、山东、贵州、广西、山西、辽宁、河南、内蒙古、四川、重庆、湖北等地区，且还在不断增加中。在物流上，天猫超市率先享受到阿里投资的菜鸟网络所给予的福利。北京、上海等地可以实现当日达，大多数一线城市可实现次日达。

在促销方面，自成立以来，天猫超市对用户定期或不定期发放满 88 减 10、满 150 减 15 等优惠券，起到了提高用户消费频次、增强用户黏性的目的。在品类上，天猫超市也在不断扩充，截至 2015 年 8 月 5 日，天猫超市能为广大网购消费者提供 1 622 件进口商品、3 254 件食品饮料、2 069 件粮油副食、1 664 件美容洗护、828 件家居用品、1 753 件家庭清洁、686 件母婴用品、749 件生鲜水果，基本满足消费者一次性购齐生活快消品的需求。

（资料来源：每日科技网）

【案例思考】

从此案例可以看出，天猫超市的快速崛起，依赖于物流配送体系建设。物流配送的速度和质量决定了网购企业在消费者心目中的地位，天猫超市的菜鸟物流可以实现商品“当日达”或“次日达”，让更多用户切实体验到网上购买超市商品的便捷，同时也进一步增强了企业竞争力，可见物流配送体系建设非常重要。那么，什么是配送？配送的作用有哪些呢？本章将进行详细介绍。

8.1 配送

从物流角度来讲，配送的距离较短，位于物流系统的最末端，处于支线运输、二次运输和末端运输的位置，即到最终消费者的物流。但是在配送过程中，也包含着其他的物流功能（如装卸、储存、包装等），是多种功能的组合。可以说，配送是物流的一个缩影或在某一小范围中物流全部活动的体现，也可以说是一个小范围的物流系统。

8.1.1 配送的含义

配送是指按用户的订货要求，在物流据点进行分货、配货等工作，并将配好的货物按时送达指定的地点和收货人的物流活动。我国国家标准《物流术语》（GB/T 18354—2006）中将配送定义为：在经济合理区域范围内，根据用户要求，对物品进行拣选、加工、包装、分割、组配等作业，并按时送达指定地点的物流活动。

配送是流通领域中一种以社会分工为基础的，综合性、完善化和现代化的送货活动。我们可以从两个方面来理解。

（1）配送实质是送货。配送是一种送货，但和一般送货有区别：一般送货可以是一种偶然的行为，而配送却是一种固定的形态，甚至是一种有确定组织、确定渠道，有一套装备和管理力量、技术力量，有一套制度的形式。所以，配送是高水平的送货形式。

（2）配送是综合性的、一体化的物流活动。从作业环节看，配送包含着货物运输、集货、储存、理货、拣选、配货、配装等活动；从运作程序上看，配送贯穿收集信息、备货、运送货物等环节。

在实际中，配送几乎包括了所有的物流功能要素，是物流的一个缩影或在某小范围中物流全部活动的体现。一般的配送集装卸、包装、保管、运输于一体，通过这一系列活动完成将货物送达的目的。因此，配送的具体作用如下。

（1）推行配送有利于物流运动实现合理化。配送不仅能够把流通推上专业化、社会化的高度，更重要的是，它能以其特有的运动形态和优势调整流通结构，使物流运动达到规模经济，并以规模优势取得较低的运输成本。通过配送减少车辆的空驶，企业可以提高运输效率和经济效益，并能减少对空气的污染。

（2）完善了运输和整个物流系统。第二次世界大战之后，由于大吨位、高效率运输力量的出现，使得干线运输在多种运输方式中都达到较高的水平，长距离、大批量的运输实现了低成本化。但是，在所有的干线运输完成之后，往往需要支线运输和小搬运来完成末端运输，这种支线运输及小搬运成了物流过程的一个薄弱环节。这个环节有和干线运输不同的特点，如要求灵活性、适应性、服务性，致使运力往往利用不合理、成本过高等问题难以解决。采用配送方式，将支线运输和小搬运活动统一起来，发挥灵活性、适应性和服务性的特点，使运输过程得以优化和完善。

（3）提高末端物流的效益。采用配送方式，通过增大经济批量来达到经济地进货，又通过将各种商品的用户集中在一起统一进行发货，代替分别向不同用户小批量发货来达到经济地发货，使末端物流经济效益得到提高。

（4）通过集中库存使生产企业实现低库存或零库存。实现了高水平的配送之后，尤其是采取准时配送方式之后，生产企业可以完全依靠配送中心的准时配送进行准时化生产而不需保持自己的库存。或者，生产企业只需保持少量保险储备而不必留有经常储备，这样，生产企业就可以实现企业追求“零库存”的目标，将企业从库存的包袱中解脱出来，同时释放出大量储备资金，从而改善企业的财务状况。实行集中库存后，集中库存的总量远低于不实行集中库存时各企业分散库存的总量。同时增加了调节能力，也提高了社会经济效益。此外，采用集中库存可利用规模经济的优势，使单位存货成本下降。

（5）简化事务，方便用户。采用配送方式，用户只需向一处提出订货就能达到向多处采购的目的，因而极大地减轻了用户的工作量和负担，也节省了订货等一系列事务开支。

（6）提高供应保证程度。生产企业自己保持库存来维持生产，会受到库存费用的制约，提高供应的保证程度很难，保证供应和降低库存成本存在二律背反问题。采取配送方式后，由于配送中心的集中存货可以调节企业间的供需关系，同时集中存货的库存量大，降低了企业断货、缺货、影响生产的风险。

（7）配送为电子商务的发展提供了基础和支持。从商务角度来看，电子商务的发展需要具备两个重要的条件：一是货款的支付；二是商品的配送。网上购物无论如何方便快捷，如何减少流通环节，唯一不能减少的就是商品配送，配送服务如不能与电子商务相匹配，则网上购物就不能发挥其方便快捷的优势。

8.1.2 配送环节

配送活动一般主要由备货、储存、理货、配装、送货和送达服务6个基本环节组成，如图8-1所示，而每个环节又包括若干项具体的作业活动。详细内容分述如下。

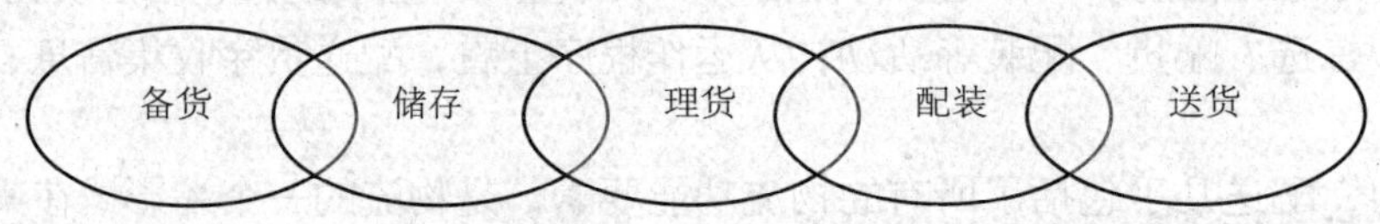

图 8-1 配送的基本环节

1. 备货

这是配送的准备工作和基础环节。备货工作包括组织货源、订货、采购、进货、验货、入库及相关的质量检验、结算等一系列作业活动。备货的目的在于把用户的分散需求集合成规模需求，通过大批量的采购来降低进货成本，在满足用户要求的同时也提高了配送的效益。

2. 储存

储存是进货的延续，是维系配送活动连续运行的资源保证。它包括入库、码垛、上架、上苫下垫、货区标识及货物的维护、保养等活动。

在配送活动中，储存有暂存和储备两种形态。

（1）暂存形态的储存是指按照分拣、配货工序的要求，在理货场地所做的少量货物储存。这种形态的储存是为了适应“日配”“及时配送”的需要而设置的；其数量的多少，只会影响下一步工序的方便与否，而不会影响储存的总体效益。因此，在数量上并不进行严格控制。在分拣、配货之后，还会出现一种发送货物之前的暂存。这种形式的暂存时间一般不长，主要是为调节配货和送货的节奏而设置的。

（2）储备形态的储存是按一定时期的配送经营要求和货源到货情况而设置的，它是配送持续运作的资源保证。这种形态的储备数量大，结构较完善。企业可根据货源和到货的情况，有计划地确定周转储备及保险储备的结构与数量。因为货物储备合理与否，会直接影响配送的整体效益。储备形态的储存可以在配送中心的自有库房和货场中进行，也可以在配送中心以外租借的库房和货场中进行。

3. 理货

理货是配送活动中必不可少的重要内容，也是区别于一般送货的重要标志。理货通常包括分类、拣选、加工、包装、配货、黏贴货物标识、出库、补货等作业。

理货是配送活动中不可或缺的重要环节，是不同配送企业在送货时进行竞争和提高自身经济效益的重要手段。所以从某种意义上说，理货环节抓得好坏，直接关系到配送企业所创造的附加效益的好坏。

4. 配装

配装是送货的前奏，是根据运载工具的运能，合理配载的作业活动。在单个用户的配送量达不到运载工具的有效载荷时，为了充分利用运能和运力，往往需要把不同用户的配送货物集中起来搭配装载，以提高运送效率，降低送货成本。所以，配装也是配送系统中不可或缺的环节，是现代配送区别于传统送货的标志之一。

配装一般包括粘贴或悬挂货物重量、数量、类别、物理特性、体积、送达地、货主等的标识，登记、填写送货单，以及装载、覆盖、捆扎固定等作业。

5. 送货

送货是配送活动的核心，也是配送的最终环节。要求确保在恰当的时间，将恰当的货物、恰当的数量，以恰当的成本送达恰当的用户。由于配送中的送货（或运输）需要面对众多的用户，大多数的运送也许是多方向的。因而，在送达过程中，必须对运输方式、运送路线和运送工具做出规划和选择。选择时要贯彻经济合理、力求最优的原则。在全面计划的基础上，制定科学的、运距较短的货运路线，选择经济、迅速、安全的运输方式，采用适宜的运输工具。一般而言，城市或区域内的送货，由于距离较短、规模较小、频率较高，往往采用汽车、专用车等小型车辆作为交通工具。送货一般包括运送路线、方式、工具的选择，卸货地点及方式的确定，移交、签收和结算等活动。

8.1.3 配送模式

【小案例】

国内少数电子商务公司的物流模式是垂直一体化的，如京东；有一些电子商务公司的模式是部分外包，如卓越；还有一些是完全外包，但是业务很分散，如当当。这 3 种配送模式所需要投放的物流成本相对而言都不低，而最高的则是京东。垂直一体化的物流模式在某种程度上对物流环节的控制得到了大大的加强，但却是以高额成本为前提的——建立全国范围内的物流配送体系所耗费的巨大投资是不言而喻的。电子商务公司的资产周转速度较快，而巨大投资放在固定资产上，极有可能会导致现金周转的缺口。

与国内很多电子商务企业不同，亚马逊的配送环节全部外包给固定的专业大型物流公司，美国境内的业务外包给美国邮政和 UPS，海外部分外包给联邦快递等专业的国际物流运输公司。这样做使得亚马逊得以集中精力发展自身的核心业务，同时减少了物流方面的投资，降低了风险和成本，并有效利用了专业物流公司的优势网络。

（资料来源：新浪网）

案例点评：目前主要的 4 种配送模式分别为自营配送模式、共同配送模式、互用配送模式和第三方配送模式。选择何种配送模式取决于多种因素，从以上资料可以看出，不同企业结合自身特点选择了不同的配送模式。配送模式是企业对配送所采取的基本战略和方法。根据国内外的发展经验及我国的配送理论与实践，下面对主要存在的几种配送模式及其选择方式做概要阐述。

1. 自营配送模式

自营配送模式是指企业配送的各个环节由企业自身筹建并组织管理，实现对企业内部及外部货物配送的模式。这种模式有利于企业供应、生产和销售的一体化作业，系统化程度相对较高，既可满足企业内部原材料、半成品及成品的配送需要，又可满足企业对外进行市场拓展的需求。其不足之处表现在，企业为建立配送体系的投资规模将会大大增加，在企业配送规模较小时，配送的成本和费用也相对较高。

一般而言，采取自营性配送模式的企业大都是规模较大的集团公司。有代表性的是连锁企业的配送，其基本上都是通过组建自己的配送系统来完成企业的配送业务，包括对内部各场、店的配送和对企业外部客户的配送。

2. 共同配送模式

共同配送是配送企业之间为了提高配送效率以及实现配送合理化所建立的一种功能互补的配送联合体。共同配送的优势在于有利于实现配送资源的有效配置，弥补配送企业功能的不足，促使企业配送能力的提高和配送规模的扩大，更好地满足客户要求，提高配送效率，降低配送成本。

共同配送的核心在于充实和强化配送的功能，提高配送效率，实现配送的合理化和系统化。因此，作为开展共同配送的联合体成员，首先要有共同的目标、理念和利益，这样，才能使联合体有凝聚力和竞争力，才能有利于共同目标和利益的实现。开展共同配送、组建联合体要坚持以下几个原则：功能互补；平等自愿；互惠互利；协调一致。

在实际运作过程中，由于共同配送联合体的合作形式、所处环境、条件以及客户要求的服务存在差异，因此，共同配送的运作过程也存在着较大的差异。在电子商务条件下，共同配送的一般运作过程如图 8-2 所示。

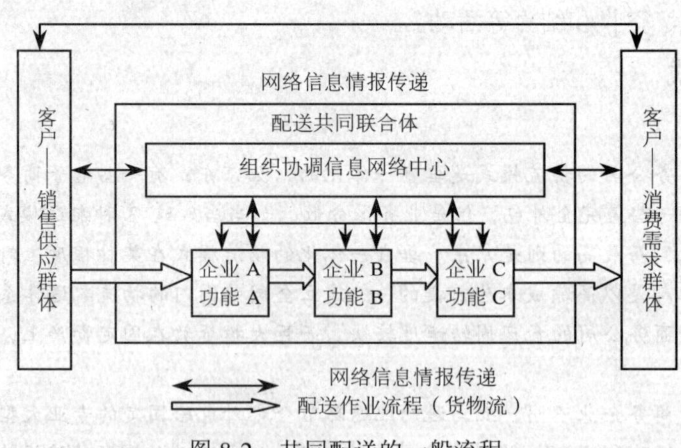

图 8-2　共同配送的一般流程

共同配送的种类很多，大体可归纳为紧密型、半紧密型和松散型、资源型和管理型、功能型、集货型和集送型等。

3. 互用配送模式

互用配送模式是几个企业为了各自利益，以契约的方式达成某种协议，互用对方配送系统而进行的配送模式。其优点在于企业不需要投入较多的资金和人力，就可以扩大自身的配送规模和范围，但需要企业有较高的管理水平以及与相关企业的组织协调能力。

一般来说，互用配送模式的基本形式如图 8-3 所示。

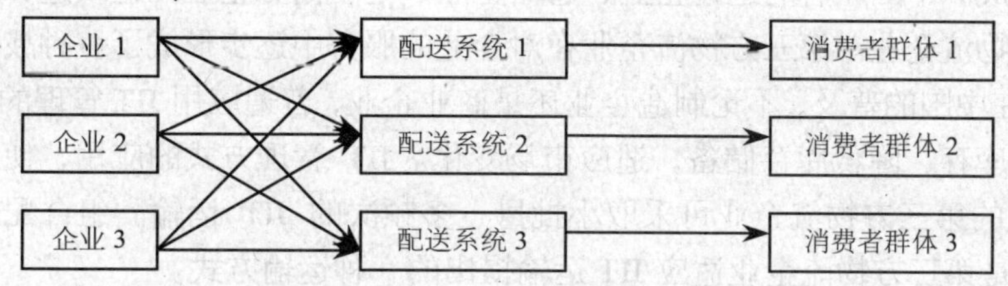

图 8-3　互用配送模式的基本形式

在电子商务条件下，企业与消费者之间可直接通过网络进行信息交流与订货，此时，互用配送模式的形式就转换成为以网络控制为主的配送形式，如图 8-4 所示。

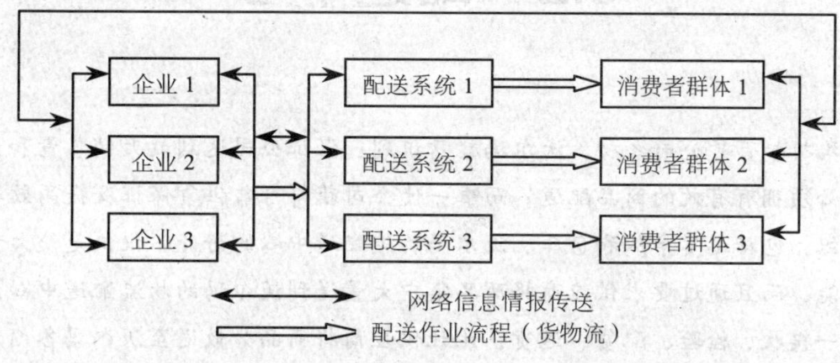

图 8-4　电子商务互用配送模式的基本形式

与共同配送模式相比较，互用配送模式的特点主要有以下几点。

第一，共同配送模式旨在建立配送联合体，以强化配送功能为核心，为社会服务；而互用配送模式旨在提高自己的配送功能，以企业自身服务为核心。

第二，共同配送模式的合作对象是经营配送业务的企业，而互用配送模式的合作对象既可以是经营配送业务的企业，也可以是非经营业务的企业。

第三，由于合作形式的不同，共同配送模式的稳定性较强，而互用配送模式的稳定性较差。

第四，共同配送模式旨在强调联合体的共同作用，而互用配送模式旨在强调企业自身的作用。

4. 第三方配送模式

第三方就是为交易双方提供部分或全部配送服务的一方。第三方配送模式就是指交易双方把自己需要完成的配送业务委托给第三方来完成的一种配送运作模式。随着物流产业的不断发展以及第三方配送体系的不断完善，第三方配送模式已成为工商企业和电子商务网站进行货物配送的首选模式和方向。第三方配送模式的运作方式如图 8-5 所示。

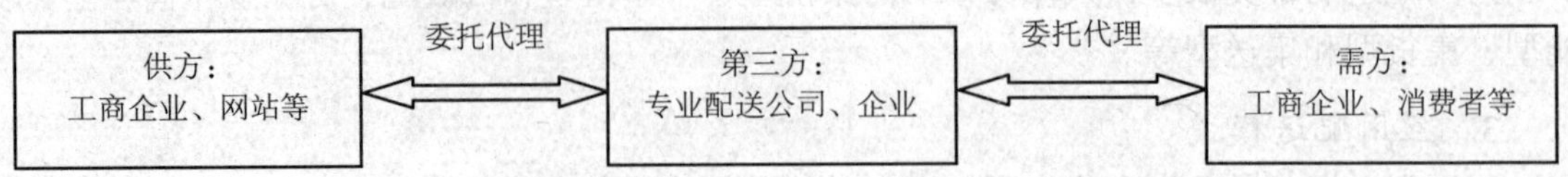

图 8-5 第三方配送模式的运作方式

随着物流管理的理念在中国企业内逐步被认知，第三方物流作为有着较新物流理念的产业正在逐步形成。中国原有的运输企业、仓储企业、电子商务企业经过改造和合并，形成了新兴的第三方物流企业。第三方物流企业在对企业的服务中逐步形成了一种战略关系，随着JIT 管理方式在中国的普及，不论制造企业还是商业企业，普遍应用 JIT 管理的理念，采用拉动方式，减小库存，降低库存储备，适应市场变化。JIT 管理方式的应用，使服务于制造企业和商业企业的第三方物流企业可采取小批量、多频次的 JIT 运输。组合配送（Assembly Distribution）是第三方物流企业适应 JIT 运输提出的一种运输方式。

8.2 配送中心

【小案例】

在建立沃尔玛折扣百货公司之初，沃尔玛就意识到：保证公司达到最大销售量和最低成本的存货周转及费用，就必须拥有有效的商品配送。而唯一使公司获得可靠供货保证及提高效率的途径就是建立自己的配送组织，包括送货车队和仓库。沃尔玛物流配送中心的好处不仅仅是使大量进货（降低采购成本）变为可能，而且通过要求供应商将商品集中大量送到沃尔玛的物流配送中心，再由沃尔玛的物流配送中心统一接收、检验、配货、送货，比让供应商将商品分散送至沃尔玛各门店更为经济，更便于各门店的接收，使各门店能一次性地收到各自需要的品种，实现了多品种、大批量的低成本物流配送和销售需求。

沃尔玛在美国本土的成功经验是：任何地点都要有同样的物流配送运营体系，一般来说，货物会送到沃尔玛各区域物流配送中心，再送到终端客户手中。沃尔玛会分析在哪个环节上可以降低成本、减少时间、提高效率。在美国，沃尔玛有完整的物流配送体系，全天候 24 小时配送，并且各物流配送中心都采用了最新的储运及物流信息技术。沃尔玛中国市场总监曾这样描述沃尔玛的物流配送中心："一个面积为 110 000 平方英尺的建筑，相当于 23 个足球场那么大。你再把自己能够想象到的各种各样的商品都放进去，从牙膏到电视机，从卫生纸到玩具，应有尽有。"

（资料来源：《零售巨头沃尔玛：零售业连锁经营的成功奥秘》）

案例点评：有效的商品配送是保证达到最大销售量和最低成本的存货周转及费用的核心，沃尔玛的配送中心真正帮助企业实现"比对手更好地控制成本"这一目标。

8.2.1 配送中心的含义

我国国家标准《物流术语》（GB/T 18354—2006）中对配送中心的定义：配送中心是从事配送业务且具有完善信息网络的场所或组织。它应符合下列要求：主要为特定客户或末端客户提供服务；配送功能健全；辐射范围小；提供高频率、小批量、多批次配送服务。

具体来讲，配送中心的含义可描述为：配送中心是从事货物配备（集货、加工、分货、拣货、配货）和组织对用户的送货，以高水平实现销售或供应的现代流通设施。

这个含义要注意以下几个问题。

第一，含义中的“货物配备”，即配送中心按照生产企业的要求，对货物的数量、品种、规格、质量等进行的配备。这是配送中心最主要、最独特的工作，全部由其自身完成。

第二，含义中的“组织送货”，即配送中心按照生产企业的要求，组织货物定时、定点、定量地送抵用户。

第三，含义强调了配送活动和销售供应等经营活动的结合，配送成为经营的一种手段，以此排除了这是单纯物流活动的看法。

第四，含义强调配送中心为“现代流通设施”，着意于和以前的流通设施诸如商场、贸易中心、仓库等相区别。这个流通设施以现代装备和工艺为基础，不但处理商流，而且处理物流、信息流，是集商流、物流、信息流于一体的全功能流通设施。

8.2.2 配送中心类别

1. 按配送中心的经济功能分类

（1）供应型配送中心。顾名思义，是向用户供应货物、行使供应职能的配送中心。其服务对象有两类。一是组装、装配型生产企业，为其供应零部件、原材料或半成品；二是大型商业超级市场、连锁企业以及配送网点。其特点是：配送的用户稳定，用户的要求范围明确、固定。因而，配送中心集中库存的品种范围固定，进货渠道稳定，都建有大型现代化仓库，占地面积大，采用高效先进的机械化作业。例如，始建于 1987 年 3 月的英国斯温顿 Honda 汽车配件配送中心，占地面积为 150 万平方米，总建筑面积 7 000 平方米，经营配件 6 万余种，储存的大型配件达 1 560 货格，小型配件为 5 万箱左右。位于美国洛杉矶的 Suzuki 汽车配件中心，占地面积 40 000 平方米，总建筑面积 8 200 平方米，经营的汽车配件达 10 000 种之多。

（2）销售型配送中心。以配送为手段，以商品销售为目的的配送中心属销售型配送中心。这种配送中心按其所有权来划分有 3 种情况：一是生产企业为直接将自己的产品销售给消费者，以提高市场占有率而建的配送中心，如我国的海尔集团所建的配送中心、美国 Keebler 芝加哥配送中心等；二是专门从事商品销售的流通企业为扩大销售而自建或合建的配送中心，我国目前拟建或在建的配送中心多属此类；三是流通企业和生产企业共建的销售型配送中心，这是一种公用型配送中心。这类配送中心的特点是用户不确定、用户多、每个用户购买的数量少，因此不易实行计划配送，集中库存的结构比较复杂。

销售型配送中心往往采用共同配送，才能取得较好的经营效果。

（3）储存型配送中心。这是一类具有强大的储存功能的配送中心。主要是为了满足 3 个方面的需要而建造的。一是企业在销售产品时，难免会出现生产滞后的现象，要满足买方市场的需求，客观上需要一定的产品储备；二是在生产过程中，生产企业也要储备一定数量的生产资料，以保证生产的连续性和应付急需；三是在配送的范围越大，距离越远时，或者满足即时配送的需要时，客观上也要求储存一定数量的商品。可见，储存型配送中心是为了保障生产和流通得以正常进行而出现的。其特点是储存仓库规模大、库型多、存储量大。如瑞士的 Giba—Geigy 公司的配送中心，可储存 40 000 个托盘，其储存规模位居世界前列；美国福来明公司的食品配送中心，建筑面积达 70 000 平方米，其中包括 40 000 平方米的冷库和冷藏库，30 000 平方米的杂货库，所经营的商品品种达 89 000 个。

（4）流通型配送中心。流通型配送中心包括通过型或转运型配送中心，基本上没有长期储存的功能，仅以暂存或随进随出的方式进行配货和送货。是典型方式为：大量货物整批进入，按一定批量零出。一般采用大型分货机，其进货时直接进入分货机传送带，分送到各用户货位或直接分送到配送汽车上，货物在中心滞留的时间很短。

（5）加工型配送中心。加工型配送中心是以流通加工为主要业务的配送中心，根据用户需要对配送物品进行加工，而后实施配送。其加工活动主要有：分装、改包装、集中下料、套裁、初级加工、组装、剪切、表层处理等。主要应用于食品和生产资料的加工配送。例如，闻名于世的麦当劳、肯德基的配送中心就是提供加工服务后向其连锁店配送的典型。在工业、建筑、水泥制品等领域的配送中心同样属于这种类型，如石家庄水泥配送中心既提供成品混凝土，又提供各种类型的水泥预制件，直接配送至用户。

2. 按服务范围分类

（1）城市配送中心。向城市范围内的用户提供配送服务的配送中心称城市配送中心。这类配送中心有两个明显的特征：一是采用汽车将货物直接送达用户，因为运距短、最经济；二是开展少批量、多批次、多用户的配送，实行“门到门”式的送货服务。因为汽车送货机动性强、供应快、调度灵活。城市配送中心所服务的对象大多是零售商、连锁店和生产企业，大多采用和区域配送中心联网的方式运作，以“日配”的服务方式配送。可以说，在国内外绝大多数的配送中心都是城市配送中心，如北京的食品配送中心，就是个很好的例子。

（2）区域配送中心。向跨市、跨省（州）范围内的用户提供配送服务的配送中心称区域配送中心。这类配送中心有 3 个基本特征：其一，辐射能力较强，经营规模较大，设施和设备先进；其二，配送的货物批量较大；其三，配送的对象大多是大型用户，如城市配送中心和大型工商企业，采用“日配”或“隔日配”的服务方式。虽然它也给批发商、企业用户、商店零星配送，但不是主体对象。例如，加拿大大都会公司（Metro—Richelieu）的食品杂货配送中心占地面积 55 000 平方米，层高约 9 米，固定配货对象有 18 家区域批发商，320 家零售商。配送服务半径为 300 千米，每天发货量 10 万箱，自接到用户的订单起到收到货物，一般不超过 8 小时，实现了“日配”。

（3）国际配送中心。向区域、国际范围内用户提供配送服务的配送中心称为国际配送中心。其主要特征是：① 经营规模大，辐射范围广，配送设施和设备的机械化、自动化程度高；② 配送方式采用大批量、少批次和集装单元；③ 配送对象主要是超大型用户，如区域配送中心和跨国工商企业集团；④ 存储吞吐能力强。例如前面曾提到的荷兰的“国际配送中心”，不仅在国内外建立了许多现代化的仓库，而且装备了很多现代化的物流设备。该中心在接到订单之后 24 小时之内即可装好货物，仅用 3～4 天的时间就可把货物运送到欧洲共同体成员国的用户手中。

3. 按配送中心的拥有者分类

（1）制造商型配送中心。制造商型配送中心是以制造商为主体的配送中心。这种配送中心里的物品 100%是由自己生产制造的，用以降低流通费用，提高售后服务质量，及时地将预先配齐的成组元器件运送到规定的加工和装配工位。从物品制造到生产出来后条码和包装的配合等多方面都较易控制，所以按照现代化、自动化的配送中心设计比较容易，但不具备社会化的要求。

（2）批发商型配送中心。批发商型配送中心是由批发商或代理商所建立的，以批发商为主体的配送中心。批发是物品从制造者到消费者手中的传统流通环节之一，一般是按部门或物品类别的不同，把每个制造厂的物品集中起来，然后以单一品种或搭配向消费地的零售商进行配送。这种配送中心的物品来自各个制造商，它所进行的一项重要活动是对物品进行汇总和再销售，而它的全部进货和出货都是社会配送的，社会化程度高。

（3）零售商型配送中心。零售商型配送中心是由零售商向上整合所成立的配送中心。零售商发展到一定规模后，就可以考虑建立自己的配送中心，为专业物品零售店、超级市场、百货商店、建材商场、粮油食品商店、宾馆饭店等服务，其社会化程度介于制造商型配送中心和批发商型配送中心之间。

（4）专业物流配送中心。专业物流配送中心是以第三方物流企业（包括传统的仓储企业和运输企业）为主体的配送中心。这种配送中心有很强的运输配送能力，地理位置优越，可迅速将到达的货物配送给客户。它为制造商或供应商提供物流服务，而配送中心的货物仍属于制造商或供应商所有，配送中心只是提供仓储管理和运输配送服务。这种配送中心的现代化程度往往较高。

4. 按配送货物的属性分类

根据配送货物的属性，配送中心可以分为食品配送中心、日用品配送中心、医药品配送中心、化妆品配送中心、家用电器配送中心、电子（3C）产品配送中心、书籍产品配送中心、服饰产品配送中心、汽车零件配送中心及生鲜处理中心等。

5. 按配送中心的自动化程度分类

根据配送中心作业的自动化程度、管理的信息化程度，配送中心可以分为人力配送中心，计算机管理配送中心，自动化、信息化配送中心，整合化、智能化配送中心。

8.2.3 配送中心功能

为了顺利有序地完成向用户配送货物的任务，更好地发挥保障生产和消费需要的作用，通常，配送中心都建有现代化的仓储设施，如仓库、堆场等，存储一定量的商品，形成对配送的资源保证。配送中心的功能如下。

1. 分拣功能

作为物流节点的配送中心，其客户是为数众多的企业或零售商，在这些众多的客户中，彼此之间存在着很大的差别，它们不仅各自的经营性质、产业性质不同，而且经营规模和经营管理水平也不一样。面对这样一个复杂的用户群，为满足不同用户的不同需求，有效地组织配送活动，配送中心必须采取适当的方式对组织来的货物进行分拣，然后按照配送计划组织配货和分装。强大的分拣能力是配送中心实现按客户要求组织送货的基础，也是配送中心发挥其分拣中心作用的保证。分拣功能是配送中心重要功能之一。

2. 集散功能

在一个大的物流系统中，配送中心凭借其特殊的地位和其拥有的各种先进设备、完善的物流管理信息系统，能够实现将分散各个生产企业的产品集中在一起，通过分拣、配货、配装等环节向多家用户进行发送。同时，配送中心也可以把各个用户所需要的多种货物有效地组合或配装在一起，形成经济、合理的批量，来实现高效率、低成本的物流。配送中心集散功能如图 8-6 所示。

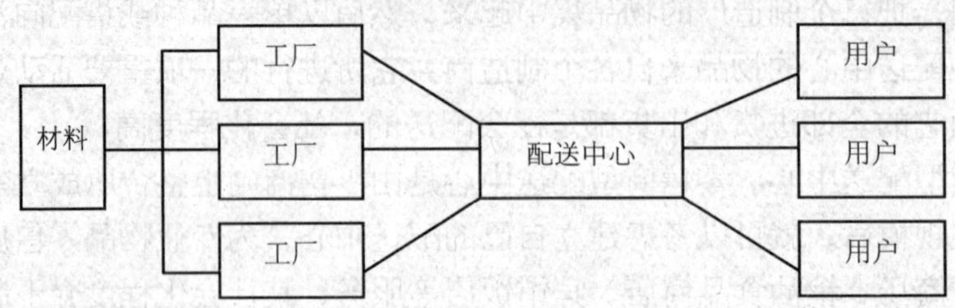

图 8-6 配送中心集散功能

3. 衔接功能

通过开展货物配送活动，配送中心能把各种生产资料和生活资料直接送到用户手中，实现连接生产和销售的功能。另外，通过发货和储存，配送中心又起到了调节市场需求、平衡供求关系的作用。

4. 流通加工功能

配送加工虽不是普遍的，但却是有着重要作用的功能要素，通过配送加工，可以大大提高客户的满意程度。

5. 信息处理功能

配送中心连接着物流干线和配送，直接面对着产品的供需双方，因而不仅是实物的连接，更重要的是信息的传递和处理，包括在配送中心的信息生成和交换。

8.3 配送中心作业

配送中心的种类有很多，因此内部的结构和运作方式也不相同。一般来讲，中、小件品种规格复杂的货物，具有典型意义，所以配送中心的一般流程是以中、小件杂货配送为代表。由于货种多，为保证配送，需要有一定储存量，属于有储存功能的配送中心，理货、分类、配货、配装的功能要求较强，也有流通加工的功能。这种流程也可以说是配送中心的典型流程，其主要特点是：有较大的储存场所，分货、拣选、配货场所及装备也较大。

8.3.1 配送中心作业流程

一般来说配送中心执行以下作业流程。

1. 进货入库作业管理

进货入库作业主要包括收货、检验和入库 3 个环节。收货是指用户的进货指令向供货厂商发出后，配送中心对运送的货物进行接收。收货检验工作一定要慎之又慎，因为一旦商品入库，配送中心就要担负起商品完整的责任。一般来说，配送中心收货员应及时掌握用户计划中或在途中的进货量、可用的库房空储仓位、装卸人力等情况，并及时与有关部门、人员进行沟通，做好以下接货计划：（1）使所有货物直线移动，避免出现反方向移动；（2）使所有货物移动距离尽可能短，动作尽可能减少；（3）使机器操作最大化、手工操作最小化；（4）将某些特定的重复动作标准化；（5）准备必要的辅助设备。

检验活动包括核对采购订单与供货商发货单是否相符、开包检查商品有无损坏、所购商品的品质与数量比较等。数量检查有 4 种方式：（1）直接检查，将运输单据与供货商发货单对比；（2）盲查，即直接列出所收到的商品种类与数量，待发货单到达后再做检查；（3）半盲查，即事先收到有关列明商品种类的单据，待货物到达时再列出商品数量；（4）联合检查，即将直接检查与盲查结合起来使用，如果发货单及时到达就采用直接检查法，未到达就采用盲查法。经检查准确无误后方可在厂商发货单上签字将商品入库，并及时登录有关入库信息，转达采购部，经采购部确认后开具收货单，从而使已入库的商品及时进入可配送状态。

2. 在库保管作业管理

商品在库保管的主要目的是加强商品养护，确保商品质量安全，同时，还要加强储位合理化工作和储存商品的数量管理工作。商品储位可根据商品属性、周转率、理货单位等因素来确定。储存商品的数量管理则需依靠健全的商品账务制度和盘点制度。商品储位合理与否、商品数量管理精确与否将直接影响商品配送作业效率。

3. 加工作业管理

加工作业管理主要是指对即将配送的产品或半成品按销售要求进行再加工，包括：（1）分割加工，如对大尺寸产品按不同用途进行切割；（2）分装加工，如将散装或大包装的产品按零售要求进行重新包装；（3）分选加工，如对农副产品按质量、规格进行分选，并分别包装；（4）促销包装，如促销赠品搭配；（5）贴标加工，如粘贴价格标签、打制条形码。加工作业完成后，商品即进入可配送状态。

4. 理货作业管理

理货作业是配货作业最主要的前置工作。即配送中心接到配送指示后，及时组织理货作业人员，按照出货优先顺序、储位区域、配送车辆趟次、门店号、先进先出等方法和原则，把配货商品整理出来，经复核人员确认无误后，放置到暂存区，准备装货上车。

理货作业主要有两种方式：一是“播种方式”；二是“摘果方式”。

所谓播种方式，是把所要配送的同一品种货物集中搬运到理货场所，然后按每一货位（按门店区分）所需的数量分别放置，直到配货完毕。在保管的货物较易移动、门店数量多且需要量较大时，可采用此种方法。

所谓摘果方式（又称挑选方式），就是搬运车辆巡回于保管场所，按理货要求取出货物，然后将配好的货物放置到配货场所指定的位置，或直接发货。在保管的商品不易移动、门店数量较少且要货比较分散的情况下，常采用此种方法。

在实际工作中，可根据具体情况来确定采用哪一种方法，有时两种方法也可同时运用。

5. 配货作业管理

配送作业过程包括计划和实施两个方面。

（1）制订配送计划。配送计划是根据配送的要求，事先做好全局筹划并对有关职能部门的任务进行安排和布置，全局筹划主要包括：制订配送中心计划；规划配送区域；规定配送服务水平等。制订具体的配送计划时应考虑以下几个要素：连锁企业各门店的远近及订货要求，如品种、规格、数量及送货时间、地点等；配送的性质和特点以及由此决定的运输方式、车辆种类；现有库存的保证能力；现时的交通条件，从而决定配送时间，选定配送车辆，规定装车货物的比例和最佳配送路线、配送频率。

（2）配送计划的实施：配送计划制订后，需要进一步组织落实，完成配送任务。

首先应做好准备工作。配送计划确定后，将到货时间、到货品种、规格、数量以及车辆型号通知各门店做好接车准备；同时向各职能部门，如仓储、分货包装、运输及财务等部门下达配送任务，各部门做好配送准备。

然后组织配送发运。理货部门按要求将各门店所需的各种货物进行分货及配货，然后进行适当的包装并详细标明门店名称、地址、送达时间以及货物明细。按计划将各门店货物组合、装车，运输部门按指定的路线运送各门店，完成配送工作。

如果门店有退货、调货的要求，则应将退调商品随车带回，并完成有关单证手续。

8.3.2 配送中心设备配置

在配送作业中，需要配置的配送设备如下。

1. 储存设备

（1）驶入式货架。驶入式货架取消了位于各排货架之间的通道，将货架合并在一起，使同一层同一列的货物互相贯通，如图 8-7 所示。托盘或货箱搁置于由货架立柱伸出的托梁上，叉车或堆垛机可直接进入货架每个流道内，每个流道既能储存货物，又可作为叉车通道。因而这种货架能够提高仓库的空间利用率。当叉车只能在货架一端出入库作业时，货物的存取原则只能是后进先出，对于要求先进先出的货物，需要在货架的另一端，由叉车进行取货作业。这种货架比较适合于同类大批量货物的储存。

（2）流动式箱货架。流动式箱货架如图 8-8 所示，在货架的流道内装有多排塑胶滚轮，流道有约 5° 的倾斜角，用于储存箱装物品，货箱在重力的作用下会自动向前端滑移。一般高端为出货端，低端为入货端。

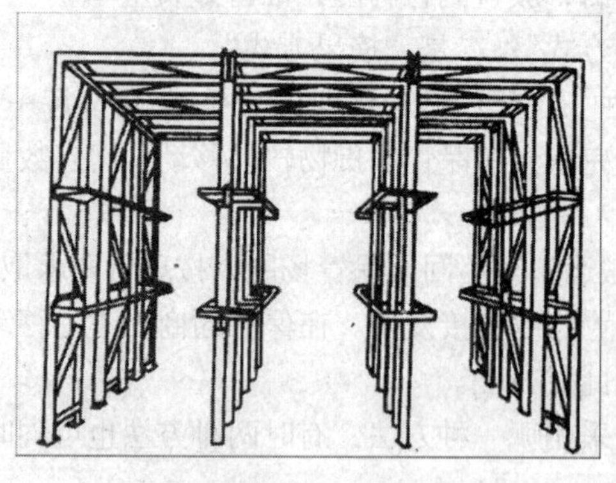

图 8-7 驶入式货架

图 8-8 流动式箱货架

（3）旋转式货架。传统的仓库由人或机械到货格前取货，而旋转式货架是将货格里的货物移动到人或拣选机旁，再由人或拣选机取出所需的货物。操作者可按指令使旋转货架运动，达到存取货的目的。旋转式货架适用于电子零件、精密机件等少量、多品种、小物品的储存及管理。其货架移动快速，可达每分钟 30 米，存取物品的效率很高，又能按需求自动存取物品，且受高度限制少，可采用多层，故空间能有效利用。

旋转式货架按其旋转方式可分为垂直旋转货架和水平旋转货架，如图 8-9 所示。

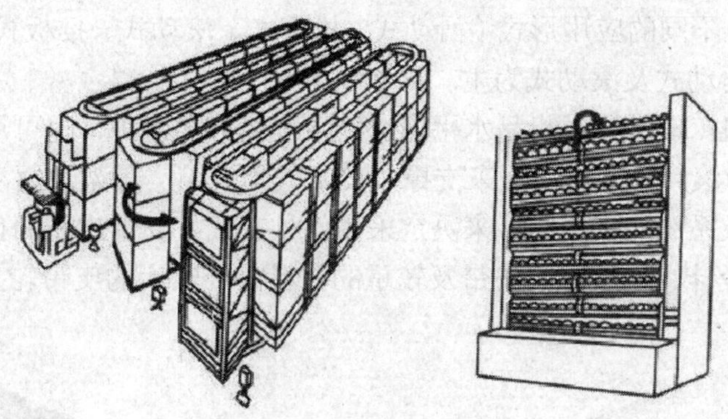

图 8-9　旋转式货架

2. 搬运设备

（1）平衡重式叉车。在车体前方具有货叉和门架，而在车体尾部设有平衡重的装卸作业车辆，称平衡重式叉车，简称叉车。以内燃机为动力的平衡重式叉车，简称内燃叉车。它机动性好，是应用最广泛的叉车；功率大，尤其是重大吨位的叉车，如图 8-10 所示。

平衡重式叉车按动力可分为柴油（FD）、汽油（FG）、液化石油气（FL）和电动；按传动方式可分为机械传动、液力传动和静压传动。

（2）侧面叉车。侧面叉车的门架、起升机构和货叉位于叉车的中部，可以沿着横向导轨移动。货叉位于叉车的侧面，侧面还有一货物平台。当货叉沿着门架上升到大于货物平台高度时，门架沿着导轨缩回，降下货叉，货物便放在叉车的货物平台上。侧面叉车的门架和货叉在车体一侧。车体进入通道，货叉面向货架或货垛，装卸作业不必先转向再作业。因此这种叉车适合于窄通道作业，适用于长大物料的装卸和搬运，如图 8-11 所示。侧面叉车按动力不同可分为内燃型、电瓶型；按作业环境可分为室外工作（充气轮胎）、室内工作（实心轮胎）。

图 8-10　平衡重式叉车

图 8-11　侧面叉车

（3）堆垛机。堆垛机是用货叉或串杆攫取、搬运和堆垛或从高层货架上存取单元货物的专用起重机。它是一种仓储设备，分为桥式堆垛起重机和巷道式堆垛起重机（又称巷道式起重机）两种。

3. 输送设备

（1）动力式链条输送机。动力式链条输送机（见图 8-12）可用于输送单元负载货物，如托盘、塑料箱，也可利用承载托板来输送其他形状物。动力式链条输送机根据输送链条所装附件的变化，可产生不同的应用形式（滑动式、推杆式、滚动式、推板式、推块式），而在物流中心的使用则以滑动式及滚动式为主。

（2）皮带输送机。皮带输送机是水平输送机中较经济的一种，也可用于坡度的输送（见图 8-13）。皮带可由滚筒或金属滑板来支撑。皮带式的滚筒、骨架及驱动单元有很多组合方式，由输送的物品及系统的应用需求来决定采用何种方式。皮带的断面也会影响输送机端部滚筒及驱动方式的设计，如较厚的皮带及较重的材料需要较大的皮带轮直径。

图 8-12 动力式链条输送机

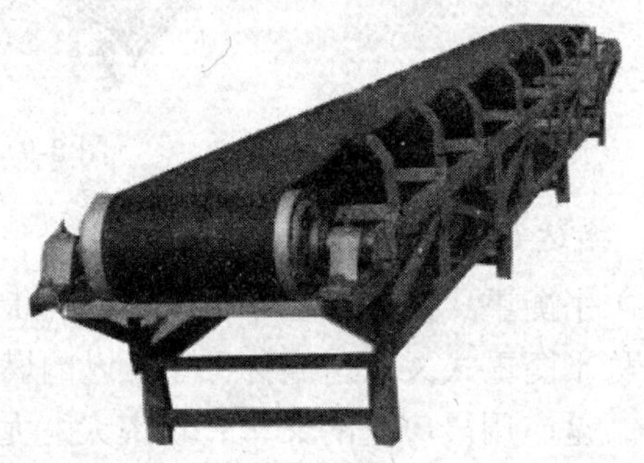

图 8-13 皮带输送机

8.4 配送中心选址

配送中心选址包括两个方面的含义：地理区域的选择和具体地址的选择。

配送中心的选址首先要选择合适的地理区域：对各地理区域进行审慎评估，选择一个适当范围为考虑的区域，如欧洲、亚洲等，同时还需配合配送中心物品特性、服务范围及企业的规模和运营策略而定。

配送中心的地理区域确定后，还需确定具体的建址地点，如果是制造商型的配送中心，应以接近上游生产厂或进口港为宜；如果是日常消费品的配送中心，则宜接近居民生活社区。一般应以进货与出货产品类型特征及交通运输的复杂度，来选择接近上游点或下游点的选址策略。

8.4.1 配送中心选址原则

配送中心建设是一项物流基础设施建设，一旦建成就无法改变，因此，配送中心的选址不能有一丝的随意性，应在一定设计原则下进行。

（1）适应性原则。配送中心布点必须与国家及地区的经济发展方针、政策相适应，与我国物流资源分布和需求分布相适应；同时还要与一个地区或区域的经济发展特征和主产品特征相适应。既要考虑配送中心本身经营运作上的可行性，又要与区域物流系统规划相适应。

（2）协调性原则。配送中心布点要将国家乃至于国际的物流网络作为一个大系统来考虑，要确立自身在网络中的位置，与整个系统相协调。同时在配送中心的规模、设施与设备的选择，生产作业能力，配送商品的特性等方面要保持协调性、一致性。

（3）经济性原则。配送中心布点中的费用主要包括建设费和经营费用两大部分。前者涉及的面广，一次性投入较大，如规划费用、设计费用、使用费用、基本建设材料费用、人工费用、设施与设备的选择与安装费用。后者主要是配送中心投入经营的相关费用。

（4）前瞻性原则。配送中心建设是一项长期投资，所以，配送中心布点要有全局观念和长远考虑，要有前瞻性。前瞻性原则应结合国家物流系统的长期规划和现实状况，以及国家经济长期发展规划来考虑，既要符合当前需要，又要考虑日后发展的可能；应立足当前，放眼未来。

8.4.2 影响配送中心选址的主要因素

配送中心选址时应该考虑的主要因素有：客户分布、供应商分布、交通条件、土地条件、自然条件、人力资源条件、政策环境条件等。以下针对这几种因素加以说明。

（1）客户分布。配送中心设施主要是以客户服务为主的，因此，配送中心选址时首先要考虑的就是所服务客户的分布。对于消费品来说，配送中心通常是寻找具有一定购买力的人群，并为其提供配送服务。它可能为商店、零售店提供配送，这些客户大部分是分布在人口密集的地方或大城市，配送中心为了降低运输成本和提高服务水平，多选择在城市边缘接近客户分布的地区建立配送中心。

（2）供应商分布。配送中心的选址应该考虑的另一个重要因素是供应商的分布地区。因为配送中心的物品几乎全部是由供应商所供应的，如果选址越接近供应商，则其商品的运输费用就会越低，库存成本也会越低。

（3）交通条件。交通的条件是影响配送成本及效率的重要因素之一，交通运输的不便将直接影响配送的运输成本。因此必须考虑距离车站的远近、道路状况、车站的性质、交通连接状况、搬运状况，以及未来交通与邻近地区的发展状况等因素。选址应以重要的运输线路为主，以方便配送运输作业的进行。一般配送中心应尽量选择在交通方便的高速公路、国道及快速道路附近的地方，如果以铁路、轮船、飞机作为运输工具，则要考虑靠近火车编组站、港口、机场等。

（4）土地条件。配送中心选址还要考虑土地与地形的限制。对于土地的使用，必须符合相关法规及城市规划的规定，尽量选在物流园区或经济开发区。建设用地的形状、长宽、面积与未来扩充的可能性，则与规划内容有密切的关系。因此在选择地址时，有必要参考规划方案中仓库的设计内容，在无法完全配合的情形下，必要时需修改规划方案的内容。另外，还要考虑用地大小与地价，在实际选址中，土地地势好的地价都很高，因此在选址中，要考虑现有地价及未来增值状况，并配合未来可能扩充的需求程度，决定最合适的土地面积。

（5）自然条件。在配送中心选址中，自然条件也是必须考虑的，事先了解当地自然环境有助于降低建设的风险。例如，有的地方靠近山边湿度比较高，有的地方湿度比较低，有的地方靠近海边盐分比较高，这些都会影响商品的储存品质。另外，降雨量、台风、地震及河川等，对于配送中心的影响也非常大，必须特别留意并且避免被侵害。同时，还要重视配送中心选址建设对环境污染的影响与控制。

（6）人力资源条件。在配送作业中，最主要的资源需求为人力资源。由于一般物流作业仍属于劳力密集型，在配送中心内部必须要有足够的作业人力，因此在决定配送中心位置时必须考虑劳工的来源、技术水准、工作习惯和工资水准等因素。

人力资源的评估条件有附近人口、上班交通状况、薪资水准等几项。如果配送中心的选址位置附近人口不多且交通又不方便，则基层的作业人员不容易招募；如果附近地区的薪资水准太高，则也会影响到基层的作业人员的招募。因此，配送中心必须调查该地区的人力、上班交通及薪资水准。

（7）政策环境。政策环境条件也是物流选址考虑的重要因素之一，如果有政府政策的支持，则有助于物流业者的发展。政策环境条件包括企业优惠措施（土地提供，减税，补贴）、城市规划（土地开发，道路建设计划）、地区产业政策等。如果是布局在有补贴地区的配送中心，则可享有资金上的优惠，如可向地方政府贷到较低的用来选址和建设厂房的资金，享受税赋方面的减免，这都有助于降低配送中心的营运成本。

【小资料】

雨润集团是一家集食品、房地产、旅游、高科技、投融资等六大产业于一体的集团性企业，该集团旗下的食品工业企业是中国最大的肉制品生产企业之一。2013 年 12 月 18 日，雨润集团投资 150 亿元建设的沈阳雨润农副产品全球采购中心项目在沈阳沈北新区正式开业。

如图 8-14 所示，沈阳雨润农副产品全球采购中心项目位于国家新型工业化综合配套改革试验区沈阳经济区的沈北新区道义开发区，毗邻 101、102、203 三条国道及三环高速、地铁 2 号线、哈大客运专线、哈大铁路、沈铁城际铁路和高铁沈北新站，区位优势和交通优势都是得天独厚的。

图 8-14　沈阳雨润农副产品全球采购中心交通位置图

沈阳雨润农副产品全球采购中心涵盖了蔬菜、果品、副食、水产、冻品等全部业态，是沈阳市唯一能满足“一站式采购”的一级批发市场，解决客户奔波于各个单品市场的麻烦，充分满足采购商、配送商、超市卖场多样性的采购需求。

雨润借鉴国际经验，针对国内农业区域发展南北不均衡的现状，形成了“农业全产业链运作”模式，涵盖了全球采购中心、配送中心、农产品基地三大平台，使农民在产前、产中和产后都能真正融入产业链中。根据雨润控股集团的战略规划，雨润农产品集团正在全力打造全球的最大农副产品冷链物流平台，为实现“买全球、卖全球”的发展目标保驾护航。

据了解，计划到 2020 年，雨润将在全国 9 大物流区域全面建立 30 家大型物流中心为轴心、300 家地级配送中心为节点、3 000 家农副产品基地为支撑的供应链物流体系。

（资料来源：沈阳晚报）

8.4.3 配送中心选址程序

影响配送中心选址的因素有很多，在选址过程中，定性分析和定量分析都是必要的。定性分析的主要任务就是提出影响选址的各种因素，并根据企业的要求，分清主次，明确关键因素，在此基础上确定各因素的权重，找出最佳选址方案。定性分析的方法是针对各种影响因素，提出选址应遵循的一些基本原则，如选择交通发达、交通条件便利的地点，接近消费区，靠近超市，选在城乡结合部等。从这些基本原则出发，对现有条件进行分析、评价、比较，从备选的地址中做出选择。而定量分析的方法是根据影响配送中心位置的各种因素，建立数学模型，通过反复迭代，从中选择、确定出最优方案。

配送中心选址决策的程序如下。

1. 基本条件的整理

选址时，事先要明确建立配送中心的必要性、目的和方针，明确研究的范围。另外，根据所确立的下列条件，可以大大缩小选址的范围。

需要条件。它包括作为配送中心的服务对象——顾客现在的分布情况及未来分布情况的预测、货物作业量的增长率及配送区域的范围。

运输条件。应靠近铁路货运站、港口和汽车站等运输站点。同时，也应靠近运输业者的办公地点。

配送服务的条件。向顾客报告到货时间、发送频度，根据供货时间计算的从顾客到配送中心的距离和服务范围。

用地条件。是利用配送中心现有的土地还是重新取得地皮？如果必须重新取得地皮，那么地价如何？地价允许范围内的用地分布情况如何？

法规制度。根据指定用地区域等法律规定，确定有哪些地区不允许建设仓库和配送中心。

管理与信息职能条件。配送中心是否要求靠近本公司的营业、管理和计算机部门。

流通职能条件。商流职能与物流职能是否要分工？配送中心是否也附加流通加工的职能？如果需要，从保证职工人数和通勤的方便出发，要不要限定配送中心的选址范围。

其他条件。不同的物流类别，有不同的特殊需要。如为了保证货物质量的冷冻、保温设施，防止公害的设施或危险品保管等设施，对选址都有特殊要求，是否有能满足这种条件的地区。

配送中心的设计者，对上述各项条件必须进行充分详尽的研究。在某些条件下，设施的规模和选址决定不下来，就得不出最终结论。但是，配送中心的地点，一定要选择得令人满意。这就要对各种条件进行排列对比，描绘在地图上，经过反复研究，再圈定出选址的范围和候选地址。

2. 选择地址必备资料的整理

选择地址的方法，一般是通过成本计算，也就是将运输费用、配送费用及物流设施费用模型化，采用约束条件及目标函数建立数学公式，从中寻求费用最小的方案。但是，采用这种选择方法，寻求最优的选址解时，必须对业务量和生产成本进行正确的分析和判断。

掌握业务量。选址时，应掌握的业务量包括：工厂至配送中心之间的运输量；向顾客配送的货物数量；配送中心保管的数量；不同配送路线的业务量。由于这些数量在不同时期、不同周、不同月、不同季节内均有种种波动，因此，要对所采用的数据水平进行研究。另外，除了对现状的各项数值进行分析外，还必须确定设施使用后的预测数值。

掌握费用。选址时应掌握的费用有：（1）工厂至配送中心之间的运输费；（2）配送中心至顾客间的配送费；（3）与设施、土地有关的费用及人工费、业务费等。

由于（1）和（2）两项费用随着业务量和运送距离的变化而变化，因而，必须对每一吨千米的费用进行分析（成本分析）。（3）项包括可变费用和固定费用，最好根据可变费用和固定费用之和进行成本分析。

其他。用缩尺地图表示顾客的位置、现有设施的配置方位及工厂的位置，并整理各候选地址的配送路线及距离等资料。对必备的车辆数、作业人员数、装卸方式、装卸机械费用等要与成本分析结合起来确定。

3. 地址的选定

选择配送中心地址的方法有单一设施的选址方法和多设施的选址方法。随着应用数学和计算机的普及，设施选址的方法不再停留在理念上，而更多是数学上的方法。

（1）单设施选址方法。单设施选址的一个常用模型是重心法（或称精确重心法：网格法）。因为选址因素只包括运输费率和该点的货物运输量，所以这个方法很简单。数学上，该模型可归为静态连续地址模型。除重心模型外，其他的单设施选址方法包括图表技术和近似法。这些方法体现现实情况的程度、计算的速度和难度、得出最优解的能力都各不相同。显然，没有任何模型具有某一选址问题所希望的所有特点，也不可能由模型的解直接导出最终决策。因此，我们只能希望这些模型可以提供指导性解决方案。有效利用这些模型不仅需要我们充分认识其优势，还需要了解其缺陷。

这些单设施选址模型的优点是显而易见的——它们有助于寻找选址问题的最优解，而且这些模型能够充分真实地体现实际问题，因而问题的解对管理阶层是有意义的。模型的缺点则不那么明显，需要加以注意。任何模型在适用于实际问题时都会表现出一定的缺陷，但并不意味着模型没有使用价值。重要的是选址模型的结果对失实问题的敏感程度。如果简化假设条件（如假定运输费率呈线性），对模型设施选址的建议影响很小或根本没有影响，那么可以证明简单的模型比复杂的模型更有效。

（2）多设施选址方法。多设施选址问题对大多数企业更为重要，常用的此类方法包括优化法、模拟法和启发法。大规模、多设施选址模型给管理人员制定决策带来的帮助是巨大的。从包含上百个仓库、20 多类产品、15 个工厂、200 多个消费需求区的大型供应—分销网络到由上百家供应商供应一家主仓库，而后供应客户的供应网络，都广泛适用该方法。在国防、零售、消费品和工业品等各个行业，许多企业（不论是在国内经营，还是国际环境中经营的）都已经应用了这种规模的模型。

这些模型之所以如此受欢迎，其主要原因是：它们提供了解决企业管理中重大问题的决策依据；它们强大有效，可以多次重复用于各种形式的物流网络设计，且能提供规划所需的细节；适用模型的成本不高，因而使用带来的收益远远超出其应用成本；模型要求的数据信息在大多数企业很容易获得。

总之，尽管各种模型的适用范围和解法不同，但是任何模型都可以由具备一定技能的分析人员或管理人员用来得出有价值的结果，使现有技术更易于使用，更便于决策者利用，必然成为未来的发展方向。

4. 关于选址中的约束条件

当在所求出的选址点进行建设时，必须研究并判断该选址的障碍条件，特别是与地理、地形、地基、环境、交通、劳动等有关的条件，是否适合配送中心的作业要求，并调查预测将来业务量增大后是否能够满足扩建的需要，该选址是否适用并做好解决障碍条件的准备工作。当按上述程序选址后，应再反馈到步骤一（基本条件的整理），从而评价满足企业物流系统基本条件的程度。

因此，无论何时，只要新产品进入或旧产品退出商品供应线，许多物流专家就必须重新评估他们的配送网络。

8.4.4 配送中心选址趋势

在今天的物流环境中，物流已发生了很大的改变，很多趋势对物流设施选址决策具有重大的影响，配送中心选址的变化趋势包括：

（1）全球化对选址的影响。随着国际贸易的发展，许多重要的港口城市正成为更合理的仓储配送场所。

（2）电子商务的影响。对选址影响最大的趋势就是在互联网上达成的数十亿美元的交易。它不仅改变了全社会购买产品的方式，也改变了企业配送产品的方式。它也将改变传统订单的数额以及履行这些订单的方式。

（3）渠道整合的影响。随着大量批发商、分销商地位的弱化，企业正朝着更多使用来自制造商和其他供应链上游位置的“直接向客户交货”服务的方向发展。在很多情况下，这就绕过并减少了对完整的配送设施网络的需要。直接配送的更多使用提供了产品直接从制造商向顾客的交货，因此减少了对中间配送能力的需要。

（4）库存的战略定位。例如，快速流转、盈利性高的产品可以放在临近市场的物流设施里。流动速度慢、盈利性低的产品可以放在区域性或全国性的设施里。这些例子都与库存细分战略的有效执行保持一致。

（5）对战略性定位的转载直拨设施存在着不断增长的需求和应用。这些设施作为合并运送的转运点使用，统一运送的货物需要进行分解或混合成小批量货物配送到客户手中。这方面的例子是将多个供应商的货物合并后配送到零售店或销售点。这一概念应用到进货运送方面，可以极大地削减内部配送设施的需要。

（6）第三方物流服务提供商得到了更多的机会，他们可以承担全部或部分将企业的产品运送到客户处，或将企业购买的原材料、零部件运送到制造过程中的职责。

（7）整车货运或零担货运配送都依赖于大宗运送。越来越多的产品不再完全采用这两种配送方式，转而使用小包裹速递服务。靠近包裹速递公司的集配中心成为选址时需要考虑的一个重要问题。

8.5 配送中心选址模型

选址问题是指：已知若干现有设施的地址，确定一个或几个新设施的地址；或已知需要被服务的节点，建立一个最优设施点，以使其为节点最好地服务。选址模型大致可分为连续模型（物流中心的地点可在平面上取任意点）和离散模型（物流中心的地点是有限的几个可行点中的最优点）。通常情况下，由于运费和运距有关，因此配送中心选址问题常常简化成最短距离的问题，用各种数学方法求解出配送中心与预计供应点之间的最短理论距离或实际距离，以作为配送中心布局的参考。

8.5.1 连续选址模型

1. 重心法

重心法是将物流系统的需求点看成是分布在某一平面范围内的物体系统，各点的需求量和资源量分别看成是物体的重量，物体系统的重心将作为物流网点的初始设置点，利用确定物体重心的方法来确定物流网点的初选位置，然后在此基础上根据迭代计算的方法对重心法进行改进。

如图 8-15 所示，设在某选址的区域内，有 n 个需求点，各点的权重（如需求量）为 $w_i=(i=1,2,\cdots,n)$，各点的坐标是 (x_i,y_i) $(i=1,2,\cdots,n)$，重心坐标为 (x_0,y_0)，物流总成本为 z。

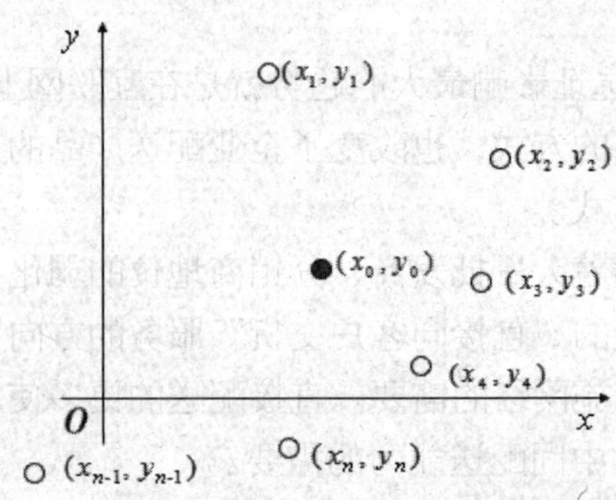

图 8-15 配送中心与需求点坐标网络

我们直接可以求出该区域的重心坐标为：

$$x_0=\frac{\sum_{i=1}^{n}w_i x_i}{\sum_{i=1}^{n}w_i}, \quad y_0=\frac{\sum_{i=1}^{n}w_i y_i}{\sum_{i=1}^{n}w_i}$$

重心法的目标函数为：

$$\min z=\sum_{i=1}^{n}w_i\sqrt{(x-x_i)^2+(y-y_i)^2}$$

这是一个双变量系统，令 $d_i=\sqrt{(x-x_i)^2+(y-y_i)^2}$，再分别对 x、y 求偏导，并且令其为 0，这样就可以得到两个微分等式：

$$\frac{\partial Z}{\partial x}=\sum_{i=1}^{n}\frac{w_i(x-x_i)}{d_i}=0, \quad \frac{\partial Z}{\partial y}=\sum_{i=1}^{n}\frac{w_i(y-y_i)}{d_i}=0$$

再分别对 x、y 进行求解得到：

$$x^*=\frac{\sum_{i=1}^{n}\frac{w_i x_i}{d_i}}{\sum_{i=1}^{n}\frac{w_i}{d_i}},\quad y^*=\frac{\sum_{i=1}^{n}\frac{w_i y_i}{d_i}}{\sum_{i=1}^{n}\frac{w_i}{d_i}}$$

由于公式右边的字母含有未知数 x、y 而不能直接求出配送中心的位置坐标 (x,y)，但是很容易推出如下的迭代公式和算法：

$$x_{k+1}=\frac{\sum_{i=1}^{n}\frac{w_i x_i}{\sqrt{(x_k-x_i)^2+(y_k-y_i)^2}}}{\sum_{i=1}^{n}\frac{w_i}{\sqrt{(x_k-x_i)^2+(y_k-y_i)^2}}}$$

$$y_{k+1}=\frac{\sum_{i=1}^{n}\frac{w_i y_i}{\sqrt{(x_k-x_i)^2+(y_k-y_i)^2}}}{\sum_{i=1}^{n}\frac{w_i}{\sqrt{(x_k-x_i)^2+(y_k-y_i)^2}}}$$

迭代法的计算步骤如下。

第一步：先用重心公式求解需求点的初始坐标 (x_0,y_0)。

第二步：把初始点 (x_0,y_0) 代入目标函数求出结果 z_0。

第三步：把 (x_0,y_0) 代入迭代公式，计算出物流中心的改善地点 (x_1,y_1)。

第四步：把 (x_1,y_1) 代入目标函数求出结果 z_1。

第五步：将 z_1 与 z_0 进行比较，如果 $z_1\geqslant z_0$，则 (x_0,y_0) 为最优解，迭代停止；如果新的结果 $z_1<z_0$，则说明计算结果得到了改善，并且有待更进一步的优化，需要返回第三步，把 (x_1,y_1) 代入迭代公式计算出物流中心的再改善点 (x_2,y_2)。

第六步：一直这样重复迭代下去，直到 $z_{m+1}\geqslant z_m$ 为止，则 (x_m,y_m) 即为物流中心的最佳选址点。

2. 交叉中值模型

交叉中值模型是用来解决折线距离连续点选址问题的模型，其相应的目标函数如下。

$$\min z=\sum_{i=1}^{n}w_i d_i=\sum_{i=1}^{n}w_i(|x_i-x_m|+|y_i-y_m|)$$

其中 (x_m,y_m) 为待选址物流中心的坐标；d_i 是第 i 个需求点到物流中心设施的距离；w_i 为第 i 个需求点对应的权重（如需求量）；(x_i,y_i) 为第 i 个需求点的坐标，n 为需求点个数。

这个目标函数可用两个不相关的部分来表达，如下式所示：

$$\min z=\sum_{i=1}^{n}w_i|x_i-x_m|+\sum_{i=1}^{n}w_i|y_i-y_m|=F_x+F_y$$

对 F_x 进行分解可得：

$$F_x=\sum_{i=1}^{n}w_i|x_i-x_m|=\sum_{i\in\{i|x_i\leqslant x_m\}}w_i(x_m-x_i)+\sum_{i\in\{i|x_i>x_m\}}w_i(x_i-x_m)$$

令 $\frac{\mathrm{d}F_x}{\mathrm{d}x_m}=0$，可得：

$$\frac{\mathrm{d}F_x}{\mathrm{d}x_m}=\sum_{i\in\{i|x_i\leqslant x_m\}} w_i-\sum_{i\in\{i|x_i>x_m\}} w_i=0$$

即

$$\sum_{i\in\{i|x_i\leqslant x_m\}} w_i=\sum_{i\in\{i|x_i>x_m\}} w_i$$

由上式可以看出，物流节点在 X 方向上的最优值点是 X 对所有权重 w_i 的中值点。同理可以得出，物流节点在 Y 方向上的最优值点是 Y 对所有权重 w_i 的中值点。在这个问题里面，使总成本 z 最小的最优位置应该就是从横、纵轴方向上所有权重的中值点。考虑到 x_m、y_m 可能同时或者分别是唯一值或某一范围，最优的位置也相应的可能是一个点，或者是线，或者是一个区域。

例题：假设有 5 个需求点，位置和需求量如表 8-1 所示，需要通过这些信息来确定一个合适的物流中心的位置，使得总成本最小。

表 8-1　各需求点坐标及需求量

需求点	位置	需求量
1	（3，1）	1
2	（5，2）	7
3	（4，3）	3
4	（2，4）	3
5	（1，5）	6

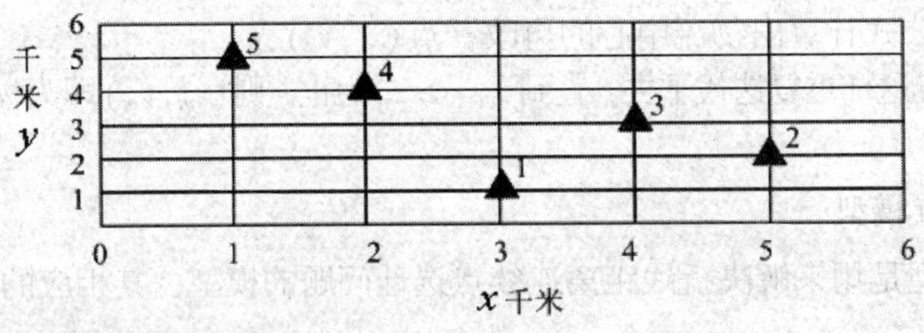

首先，确定需求量权重的中值：

$$\overline{w}=\frac{1}{2}\sum_{i=1}^{5} w_i=(1+7+3+3+6)/2=10$$

其次，分别从 x 轴和 y 轴两个方向上将需求点按位置从小到大、从大到小进行排列，计算找出达到中值 $\overline{w}=10$ 时的坐标 (x_m, y_m)。其中，从 x 轴方向进行求解的过程如表 8-2 所示，从 y 轴方向进行求解的过程如表 8-3 所示。

可以看出，在需求点 1、3 之间对于方向 X 是一样的，即 $x_m=3\sim4$；在需求点 3 对于方向 Y 是一个有效的中值点，即 $y_m=3$。综合考虑 X 方向和 Y 方向的影响，于是最后可能的地址为 A（3，3）和 B（4，3）之间的一条线段。

表 8-2　x 轴方向中值计算表

需求点	位置	$\sum w_i$
从左至右		
5	1	6
4	2	6+3=9
1	3	6+3+1=10
3	4	
2	5	
从右至左		
2	5	7
3	4	7+3=10
1	3	
4	2	
5	1	

表 8-3　y 轴方向中值计算表

需求点	位置	$\sum w_i$
从上至下		
5	5	6
4	4	6+3=9
3	3	6+3+3=12
2	2	
1	1	
从下至上		
1	1	1
2	2	1+7=8
3	3	1+7+3=11
4	4	
5	5	

在表 8-4 中，我们对 A、B 两个位置的加权距离进行了比较。从比较的结果可以看到，它们的直接加权距离是完全相等的，也就是说，可以根据实际情况选择 A、B 之间的任何一点。根据以上例题，我们不难理解，如果在 Y 方向上也是一个范围，那么整个可能选择的范围就是一个矩形区域；如果 X 方向上也是一个点，那么可选的地点就只有一个点了。利用交叉中值的方法可以为决策提供更多的选择和灵活性。

表 8-4　位置 A、B 加权距离

位置 A（3，3）				位置 B（4，3）			
需求点	距离	权重	总和	需求点	距离	权重	总和
1	2	1	2	1	3	1	3
2	3	7	21	2	2	7	14
3	1	3	3	3	0	3	0
4	2	3	6	4	3	3	9
5	4	6	24	5	5	6	30
加权距离			56	加权距离			56

8.5.2　离散选址模型

总体上看，重心法和交叉中值模型属于连续型模型，而连续型模型对于地点的选择是不加限制的，这往往使得通过迭代计算求得的最佳地点实际上很难找到，或计算所得最佳地点可能在河川、街道中间等自然和现实条件不允许的地方。与连续型模型相比，离散型模型则是在有限的候选位置里面，选取一个或一组位置为最优的方案，更具实际应用性。

1. 集合覆盖模型

集合覆盖模型是离散点选址的覆盖模型中常用的一种模型，研究满足覆盖所有需求点的前提下，服务设施总的建站个数或建设费用最小的问题。

（1）问题描述

设有 n 个需求点（用 i 表示，$i=1,2,3,\cdots,n$），需求点 i 的需求量为 d_i，有 m 个设施候选点（用 j 表示，$j=1,2,3,\cdots,m$），候选点 j 的容量为 C_j，每个候选节点有一定的覆盖范围，希望使用最少数量的设施去满足所有需求点的需求。

（2）模型描述

根据问题描述，首先设

$$x_j=\begin{cases}1,\text{表示将物流设施设于节点}j\\0,\text{表示未将物流设施设于节点}j\end{cases}\qquad j=1,2,\cdots,m$$

y_{ij} 表示需求节点 i 的需求中被分配给设施节点 j 的部分，$0\leqslant y_{ij}\leqslant 1$。

目标是用最少的设施点满足所有需求点的需求，因此目标函数可以表示为：

$$\min\sum_{j=1}^{m}x_j \tag{8-1}$$

约束条件为：

$$\sum_{j\in B(i)}y_{ij}=1,\qquad i=1,2,\cdots,n \tag{8-2}$$

$$\sum_{i\in A(j)}d_i y_{ij}\leqslant C_j x_j,\qquad j=1,2,\cdots,m \tag{8-3}$$

$$x_j\in\{0,1\},\qquad j=1,2,\cdots,m \tag{8-4}$$

$$y_{ij}\geqslant 0,\qquad i=1,2,\cdots,n\,;j=1,2,\cdots,m \tag{8-5}$$

其中，$A(j)$ 表示候选节点 j 可覆盖的需求点的集合；$B(i)$ 表示可覆盖需求点 i 的候选节点集合。式（8-1）为目标函数，表示最小化设施数量；式（8-2）表示每个需求节点的需求量都能得到满足；式（8-3）表示每个设施提供的需求服务不能超过其能力范围；式（8-4）、式（8-5）是对所有变量的取值约束。

2. 最大覆盖模型

最大覆盖模型研究的是在给定设施点数量的条件下，如何安排设施点的位置使得覆盖的需求量尽可能多的问题。

（1）问题描述

设有 n 个需求点（用 i 表示，$i=1,2,\cdots,n$），需求点 i 的需求量为 d_i，有 m 个设施候选点（用 j 表示，$j=1,2,\cdots,m$），候选点 j 的容量为 C_j，每个候选节点有一定的覆盖范围，现需要从候选节点中选择 p 个作为物流中心节点，使得尽可能多的需求点需求得到满足。

（2）模型描述

根据问题描述，首先设

$$x_j=\begin{cases}1,\text{表示将物流设施设于节点}j\\0,\text{表示未将物流设施设于节点}j\end{cases}\qquad j=1,2,\cdots,m$$

y_{ij} 表示需求节点 i 的需求中被分配给设施节点 j 的部分，$0\leqslant y_{ij}\leqslant 1$。

目标是用一定数量的设施满足尽可能多的需求点需求，因此目标函数可以表示为：

$$\max\sum_{i=1}^{n}\sum_{j=1}^{m}d_i y_{ij} \tag{8-6}$$

约束条件为：

$$\sum_{j\in B(i)}y_{ij}\leqslant 1,\qquad i=1,2,\cdots,n \tag{8-7}$$

$$\sum_{i \in A(j)} d_i y_{ij} \leqslant C_j x_j, \quad j=1,2,\cdots,m \tag{8-8}$$

$$\sum_{j=1}^{m} x_j = p, \tag{8-9}$$

$$x_j \in \{0,1\}, \quad j=1,2,\cdots,m \tag{8-10}$$

$$y_{ij} \geqslant 0, \quad i=1,2,\cdots,n\,;\, j=1,2,\cdots,m \tag{8-11}$$

其中，$A(j)$表示候选节点j可覆盖的需求点的集合；$B(i)$表示可覆盖需求点i的候选节点集合。式（8-6）为目标函数，表示最大化满足需求点需求；式（8-7）表示每个需求节点的需求量可以得到完全满足或部分满足，也可能完全得不到服务；式（8-8）表示每个设施提供的服务不能超过其能力范围；式（8-9）、式（8-10）、式（8-11）是对所有变量的取值约束。

3. P-中值模型

P-中值模型是指在一个给定数量和位置的需求点集合和一个候选设施位置的集合下，分别为p个设施找到合适的位置，并指派每个需求点到一个特定的设施，使之达到在设施和需求点之间的运输费用最低。

P-中值模型主要解决两个问题：（1）为p个设施点选择合适的位置；（2）将所有需求点分配给p个设施。P-中值模型示意图如图 8-16 所示。

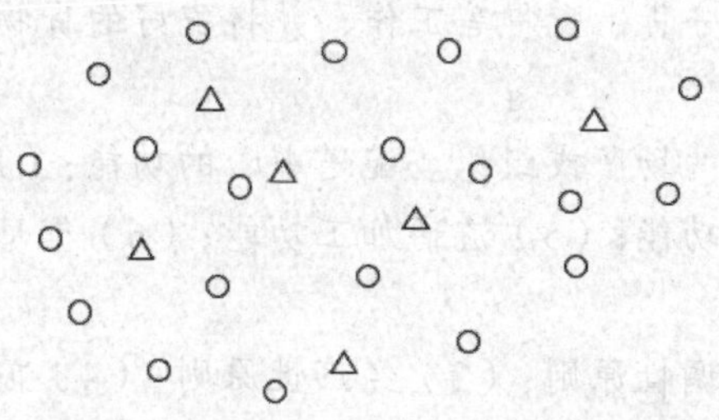

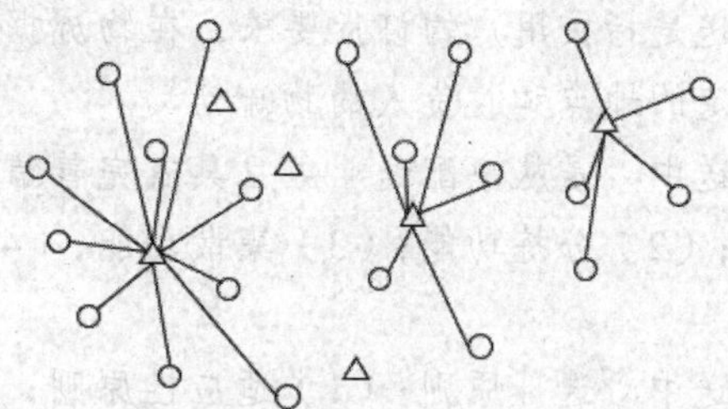

○－·－ 需求点　△－·－ 候选物流中心　P=3

图 8-16　P-中值模型示意图

（1）问题描述

设有n个需求点（用i表示，$i=1,2,3,\cdots,n$），需求点i的需求量为d_i，有m个设施候选点（用j表示，$j=1,2,3,\cdots,m$），c_{ij}为需求点i到设施点j的单位运输成本，现需从候选节点中选择p个节点作为设施点，用来满足n个需求点的需求，使总的运输费用最低。

（2）模型描述

根据问题描述，设

$$x_j = \begin{cases} 1, \text{表示将物流设施设于节点}j \\ 0, \text{表示未将物流设施设于节点}j \end{cases} \quad j=1,2,\cdots,m$$

$$x_{ij} = \begin{cases} 1, \text{需求点}i\text{由设施点}j\text{提供服务} \\ 0, \text{否则} \end{cases} \quad i=1,2,\cdots,n; j=1,2,\cdots,m$$

数学表达式：

$$\min z = \sum_{i\in I}\sum_{j\in J} d_i c_{ij} x_{ij} \tag{8-12}$$

$$s.t. \sum_{j\in J} x_{ij}=1 \qquad \forall i\in I, \tag{8-13}$$

$$x_{ij} \leqslant x_j \qquad \forall i\in I, \forall j\in J \tag{8-14}$$

$$\sum_{j\in J} x_j = p \tag{8-15}$$

$$x_{ij}\in\{0,1\} \qquad \forall i\in I, \forall j\in J \tag{8-16}$$

$$x_j\in\{0,1\} \qquad \forall j\in J \tag{8-17}$$

其中，I 为需求点集合，J 为潜在设施点集合。目标函数（8-12）是使总成本最小；式（8-13）表示每个需求点都只能有一个设施为其服务；式（8-14）保证了没有选定的设施点不会为需求点提供服务；式（8-15）限制了设施点的个数为 p 个；式（8-16）、式（8-17）是对所有变量的取值约束。

要点回顾

配送是指按用户的订货要求，在物流据点进行分货、配货等工作，并将配好的货物按时送达指定的地点和收货人的物流活动。

配送中心是从事配送业务且具有完善信息网络的场所或组织。配送中心的功能：（1）存储功能；（2）分拣功能；（3）集散功能；（4）衔接功能；（5）流通加工功能；（6）信息处理功能。

配送中心选址原则：（1）适应性原则；（2）协调性原则；（3）经济性原则；（4）前瞻性原则。选址时应该考虑的主要因素有：客户分布、供应商分布、交通条件、土地条件、自然条件、人力资源条件、政策环境条件等。

配送中心选址模型包括：交叉中值模型、精确中心方法、覆盖模型（包括集合覆盖模型和最大覆盖模型）、P-中值模型。

本章习题

一、名词解释

配送　配送中心

二、简答题

1．简述配送的作用。

2．简述配送中心的功能。

3．简述配送中心选址原则。

4．简述配送中心选址决策程序。

三、计算题（连续选址模型）

假设物流节点选址范围内有5个需求点，其坐标、需求量、运输费率如表8-5所示。根据重心模型，选择最佳物流设施位置。

表8-5 各需求点的坐标、需求量及运输费率表

需求点	坐标	需求量	运输费率
A	（3，8）	2 000	0.5
B	（8，2）	3 000	0.5
C	（2，5）	2 500	0.75
D	（6，4）	1 000	0.75
E	（8，8）	1 500	0.75

四、计算题（离散选址模型）

某连锁超市准备在已有分店中开设若干个货物配送中心来满足下属的6个分店的需求，已知6个分店的年需求量分别为60吨、40吨、35吨、50吨、55吨、50吨。每开设一个新的配送中心都会产生一些固定费用，货物将从配送中心运输到附近的分店，由于运输距离的不同，每次运输的费用也不同。对于新建配送中心所投入的建设费用属于投资支出，一般在若干年后会抵消，而运输费用是属于运营成本。为此，我们可以假定这两种费用是可比的，其中以年为单位计算配送中心的运营费用。有6个可以建造新配送中心的位置，并且需要从这些配送中心向6个分店供货，每个配送中心完全满足每个分店的需求，所需的运输成本如表8-6所示。

表8-6 满足各分店需求总运输成本

可选配送中心	满足各分店需求所需的运输成本 单位：千元					
	1	2	3	4	5	6
1	50	40	25	25	30	50
2	60	45	30	35	35	55
3	70	55	40	40	40	65
4	80	65	50	50	40	75
5	95	75	65	∞	∞	∞
6	100	90	75	∞	∞	∞

经专家分析，如果在可选位置新建配送中心会产生一些固定费用，即6个可选位置建设配送中心的建设费用分别为1 700元、4 500元、5 000元、2 000元、1 500元、4 500元。其中每个配送中心的容量上限分别为150吨、125吨、100吨、90吨、140吨、150吨。那么，在满足各个分店需求的情况下，在哪些位置建设配送中心会使总成本最小？

第9章 电子商务物流模式

【内容提要】

随着电子商务的不断发展，第三方物流日益普及，第四方物流和第五方物流初现端倪，一些新型物流形式，如绿色物流、冷链物流、电子物流等也开始得到广泛关注。本章介绍了自营物流的特点及配送模式、第三方物流的基本概念和分类、第四方物流的基本概念和运作方式，以及新型物流模式如绿色物流、冷链物流和电子物流等内容。

学习完本章后，希望读者掌握：

（1）自营物流；

（2）第三方物流；

（3）第四方物流；

（4）绿色物流；

（5）冷链物流；

（6）电子物流。

引导案例

当当是知名的综合性网上购物商城，由国内著名出版机构科文公司、美国老虎基金、美国IDG集团、卢森堡剑桥集团、亚洲创业投资基金（原名软银中国创业基金）共同投资成立。从1999年11月正式开通至今，当当已从早期的网上售书拓展到网上销售各品类百货，包括图书音像、美妆、家居、母婴、服装和3C数码等几十个大类，数百万种商品。在物流方面，当当在全国600个城市实现“11.1全天达”（即上午11点前下单当日达，凌晨1点前下单次日达），在1 200多个区县实现了次日达。

不同于亚马逊中国的物流模式（在16个城市建立了自己独立的配送中心，以自营为主，同时相应地在物流高峰期借助一部分第三方的力量；小型城市及偏远地区以邮政方式为主），当当网在物流网络等电子商务基础设施的构建上采用“自建仓储，第三方配送”为主的物流模式。当当主要是依靠专业快递公司进行配送，与民营快递公司合作，并在一些大城市扩建了自己的仓储中心，并且通过选好配送公司，从而以更快的速度为消费者提供更好的服务。

当当网采用第三方物流的优势在于：

（1）将企业有限的资源集中于巩固和扩展自身核心业务之上；

（2）供应商难以满足其小批量、多批次的供货需求，第三方物流可根据情况在货物配送中进行统筹安排，有效地降低成本；

（3）减少企业资金投资和资金短缺风险；

（4）供应链管理思想使第三方物流供需双方形成一种战略联盟关系，在共赢的基础上，保证企业对变化的客户需求具有敏捷反应的姿态；

（5）第三方物流有利于提升社会效益。

当然，采取第三方物流模式也存在一定弊端。目前，国内的大多数电子商务企业将物流直接外包给第三方物流公司，以节省人力和物力。然而，我国物流行业整体服务水平相对较低，第三方物流公司很难完全满足电子商务公司的个性化需求，由第三方物流模式而引发的配送延误、信息泄露等问题已经逐渐成为电子商务企业高速发展的瓶颈。

（资料来源：百度文库）

【案例思考】

通过此案例，我们不难看出，第三方物流的存在，确实可以使企业集中自己的核心资源和业务，然而，如果第三方物流选择不当也将会在很大程度上限制电子商务企业的发展。那么，是否应该选择第三方物流？如何选择第三方物流呢？希望读者能够通过本章的学习得出答案。

9.1 自营物流

9.1.1 自营物流的概念

在电子商务环境下，企业成本优势的建立和保持必须以可靠和高效的物流运作作为保证，这也是现代企业在竞争中取胜的关键所在。正是电子商务的快速发展，使物流模式一步步地发生着变化。

自营物流是企业投资购置设施组建物流部，使用自己的设施和工具来完成的物流。我们将第一方物流与第二方物流统称为自营物流。第一方物流是由卖方、生产者或供应方组织的物流，其中的核心业务是生产和供应商品，为了自身生产和销售业务需要而进行物流自身网络及设施设备的投资、经营与管理。第二方物流是由买方、销售者组织的物流，其中的核心业务是采购并销售商品，为了销售业务需要投资建设物流网络、物流设施和设备，并进行具体的物流业务运作组织和管理。

【小案例】

京东于2004年正式涉足电商领域。2014年5月，京东集团在美国纳斯达克证券交易所正式挂牌上市，是中国第一个成功赴美上市的大型综合型电商平台，并成功跻身全球前十大互联网公司排行榜。2015年7月，京东凭借高成长性入选纳斯达克100指数和纳斯达克100平均加权指数。2016年7月，京东入榜2016《财富》全球500强，成为中国首家、唯一入选的互联网企业。截至2016年6月30日，京东集团拥有超过11万名正式员工，业务涉及电商、金融和技术三大领域。

京东拥有中国电商领域规模最大的物流基础设施，通过完善布局，京东将成为全球唯一拥有中小件、大件、冷藏冷冻仓配一体化物流设施的电商企业。截至2016年6月30日，京东在全国范围内拥有7大物流中心，运营了234个大型仓库，拥有6 756个配送站和自提点，覆盖全国范围内的2 639个区县，仓储设施占地面积约520万平方米。京东专业的配送队伍能够为消费者提供一系列专业服务，如："211限时达"（即当日上午11：00前提交的现货订单，当日送达；夜里11：00前提交的现货订单，次日 15：00 前送达）、次日达、夜间配和 2 小时极速达、GIS 包裹实时追踪、售后 100 分、快速退换货以及家电上门安装等服务，保障用户享受到卓越、全面的物流配送和完整的“端对端”购物体验。京东智慧物流持续创新，“亚洲一号”现代化物流中心是当今中国最大、最先进的电商物流中心之一，目前已有 6 个“亚洲一号”项目投入使用；京东无人机已经开始农村电商配送试运营，无人配送车开始路试，将会全面提升京东运营效率。

京东通过自建物流成功打造了优质的服务，给顾客带来了良好的用户体验。除此之外，与第三方物流模式相比，京东的自营物流模式还可以为供应链提供更好的服务。正如刘强东所说：“现在平均每件商品在整个中国要搬运七次以上，我要把它降到两次，这才有巨大的社会价值，这不是一个普通的快递公司能够做到的。必须是把它放到一个完整的供应链上去思考整个京东物流，才发现它真正的价值在这，它是供应链服务的很重要的一个部分。”

（资料来源：京东官方网站、央视《对话》节目）

案例点评：电商快速发展的背后，消费者对物流优质服务的需求也日益提高，电商企业都在积极探索与实践物流新模式。京东投入上百亿元的资金自建物流，从现阶段看，之前备受争议的举措如今取得了巨大的成功。那么，电商企业自建物流有什么优势？自营物流适合于所有企业吗？本节将对自营物流模式进行简要介绍。

9.1.2 自营物流的优势

1. 保证用户体验

我国物流起步晚，物流管理体系还不够完善，所以很难在众多的快递公司中找到一家服务好、效率高、收费合理等优势兼具的公司。成功的电商企业都会聚焦在用户体验上，而配送速度是用户体验的关键。自营物流由于物流设施和配送队伍属于企业自身所有，企业能够自由调度和掌握配送的主动权，减少了向其他配送公司下达配送任务的环节，在网上接到订单后可以立即进行配送，保证了在最短的配送时间内把商品送到客户手中，满足了消费者“即购即得”的购物心理。因此，自营物流能够在很大程度上保证服务质量和提高客户满意度与忠诚度，维护企业和顾客的长期供应关系，保证用户体验。

2. 塑造企业形象

目前国内大多数民营快递公司都采用加盟商合作的方式，与这样的企业合作，在物流配送环节上有很多的不可控因素。消费者的投诉绝大多数是有关物流问题的，这会间接地损害电商企业在用户心目中的形象。电商企业自建物流可以实现与消费者的对接，从根本上掌握物流速度和保证服务质量。所有的配送车辆统一涂漆，所有的配送人员统一服饰，统一服务方式，这不仅提高了消费者网购的快捷、便利的物流体验，同时对企业形象产生了很好的品牌宣传效应。

3. 突破物流瓶颈

随着网上购物的消费者越来越多，网络订单暴涨，那些因电商发展起来的民营快递公司不具备庞大快件处理能力，导致物流成为电商平台业务发展的掣肘。因此，很多有实力的电商企业便开始规划自有的物流网络和配套设施。

4. 信息沟通渠道畅通

自营物流由于全部由企业自己经营，物流管理人员都是本企业人员，管理更为方便。由于物流管理人员和其他部门人员的信息沟通渠道畅通，为提高企业整体效率提供了良好的基础。在自营物流模式中，企业直接面对客户，既可以尽全力为客户服务，又可以在和客户沟通时及时获得客户的需求信息和需求变化，并根据客户的反馈信息，及时改进企业服务，进而不断提升客户满意度和忠诚度。

9.1.3 自营物流的问题

1. 资金方面的问题

对于实力雄厚的电商企业来说，资金也许从来不是问题，然而在国土疆域排在世界第三的中国建立辐射全国的物流运营网络，不是轻而易举就能实现的。网络购物消费者遍布全国，覆盖我国各大区域需要数十个物流运营中心和数以千计的仓库，这需要有充足的资金供给才能保证运营中心的有效运作。物流基础设施前期投入巨大，并且成本回收周期较长。自营物流企业需要大量的资金投入到物流建设中，会使企业面临资金短缺，遇突发事件缺少应急资金的状况。这对缺乏资金的企业，特别是中小企业来说是一个比较大的负担。因此，一般电子商务自营物流模式由于受资金限制，物流规模难以扩大。

2. 人力资源方面的问题

企业自营物流一般局限于企业自身的资源，物流设施的自动化程度低，缺少专业的物流人才，导致物流管理难以专业化。电商企业自建物流自然为社会创造了更多的就业机会，但与此同时企业也面临一些管理问题。覆盖全国的物流网络系统需要大量的工作人员，如供应链管理人员、仓库管理人员、快递人员等。管理庞大的物流团队需要公司的领导阶层投入相当多的人力和物力，加大了企业的管理难度与协调难度。

3. 与合作快递企业的关系问题

电商企业自建物流后与原合作的快递服务提供商之间的关系是竞争大于合作，但是双方仍有利益共同点。电商自建物流不是一朝一夕能够完成的，加之中国国土辽阔，电商企业在三线城市、特别是农村市场需要专业物流快递公司的网络覆盖。那么双方面临的难题就在于如何合理地分配市场以及在细分领域开展双赢的合作。这个问题如果处理不好，有可能会导致合作终止，甚至打乱在快递市场的节奏和布局。

9.2 第三方物流

9.2.1 第三方物流的概念

“第三方”源自管理学中“外包”（Outsourcing）的理念。外包是指企业动态地配置自身和其他企业的功能和服务，并利用企业外部的资源为企业内部的生产和经营服务。将外包引入物流管理领域，就产生了第三方物流管理的概念。第三方物流的主要含义是指物流服务提供者从事着发货人（甲方）和收货人（乙方）之间的第三方角色。由于企业越来越重视集中自己的核心资源和业务，而把其他资源和业务外包化，外包便成为工商企业的重要发展方向。

而第三方物流也因其在专业技术和综合管理方面的显著优势得到了迅速发展。

第三方物流（Third Party Logistics，3PL 或 TPL）的概念是 20 世纪 80 年代中后期在欧美发达国家出现的。经过二十几年的迅速发展，“第三方物流”的概念在国内外已被广泛地使用，但至今还没有一个明确的、权威的、被普遍接受和认可的定义。

欧美研究者一般这样定义第三方物流：第三方物流是指传统的组织内履行的物流职能由外部公司履行。第三方物流公司所履行的物流职能，包括整个物流过程和物流过程中的部分活动。B.J.Lalonde 和 M.C.Cooper（1989）认为第三方物流是一种关系，他们认为第三方物流是“货主和第三方公司之间的一种关系，与传统的基础服务相比，第三方物流提供了更加广泛的、为客户定制的服务，其特点表现为一种长期的、互利的关系”。Robert C.Lieb（1993）从服务提供者的角度将第三方物流定义为“拥有一定技术和专业知识，并提供如交通、运输管理、承运人管理、仓储、配送等物流活动中的部分或全部环节的服务，以满足客户需求的第三方公司”。

美国物流管理协会于 2002 年 10 月 1 日公布的《物流术语词条 2002 升级版》的解释是：第三方物流是指将企业的全部或部分物流运作业务外包给专业公司管理经营，而这些能为顾客提供多元化物流服务的专业公司成为第三方物流提供商。它们的存在加速了原材料和零部件从供应商向定制商的顺畅流动，更为产品从制造商向零售商的转移搭建了良好的平台。第三方物流提供商所提供的集成服务涵盖了包括运输、仓储、码头装卸、库存管理、包装以及货运代理在内的诸多业务。

在日本的物流书籍中，第三方物流有两种解释。一种解释是，第三方物流是指为第一方生产企业和第二方消费企业提供物流服务的中间服务商组织的物流运作；另一种解释是，第一方物流是指生产企业和流通企业自己运作的物流业务，第二方物流是指那些提供诸如运输、仓储等单一物流服务的物流企业所运作的物流业务，第三方物流则是指为客户提供包括物流系统设计规划、解决方案以及具体物流业务运作等全部物流服务的专业物流企业所运作的物流业务。

我国全国物流标准化技术委员会于 2007 年 5 月 1 日发布并正式实施的国家标准《物流术语》（GB/T 18354—2006）对第三方物流给出的解释是：第三方物流是接受客户委托为其提供专项或全面的物流系统设计以及系统运营的物流服务模式。第三方物流特指在物流渠道中，由中间商以合同的形式在一定期限内向供需企业提供所需要的全部或部分物流服务。第三方物流企业在货物的实际供应链中并不是一个独立的参与者，而是代表发货人或收货人，并通过提供一整套物流活动来服务于供应链。第三方物流企业本身不拥有货物，而是为其外部客户的物流作业提供管理、控制和专业化服务。

企业自营物流虽然在一定程度上带来了交易成本的节约，但同时也存在着许多弊端，如企业物流资源的重复投资、规模效益的难以取得、专业化物流管理的缺乏，以及多元化经营导致主业不清等。随着社会分工的进一步发展，生产企业便集中主业，优化配置资源，将物流事业部从生产企业中剥离出来，并逐渐发展成为专门从事第三方物流服务的独立企业（如海尔物流、安得物流）。

正如管理学大师彼得·德鲁克所说，物流管理是“降低成本的最后边界”，是降低资源消耗、提高劳动生产率之后的“第三利润源泉”。第三方物流企业出现之后，生产和销售企业要完成物流活动，只需委托第三方物流企业即可，这时生产和销售企业不仅避免了自营物流诸多的固有弊端，而且还最大限度地节约了交易成本。

9.2.2 第三方物流产生原因

由美国哈佛商学院著名战略学家迈克尔·波特提出的“价值链分析法”（见图 9-1），把企业内外价值增加的活动分为基本活动和支持性活动。基本活动涉及企业生产、销售、进料后勤、发货后勤、售后服务；支持性活动涉及人事、财务、计划、研究与开发、采购等，基本活动和支持性活动构成了企业的价值链。在不同的企业参与的价值活动中，并不是每个环节都创造价值，实际上只有某些特定的价值活动才真正创造价值，这些真正创造价值的经营活动，就是价值链上的“战略环节”。企业要保持的竞争优势，实际上就是企业在价值链某些特定的战略环节上的优势。运用价值链的分析方法来确定核心竞争力，就是要求企业密切关注组织的资源状态，要求企业特别关注和培养在价值链的关键环节上获得重要的核心竞争力，以形成和巩固企业在行业内的竞争优势。企业的优势既可以来源于价值活动所涉及的市场范围的调整，也可来源于企业间协调或者合用价值链所带来的最优化效益。

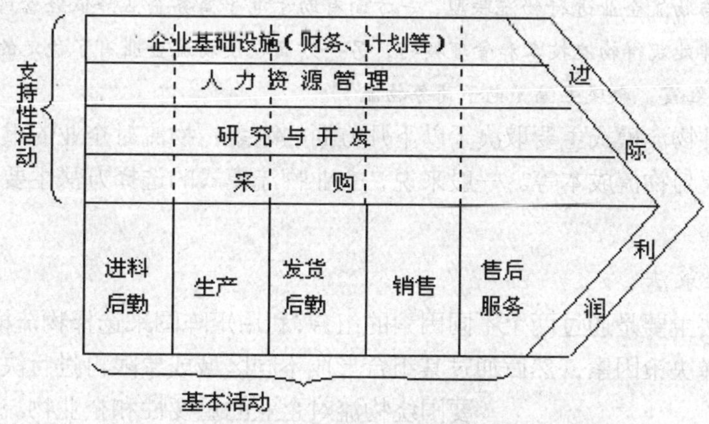

图 9-1 波特价值链

价值活动分为两大类：基本活动和支持性活动。基本活动是涉及产品的物质创造及其销售、转移买方和售后服务的各种活动；支持性活动是辅助基本活动，并通过提供采购投入、技术、人力资源以及发挥各种公司范围的职能支持基本活动。

根据以上分析，价值链管理的核心就是价值增值，而价值增值的前提是应该掌握关键的价值活动。当顾客的需求变得日趋复杂、市场竞争日益激烈，仅仅依靠一个企业所拥有的资源是远远不够的。从价值链角度考虑，第三方物流产生的原因是：首先是对传统价值链的解构，即把连在一个链条上的供、产、销链环一个个拆解下来，从中选择企业占有竞争优势的环节加以保留。然后再把非核心业务——物流（或者某一物流功能）分离出来，交给第三方物流，变内部的交易为外部的交易。

9.2.3 物流模式选择方法

【小资料】

物流联盟是指两个或两个以上的经济组织为实现特定的物流目标而采取的长期联合与合作。其目的是实现联盟参与方的“共赢”。物流联盟具有相互依赖、核心专业化、强调合作的特点。物流联盟是一种介于自营和外包之间的物流模式，可以降低前两种模式的风险，使企业间形成相互信任、共担风险、共享收益的物流伙伴关系。企业之间不完全采取使得自身利益最大化的行为，也不完全采取导致共同利益最大化的行为，只是在物流方面通过契约形成优势互补、要素双向或多向流动的中间组织（见图 9-2）。联盟是动态的，只要合同结束，双方又变成追求自身利益最大化的单独个体。

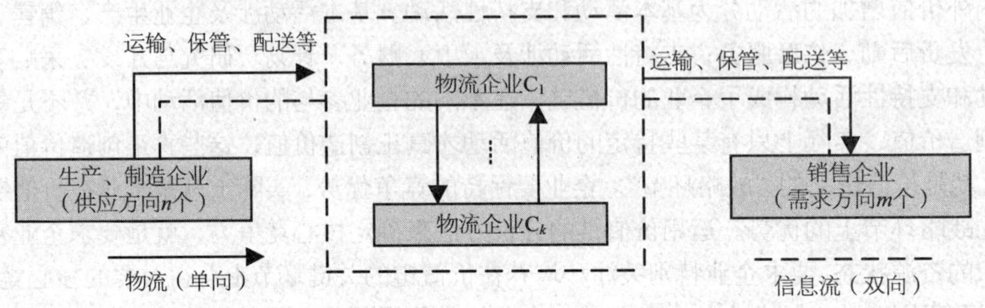

图 9-2　物流联盟模式框架

电子商务企业与物流企业进行物流联盟，一方面有助于电子商务企业降低经营风险，提高竞争力，并且可以从物流伙伴处获得物流技术和管理技巧；另一方面也使物流企业有了稳定的货源。

（资料来源：李红霞，李琰主编《电子商务物流》）

企业选择何种物流模式主要取决于以下几方面的因素：物流对企业的重要性、企业的物流能力、市场规模与物流成本等。一般来说，企业物流模式的选择方法主要有矩阵图决策法和比较选择法。

1. 矩阵图决策法

矩阵图决策法主要是通过两个不同因素的组合，利用矩阵图来选择物流模式的决策方法。其基本思路是选择决策因素，然后通过其组合形成不同区域或象限再进行决策。这里我们主要围绕物流对企业的重要性和企业物流的能力来进行分析，如图 9-3 所示。

企业物流能力 →

物流对企业的重要性	高	低
重要	Ⅰ	Ⅱ
不重要	Ⅲ	Ⅳ

图 9-3　矩阵图决策法

在实际经营过程中，企业根据自身的物流能力和物流对企业的重要性组成了上述区域。一般来说，企业可按下列思路来进行选择和决策。

（1）在状态 I 下，物流对企业的重要性程度较高，企业也有较强的物流能力，在物流成本较低和地理区域较小但市场相对集中的情况下，企业可采取自营模式，以提高顾客的满意度和物流效率，与营销保持一致。

（2）在状态Ⅱ下，物流虽对企业的重要程度较高，但企业的物流能力较低，此时，企业可采取的策略是寻求物流伙伴来弥补自身在物流能力上的不足。可供选择的模式有 3 种：第一种是加大投入，完善物流系统，提高物流能力，采用自营模式；第二种是进行一些投入，强化与物流企业的合作，采用联盟模式；第三种是采取外包模式，将物流配送业务完全委托专业性的第三方企业来进行。一般来说，在市场规模较大，且相对集中及投资量较小的情况下，企业可采取自营模式；若情况相反，则可采取外包物流模式。

（3）在状态Ⅲ下，物流在企业战略中不占据主要地位，但企业却有较强的物流能力，此时，企业可向外拓展物流业务，以提高资金和设备的利用能力，可以采取物流联盟模式。若企业在该方面具有较强竞争优势时，也可适当地调整业务方向，向社会化的方向发展，成为专业的物流企业。

（4）在状态Ⅳ下，企业的物流能力较弱，且不存在较大的物流需求，此时，企业宜采取外包物流模式，将企业的物流业务完全或部分委托给专业的物流企业去完成，而将主要精力放在企业最为擅长的生产经营方面，精益求精，获得更大的收益。

2. 比较选择法

比较选择法是企业通过对物流活动的成本和收益等进行比较而选择物流模式的一种方法。一般有确定型决策、非确定型决策和风险型决策等。

（1）确定型决策。确定型决策是指备选的物流模式的预期情况都是确定的，只要对各个备选方案进行比较，即可做出选择何种物流模式的决策。例如，某一企业为扩大生产销售，现有 3 种物流模式可供选择，各物流模式所需的物流成本与可能实现的销售额如表 9-1 所示。

表 9-1　各物流模式所需的物流成本与可能实现的销售额

物流模式	成本费用/万元	销售额预计数/万元
自营模式	10	220
联盟模式	8	180
外包模式	5	140

这类问题一般为单目标决策，此时企业可以运用价值分析来进行选择，即直接利用公式 $V=F/C$ 来计算各种物流模式的价值系数。式中，V 为价值系数，F 为功能（此例为销售额预计数），C 为成本费用。根据计算结果，某一种物流模式的价值系数越大，则说明该种模式的预期收益越大，以此来选择企业最佳的物流模式或满意模式。此例中，自营、联盟、外包物流模式的价值系数分别为 22、22.5、28，因此，企业应采取外包模式。

在实际经营过程中，企业对物流模式的选择往往需要考虑许多方面的因素，即需要进行多目标决策。此时，评价物流模式的标准是各模式的综合价值，一般可用综合价值系数来进行评价。某一模式的综合价值系数越大，则说明该模式的综合价值就越大，这种模式就是企业所要选择的物流模式。综合价值系数可用公式 $V=\sum M_iF_i$ 来计算。式中，V 为综合价值系数，M_i 为分数，F_i 为权数。例如，某企业在选择物流模式时主要考虑 4 个方面的目标，如表 9-2 所示。

表 9-2　某企业选择物流模式时主要考虑的目标

物流模式	成本费用/万元	销售额预计数/万元	利润总额/万元	客户满意度（%）
	0.1	0.3	0.4	0.2
自营模式	10	220	25	98
联盟模式	8	180	17	97
外包模式	5	140	15	99

根据表 9-2 资料计算，各模式的综合价值系数分别为：

$$V_{自营}=\frac{5}{10}\times 0.1+\frac{220}{220}\times 0.3+\frac{25}{25}\times 0.4+\frac{98}{99}\times 0.2=0.95$$

$$V_{联盟}=\frac{5}{8}\times 0.1+\frac{180}{220}\times 0.3+\frac{17}{25}\times 0.4+\frac{97}{99}\times 0.2=0.78$$

$$V_{外包}=\frac{5}{5}\times 0.1+\frac{140}{220}\times 0.3+\frac{15}{25}\times 0.4+\frac{99}{99}\times 0.2=0.73$$

可以看出，自营模式的综合价值系数最大，是企业所要选择的最佳物流模式。

需要注意的是，在利用确定型决策选择物流模式时，要明确以下几方面的问题：一是决策的目标要明确；二是至少要有两个可供选择的物流模式；三是未来有一个确定的自然状态或一组确定的约束条件；四是各备选方案的自然状态或约束条件的效益值可以确定出来。

（2）非确定型决策。非确定型决策是指备选的物流模式的预期情况是不确定的，而又无法知道其概率时所进行的决策。其条件是：决策者期望的目标明确；具有两个或两个以上可供选择的物流模式；备选的物流模式存在着不以决策者意志为转移的两种以上预期状态；不同模式在不同状态下相应的损益值可以获得。

非确定型决策作为一种决策方法，虽带有较大的主观随意性，但也有一些公认的决策准则可供企业在选择模式时参考。下面我们通过例题的形式，讲述应用不同的决策准则对企业物流模式进行选择。

例题：某企业计划通过提高物流效率，以满足市场需求。现可供选择的物流模式有 3 种（自营、联盟、外包），由于对未来几年的市场需求是无法准确预测的，只能大体估计为 3 种情况（市场需求大、市场需求一般、市场需求小）。3 种自然状态的发生概率是未知的，3 种自然状态下不同物流模式的成本费用如表 9-3 所示，问如何决策？

表 9-3　3 种自然状态下不同物流模式的成本费用　单位：万元

自然状态	物流模式		
	自营	联盟	外包
市场需求大	90	70	65
市场需求一般	50	35	45
市场需求小	10	13	30

第一种方法：按乐观准则来决策。首先从每种模式中选择一个最小成本看作必然发生的自然状态。然后在这些最小成本的模式中，再选择一个最小成本的模式作为满意方案。此例中，三种模式的最小成本分别为：10 万元、13 万元、30 万元。其中，自营模式的成本最低，可作为企业满意的模式。这种决策方法，一般适用于把握较大和风险较小的情况。

第二种方法：按悲观准则来决策。首先从每种方案中选择一个最大成本作为评价模式的基础，实际上是对每个局部模式持悲观态度，从不利的角度出发，把最大成本作为必然发生的自然状态，将非确定型问题变为确定型决策问题来处理。然后，再从这些最大成本之中选择成本最小的模式。此例中，3 种模式的最大成本分别为：90 万元、70 万元、65 万元。其中，外包模式的成本最小，可作为企业满意的模式。在现实经济生活中，这种决策方法一般适合于把握性小和风险较大的情况。

第三种方法：按折中准则或赫维斯准则来决策。赫维斯认为，决策者不应极端行事，而应在两种极端情况中求得平衡。具体的方法是根据决策者的估计，确定一个乐观系数 a，a 的取值范围为 $0<a<1$。给最好的结果和最坏的结果分别赋以相应的权数 a 和（$1-a$），中间结果不予考虑。本例是计算折中成本值，公式为：

$$折中成本值=a\times最小成本值+(1-a)\times最大成本值$$

在决策中，决策者根据分析，估计市场需求大的概率为 40%，市场需求小的概率为 60%，即乐观系数为 0.4。此时，3 种模式的折中成本值分别为 42 万元、35.8 万元、44 万元。根据计算结果可以看出，联盟模式的成本最低，可作为企业选择的模式。

第四种方法：按等概率准则或拉普拉斯准则来决策。拉普拉斯认为，在非确定型决策中，各种自然状态发生的概率是未知的，若按最好或最坏的结果进行决策，都缺乏依据。解决的办法是给每种可能出现的结果都赋予相同的权数，权数的和为 1。然后，计算出各个方案（物流模式）在各种自然状态下的加权平均值，并据此进行决策。

在本例中，自然状态有 3 种（市场需求大、市场需求一般、市场需求小），因此每种自然状态发生的概率为 1/3，各种模式的成本加权值分别为 50 万元、39.3 万元和 46.7 万元。可以看出，联盟模式的加权成本值最小（39.3 万元），可作为企业选择的模式。

第五种方法：按最小后悔值准则（也称沙万奈准则）来决策。这种决策方法是以每个模式在不同自然状态下的最小成本值作为理想目标。如果在该状态下，没有采取这一理想模式，而采取了其他模式，从而使成本增加，就会感到“后悔”，这样每个自然状态下的其他模式成本值与理想值之差所形成的损失值，就称为“后悔值”。然后按模式选出最大后悔值，在最大后悔值中选出后悔值最小的，其对应的模式就是企业所要选择的模式，这种决策方法是较为保险的一种决策。

根据此例所给的资料，计算出各种状态下各模式的后悔值，如表 9-4 所示。

表 9-4　某企业在三种自然状态下 3 种模式的后悔值　单位：万元

自然状态	物流模式		
	自营模式	联盟模式	外包模式
市场需求大	90（90−65 = 25）	70（70−65 = 5）	65（65−65 = 0）
市场需求一般	50（50−35 =15）	35（35−35 = 0）	45（45−35 = 10）
市场需求小	10（10−10 = 0）	13（13−10 = 3）	30（30−10 = 20）

根据表 9-4 的计算结果可以看出，3 种模式的最大后悔值分别为 25 万元、5 万元和 20 万元。其中联盟模式的最大后悔值最小，此时企业可选择该模式为满意的模式。

从上面介绍的 5 种准则可以看出，同一问题按不同的准则来决策，决策的结果也会存在着差异。因此，企业在用非确定型决策方法选择物流模式时，应结合实际情况，选择适合的决策准则进行决策。

（3）风险型决策。风险型决策是指在目标明确的情况下，依据预测得到不同自然状态下的结果及出现的概率所进行的决策。由于自然状态并非决策所能控制，因而，决策的结果在客观上具有一定的风险，故称为风险型决策。

风险型决策通常采用期望值准则。一般是先根据预测的结果及出现的概率计算期望值，然后根据指标的性质及计算的期望值结果进行决策。产出类性质的指标，一般选择期望值大的方案；投入类性质的指标，一般选择期望值小的方案。

例题：某企业计划通过选择合适的物流模式，以满足市场需求，从而提高产品的销售收入。现有 3 种物流模式（自营、联盟、外包）可供企业选择，各种资料如表 9-5 所示，问企业应选择哪种物流模式？

表 9-5　资料表　　单位：万元

自然状态	概率	销售收入		
		自营	联盟	外包
市场需求大	0.5	1 000	1 200	1 500
市场需求一般	0.3	800	700	1 000
市场需求小	0.2	500	400	300

根据上述资料，计算出 3 种物流模式的期望销售收入分别为 840 万元、890 万元和 1 110 万元。外包物流模式的期望值最大为 1 110 万元，故该模式可作为企业比较满意的模式。

根据以上例题，市场需求规模的概率是根据主观假设的，可能与真实的市场需求存在偏差。假设该企业可以开展市场调查研究，这会为管理者提供信息以帮助他们提高估计自然状态概率的准确性。

为了了解这种信息的潜在价值，假设调查研究能提供自然状态的完美信息，也就是说，在做出决策之前，公司十分确定哪种自然状态会发生。

当完美信息能被获取时，公司的最优决策应表述如下。

如果市场需求大，那么最优决策方案就是外包模式，销售量为 1 500 万元；

如果市场需求一般，最优决策方案也是外包模式，销售量为 1 000 万元；

如果市场需求小，最优决策方案是自营模式，销售量为 500 万元。

因此，该策略的期望值为 0.5×1 500+0.3×1 000+0.2×500=1 150（万元），这个 1 150 万元的期望值称为有完美信息的期望值。

与此策略形成对比，在此之前，我们使用期望值法得出的推荐方案是外包模式，其期望值为 1 110 万元。由于这个 1 110 万元的期望值的计算没有用到完美信息，所以我们将这个 1 110 万元称为无完美信息的期望值。

有完美信息的期望值是 1 150 万元，而无完美信息的期望值是 1 110 万元，因此，在有完美信息条件下期望值增加 40 万元。换句话说，40 万元表示获知关于自然状态的完美信息后所增加的那部分期望值。

一般来说，市场调查研究并不能提供“完美”信息；然而，如果市场调查研究做得很好的话，那么信息的价值可能会是 40 万元中的相当大的部分。在上面的例子中，给定完美信息的期望值（Expected Value of Perfect Information，EVPI）为 40 万元，如果市场调查成本是可控的（40 万元以内），公司可能会认真地考虑做一个市场调查，作为了解更多有关自然状态信息的一种途径。

【小资料】

一般而言，完美信息的期望值（*EVPI*）为：

$$EVPI=|EVwPI-EVwoPI|$$

式中：*EVPI*——完美信息的期望值；

EVwPI——有关于自然状态的完美信息的期望值；

EVwoPI——无关于自然状态的完美信息的期望值。

注意：式中的绝对值的作用。对于最小化问题来说，有完美信息的期望值总是小于或等于无完美信息的期望值的。这样，*EVPI* 就是 *EVwPI* 和 *EVwoPI* 之差的数量值。

9.3 第四方物流

9.3.1 第四方物流的概念

第四方物流（Forth Party Logistics，4PL）的概念是 1998 年由美国的埃森哲公司率先提出的，其专门为第一方、第二方和第三方提供物流规划、咨询、物流信息系统、供应链管理等服务。第四方物流的定义是"一个调配和管理组织自身的及具有互补性的服务提供商的资源、能力与技术，来提供全面的供应链解决方案的供应链集成商"。

第四方物流充分利用了一批服务提供商的能力，包括第三方物流、信息技术供应商、合同物流供应商、呼叫中心、电信增值服务商等，再加上客户的能力和第四方物流自身的能力，可以快速提升效益，具体表现在以下几个方面。

（1）利润增长：第四方物流的利润增长将取决于服务质量的提高、实用性的增加和物流成本的降低。由于第四方物流关注的是整条供应链，而非仓储或运输单方面的效益，因此其为客户及自身带来的综合效益会出现惊人进展。

（2）运营成本降低：可以通过提高运作效率，降低采购成本来实现，即利用整条供应链外包功能达到节约的目的。

（3）工作成本降低：采用现代信息技术、科学的管理流程和标准化管理，使存货和现金流转次数减少以降低工作成本。

（4）提高资产利用率：客户通过第四方物流减少了固定资产占用，提高了资产利用率，使得客户通过投资研究设计、产品开发、销售与市场拓展等获得的经济效益不断提高。

【小案例】

Exel 公司是一家世界级的供应链管理公司，Exel 的业务发展经历了很长的时间，从小到大、从偏到全，主要业务起源于物流基础比较发达的欧洲、北美洲。Exel 分为 5 大业务部门：欧洲部、美洲部、开发和自动化部、技术和全球管理部以及亚太部。该公司全球网点达到 1 300 个，拥有 50 000 多名员工。

目前，该公司 3 家主要运营子公司为 Exel、Msas 全球物流公司和 Cory Environmental。Msas 是世界上规模最大的货代之一，在全球范围内提供多式联运、地区配送、库存控制、增值物流、信息技术和供应链解决方案等各项服务。Cory Environmental 是英国规模最大的废品处理公司之一。Exel 在地面运输供应链服务方面占有很强的市场地位，所提供的服务包括仓储和配送、运输管理服务、以客户为中心的服务、JIT（Just-In-Time）服务和全球售后市场物流服务。

作为物流管理需求者的战略伙伴，Exel 公司提供全方位的物流服务，包括仓储及商品分发、运输经营及管理、销售定位、供应链管理、JIT（Just-In-Time）服务及全球市场物流管理。

Exel 公司具有丰富的项目管理的能力及企业生产经验，因此有助于客户将业务推广至新的区域及市场。在先进的信息技术的支持下，Exel公司将会为新兴的电子商务提供物流服务。

Exel 对客户的供应链管理的实施分为四个阶段：定义、设计、流程分析、实施。每个阶段均有与之相应的企业指导软件支持。Exel 提供一套系统性的解决方案，以确保实施和操作到达创造性及最大透明度。

定义：供应链设计小组识别现有的流程及市场发展的前景。

设计：最优的解决方案是按照客户的需求及拓展市场的需要来设计。在考虑到外部各种可能因素的基础上，利用模拟技术设计最优的操作流程以优化企业的成本。

流程分析：在最佳的流程选定后，对流程的每一个环节具体分析，然后详细规定每一个操作细节。

实施：将设计的最优工作流程付诸实践。

（资料来源：百度百科）

案例点评：

可以看出，第四方物流的出现是市场整合的结果，与第三方物流注重实际操作相比，第四方物流更多地关注整个供应链的物流活动。从这个意义上讲，第四方物流是中国物流业发展和提升的助力器。

4PL 和 3PL 是存在显著区别的：4PL 偏重于通过对整个供应链的优化和集成来降低企业的运行成本，而 3PL 则是偏重于通过对物流运作和物流资产的外部化来降低企业的投资和成本。

4PL 的优势在于：能给客户提供最接近要求的完美的服务；能提供一个综合性的供应链解决方案；能利用第四方的信息资源、管理资源和资本规模为企业打造一个低成本的信息应用平台；能为企业提供低成本的信息技术。

3PL 主要是为企业提供实质性的具体的物流运作服务，由于本身的技术水平不高，能为客户提供的技术增值服务比较少。4PL 刚好相反，4PL 的专长是物流供应链技术，它具有丰富的物流管理经验和供应链管理技术、信息技术等，但 4PL 的不足在于自身不能提供实质的物流运输和仓储服务。

9.3.2 第四方物流运作模式

1. 协同运作模式

这种模式下，第四方物流只与第三方物流有内部合作关系，即第四方物流服务供应商不直接与企业客户接触，而是通过第三方物流服务供应商将其提出的供应链解决方案、再造的物流运作流程等进行实施。第四方物流与第三方物流共同开发市场，第四方物流向第三方物流提供一系列服务，包括技术、供应链整合策略、进入市场的能力和项目管理的能力等。它们一般会采用商业合同的方式或者战略联盟的方式进行合作，如图 9-4 所示。

2. 方案集成商模式

在方案集成商模式中，第四方物流作为企业客户与第三方物流的纽带，将企业客户与第三方物流连接起来，第四方物流为客户提供运作和管理整个供应链的解决方案。第四方物流对自身及第三方物流的资源、能力和技术进行综合管理，并借助第三方物流为客户提供全面的、集成的供应链解决方案，而第三方物流通过第四方物流的方案为客户提供服务。该运作模式如图 9-5 所示。

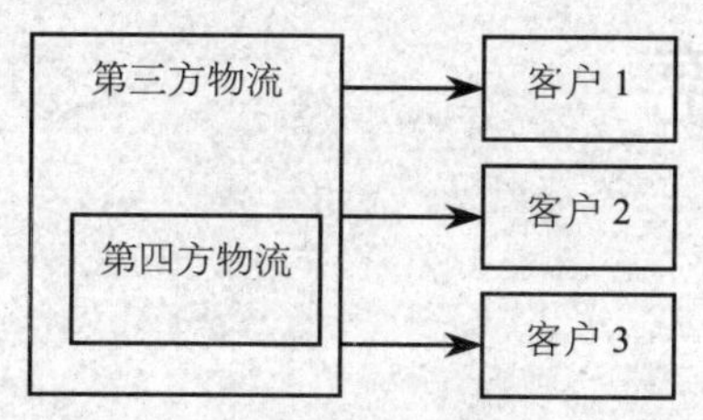

图 9-4 第四方物流的协同运作模式

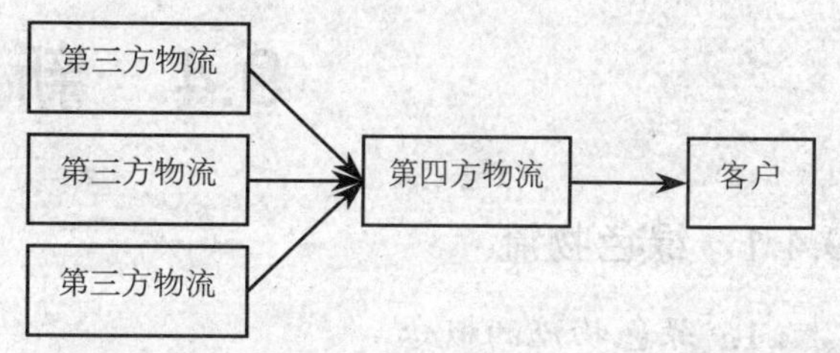

图 9-5 第四方物流的方案集成商模式

3. 行业创新者模式

行业创新者模式和方案集成商模式相同，都是作为第三方物流和客户沟通的桥梁，将物流运作的两个端点连接起来。但在行业创新者模式中第四方物流是为同一行业的多个客户开发和提供一套促进同步化和合作的供应链解决方案，以整合整个供应链的职能为重点，将第三方物流加以集成整合，而不是只针对一个企业客户进行物流管理。第四方物流会通过卓越的运作策略、技术和供应链运作实施来提高整个行业的效率，给整个行业带来最大的利益。该运作模式如图 9-6 所示。

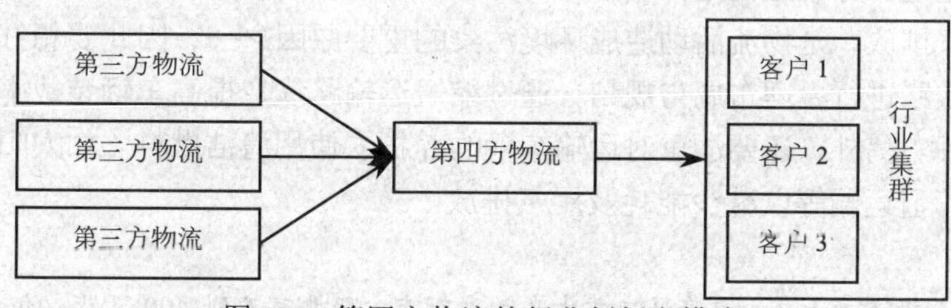

图 9-6 第四方物流的行业创新者模式

【小资料】

第五方物流（Fifth Party Logistics，5PL）指由物流信息服务商提供的物流信息服务，包括提供更大的地理区域内、更多的行业、更多的企业供应链物流信息的搜集、设计、整理、分析、开发、集成和推广等。

第五方物流并不从事任何具体的物流活动，严格地讲，它属于电子商务或信息中介企业。第五方物流的服务内容是利用网络、信息技术（IT）以及电子商务等技术整体协调整个供应链，并提供新型供应链物流运作解决方案。

第五方物流服务产品具有集成化、标准化、差异化、系统化四大特征，通过运用物流系统规划技术，通过定性与定量分析相结合的方法，找到准确的市场定位；通过顶层设计，构建一个用户之间可以寻求多种组合的服务体系，构成多接口、多用户、跨区域、无时限的物流服务平台，如表 9-6 所示。

表 9-6 第五方物流服务产品

特征	服务产品
集成化（经营能力）	以 IT 技术整合供应链各环节，通过将平台系统嵌进客户的实际运作中，可以达到实时收集物品的动态信息，实现跟踪、监控、评估、及时反馈运作信息
标准化（产品类别）	通过对标管理、系统化衔接，可以有效促进物流的标准化
差异化（市场定位）	通过系统规划技术，利用定性分析与定量分析相结合的方法，找到准确的市场定位
系统化（服务体系）	通过顶层设计，构建一个用户之间可以寻求多种组合的服务体系，构成多接口、多用户、跨区域、无时限的物流服务平台

9.4 新型物流

9.4.1 绿色物流

1. 绿色物流的概念

绿色物流（Environmental Logistics）是指以降低污染物排放、减少资源消耗为目标，通过先进的物流技术和面向环境管理的理念，进行物流网络系统的规划、控制、管理和实施。我国《物流术语标准》将绿色物流定义为：绿色物流是指在物流过程中抑制物流对环境造成危害的同时，实现对物流环境的净化，使物流资源得到最充分的利用。

2. 绿色物流的构成

从物流作业环节来看，它包括绿色运输、绿色包装、绿色仓储与保管、绿色装卸搬运、绿色流通加工等。

（1）绿色运输。绿色运输是指以节约能源、减少废气排放为特征的运输。运输过程中的燃油消耗和尾气排放，是物流活动造成环境污染的重要原因之一，因此要想打造绿色物流，首先要对运输线路进行合理布局与规划，通过缩短运输路线、提高车辆装载率等措施，实现节能减排的目标。另外，还要注重对运输车辆的养护、使用清洁燃料（如太阳能）改变运输方式，如采用管道运输等以减少能耗及尾气排放。

【小资料】

据《新京报》报道：土豆主要产区内蒙古乌兰察布市，距北京不到 400 千米，但这里的大批土豆要进京，竟需要到 800 多千米外的山东寿光市，然后再“旅行”约 500 千米进京。外地蔬菜进京，为何舍近求远？在寿光物流园，来自内蒙古的一位客商说，一车土豆直接进京十天半月也卖不完，成本高，拉到寿光市场，这里菜品多，买家多，一车土豆两三天就卖了，返程时配上其他高价菜运到北京销售，也有账可算。记者在寿光采访时遇到一位从江苏运白菜的司机，他说：“白菜在江苏附近卖不上价，所以多绕点路，拉到寿光来配菜，走货快，卖价也能高点。”

再以北京为例，蔬菜从南四环不远的新发地蔬菜集贸市场转运到西四环边上的岳各庄批发市场，蔬菜成本将增长 30%，这还不是最重要的环节，最重要的环节可能是最后的 200 米，甚至 100 米。这最后 100 米有一个不得不付出的成本，就是罚款。到了城里以后，货车不让继续走，一个货车就要分装成很多小面包车，当然这样的违规行为将面临罚款。

（资料来源：中国网络电视台——今日观察）

（2）绿色包装。包装物的绿色化是绿色物流管理的重要组成部分。绿色包装是指能够循环利用、再生利用或降解腐化，且在产品的整个生命周期中对人体及环境不造成公害的适度包装。包装是物流活动的一个重要环节，应尽量采用简化的、可降解材料制成的包装。流通过程中尽量采用可重复使用的包装，主动积极进行包装材料的回收再利用等。绿色包装可以提高包装材料的回收利用率，有效控制资源消耗，避免环境污染。推行绿色包装的目的，就是要以最大限度地保护自然资源，形成最小数量的废弃物和最低限度的环境污染。

【小资料】

2011 年 10 月 20 日，上海市包装技术协会绿色包装委员会，组织了一次上海市优秀绿色包装专家评选。与会人员应用生命周期分析方法，从原料来源、生产加工工艺过程对环境的影响、产品设计及应用性能、包装使用后的环境适应性等各个方面，对申报产品进行了审视，最后评选出了六项2011年上海市优秀绿色包装产品。

这些产品不仅均符合绿色包装的理念，且各具鲜明特色，有良好的市场适应性。例如“减量化钢制两片罐”从原来每只罐重29.8克减少到23.6克（原料耗用量下降了20%），生命周期的二氧化碳排放量从192克下降到170克（二氧化碳排放量下降11.5%），社会、经济效益显著，年经济效益在3 000万元以上；“液体食品无菌包装用纸基复合材料”，利用高阻隔塑料薄膜，代替传统的纸塑铝无菌包装材料中的铝箔，获得了良好的成效，节约了珍贵的金属材料——铝箔，大幅度降低了成本、提高了市场竞争能力，不仅在国内的上海申美公司、汇源公司等知名公司得到了实际应用，而且开始销往西亚、中东等地区；“快尔卫（Cryovac®）真空收缩包装”，用于肉类食品包装，作为世界知名品牌，以安全卫生性能突出、包装效果卓著而蜚声中外；“口腔溃疡含片系列包装盒”，选用高新装备、技术及环保型原辅材料生产，确保生产过程的节能环保。其主要原料300克茴长白卡纸，夹层为回收浆，节约、环保理念突出；“厚型刨花板（木屑垫块）”采用木材加工厂的木屑、刨花等废弃物资为原料，年生产量达40 000立方米，得到用户好评。作为一种典型的变废为宝产品，其对人类的可持续发展，做出了积极的贡献；“纸塑铝复合包装再生合成托盘”，利用回收的废弃纸塑铝饮料盒为原料，制造的商品周转托盘，在伊利集团得到了实际应用，通过将纸塑铝复合材料，通过粉碎、造粒、直接挤出成型生产制品，技术上有明显的创新点，对废弃复合型塑料包装材料的回收利用，具有很好的启示与示范作用。

（资料来源：中国包装网）

（3）绿色仓储与保管。绿色仓储与保管是在储存环节为减低储存货物对周围环境的污染以及对人员的辐射侵蚀，同时避免储存物品在存储过程中的损耗而采取的科学合理的存储保管策略体系。在整个物流仓储与保管过程中要运用最先进的保质、保险技术，保障存货的数量和质量，在无货损的同时消除污染，尤其要注意防止有毒化学品、放射性商品、易燃易爆商品的泄漏和污染。绿色仓储一方面要求仓库选址要合理，有利于节约运输成本；另一方面，仓储布局要科学，使仓库得以充分利用，实现仓储面积利用最大化，减少仓储成本。一般在储存环节，应加强科学防护，采取现代化的储存保养技术，加强日常的检查与防护措施，使仓库设备和人员尽可能少地受到侵蚀。

（4）绿色装卸搬运。装卸是发生在输送、储存、包装前后的商品取放活动。绿色装卸搬运是指企业在装卸过程中进行正当装卸，尽可能减少装卸搬运环节产生的粉末烟雾等污染物，避免商品的损坏，进而避免资源浪费及废弃物对环境造成污染而采取的现代化的装卸搬运手段及措施。另外，绿色装卸还要求企业消除无效搬运，提高搬运的灵活性，合理利用现代化机械，保持物流的均衡顺畅。

（5）绿色流通加工。绿色流通加工指在流通过程中继续对流通中的商品进行生产性加工，使其成为更适合消费者需要的最终产品。流通加工具有较强的生产性，也是流通部门在环境保护方面可以大有作为的领域。绿色流通加工主要包括两个方面措施：一是变消费者加工为专业集中加工，以规模作业方式提高资源利用效率，减少环境污染，如饮食服务业对食品进行集中加工，以减少家庭分散烹调所带来的能源和空气污染；二是集中处理消费品加工中产生的边角废料，以减少消费者分散加工所造成的废弃物污染，如流通部门对蔬菜集中加工，可减少居民由于分散加工而造成的垃圾丢放等环境治理问题。

9.4.2 冷链物流

1. 冷链物流的概念

冷链物流的概念最早是由美国人 Albert Barrier 和英国人 O.A.Ruddich 于 1984 年先后提出的。但是当时由于受到各种因素的影响，一直没有得到足够的重视，直到 20 世纪 40 年代，冷链物流才得以迅速发展。

冷链物流引入中国相对较晚，2001 年国家标准《物流术语》定义了冷链物流的概念："冷链物流是为保持新鲜食品及冷冻食品等的品质，使其在从生产到消费的过程中，始终处于低温状态的配有专门设备的物流网络。温度保持在 0℃以下的仓库区域为冷冻区，温度保持在 0～10℃范围内的仓库区域为冷藏区。"

2006 年国家标准《物流术语》将冷链的定义修订为"根据物品特性，为保持其品质而采用的从生产到消费的过程中始终处于低温状态的物流网络"，并对物流网络做了明确的定义"物流网络是物流过程中相互关联的组织、设施和信息的集合"。

冷链物流的适用范围包括以下几个方面。

（1）初级农产品，包括蔬菜、水果；肉、禽、蛋；水产品、花卉产品等。

（2）加工食品，包括速冻食品、禽、肉、水产等包装熟食、冰激凌和奶制品；快餐原料等。

（3）特殊商品，包括药品等。

由于食品冷链是以保证易腐食品品质为目的，以保持低温环境为核心要求的供应链系统，因而它比一般常温物流系统的要求更高、更复杂，建设投资也要大很多。由于易腐食品的时效性要求冷链各环节具有更高的组织协调性，因而，食品冷链的运作始终是和能耗成本相关联的，有效控制运作成本与食品冷链的发展密切相关。

【小资料】

冷链物流"金字塔型客户"分为 7 层，塔顶客户为高附加值的医药、餐饮连锁、快消品类，冷链物流多数采取外包形式；向下为工业制品和加工型乳制品、速冻米面食品类，也是冷链物流竞争最佳激烈的市场；然后是食材型禽肉和水产类，塔底型客户为果蔬、农产品类，如图 9-7 所示。

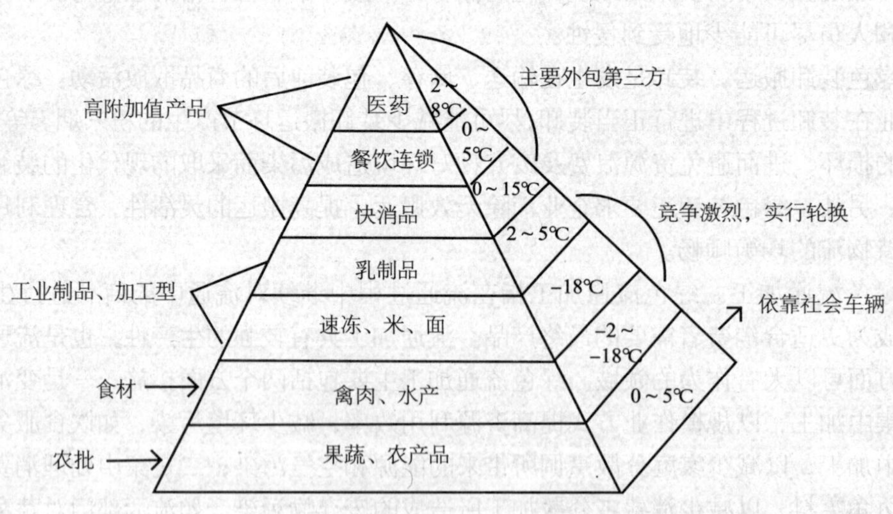

图 9-7　冷链物流金字塔客户分类

（资料来源：中国冷库网）

2. 冷链物流的特点

（1）复杂性。冷链物流必须遵循 3T 原则，即物流的最终质量取决于冷链的储藏温度（Temperature）、流通时间（Time）和产品本身的耐储藏性（Tolerance）。冷藏物品在流通过程中质量随着温度和时间的变化而变化，不同的产品都必须要有对应的温度控制和储藏时间。这就大大提高了冷链物流的复杂性，所以说冷链物流是一个庞大的系统工程。

（2）协调性。由于易腐生鲜产品的不易储藏性，要求冷链物流必须高效运转，物流过程中的每个环节都必须具有协调性，这样才能保证整个链条的稳定运作。

（3）高成本性。为了确保易腐生鲜产品在流通各环节中始终处于规定的低温条件下，必须安装温控设备，使用冷藏车或低温仓库。为了提高物流运作效率又必须采用先进的信息系统等。这些都决定了冷链物流的成本比其他物流系统成本偏高。

3. 冷链物流的构成

通常情况下，食品冷链由冷藏加工、控温储藏、冷藏运输及配送、冷藏销售 4 个方面构成。

（1）冷藏加工。其包括肉禽类、鱼类和蛋类的冷却与冻结，以及在低温状态下的加工作业过程，也包括果蔬的预冷、各种速冻食品和奶制品的低温加工等。在这个环节上主要涉及的冷链装备是冷却、冻结装置和速冻装置。

（2）控温储藏。其包括食品的冷却储藏和冷冻储藏，以及水果蔬菜等食品的气调储藏，它保证食品在储藏和加工过程中的低温保鲜环境。在此环节主要涉及各类冷藏库/加工间、冷藏柜、冻结柜及家用冰箱等。

（3）冷藏运输及配送。其包括食品的中、长途运输及短途配送等物流环节的低温状态。它主要涉及铁路冷藏车、冷藏汽车、冷藏船、冷藏集装箱等低温运输工具。在冷藏运输过程中，低温波动是引起食品品质下降的主要原因之一，所以运输工具应具有良好的性能，在保持规定低温的同时，更要保持稳定的温度，远途运输尤其重要。

（4）冷藏销售。其包括各种冷链食品进入批发零售环节的冷冻储藏和销售，它由生产厂家、批发商和零售商共同完成。随着大中城市各类连锁超市的快速发展，各种连锁超市正在成为冷链食品的主要销售渠道，在这些零售终端中，大量使用了冷藏/冷冻陈列柜和储藏库，它们成为完整的食品冷链中不可或缺的重要环节。

9.4.3 电子物流

1. 电子物流的概念

电子物流（Electronic Logistics）也称为物流电子化或物流信息化，它是指利用电子化的手段，尤其是利用互联网技术来完成物流全过程的协调、控制和管理，实现从网络前端到最终客户端的所有中间过程的服务，其最显著的特点是各种软件技术与物流服务的融合应用。

电子物流的功能十分强大，它能够实现系统之间、企业之间以及资金流、物流、信息流之间的无缝链接，而且这种链接同时还具备预见功能，可以在上下游企业间提供一种透明的可见性功能，帮助企业最大限度地控制和管理库存。同时，由于全面应用了客户管理、商业智能、计算机电话集成、地理信息系统、全球定位系统、无线互联技术等先进的信息技术手段，以及配送优化调度、动态监控、智能交通、仓储优化配置等物流管理技术和物流模式，电子物流提供了一套先进的、集成化的物流管理系统，从而为企业建立敏捷的供应链系统提供了强大的技术支持。

2. 电子物流的特点

电子物流的特点可以归纳为信息化、自动化、网络化和智能化，具体内容如下。

（1）信息化。物流信息化表现为物流信息的商品化、物流信息收集的自动化、物流信息处理的电子化和计算机化、物流信息传递的标准化和实时化、物流信息存储的数字化等。信息化是一切的基础，没有物流的信息化，任何先进的技术设备都不可能应用于物流领域。

（2）自动化。物流自动化的基础是信息化，核心是机电一体化，外在表现是物流活动的程序化批处理。物流自动化的效果是省人、省力，另外还可以扩大物流作业能力、提高劳动生产率、减少物流作业的差错等。物流自动化的设施非常多，如条码、射频自动识别系统、货物自动分拣与自动存取系统、自动导向车及货物自动跟踪系统等。

（3）网络化。物流网络化是物流配送系统的计算机信息网络，包括物流配送中心与供应商或制造商的联系要通过计算机网络，另外与下游顾客之间的联系也要通过计算机网络进行。例如，物流配送中心向供应商提出订单的这个过程，就可以使用计算机通信方式，借助于增值网上的电子订货系统和电子数据交换技术来自动实现，物流配送中心通过计算机网络收集下游客户订单的过程也可以自动完成。

（4）智能化。物流智能化是物流自动化、信息化的一种高层次应用。物流作业过程中大量的运筹和决策，如库存水平的确定、运输（搬运）路径的选择、自动导向车的运行轨迹和作业控制、自动分拣机的运行、物流配送中心经营管理的决策支持等问题都需要借助于大量的支持才能解决。而在物流自动化的进程中，物流智能化同样是不可回避的技术难题。

3. 电子物流与传统物流的区别

由于顾客在网上的购买行为与传统的购买行为有所不同，因此也就决定了电子物流服务形式、手段的特殊性。在网上购物的顾客希望在网上商店寻觅到所需的特定商品，并且希望能够得到实时的信息反馈，诸如是否有存货、何时能够收到货物等实时信息，同时他们也十分关注如果在网上选购的物品不甚理想或者物品在运输途中受损，是否能够及时、便利地办理退货等问题。因此，传统物流服务与电子物流服务之间是存在很大差别的，如表 9-7 所示。

表 9-7 传统物流服务与电子物流服务比较

	传统物流	电子物流
业务推广力	物质财富	IT 技术
服务范围	单项物流服务（运输、仓储、包装、装卸、配送等）	综合性物流服务，同时提供更广泛的业务范围，如网上前端服务等

续表

	传统物流	电子物流
通信手段	传真、电话等	大量应用互联网、EDI技术
仓储	集中分布	分散分布，分拨中心更接近顾客
包装	批量包装	个别包装，小包装
运输频率	低	高
交付速度	慢	快
IT技术	少	多
订单	少	多

由于认识到电子物流将带来的市场机遇，传统的提供仓储分拨业务、运输业务的服务提供商纷纷涉足电子物流业务以开发市场，更有一些新进入该领域的服务提供商十分看好其发展潜力，也希望能够在电子物流市场上分得一杯羹。

要点回顾

我们将第一方物流与第二方物流统称为自营物流。第一方物流是由卖方、生产者或供应方组织的物流，第二方物流是由买方、销售者组织的物流。

第三方物流是接受客户委托为其提供专项或全面的物流系统设计以及系统运营的物流服务模式。

第四方物流的定义是“一个调配和管理组织自身的及具有互补性的服务提供商的资源、能力与技术，来提供全面的供应链解决方案的供应链集成商”。

绿色物流是指在物流过程中抑制物流对环境造成危害的同时，实现对物流环境的净化，使物流资源得到最充分的利用。

冷链物流的定义为“根据物品特性，为保持其品质而采用的从生产到消费的过程中始终处于低温状态的物流网络”。

电子物流也可称为物流电子化或物流信息化，它是指利用电子化的手段，尤其是利用互联网技术来完成物流全过程的协调、控制和管理，实现从网络前端到最终客户端的所有中间过程服务，其最显著的特点是各种软件技术与物流服务的融合应用。

本章习题

一、名词解释

自营物流　第三方物流　绿色物流　冷链物流　电子物流

二、简答题

1．自营物流模式有哪些优缺点？

2．简述第三方物流产生的原因。

3．简述第四方物流的运作方式。

4．简述冷链物流的特点。

5．绿色物流主要由哪几部分构成？

三、案例分析题

与行业普遍将物流交给众包模式承担不同，百度外卖一直坚持自建物流，打造 4 万骑士并实行 IT 化管理。百度外卖这一模式也一直成为行业争议的焦点之一，部分观点认为百度外卖以重金投入自建物流，形成类似京东的“重模式”，成本相对众包模式高出太多，而众包模式可以让外卖平台的负担大为减轻，“轻模式”更能跑步布局外卖市场。

自上线伊始，百度外卖即选择了一条差异化的发展道路：一方面坚持聚焦于中高端白领及住宅用户；另一方面则围绕着目标用户的核心痛点，大力推进物流体系的建设以保障送餐体验。根据 QuestMobile 发布的调研报告数据显示，百度外卖在 3 000 元以上手机机型以及 iOS 端使用时长均高于美团外卖与饿了么。百度外卖虽为行业后起之秀，但仅用两年时间即占据白领外卖市场头把交椅，一方面缘于沉淀优质商户，从源头上把控质量，与品牌连锁商家合作，提供有安全保障的菜品，为白领打造放心外卖；而另一方面则是物流配送带来的无缝体验。

事实上，以外卖质量为第一选择的白领用户，对送餐超时、送餐时间无规律性问题容忍度最低。这决定一个真正以白领市场为核心的外卖平台必须保证物流在完全可控的状态下。百度外卖让整个行业重新定义物流的价值，其自建物流树立了数十项物流运营标准，覆盖供应商、运营、骑士、调度、项目及相关线上产品，实现物流运营全流程标准化。

同时，百度外卖依托人工智能打造全新的“智能调度系统 4.0”，采用多品类、多工具、多模式的智能化派单模式，基于多点到多点的大数据计算，实现了高效配送。此外，百度地图的 LBS（Location Based Service，LBS）精准定位、POI（Point of Interest，POI）信息以及实时交通数据等，也为百度外卖建立智能物流带来独有的便利条件。基于人工智能技术，百度外卖创新的“专职+派单”模式已经成为业内公认保证物流服务品质的最好方法，物流团队配送平均时长由原来的 37 分钟缩短至 32 分钟，准时率达 98.78%。在智能调度系统的支撑下，“百度骑士”每天可以比同行多派送 30%的订单，而配送时间减少 25%。

相比之下，众包模式最核心的问题是无法保证平台与物流的对接效率，其次，社会化物流因为雇佣的大多是临时工，所以付出的费用并不低。而以“抢单”为主要形式的轻模式虽然可以跑得更快，但因为送餐员水平参差不齐且工作闲散，极容易损害长尾用户体验。物流体系的完善性是外卖 O2O 未来的核心竞争力，百度外卖自建物流的优势已开始显现。

（资料来源：网易新闻 http://news.163.com/16/0907/17/C0CKSK4V00014AED.html）

思考题：

（1）通过查找资料，了解“众包模式”“LBS 精准定位”“POI 信息”“长尾用户”等案例中出现的名词含义。

（2）思考一下，选择合适的物流模式需要考虑哪些因素？

（3）百度外卖采用了什么物流模式？为什么？

四、拓展实践

作为电子商务企业运营的重要环节，物流决定着一个企业的“生死存亡”，适当的物流模式，不但能够降低企业的运营成本，还可以提高顾客的忠诚度和满意度。请同学们课后通过查找相关材料，对比京东、当当、淘宝、亚马逊等电子商务企业的物流模式，并分析其原因。

第 10 章　供应链管理

【内容提要】

电子商务模式的出现为企业实施供应链管理提供了有力的信息技术支持和广阔的活动舞台，不仅使得供应链上各节点企业之间的信息更易共享、联系更为紧密，而且使供应链的整体运作更为高效。本章介绍了电子商务背景下的供应链管理的概念、模式和管理策略，以及供应链中的牛鞭效应、供应商管理库存等内容，最后还介绍了供应链领域的新兴理念。

学习完本章后，希望读者掌握：

（1）“推式”与“拉式”供应链模式；

（2）牛鞭效应的成因和解决策略；

（3）供应商管理库存的价值；

（4）几种重要的供应链管理策略。

引导案例

利丰集团是中国香港地区甚至世界范围内商贸业的一个著名创新者。利丰的当家人冯国经、冯国纶兄弟，被称为“亚洲最有头脑的商人”。利丰独具特色的全球供应链管理，更使其四度成为哈佛商学院 MBA 的教学案例。从 1906 年创办以来的 100 年间，特别是 20 世纪 80 年代以后随着经济全球化的推进，利丰的业务角色，可以说随着全球经济的演变，经历了从简单中间商到全球供应链管理者的历史性转变。

在竞争日趋激烈的国际市场环境下，利丰管理层极为重视“零售价里的软三元”（The Soft $3）：即一件商品在美国的零售价是 4 美元，其生产成本仅为 1 美元，要再减已经非常困难，但另外 3 美元则是供应链各个环节的价值，包括产品设计、原材料采购、物流运输、批发零售、信息和管理等，在这些方面企业有很多机会节省获利。传统的市场智慧，是研究如何把这价值 4 美元的产品卖得更多、卖价更高。但最好的办法是向供应链上的 3 美元增值入手。只要售价不变，来自供应链上的收益，就可直接增加盈利，这就是冯氏兄弟（利丰集团掌门人）的经济哲学。因此，利丰积极拓展全球性的采购经销网络，通过不断改善供应链管理赚取这“软三元”。

为了能在全球范围内为客户打造最优化的供应链，利丰非常重视供应链各节点上企业的紧密合作。利丰通过其庞大的全球采购网络，与各种不同类型的生产商保持长期的密切合作，建立了互信关系，利丰能为其网络中的生产商带来一定数量、价格合理的订单，生产商也愿意在预订产能、快速生产和各种生产细节上与利丰配合，并提供最高的生产弹性，以便利丰能为客户度身订造最优化的供应链。利丰供应链管理的思想，就是强调各企业核心能力要素的优化组合。由于企业的资源有限，企业要在各种行业和领域都获得竞争优势十分困难，因此它必须集中资源在某个所专长的领域，即核心业务上，这样才能在供应链上取得一个位置。

企业具有在核心业务上出色的竞争能力是伙伴们愿意合作的前提。供应链管理强调的是企业根据自己的核心业务能力，在供应链上扮演一个专门的、不可替代的角色，只有这样，其他企业才无法轻易取而代之。同时，企业应将非核心业务，以外包的模式交给其他更专业的企业，使整条供应链发挥更大的效果。如果企业缺乏或者不理解自己的核心业务，或把资源分散到没有优势的业务上面，将难以在供应链上明确定位，其在供应链上的位置便容易被其他企业取代。

企业的核心业务由多项核心竞争力支持，这些核心竞争力需要企业不断维护和强化，以保持与竞争对手的距离。跨国界生产体现了各个企业依其核心竞争力进行分工的情况：将供应链分析，让每个企业集中于其专长的某一个或几个环节或生产工序，通过有效率的运输，使生产活动得以在世界各个角落进行配置，联结成为一条有竞争力的供应链。

（来源：MBA 智库）

【案例思考】

随着供应链理论的兴起和普及，越来越多的企业从供应链的优化中获取了极大的竞争优势。由于不同的企业情况不同，其采用的管理策略和信息共享程度也不同，使得供应链管理在不同的企业中取得了不同的效果。那么，什么是供应链？怎样进行供应链的优化？供应链管理包含哪些方面内容呢？希望读者能够通过本章的学习得出答案。

10.1　供应链与供应链管理概述

供应链的提出和发展源于以下背景。

1. 全球一体化

纵观整个世界技术和经济的发展，全球一体化的程度越来越高，跨国经营越来越普遍。以制造业为例，产品的设计可能在日本，而原材料的采购可能在中国大陆或者巴西，零部件的生产可能在印度尼西亚、中国台湾等国家和地区同时进行，然后在中国大陆组装，最后销往世界各地。在这个产品进入消费市场之前，相当多的公司事实上参与了产品的制造，而且由于不同的地理位置、生产水平、管理能力，从而形成了复杂的产品生产供应链网络。工业革命以来，全球的产品生产日益丰富，产品消费者拥有了越来越多选择产品的余地，而技术上的进步则带来了某些产品（如电子类产品）的不断更新升级。产品生命周期的缩短导致了产品需求波动的加剧。市场供求格局对供应链适应能力的要求达到了前所未有的高度，在生产管理领域，供应链的各种理论应运而生，且已进入了实践阶段。

2. 横向产业模式的发展

20 世纪 80 年代个人计算机（PC）的产生及其随后的发展，不仅带来了电子产品技术上的进步，将世界带进了信息时代，而且还引发了世界产业模式的巨大变革。由于 IBM 的战略失误，忽视了 PC 的市场战略地位，在制定了 PC 标准之后，将属于 PC 核心技术的中央处理器以及 OS 的研发生产分别外包给 Intel 和 Microsoft 公司，在短短的 10 年内，这两个公司都发展成为世界级的巨头，垄断了行业内的制造标准，同时也改变了IBM延续了几十年的纵向产业模式，当 IBM 意图再次进入桌面操作系统和微处理器体系涉及领域，开发出 OS/2 和 Power 芯片期望推向桌面市场的时候，都遭受了惨痛的失败。20 世纪 70 年代 IBM 垄断一切的时代一去不返了。当 IBM 意识到其不再在该领域拥有优势的时候，与 Microsoft 和 Intel 的继续合作使得横向产业模式得到更好的发展。

另一个例子发生在汽车产业领域，汽车零部件供应商脱离了整车生产商而逐渐形成了零部件制造业的一些巨头。这种革命性的模式变革使人们逐渐意识到，在今天这个工业化大生产的时代，从供应链的源头到产品分销的所有环节已经几乎不可能由一家庞大的企业控制着，而是由一些企业在某些环节占据着核心优势，并通过横向发展扩大这种优势地位，集中资源发展这种优势能力。现代供应链则是由这些分别拥有核心优势能力的企业环环相扣而成，并以企业联盟和协同发展的形式，支撑这种稳定的链状结构的形成和发展。

3. 企业 X 再造

美国麻省理工学院计算机教授迈克尔·哈默（Hammer）和 CSC 顾问公司的杰姆斯·钱皮（James Champy）联名出版的《企业流程再造工商管理革命宣言》，一针见血地指出了当今组织管理制度中的弊端——部门条块分割和森严的等级制度，并给出了业务流程重组（Business Process Reengineering，BPR）的概念，以期望打破部门界限，重塑企业流程。由于部门间的界限是由于知识和数据资源的垄断带来的权力垄断造成的，因而凭借计算机技术的信息共享，透明化了企业内部流程的运作，打破了这种垄断。面对全球一体化浪潮和横向产业模式的发展，企业也已经意识到自身处在供应链的一个环节之上，就需要在不断增强自身实力的同时，加强与上下游之间的关系。而这种关系是建立在相互了解、协同作业的基础之上的，只有相互为对方带来源源不断的价值，这种关系才能够永续。在 2002 年，杰姆斯·钱皮（James Champy）又灵光闪现，将此归结为《企业 X 再造》，为企业向外部拓展过程中如何突破跨组织之间的各种界限出谋划策。随着互联网技术的发展，这种共享、协作的观念也一起跨出企业。

10.1.1 供应链的概念

根据较早期内部供应链的观点，供应链是制造企业中的一个内部过程，它是指内部产品生产和流通过程中所涉及的采购部门、生产部门、仓储部门、销售部门等组成的供需过程。这个概念局限于企业的内部操作层面，注重企业自身的资源利用。而外部供应链概念关注供应链的外部环境，认为它是一个“通过链中不同企业的制造、组装、分销、零售等过程将原材料转换成产品，再到最终用户的转换过程”。这是更大范围、更为系统的概念。

近年来供应链的概念更加注重围绕核心企业的网链关系，如核心企业与供应商、供应商的供应商乃至一切前向的关系，与用户、用户的用户及一切后向的关系。此时对供应链的认识形成了一个网链的概念。美国学者 Stevens 认为：“通过增值过程和分销渠道控制从供应商的供应商到用户的用户的流就是供应链，它开始于供应的源点，结束于消费的终点。”这个定义强调了供应链的完整性，考虑了供应链中成员的关系。

美国著名战略学家迈克尔·波特（Michael Porter）认为，供应链是一种“附加价值链”，是指商品进入消费者手中之前行业与行业之间的联系，因为在一件产品从原材料经过加工、流通等行业最终到达消费者手中的过程中，零件供货商、厂家、批发商和零售商等相关企业将通过某种附加的价值进行连锁。这一定义，更为强调“价值增加”的核心本质。

国内对供应链较为完整的定义（马士华，2000）是：供应链是围绕核心企业，通过对信息流、物流、资金流的控制，从采购原材料开始，制成中间产品以及最终产品，最后由销售网络把产品送到消费者手中的将供应商、制造商、分销商、零售商直到最终用户连成一个整体的功能网络结构模式。它是一个范围更广的企业结构模式，包含所有加盟的节点企业，从原材料的供应开始，经过链中不同企业的制造加工、组装、分销等过程，直到最终用户。它不仅是一条连接供应商到用户的物料链、信息链、资金链，而且是一条增值链，物料在供应链上因加工、包装、运输等过程而增加其价值，给相关企业都带来收益。

我国国家标准（GB/T 18354—2006）中，将“供应链”定义为“生产及流通过程中，涉及将产品或服务提供给最终用户的上游和下游企业，所形成的网链结构”。从图 10-1 中可以看出，供应链由所有加盟的节点企业组成，一般会有一个核心企业（可以是产品制造企业，也可以是大型零售企业，如美国的沃尔玛），节点企业在需求信息的驱动下，通过供应链的职能分工与合作（生产、分销、零售等），以资金流、物流和服务流为媒介实现整个供应链不断增值。

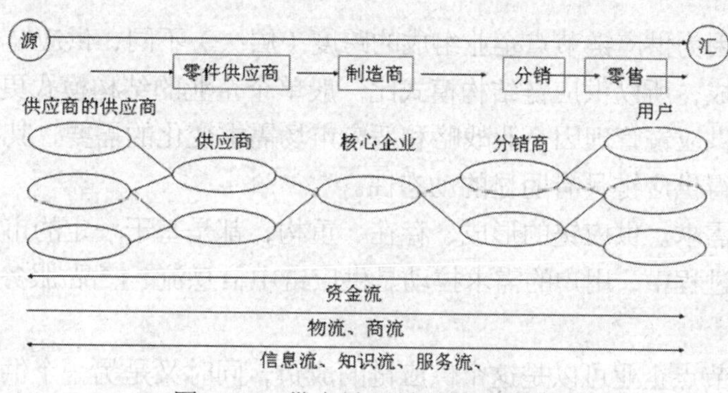

图 10-1　供应链网链结构示意图

以 HP 打印机的供应链系统为例（见图 10-2），以总机装配（FAT）为核心企业，在需求信息的驱动下，通过供应链的职能分工与合作，完成基础电路的制造、印刷电路板的组装与测试、打印机箱的制造，而这 3 个环节又分别向其供应商购买相应的资源。总机装配公司完成打印机的生产后，分别通过北美洲、欧洲和亚洲的经销商把产品传递到终端消费者手中。在这个过程中，以资金流、物流和服务流为媒介实现每个供应链环节的增值。因此，参与供应链协调合作的企业间有着与普通合作企业间不同的关系，如表 10-1 所示。

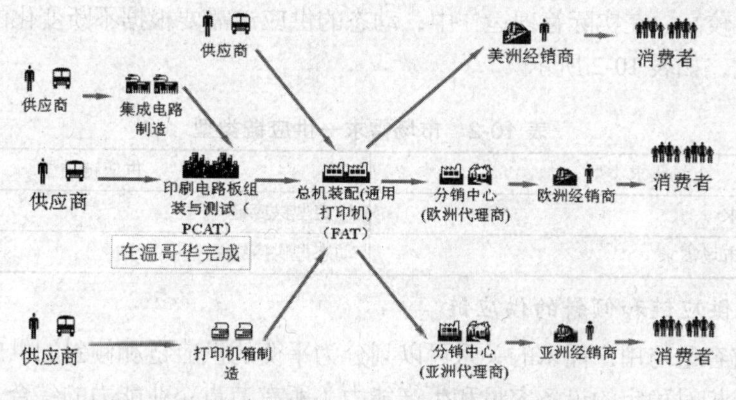

图 10-2　供应链示例：HP 打印机的供应链系统

表 10-1　供应链企业间合作关系与普通合作企业关系比较

因　　素	普通企业合作关系	供应链企业合作关系
供给市场的竞争依据	基于价格的竞争	合作的和基于技术的竞争
合作伙伴的选择依据	基于价格的竞争	长期绩效
信息转移的角色和管理	单向和封闭的	在每个方向保持信息透明
对能力的规划	各自独立的	双方共同承担并从战略上实施规划
交易处理	秘密博弈、零和博弈	合作的、降低成本分享好处、双赢
合作伙伴的管理	单个职能部门的接触，通过签订协议完成合作	多个职能部门接触，在信任的基础上自觉完成任务
产品特性	标准化的产品	顾客化、定制化的产品

资料来源：863/CIMS 主题办公室信息网

供应链是一个网链结构，由围绕核心企业的供应商、供应商的供应商和用户、用户的用户组成。一个企业是一个节点，节点企业和节点企业之间是一种需求与供应关系，供应链主要具有以下特征。

（1）复杂性。因为供应链节点企业组成的跨度（层次）不同，供应链往往由多个、多类型甚至多国企业构成，所以供应链结构模式比一般单个企业的结构模式更为复杂。

（2）动态性。供应链管理因企业战略和适应市场需求变化的需要，其中节点企业需要动态地更新，这就使得供应链具有明显的动态性。

（3）面向用户需求。供应链的形成、存在、重构，都是基于一定的市场需求而发生，并且在供应链的运作过程中，用户的需求拉动是供应链中信息流、产品/服务流、资金流运作的驱动源。

（4）交叉性。节点企业可以是这个供应链的成员，同时又是另一个供应链的成员，众多的供应链形成交叉结构，增加了协调管理的难度。

10.1.2　供应链的类型

根据不同的划分标准，我们可以将供应链分为以下几种类型。

1. 稳定的供应链和动态的供应链

根据供应链存在的稳定性划分，可以将供应链分为稳定的和动态的供应链。基于相对稳定、单一的市场需求而组成的供应链稳定性较强，而基于相对频繁变化、复杂的需求而组成的供应链动态性较高。在实际管理运作中，动态的供应链需要根据不断变化的需求，相应地改变自身的组成，如表 10-2 所示。

表 10-2　市场需求—供应链类型

市场需求类型	供应链类型
稳定、单一市场需求	稳定型供应链
变化频繁、复杂的市场需求	动态型供应链

2. 平衡的供应链和倾斜的供应链

根据供应链容量与用户需求的关系可以划分为平衡的供应链和倾斜的供应链。一个供应链具有一定的、相对稳定的设备容量和生产能力（所有节点企业能力的综合，包括供应商、制造商、运输商、分销商、零售商等），但用户需求处于不断变化的过程中，当供应链的容量能满足用户需求时，供应链处于平衡状态；而当市场变化加剧，造成供应链成本增加、库存增加、浪费增加等现象时，企业不是在最优状态下运作，供应链则处于倾斜状态，如图 10-3所示。平衡的供应链可以实现各主要职能（采购/低采购成本、生产/规模效益、分销/低运输成本、市场/产品多样化和财务/资金运转快）之间的均衡。不论是供应链容量大于用户需求还是小于用户需求，都容易使供应链处在一种倾斜状态，前者造成的浪费、成本的增加是显而易见的，而后者则相对隐蔽，但其常因无法满足用户的需要而致使用户需求转移，最后导致供应链市场的丧失。

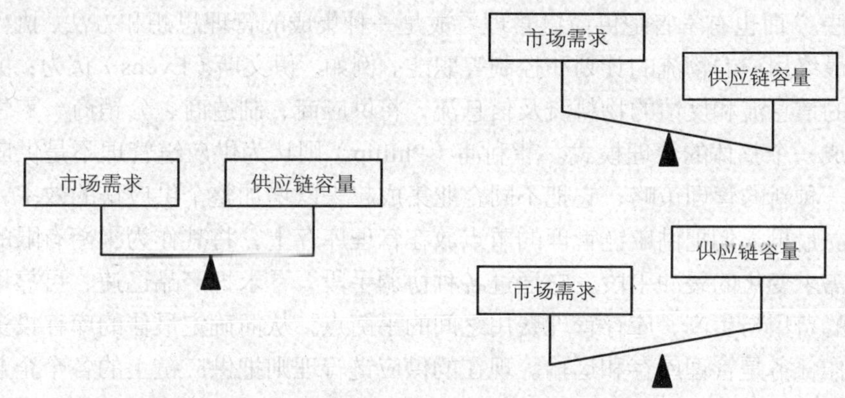

图 10-3　平衡的供应链和倾斜的供应链

3. 有效性供应链和反应性供应链

根据供应链的功能模式（物理功能和市场中介功能）可以把供应链划分为两种：有效性供应链（Efficient Supply Chain）和反应性供应链（Responsive Supply Chain）。有效性供应链主要体现供应链的物理功能，即以最低的成本将原材料转化成零部件、半成品、产品，以及在供应链中的运输等；反应性供应链主要体现供应链的市场中介的功能，即把产品分配到满足用户需求的市场，对未预知的需求做出快速反应等。两种类型的供应链的比较如表 10-3 所示。

表 10-3　反应性供应链和有效性供应链的比较

	反应性供应链	有效性供应链
基本目标	尽可能对不可预测的需求做出快速反应，使缺货、降价、废弃库存达到最小	以最低的成本供应可预测的需求
制造核心	保持生产的柔性，小批量生产或大批量定制	保持高的平均利用率，大批量生产
库存策略	部署好原料、中间件和成品的缓冲库存	保持最佳经济库存
提前期	大量投资以缩短提前期	在不增加成本前提下，尽可能缩短提前期
供应商选择	以速度、质量和柔性为核心	以成本、效率和质量为核心
产品设计	使用平台策略，将产品的共同要素与独特要素相结合	标准化设计，以尽可能减小产品差别

10.1.3　供应链管理的概念

计算机网络的发展进一步推动了制造业的全球化、网络化过程。而虚拟制造、动态联盟等制造模式的出现，更加迫切需要新的管理模式与之相适应。传统企业组织中的采购（物资供应）、加工制造（生产）、销售等看似整体，其实是缺乏系统性和综合性的企业运作模式，已经无法适应新的制造模式发展的需要，而那种大而全、小而全的企业自我封闭的管理体制，更无法适应网络化竞争的社会发展需要。因此，供应链的概念跨越了企业界限，从建立合作制造或战略伙伴关系的新思维出发，从产品生命线的“源头”开始，到产品消费市场，从全局和整体的角度考虑产品的竞争力，使供应链从一种运作性的竞争工具上升为一种管理性的方法体系，这就是供应链管理提出的实际背景。

对于供应链管理也有许多不同定义。美国的 David Simidv-Levi 教授等将其定义为“供应链管理是在满足服务水平需要的同时，为了使得系统成本最小而采用的把供应商、制造商、仓库和商店有效地结合成一体来生产商品，并把正确数量的商品在正确的时间配送到正确地点的一套方法。”而也有学者把供应链管理看成是一种集成的管理思想和方法，执行供应链中从供应商到最终用户的物流的计划和控制等职能。例如，伊文斯（Evens）认为：供应链管理是通过前馈的信息流和反馈的物料流及信息流，将供应商、制造商、分销商、零售商，直到最终用户连成一个整体的管理模式。菲利浦（Phillip）则认为供应链管理不是供应商管理的别称，而是一种新的管理策略，它把不同企业集成起来以增加整个供应链的效率，注重企业之间的合作。最早人们把供应链管理的重点放在管理库存上，将其作为平衡有限的生产能力和适应用户需求变化的缓冲手段。它通过各种协调手段，寻求把产品迅速、可靠地送到用户手中所需要的费用与生产、库存管理费用之间的平衡点，从而确定最佳的库存投资额，因此其主要的工作任务是管理库存和运输。现在的供应链管理则把供应链上的各个企业作为一个不可分割的整体，使供应链上各企业分担的采购、生产、分销和销售的职能成为一个协调发展的有机体。

我国的《物流术语》对供应链管理的定义是：利用计算机网络技术全面规划供应链中的商流、物流、信息流、资金流等，并进行计划、组织、协调与控制。

从这些定义中可以得出以下几点结论。

（1）供应链管理把对成本有影响和在产品满足顾客需求的过程中起作用的每一方都考虑在内，从供应商和制造工厂经过仓库和配送中心到零售商和商店。实际上，在一些供应链分析中，有必要考虑供应商的供应商及客户的客户，因为他们对供应链的业绩都有影响。

（2）供应链管理的目的在于追求效率和整个系统的费用有效性，使系统总成本达到最小。这个成本包括从运输和配送成本到原材料、在制品和产成品的库存成本。因此，供应链管理的重点不在于简单地使运输成本达到最小或减少库存，而在于采用系统方法来进行供应链管理。

（3）由于供应链管理是围绕着把供应商、制造商、仓库和商店有效率地结合成一体这一问题展开的，因此它包括企业许多层次上的活动，即从战略层次到战术层次，一直到作业层次。

由此，供应链管理的概念可以表述为：供应链管理是指人们在认识和掌握供应链各环节内在规律和相互联系基础上，利用管理的计划、组织、指挥、协调、控制和激励职能，对产品生产和流通过程中各个环节所涉及的物流、信息流、资金流、价值流以及业务流进行的合理调控，以期达到最佳组合，发挥最大效率，迅速以最小成本为客户提供最大价值的过程。

与传统的企业管理相比，现代供应链管理体现了以下几个基本思想。

（1）系统观念：不再孤立地看待各个企业及各个部门，而是考虑所有相关的内外联系体（供应商、制造商、销售商等），并把整个供应链看成是一个有机联系的整体。

（2）共同目标：产品与服务的最终消费者对成本、质量、服务等要求，应该成为供应链中的所有参与者共同的绩效目标，从而才会使得整体价值最大化。

（3）主动积极的管理：对在供应链中增加价值的以及与成本有关的所有联系体（内部的、外部的、直接的、间接的）进行积极主动的管理，不再把存货看作是供应链中供应与需求不平稳时的首选方案。

（4）采取新型的企业和企业关系。在企业主动地关注整个供应链及其管理的同时，供应链中各成员之间的业务伙伴关系便得到了强化，通过仔细地选择业务伙伴减少供应商数目，变过去企业与企业之间的敌对关系为紧密合作的业务伙伴关系。这种新型关系主要体现在共同解决问题和信息共享等方面。

（5）开发核心竞争能力。只有企业本身具有核心竞争能力，供应链业务伙伴关系才会持久。所以，供应链业务伙伴关系的形成不能以丧失企业的核心竞争能力为代价，应做到能够借助其他企业的（核心）竞争能力来形成、维持甚至强化自己的核心竞争能力。

通常情况下，在一个典型的供应链中会有一个起核心作用的企业，核心企业是供应链上信息流和物流的协调中心。它的下游端是从销售商一直到用户，上游端是供应商和供应商的供应商。作为核心企业，首先，具有信息中心的作用，它获得下游的需求信息，经过组合处理后再传向上游企业（供应商）；其次，核心企业还应该具有物流协调中心的作用，零部件供应商将各种零部件传递过来，经过核心企业的装配或其他形式的处理，再经由下游企业传递到用户。信息流及物流必须有机地协调运作，才能使供应链真正获得竞争力。

10.1.4 供应链管理的内容

供应链管理主要涉及 4 个领域：供应（Supply）、生产计划（Schedule Plan）、物流（Logistics）、需求（Demand）。

由图 10-4 可见，供应链管理是以同步化、集成化生产计划为指导，以各种技术为支持，尤其以 Internet/Intranet 为依托，围绕供应、生产作业、物流（主要指制造过程）、满足需求来实施的。供应链管理主要包括计划、合作、控制从供应商到用户的物料（零部件和成品等）和信息。供应链管理的目标在于提高用户服务水平和降低总的交易成本，并且寻求两个目标之间的平衡（这两个目标往往有冲突）。

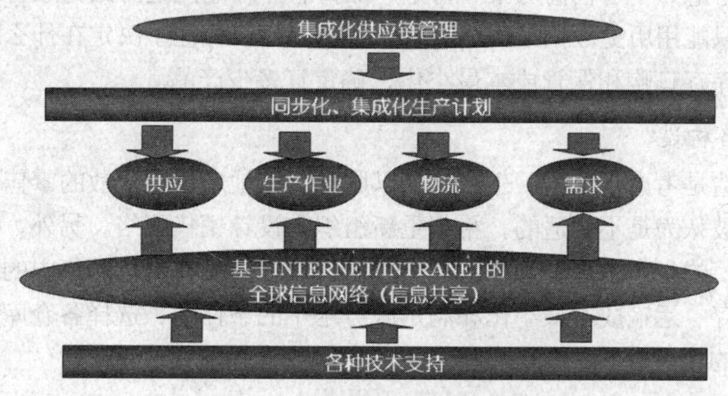

图 10-4 供应链管理涉及的领域

在以上 4 个领域的基础上，我们可以将供应链管理细分为职能领域和辅助领域。职能领域主要包括产品工程、产品技术保证、采购、生产控制、库存控制、仓储管理、分销管理。而辅助领域主要包括客户服务、制造、设计工程、会计核算、人力资源、市场营销。由此可见，供应链管理关心的并不仅仅是物料实体在供应链中的流动，除了企业内部与企业之间的运输问题和实物分销以外，供应链管理还包括以下内容。

1. 竞争环境分析和竞争战略

竞争环境分析主要是为了识别企业供应链所面对的市场特征。在竞争环境分析过程中需要调查研究供应商、制造商、销售商、顾客与竞争对手的相关资料，据此对企业自身的各产品市场列出一系列特征，识别和寻找潜在的市场机遇。供应链管理十分强调发挥链中企业各自的核心竞争力，通过业务外包等方式将非核心业务交由供应链节点上的其他企业完成。

2. 供应链战略伙伴选择与协调

由于供应链本身的动态性以及不同机构和伙伴有着相互冲突的目标，对供应链伙伴进行选择和协调是非常重要也是相当困难的。但种种成功事例表明供应链战略伙伴合作不但是可能的，而且能够对企业的业绩和市场占有率产生巨大的影响。供应链伙伴之间的合作和协调成功的关键在于，实现信息共享，建立合理的利益机制。

3. 供应链诊断与业务流程重组

供应链诊断是对企业现有供应链结构进行分析评价，以找出可能改进的领域。通过供应链诊断，指出供应链中哪些环节和哪些活动可以做得更好。除此之外，还需进一步考虑：做得更好的改进措施是什么。针对供应链诊断中提出的问题，最主要的是通过供应链业务重组对供应链原有的工作流程进行分析和改造，尤其注重信息技术的提高。

4. 供应链信息集成与信息管理

信息共享在集成电子商务供应链管理中起着重要作用。传统的供应链管理方式因“需求信息非理性放大”而只能依赖提高库存水平来满足客户需求，电子商务环境下的信息管理能支持供应链的快速反应，促进其有效预测和协调整个系统。特别是在物流系统中实现物流与信息流的有机结合，将大大提高供应链管理的效率和水平。

5. 库存控制

库存控制是考虑一个零售商对某一特定产品持有库存的问题。因为顾客需求随时间而变化，所以零售商只能用历史数据来预测需求。零售商的目标在于决定在什么时间点上订购产品，以及为了使库存订购和保管成本最小化，确定订多少产品。

6. 销售网络构造

销售网络构造是考虑几个工厂生产产品以服务一组地理位置分散的零售商的问题。例如，目前的一组仓库被认为是不合适的，希望重新组织和设计销售网络。另外，需求模式的变化可能要求改变工厂的生产水平，选择新的供应商，设计商品在销售网络中的新的流动方式。要在使生产、库存、运输成本最小化和满足服务水平的条件下，选择各仓库的地点和容量，确定每一个工厂的生产水平，合理安排各设施之间的运输流量。

7. 产品设计

有效的设计在供应链管理中具有关键作用，不合理的产品设计会增加库存保管成本或运输成本。产品重新设计通常是代价昂贵的，什么时候值得对产品进行重新设计来减少物流成本？通过产品设计的作用来弥补顾客需求的不确定性是否可行？为了进行新产品设计，对供应链应做什么样的修改？研究诸如此类的产品设计问题是供应链管理的又一重要内容。

8. 实现客户价值

客户价值是衡量一个企业对于其客户的贡献大小的指标，这一指标是根据企业提供的全部商品、服务以及无形影响来衡量的。如果一个企业希望满足客户的需要和提供价值，那么有效的供应链管理是很关键的。这里需要确定的是，什么因素决定客户价值？客户价值如何衡量？在供应链中，供应链管理如何作用于客户价值？客户价值中出现的趋势，如客户关系的培养和经验的积累，如何影响供应链管理？

9. 信息技术和决策支持系统

信息技术是促成有效供应链管理的关键因素。供应链管理的基本问题不在于是否可以获取数据，而在于应该传递什么数据，即哪些数据对于供应链管理是重要的，哪些数据可以忽略？应该如何进行数据的分析和利用？在企业内部和供应链伙伴之间需要什么样的信息技术基础设施？信息技术和决策支持系统能否被视为获取市场竞争优势的主要工具？

10.2 供应链管理模式

随着管理实践的变化，供应链管理在其模式、内容和研究方法上也有着相应的发展和变化。从供应链管理关注的焦点来看，通过分析组织成本和交易成本的变化，供应链管理的发展基本上可分为 3 个阶段，如表 10-4 所示。

表 10-4 供应链管理发展的 3 个阶段比较

阶段	管理模式	激励机制	信息结构	决策权配置
第一阶段	分布式	完全不一致	信息结构不对称	分散的决策机制
第二阶段	集成式	目标完全一致	信息结构对称	唯一的决策机制
第三阶段	协同式	部分一致	信息结构部分对称	协作的决策机制

第一阶段：1980—1990 年，分布式供应链管理阶段。在这一阶段，供应链管理主要集中在企业内部的功能性整合和企业之间的简单配合。供应链管理的第一步是改善企业内部分散而低效的系统效率、管理过程和价值链协同的作用与责任。这一阶段主要是对供应链中的局部功能性问题进行研究，如库存管理、多级控制、物资供应和配送、分销需求计划问题等。在这期间，供应链管理的绩效体现为通过降低各个企业内部的成本来提升供应链的竞争力，供应链上企业间的关系比较离散，供应链的组织成本较低，但交易成本依然处于较高的水平。

第二阶段：1991—1995 年，集成式供应链管理阶段。这种思想包括功能集成、企业内部集成和企业外部集成，集成的目的是消除部门间及企业间的障碍。这一阶段主要是对供应链企业间的各种流程进行无缝整合和高度集成，典型的手段包括诸如及时制生产、快速响应等。在这一阶段，供应链管理的绩效体现为很低的交易成本，但是，同时其与供应链相关的各企业（部门）之间也时有利益冲突发生，这种冲突导致供应链管理的效率下降，并使供应链的组织成本上升。

第三阶段：1996 年以后，协同式供应链管理阶段。随着供应链电子化技术、虚拟企业和动态联盟思想的发展，供应链上的企业能够在提升供应链整体竞争力的前提下更灵活地做出有利于企业自身的战略选择。这个阶段供应链管理更加重视合作前供应链上的伙伴选择和评价，强调的是伙伴企业在战略目标、组织文化、响应能力、运营能力和管理能力等方面的匹配程度。供应链管理的绩效既体现在较低的交易成本，也体现为较低的组织成本。

供应链的实质是物流管理深度和广度的扩展，供应链的主要挑战是整合供应商和客户资源。在市场需求和技术革新的推动下，供应链也不断创新，供应链管理模式可以分为推动式供应链、拉动式供应链以及推—拉式供应链。

10.2.1 推动式供应链

推动式供应链是以制造商为核心企业，根据产品的生产和库存情况，有计划地把商品推销给客户，其驱动力源于供应链上游制造商的生产，其模式如图 10-5 所示。在这种运作方式下，供应链上各节点比较松散，追求降低物理功能成本，属卖方市场下供应链的一种表现。由于不了解客户需求变化，这种运作方式的库存成本高，对市场变化反应迟钝。

图 10-5 制造商推动的供应链

在一个推动式供应链中，生产和分销的决策都是根据长期预测的结果做出的。准确地说，制造商是利用从零售商处获得的订单进行需求预测。事实上，企业从零售商和仓库那里获取订单的变动性要比顾客实际需求的变动大得多，这就是通常所说的牛鞭效应，这种现象会使得企业的计划和管理工作变得很困难。例如，制造商不清楚应当如何确定它的生产能力，如果根据最大需求确定，就意味着大多数时间里制造商必须承担高昂的资源闲置成本；如果根据平均需求确定生产能力，在需求高峰时期需要寻找昂贵的补充资源。同样，对运输能力的确定也面临这样的问题：是以最高需求还是以平均需求为准呢？因此在一个推动式供应链中，经常会出现由于紧急的生产转换引起的运输成本增加、库存水平变高或生产成本上升等情况。

供应链发展前期，多以“推动型”为主，如图 10-6 所示。

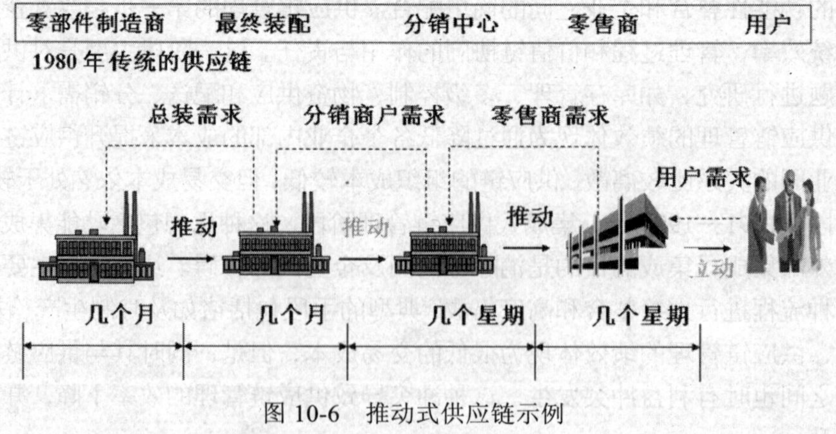

图 10-6 推动式供应链示例

推动式供应链对市场变化做出反应需要较长的时间，可能会导致一系列不良反应。例如在需求高峰时期，难以满足顾客需求，导致服务水平下降；当某些产品需求消失时，会使供应链产生大量的过时库存，甚至出现产品过时等现象。

10.2.2 拉动式供应链

拉动式供应链是以客户为中心，比较关注客户需求的变化，并根据客户需求组织生产，如图 10-7 所示。在这种运作方式下，供应链各节点集成度较高，有时为了满足客户差异化需求，不惜追加供应链成本，属买方市场下供应链的一种表现。这种运作方式对供应链整体能力要求较高，从发展趋势来看，拉动方式是供应链运作方式发展的主流。

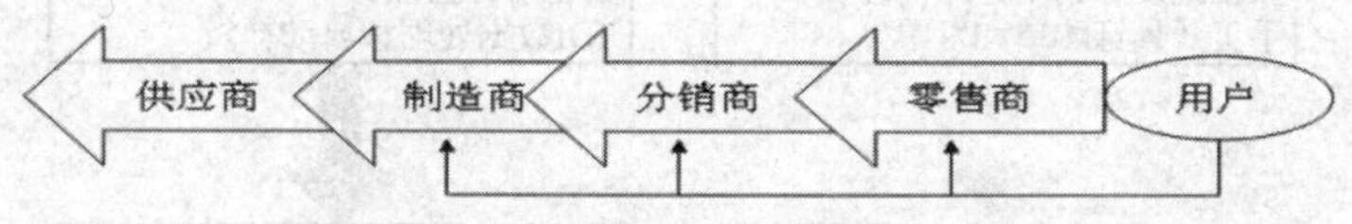

图 10-7 用户需求牵引的供应链

在拉动式供应链中，生产和分销是由需求驱动的，这样生产和分销就能与真正的顾客需求而不是预测需求相协调。在一个真正的拉动式供应链中，企业不需要持有太多库存，只需要对订单做出反应，如图 10-8 所示。

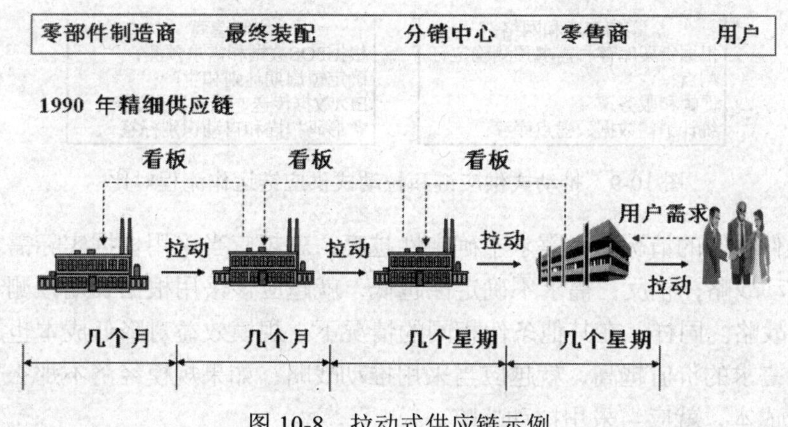

图 10-8 拉动式供应链示例

拉动式供应链有以下优点。

（1）通过更好地预测零售商订单的到达情况，可以缩短提前期。

（2）由于提前期缩短，零售商的库存可以相应减少。

（3）由于提前期缩短，系统的变动性减小，尤其是制造商面临的变动性将变小。

（4）由于变动性减小，制造商的库存水平将降低。

（5）在拉动式的供应链中，系统的库存水平有了很大的下降，从而提高了资源利用率。

拉动式供应链虽然具有许多优势，但要获得成功需要具备两个条件：第一，必须有快速的信息传递机制，能够将顾客的需求信息（如销售点数据）及时传递给不同的供应链参与企业。第二，能够通过各种途径缩短提前期。如果提前期不太可能随着需求信息缩短，拉动式系统是很难实现的。当然拉动供应链也有缺陷，最突出的表现是由于拉动系统不可能提前较长一段时间做计划，因而生产和运输的规模优势也难以体现。

10.2.3 推—拉式供应链

对一个特定的产品而言，应当采用什么样的供应链战略呢？企业是应该采用推动式还是拉动式战略？在实际的供应链管理过程中，不仅要考虑来自需求端的不确定性问题，而且还要考虑企业自身生产和分销规模经济的重要性。

根据前面的分析，推动式供应链和拉动式供应链在运作流程方面是不同的，如 10-9 所示。

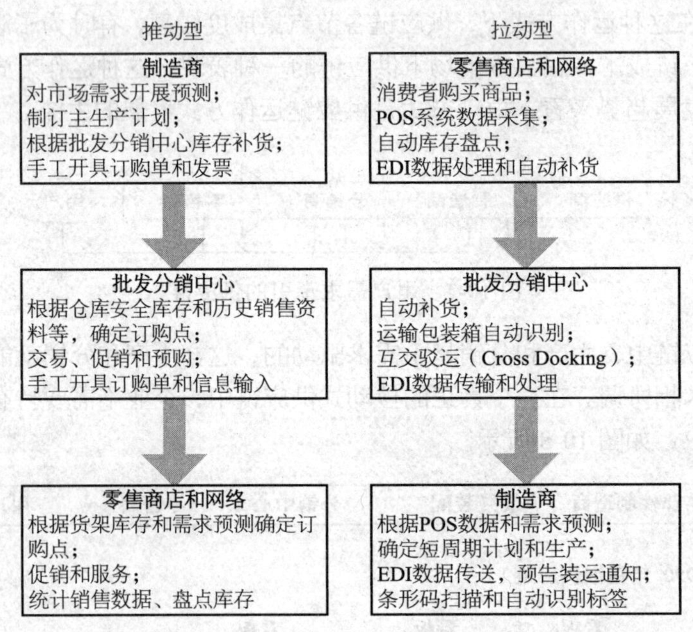

图 10-9 推动式供应链和拉动式供应链运作流程对比

在其他条件相同的情况下，需求不确定性越高，就越应当采用根据实际需求管理供应链的模式——拉动战略；相反，需求不确定性越低，就越应该采用根据长期预测管理供应链的模式——推动战略。同样，在其他条件相同的情况下，规模效益对降低成本也起着重要的作用，如果组合需求的价值越高，就越应当采用推动战略；如果规模经济不那么重要，组合需求也不能降低成本，就应当采用拉动战略。

除了推动战略和拉动战略之外，还有另外一种战略，即推—拉组合战略。在推—拉组合战略中，供应链的某些层次，如最初的几层以推动的形式经营，其余的层次采用拉动式战略。推动式与拉动式的接口处被称为推—拉边界。以戴尔为例，戴尔计算机的组装，完全是根据最终顾客订单进行的，此时它执行的是典型的拉动战略。但戴尔计算机的零部件是按预测进行生产和分销决策的，此时它执行的却是推动战略。也就是说，供应链的推动部分是在装配之前，而供应链的拉动部分则从装配之后开始，并按实际的顾客需求进行，是一种前推后拉的混合供应链战略，推—拉边界就是装配的起始点。

推—拉组合战略的另一种形式是采取前拉后推的供应链组合战略，其适应于那些需求不确定性高，但生产和运输过程中规模效益十分明显的产品和行业。家具行业是这种情况的典型例子。一般家具生产商提供的产品在材料上差不多，但在家具外形、颜色、构造等方面的差异却很大，因此它的需求不确定性相当高。而由于家具产品的体积大，运输成本也非常高，此时就有必要对生产、分销策略进行区分。一方面从生产角度看，由于需求不确定性高，企业不可能根据长期的需求预测进行生产计划，因而生产要采用拉动式战略。另一方面，这类产品体积大，运输成本高，所以，分销策略又必须充分考虑规模经济的特性，通过大规模运输来降低运输成本。事实上，许多家具厂商正是采取这种战略，即家具制造商在接到顾客订单后才开始生产，当产品生产完成后，将此类产品与其他所有需要运输到本地区的产品一起送到零售商的商店里，进而送到顾客手中。因此，家具厂商的供应链战略是：采用拉动式战略按照实际需求进行生产，采用推动式战略根据固定的时间表进行运输，这是一种前拉后推的组合供应链战略。

10.3　牛鞭效应

10.3.1　牛鞭效应的概念

牛鞭效应又称需求变异放大效应、蝴蝶效应、长鞭效应、供应链需求的扭曲、信息时滞。牛鞭效应是指供应链的产品需求的订货量随着供应链向上游不断波动且放大，结果远远超出最初预测的消费者需求。也就是说，到达供应链最上游的产品需求量远远大于市场实际需求量的变动。这一定义类似蝴蝶效应的定义：一个系统的某一段的小幅变动通过整个系统的加乘作用从而在系统的另一端产生极大的影响。牛鞭效应的具体表现是以订单为载体的需求信息沿着供应链从顾客向零售商、批发商、分销商、制造商、原材料供应商传递的过程中，需求信息的变异会被逐级放大。这种信息扭曲的放大作用在图形显示上很像一根甩起的赶牛鞭，因此被形象地称为牛鞭效应，如图 10-10 所示。

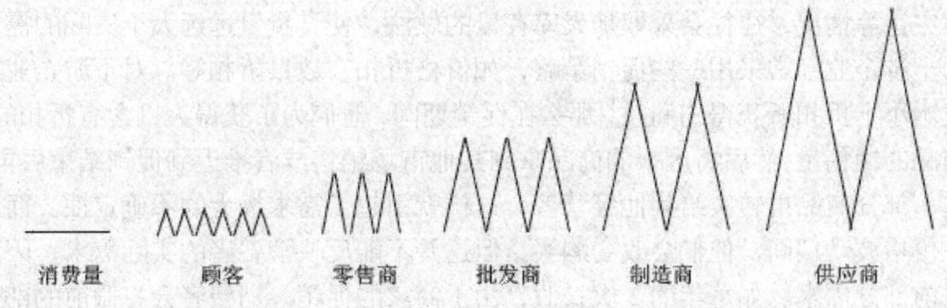

图 10-10　供应链上由牛鞭效应带来的需求信息失真

牛鞭效应对供应链管理是不利的，它造成批发、零售商的订单和生产商产量峰值远远高于实际客户需求量，进而造成产品积压，占用资金，使得整个供应链运作效率低下。随着供应链运作的企业越多，这种效应越加明显，具体的危害表现如下。

（1）增加生产成本。由于这种效应，公司及其供应商尽力满足较顾客需求更具有变动性的订单流。为了应付这种增大的变动性，公司要么扩大生产能力，要么增加库存量。但这两种做法都会加大单位产品的生产成本。

（2）增加库存成本。为了应付增大了的需求变动性，公司不得不保有比牛鞭效应不存在时还要高的库存水平。同时，高水平的库存还增加了必备的仓储空间，从而导致了库存成本的增加。

（3）延长供应链的补给供货期。由于牛鞭效应增加了需求的变动性，与一般需求相比，公司及其供应商的生产计划更加难以安排，往往会出现当前生产能力和库存不能满足订单需求的情况，从而导致供应链内公司及其供应商的补给供货期延长。

（4）提高供应链的运输成本以及送货与进货相关的劳动力成本。公司及其供应商在不同时期的运输需求与订单的完成密切相关。由于牛鞭效应的存在，运输需求将会随着时间的变化而剧烈波动。因此，需要保持剩余的动力来满足高峰的需求，这都会增加劳动力总成本。

（5）客户需求不能及时满足，服务水平差。生产能力闲置或过度使用，从而产生短缺与过剩交替，甚至产品过时的现象，无法充分满足客户需求，导致客户服务水平的降低。

10.3.2 牛鞭效应的成因

牛鞭效应产生的原因有以下几个方面。

（1）需求预测修正。在传统的供应链中，各节点企业总是以其直接下游的需求信息作为自己需求预测的依据，因而常在预测值上加上一个修正增量作为订货数量，产生了需求的虚增，牛鞭效应随之产生。当处于不同供应链位置的企业预测需求时，都会包括一定的安全库存，以对付变化莫测的市场需求和供应商可能的供货中断。当供货周期长时，这种安全库存的数量将会非常显著。此外，有些预测方法也会系统地扭曲需求。以移动平均法为例，前 3 个月的趋势是每月递增 10%，那第 4 个月的预测也将在前 3 个月的平均值上递增 10%。但市场增长不是无限的，总有一天实际需求会降低，其间的差额就成了多余库存。如果供应链上各个企业采用同样的预测方法，并且根据上级客户的预测需求来更新预测，这种系统性的放大将会非常明显。

（2）价格波动。零售商和分销商面对价格波动剧烈、促销与打折活动、供不应求、通货膨胀、自然灾害等情况，往往会采取加大库存量的做法，使订货量远远大于实际的需求量。供应链中的上游企业经常采用一些促销策略，如价格折扣、数量折扣等。对下游企业来说，如果库存成本小于折扣所获得的利益，那么在促销期间，他们为了获得大量含有折扣的商品，就会虚报商品的销售量，然后将虚报的商品拿到其他市场销售或者推迟到促销结束后再销售，也有的将这一部分商品再转卖给其他经营者，这样就引起了需求极大的不确定性。而对消费者来说，在价格波动期间，他们会改变购买，但这并不能反映消费者的实际需求，因为他们会延迟或提前部分需求。如每年的 3 次长假，由于商家的促销，消费者会将假前的部分需求推迟，也会将以后的部分需求提前，集中到假期消费，这样需求的变动就比较大。研究表明，价格浮动和促销只能把未来的需求提前实现，到头来整个供应链中谁也无法从中获利。

（3）订购批量。在供应链中，每个企业都会向其上游订货，一般情况下，销售商并不会来一个订单就向上级供应商订货一次，而是在考虑库存和运输费用的基础上，在一个周期或者汇总到一定数量后再向供应商订货。为了降低订货频率，减少成本和规避断货风险，销售商往往会按照最佳经济规模加量订货。同时频繁的订货也会增加供应商的工作量和成本，供应商也往往要求销售商在一定数量或一定周期订货，此时销售商为了尽早得到货物或全额得到货物，或者为备不时之需，往往会人为提高订货量。为了达到生产、运输上的规模效应，厂家往往批量生产或购货，以积压一定库存的代价换取较高的生产效率和较低成本。在市场需求减缓或产品升级换代时，代价往往巨大，导致库存积压，库存产品过期，或二者兼具。

（4）环境变异。这是由于政策和社会等环境的变化所产生的不确定性，造成了订货需求放大。一般应对环境变异最主要的手段是保持高库存，且不确定性因素越大，库存就越高，但这种高库存所代表的并不是真实的需求。

（5）短缺博弈。当需求大于供应时，理性的决策是按照订货量比例分配现有供应量。例如，总的供应量只有订货量的40%，合理的配给办法就是按其订货的40%供货。此时，销售商为了获得更大份额的配给量，故意夸大其订货需求是在所难免的；当需求降温时，订货又突然消失，这种由于短缺博弈导致的需求信息的扭曲最终导致牛鞭效应。

（6）库存失衡。传统的营销一般是由供应商将商品送交销售商，其库存责任仍然归供应商，待销售完成后再进行结算，但商品却由分销商掌握和调度。这就导致了销售商普遍倾向于加大订货量掌握库存控制权，因而加剧了订货需求的加大，导致了牛鞭效应。

（7）缺少协作。由于缺少信息交流和共享，企业无法掌握下游的真正需求和上游的供货能力，只好自行多储货物。同时，供应链上无法实现存货互通有无和转运调拨，只能各自持有高额库存，这也会导致牛鞭效应。

（8）提前期。需求的变动随提前期的增长而增大，且提前期越长，需求变动引起的订货量就越大。企业由于对交货的准确时间心中无数，往往希望对交货日期留有一定的余地，因而持有较长的提前期，因此逐级的提前期拉长也造成了牛鞭效应。

通过以上的分析，我们可以发现牛鞭效应产生的根本原因在于供应链中上、下游企业间缺乏沟通和信任机制，而每一个企业又都是理性人，有各自的利益，由此造成需求信息在传递过程中不断地被扭曲。

总体而言，牛鞭效应的产生与不确定性有很大关联，这里的不确定性主要表现在以下几个方面。

（1）供货不确定性：由于配送计划、库存计划的不合理，使得产品供给过程中出现断货或库存积压问题。

（2）生产不确定性：生产计划和采购计划的不合理导致生产过程无法同市场需求同步或超前于市场需求，从而导致供给需求不相等。

（3）需求不确定性：因客户需求本身就具有不确定性，加上所使用的预测方法的缺陷，导致需求预测同未来产品真实的需求量存在很大差异，未能做好客户反馈工作，这也会导致需求预测的失误。

（4）信息传递的不确定性：供应链各企业间的不信任导致企业间信息传递的不透明，不能做到及时而准确。

（5）决策的不确定性：企业在决定订单的多寡时，往往要考虑很多因素，如企业的现有库存、在途物资、企业的产能、在产产品、半成品、库存容量以及目前市场销售情况等众多复杂的因素，企业间不能做到有效的沟通协调，使得企业决策困难重重，增加了决策过程中的不确定性，决策者的主观因素往往大于客观因素。

综上所述，不确定性因素引发信息失真现象，这种信息失真现象表现在牛鞭效应中，就将是订单对于市场需求表现为失真或者对于市场需求脱节。

10.3.3 牛鞭效应的缓解

由于牛鞭效应是从下游客户端逐级向上游转嫁风险的结果，因而它会危害整个供应链的运作，导致总库存增加、生产无序和失衡、业务流程阻塞、资源浪费、市场混乱和风险增大。解决牛鞭效应的根本对策是整合供应链中企业之间的关系，建立企业之间的诚信机制，实现信息共享。信息共享，就是供应链中各个企业共同拥有一些知识或行动，如生产、销售、需求等信息，实现信息共享，可以减少由于信息不对称或不完全带来的风险。

（1）提高预测的精确度。这需要考虑历史资料、定价、季节、促销和销售额等因素，有些数据是掌握在零售商和分销商手中，必须与他们保持良好的沟通，及时获得这些数据，采取上下游间分享预测数据并使用相似的预测方法进行协作预测，从而提高预测的准确性。例如，在美国计算机业中，制造商需要来自分销商中心仓库存货的销售数据，尽管这些数据并非完全等于 POS 销售点数据，但制造商以这些数据作为与分销商保持联系的重要措施，这种措施可缩小供应链中上下游在需求预测方面的差异。

（2）实现信息共享。这是减小牛鞭效应最有效的措施之一。供应链成员间通 Internet/EDI 来实现实时交流和信息共享，建立直销体系，减少供应链中的层次，简化供应链的结构，防止信息在传递过程当中过多地被人为扭曲。例如，戴尔公司通过 Internet 网、电话、传真等组成了一个高效的信息网路，客户可以直接向公司下订单要求进行组装和供应，实现了供应商和客户的直接交易，有效地防止了牛鞭效应的产生。

（3）业务集成。供应链成员间实现业务紧密集成，形成顺畅的业务流，这既能减少下游的需求变动，又能掌握上游的供货能力，安心享受供给保障，不再虚增需求。

（4）订货分级管理。根据“二八定律”划分分销商，对他们进行分别对待，实行订货分级管理，通过管住关键销售商和重要销售商来减少变异概率。

（5）合理分担库存。供应商、分销商和零售商采用联合库存的方式合理地分担库存，一旦某处出现库存短缺，可立即从其他地点调拨转运来保证供货。例如，IBM、惠普和苹果等公司在合作协议中，明确要求分销商将零售商中央仓库里产品的出库情况反馈回去，虽然这些数据没有零售商销售点的数据那么全面，但这仍然比把货物发送出去以后就失去对货物的信息要好得多，这样既防止了需求变异的放大，又实现了共担风险，降低了整体库存，有效地抑制了牛鞭效应。

（6）缩短提前期。一般来说，订货提前期越短，订货量越准确。根据沃尔玛的调查，如果提前 26 周进货，需求预测误差为 40%；提前 16 周进货，需求预测的误差为 20%；而在销售时节开始时进货，则需求预测的误差为 10%。因此，缩短提前期能够显著地减小牛鞭效应。

（7）采用业务外包。外包服务也可以抑制牛鞭效应，例如，采用第三方物流策略可以缩短提前期和实现小批量订货，无须再向一个供应商一次性大批订货，进而减少运输风险。

（8）建立伙伴关系。通过实施供应链战略伙伴关系可以消除牛鞭效应。供需双方在战略联盟中相互信任，公开业务数据，共享信息和业务集成。这样，相互都了解对方的供需情况和能力，避免了短缺情况下的博弈行为，从而降低了产生牛鞭效应的机会。

综上所述，对大多数企业而言，单靠自己的实力，要想在激烈的市场竞争中求得生存和发展，是相当困难的。企业之间通过供应链彼此联系起来，以一个有机的整体参与竞争，共同合作，优势互补，实现协同效应，从而提高供应链的竞争力，达到群体共存。供应链不仅涉及蛋糕的分配，还要把蛋糕做大并发现新的蛋糕，这些都需要企业相互信任，互惠互利。为此企业之间应建立诚信机制，实现信息共享，使各节点企业能从整体最优的角度做出决策，实现供应链的不断增值，各企业也都能获利，求得生存和发展。

10.3.4 电子商务下解决牛鞭效应

传统商务模式中，由于地理位置等原因，大多数生产者都无法将产品直接出售给最终用户，而是把部分销售工作委托给诸如批发商、零售商、代理商之类的营销中间机构，组成一条包括批发商、零售商、代理商等多个环节在内的供应链。由于各环节都各自为政，都想把自己的利润最大化，致使这条链越长，牛鞭效应表现也就越明显。

在电子商务环境下，由于互联网打破了地理位置的限制，为生产商和最终消费者提供了一个全新的沟通平台，生产商可以建立一个以产品营销为主的电子商务平台，在信息技术和计算机网络技术的基础上，利用电子数据交换、电子支付、电子订货、E-mail、传真等手段，实现商品交易过程中了解商情、询价、报价、发送订单、支付汇总等环节的无纸化。生产商将虚拟产品以及相关服务展示在网上，供消费者在网上浏览、订购、支付，通过互联网与最终消费者直接进行商品交易，绕过了批发商、零售商、代理商等环节，跨越了地理位置的时空限制，有效地缩短了供应链的长度，从而克服了信息失控的问题，大幅度地降低了牛鞭效应。

在电子商务背景下，可以从以下几个方面缓解牛鞭效应。

（1）运用供应链管理策略中的联合预测、协同计划、预测与补货、供应商管理库存和准时制生产技术，就能实时地获得下游的真实需求信息，及时准确地进行订货，消除预测不准和批量订货等造成的牛鞭效应。

（2）在电子商务环境下，供应商、生产商、批发商、零售商等企业可以通过 Internet 实现互联互通，建立基于电子商务的供应链系统。在基于电子商务的供应链系统中，采用 Internet/EDI、电子商务和企业应用集成等技术，能实现业务信息的及时传递与共享、上下游间业务过程的整合与紧密衔接，能有效消除由价格补货、环境变异和短缺博弈等造成的牛鞭效应。

（3）运用供应链协同、分销商一体化等技术，能够减少库存失衡，实现企业间库存共享与转运调拨，使他们无须再各自持有高额库存。

（4）运用精准预测或业务外包来缩短采购提前期，也有助于消除牛鞭效应。

然而，任何先进的系统都是按照人的指令去运行的，任何先进的技术也是为人服务的，如果没有正确的方针策略，只有先进的技术和系统，也无法真正消除牛鞭效应。因此，消除牛鞭效应最重要的因素是上下游企业间建立紧密的伙伴关系，只有在供需双方相互信任，利益共享和风险共担的基础上，才能公开各自的业务数据，共享信息和业务过程；也只有在企业达成这种伙伴关系的前提下，利用先进的信息技术和信息管理系统，才能有效地消除各种因素的影响，削减牛鞭效应。

【小案例】

2014 年 7 月，小米 4 在官网首发，仅 37 秒这款手机就被抢购一空。预售和抢购的“饥饿营销”的确让“米粉”们又爱又恨。但事实上，依托“米粉”展开的“饥饿营销”，背后有着超强的供应链体系支撑。

通常情况下，当一款手机被研发出来准备投入市场之际，它需要做一个长期的需求计划，以便向上游核心供应商采购物料。企业努力让供应商看到这款手机的巨大潜力，希望供应商会为此扩充产能。如果手机大卖，便皆大欢喜。但当销售情况不尽如人意的时候，就会造成产能浪费，人员、设备、厂房闲置，这将给供应商带来极大的风险。同时，代理商也会积压大量库存。

在传统的供应链模式中，由于信息流从用户端向上游供应商传递的过程中，无法有效地实现信息的共享，使得信息扭曲逐级放大。于是，越往上游，需求信息发生的偏差就越大，即难以避免的牛鞭效应。而小米公司基于用户的需求预约，使得内部能够做出长期、稳定的需求计划。从公开的资料来看，每周雷军、林斌、黎万强和周光平四人都会召开一个小型生产会，根据当周销售额、预约购买量等确定 3 个月之后的订单量。确定之后，一个 50 人的管理团队便会负责跟进，向各级供应商分享精准的预约信息，上游供应链则根据这些精准的需求计划进行产能的配备。同时，得益于先支付、再发货的预约模式，健康的资金流和稳定可预期的订单量，使得小米在和供应商进行谈判的时候，拥有更多的筹码。

（来源：赢商网）

案例点评：本案例体现了精准预测（预售模式）、建立伙伴关系进行信息共享，以及应用信息技术等做法在缓解牛鞭效应中的作用。信息技术为信息共享提供了极大的便利，而相互信任和坚实的伙伴关系确保共享的信息能够最大程度地发挥作用。小米的新型供应链模式，从用户需求出发，缓解了传统供应链中由于信息不对称而造成的成本高、资源浪费的弊病。

10.4 供应商管理库存

10.4.1 供应商管理库存的概念

供应商管理库存（Vendor Managed Inventory，VMI）是供应链环境下的一种库存运作模式，也有学者将之称为寄售库存（Consignment Inventory）。与传统库存管理模式相比，供应商管理库存是希望供应链能够通过这种管理模式，在供应方和零售方之间整体达到最低成本，在接收方与供应方双方签订共识协议的条件下，由供应商负责对库存进行管理，并实时监督和反馈实施情况和不断地完善协议，这是一种持续性改进的库存管理的策略。

供应商管理库存可定义为：客户将库存决策的代理权交由供应商管理，由供应商即批发商和零售商代理行使库存的相关管理以及何时订货等决策的权利。一方面实现了由终端销售信息拉动的上下游信息共享，使得供应商在下游用户的协助下更有效地做计划；另一方面是寄售方式的运作，在一个合作协议下由供应商管理甚至拥有库存直到用户将其售出，如图 10-11 所示。

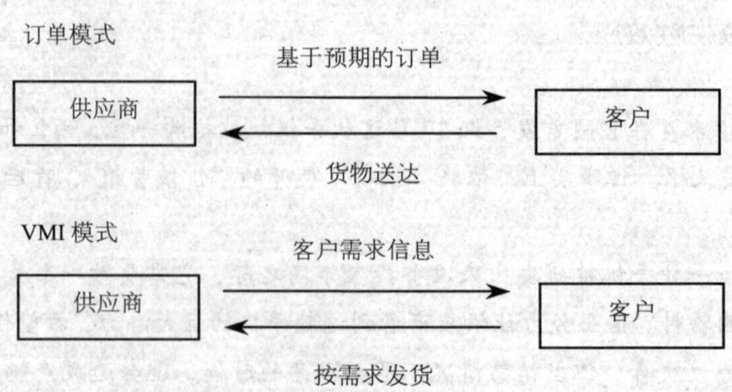

图 10-11 订单模式和 VMI 模式的比较

VMI作为供应链管理中的一种库存模式，在理论发展与应用领域里逐步得到完善。VMI帮助供应商等上游企业通过信息手段掌握他们下游企业的生产和库存信息，并对下游客户的库存调节做出快速反应，降低供需双方的库存成本。目前，许多国际大型企业和国内知名制造企业都在使用VMI，并得益于由它带来的丰厚利益——增加库存周转率，降低库存成本，整体实现供应链的优化。

【小案例】

众所周知，沃尔玛神话般的成功历史的根源其实是那句朴实但难以实现的标语——天天平价，始终如一。而这一口号的实现最主要原因是其严格控制了供应链每一环节的成本，从而可以以最低价格出售商品，争取到尽可能多的消费者。

在供应链环节中，沃尔玛的战略恰恰应了中国一句老话——磨刀不误砍柴工。它不是将物流环节视为企业的成本中心尽力缩减投入，而是将其视为利润中心，采用全方位的电子系统控制、最先进的技术以及对供应商的高标准要求，实现供应链的高效率运转。

其具体做法是：沃尔玛通过EDI（电子数据交换）系统把POS（销售时点信息管理）数据传给供应方，供应方可以及时了解沃尔玛的销售状况，把握商品需求动向，及时调整生产计划和材料采购计划。供应方利用EDI系统在发货前向沃尔玛传送预先发货清单，这样沃尔玛可以做好进货准备，同时省去货物数据的输入作业。沃尔玛在接受货物的时候，用扫描仪读取机器的条码信息，与进货清单核对，判断到货和发货清单是否一致。利用电子支付系统向供应方支付货款。

沃尔玛把商品进货和库存管理职能移交给供应方，由生产厂商对沃尔玛的流通库存进行管理和控制，在物流中心保管的商品所有权属于供应方。供应方对POS信息和预先发货清单信息进行分析，把握商品销售和沃尔玛的库存动向。在此基础上，决定什么时间、把什么商品、以什么方式发送，发货信息预先以预先发货清单形式传送给沃尔玛，以多频度小数量进行连续库存补充。供应方不仅能减少本企业的库存，还能减少沃尔玛的库存，实现整个供应链的库存水平最小化。对于沃尔玛来说，省去了商品进货业务，节约了成本，能够集中精力于销售活动，并且能够事先得知供应方的商品促销计划和商品生产计划，以较低价格进货。

此外，沃尔玛还在其供应链管理系统应用了无线射频识别技术（RFID）。采用这一先进技术旨在监督和跟踪控制每一个产品，控制物流环节中的产品缺失与质量监督。这一技术的应用最初在供应商那里反响很不好，大部分供应商实质是反对采用这一技术的。因为这不是一次简单的在商品包装上贴标签的措施，而是对于整个供应链上游的技术性整合，这方面的成本投入与工作方式的转变都是巨大并带有强制性质的。据资料显示，2005年1月大约100名供应商开始把贴有RFID标签的货箱和托盘运往得克萨斯州的几个物流中心，这标志着沃尔玛开创了供应链管理的一个新纪元。可以预见，就像20世纪70年代沃尔玛在俄亥俄州一家百货店开始的第一次条码扫描的意义一样，在供应链管理系统中应用RFID技术，也必将成为沃尔玛发展历程中的重要里程碑。

（资料来源：《现代物流管理学》）

案例点评：沃尔玛的成功主要缘于以下两个原因：首先，沃尔玛对其供应环节进行先进化的投入，依据“天天平价，始终如一”的企业战略，采用大批量订货的方式，提高效益控制成本；其次，沃尔玛在供应链管理方面勇于实践，从20世纪70年代条形码的推行，到80年代物流管理理念的创新，再到当今作为RFID的主力倡导者，沃尔玛不是将物流管理一味地作为成本中心加以缩减，而是将其不断改造更新成为企业的核心竞争力，最终成为企业的第三利润来源。

10.4.2 供应商管理库存的特征

在传统供应链中，每一位供应链成员都是一个利益主体与决策主体，上游根据下游的订单信息进行采购或生产，这种分散控制的行为影响了整个供应链系统的效率。VMI 建立在上下游企业合作的基础之上，能有效减少信息的扭曲，保障零售商的顾客服务水平并降低上下游企业的库存。与其他合作计划相比，VMI 供应链具备以下 3 个方面的显著特征。

（1）信息共享：很难想象供应商能在不清楚零售商库存状况的前提下管理好零售商的库存。为了实现供应与需求的良好匹配，供应商有必要掌握下游的需求信息。只有在信息共享的基础上，供应商才能以全局的视野，从系统的角度，既管理好零售商的库存也管理好自身的库存。信息共享的方式可以利用已有 ERP 等信息系统为基础进行综合集成，也可以采用简单的信息传递方式，如用电话、E-mail、传真、移动介质等进行信息传递。

（2）库存决策权的转移：库存决策权的转移建立在企业成员之间的相互信任的基础之上，决策权的转移会导致系统的成本结构与风险发生变化或者转移。零售商虽然避免了订货成本，但是却存在增加库存成本的风险；供应商虽然具备管理零售商库存的权利，但是在实际情形中，供应商必须得接收零售商提出的苛刻的顾客服务水平或者库存要求。因此，供应商管理库存的实施依赖于良好的信任关系，在实施 VMI 系统之前应当建立良好的契约以保障企业成员的利益。

（3）以契约为基础：零售商不可能无缘无故地把库存交给供应商管理，供应商成为唯一的决策主体以后，有可能会采取一些利己的行为。如果不对供应商施加任何约束，供应商很有可能会将库存成本转移给零售商。因此，VMI 必然是建立在保障零售商利益的基础上，如保持零售商库存在一定范围内波动或者保证零售商的顾客服务水平，顾客服务水平的保障需要建立相应的契约与惩罚机制。事实上，契约的签订也加强了企业之间的伙伴关系，有利于长久的合作。以多供应商供应链为例，在零售行业与汽车行业中，由于下游企业往往处于整个链条中的核心位置，对于上游供应商来说，契约的建立有利于稳定供应商的市场，稳定上下游企业之间的合作关系。

10.4.3 供应商管理库存的实施

供应商管理库存的实施过程可划分为 3 个阶段。

1. 契约签订阶段

在契约签订阶段应当注意两点：一是考虑零售商的利益，可以通过选取合适的契约参数来保障；二是确保供应商决策过程的灵活性，例如，在满足契约要求的情形下，允许供应商自由选择发货频率，以实现运输规模，降低运输成本。

2. 信息系统建设阶段

信息系统的建设应当充分考虑到产品的特点，对于需求稳定、响应速度比较慢的产品，信息的共享可能通过简单的 E-mail、传真等方式就可以实现；对于快速响应的产品，如电子、通信、服装等产品，则可在已有的信息系统的基础上进行集成。值得指出的是，为了降低信息系统成本，信息平台的建设并不一定要一步到位，可采取逐步建设的方法。例如，在建设信息系统之前，可以先采用 E-mail、电话、传真等简单的通信方式传递信息，在系统能够稳定运行或者观察到了 VMI 的优越性之后再开发相应的信息系统。在试验的过程中，也可以先选择少数的上游单位或者下游单位实施，然后逐步扩大实施范围。

3. 系统运行阶段

在系统运行阶段，供应商可以通过调整契约参数、转移支付等协调手段来平衡上下游企业的利益分配。值得指出的是，VMI 实施成功与否不能只关注于短期，应当密切关注实施过程中需求以及利润变量的总体态势。VMI 刚一开始实施可能不会有立竿见影的效果，尽管如此，时间越久，随着下游企业顾客服务水平的提高、总体需求量的增加以及供应链竞争力的加强，VMI 的实施就越容易成功。

10.5 供应链管理策略

供应链管理策略是实现供应链管理目标的重要途径，本节主要介绍准时制（Just In Time，JIT）、快速反应（Quick Response，QR）和高效客户反应（Efficient Consumer Response，ECR）等供应链管理策略。

10.5.1 准时制

1. 准时化生产

准时化生产的基本原则是在正确的时间，生产正确数量的零件或产品。它将传统生产过程中的前道工序向后道工序送货，改为后道工序根据“看板”向前道工序取货，看板系统是 JIT 生产现场控制技术的核心，如图 10-12 所示。

JIT 生产方式的最终目标是获取最大利润，为了实现这个最终目的，“降低成本”就成为基本目标。在工业化生产时代，降低成本主要是依靠单一品种的规模生产来实现的，但是在多品种中小批量生产的情况下，这一方法是行不通的。因此，JIT 生产方式力图通过“彻底消除无效劳动和浪费”来达到这一目标，这是一种减少浪费的经营哲学。为了达到降低成本的目标，准时化（JIT）生产方式的基本手段可以概括如下。

（1）适时适量生产。对于企业来说，各种产品的产量必须能够灵活地适应市场需要量的变化。否则的话，生产过剩就会引起人员、设备、库存费用等一系列的浪费。而避免这些浪费的手段，就是实施适时适量生产，只在市场需要的时候生产市场需要的产品。适时适量生产采用拉动式生产方式，即最后一道工序的生产由顾客对产品的需求来启动，前道工序根据后道工序对物料的需要而生产，即后道需要多少，前道生产多少。

（2）弹性配置作业人数。在劳动费用越来越高的今天，降低劳动费用是降低成本的一个重要方面。达到这一目的的方法是“少人化”。所谓少人化，是指根据生产量的变动，弹性地增减各生产线的作业人数，以及尽量用较少的人力完成较多的生产。这种“少人化”技术一反历来的生产系统中的“定员制”，是一种全新人员配置方法。实现这种少人化的具体方法是实施独特的设备布置，以便能够在需求减少时，将作业所减少的工时集中起来，以整顿削减人员。但这从作业人员的角度来看，意味着标准作业中的作业内容、范围、作业组合以及作业顺序等的一系列变更。因此为了适应这种变更，作业人员必须是具有多种技能的“多面手”。

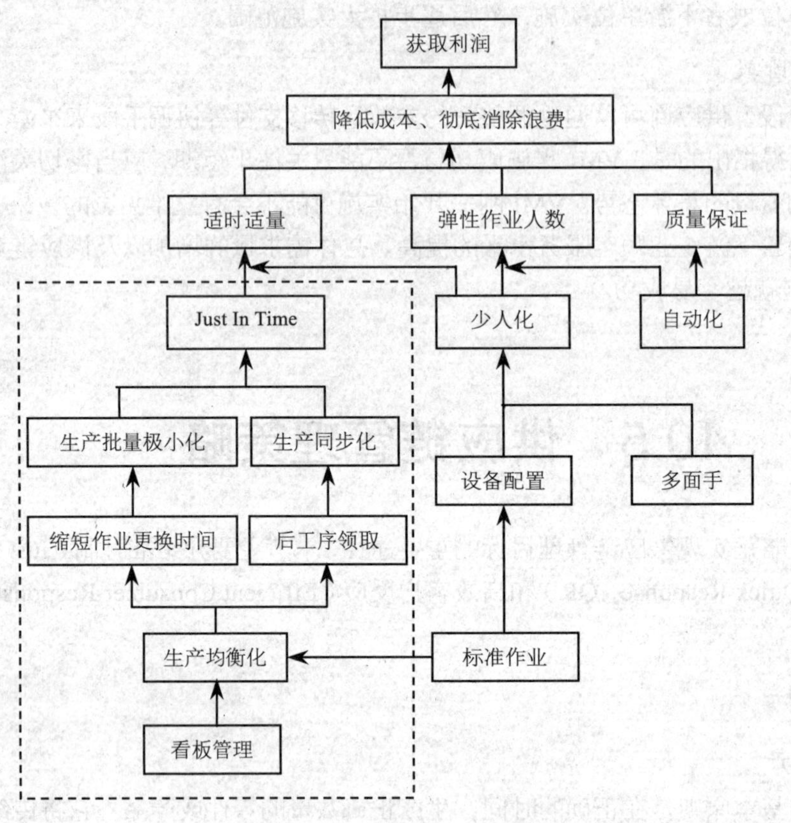

图 10-12 JIT 构造体系

（3）质量保证。一般情况下，质量与成本之间是负相关关系，即要提高质量，就得花人力、物力来加以保证。但在 JIT 生产方式中，却一反这一认识，通过将质量管理贯穿于每一工序之中来实现提高质量与降低成本的一致性。它的具体方法是“自动化”，这里所讲的自动化是指融入生产组织中的这样两种机制。

第一，使设备或生产线能够自动检测不良产品，一旦发现异常或不良产品可以自动停止设备运行的机制。为此在设备上开发、安装了各种自动停止装置和加工状态检测装置。

第二，生产第一线的设备操作工人发现产品或设备的问题时，有权自行停止生产的管理机制。

依靠这样的机制，不良产品一出现马上就会被发现，防止了不良产品的重复出现或累积出现，从而避免了由此可能造成的大量浪费。而且，由于一旦发生异常，生产线或设备就立即停止运行。比较容易找到发生异常的原因，从而能够有针对性地采取措施，防止类似异常情况的再发生，杜绝类似不良产品的再产生。

值得一提的是，通常的质量管理方法是在最后一道工序对产品进行检验，尽量不让生产线或加工中途停止。但在 JIT 生产方式中却认为这恰恰是使不良产品大量或重复出现的“元凶”，因为发现问题后不立即停止生产的话，问题得不到暴露，以后难免还会出现类似的问题，同时还会出现“缺陷”的叠加现象，增加最后检验的难度。而一旦发现问题就会使其停止，并立即对其进行分析和改善，久而久之，生产中存在的问题就会越来越少，企业的生产素质就会逐渐增强。

（4）看板管理。看板来源于日本，意为“口令”或“指令”，在JIT中是一个信号系统，用于传递生产和运输的信号。看板管理在JIT生产中起着非常重要的作用，也是实现JIT生产目标的主要手段。看板管理成功制止了过量生产，实现了“在必要的时刻生产必要数量的必要产品”，从而彻底消除生产过程中的浪费现象。看板可分为传送看板（工序间看板、外协看板）、生产看板（信号看板、工序内看板）、临时看板。企业在进行看板管理时，一定要分清不同类型的看板，正确实现看板的“生产及运送工作指令”作用。

2. 准时化采购

准时化采购是由准时化生产管理思想演变而来的，它的基本思想是：把合适数量、合适质量的物品，在合适的时间供应到合适的地点，最好的满足用户需要。准时化采购和准时化生产一样，不但能够最好地满足用户需要，而且可以极大地消除库存，最大限度地消除浪费，从而极大地降低企业的采购成本和经营成本，提高企业的竞争力。JIT采购对于提高企业经济效益有着显著的效果，20世纪80年代以来，西方经济发达国家非常重视对JIT采购的研究与应用。

准时化采购具有以下特点。

（1）采用较少的供应商，甚至单源供应。传统的采购模式一般是多头采购，供应商的数目相对较多，而准时化采购则采用较少的供应商，甚至单源供应。从理论上讲，采用单供应源比多供应源好，一方面，管理供应商比较方便，也有利于降低采购成本；另一方面，有利于供需之间建立长期稳定的合作关系，质量上比较有保证。但是，采用单一的供应源也有风险，如供应商可能因意外原因中断交货及供应商缺乏竞争意识等。

（2）对供应商的选择标准不同。在传统的采购模式中，供应商是通过价格竞争而选择的，供应商与用户的关系是短期的合作关系，当发现供应商不合适时，可以通过市场竞标的方式重新选择供应商。但在准时化采购模式中，由于供应商和用户是长期的合作关系，供应商的合作能力将影响企业的长期经济利益，因此对供应商的要求比较高。在选择供应商时，需要对供应商进行综合的评估。在评价供应商时，价格不是主要的因素，质量才是最重要的标准，这里的质量不单指产品的质量，还包括工作质量、交货质量、技术质量等多方面内容。

（3）高质量的供应商有利于建立长期的合作关系。准时采购的一个重要特点是要求交货准时，这是实施精细生产的前提条件。交货准时取决于供应商的生产与运输条件。作为供应商来说，要使交货准时，可从以下几个方面着手：一是不断改进企业的生产条件，提高生产的可靠性和稳定性，减少延迟交货或误点现象。作为准时化供应链管理的一部分，供应商同样应该采用准时化的生产管理模式，以提高生产过程的准时性。二是为了提高交货准时性，运输问题不可忽视。在物流管理中，运输问题很重要，它决定准时交货的可能性。特别是全球的供应链系统，运输过程长，而且可能要先后经过不同的运输工具，需要中转运输等，因此要进行有效的运输计划与管理，保证运输过程准确无误。

（4）对信息交流的需求不同。准时化采购要求供应与需求双方信息高度共享，保证供应与需求信息的准确性和实时性。由于双方的战略合作关系，企业在生产计划、库存、质量等各方面的信息都可以及时进行交流，以便出现问题时能够及时处理。

（5）制定采购批量的策略不同。小批量采购是准时化采购的一个基本特征。准时化采购和传统的采购模式的一个重要不同之处在于，准时化生产需要减少生产批量，直至实现“流生产"，因此采购的物资也应采用小批量办法。当然，小批量采购自然会增加运输次数和成本，对供应商来说，这是很为难的事情，特别是供应商在国外等远距离的情形下，实施准时化采购的难度就更大。解决的办法可以通过混合运输、代理运输等方式，或尽量使供应商靠近用户等。

从采购批量、供应商选择/评价、协商内容和运输的角度看，准时化采购与传统采购都有很大的区别，两者的具体比较参见表 10-5。

表 10-5 准时化采购与传统采购的比较

项　目	准时化采购	传统采购
采购批量	小批量，送货频率高	大批量、送货频率低
供应商选择	长期合作，单源供应	短期合作，多源供应
供应商评价	质量、交货期、价格	质量、价格、交货期
检查工作	逐渐减少、最后消除	收货、点货、质量验收
协商内容	长期合作关系、质量和合理价格	获得最低价格
运输	准时送货、买方负责安排	较低的成本、卖方负责安排

10.5.2 快速反应

1. 快速反应的概念

快速反应是由美国纺织与服装行业发展起来的一种供应链管理策略。20 世纪六七十年代，美国的纺织行业出现了大幅度萎缩的趋势，纺织品进口大幅度上升，到 20 世纪 80 年代，进口产品几乎占据美国纺织品市场的 40%。1984 年，美国 84 家大型企业组成爱国货运动协会，该协会在积极宣传美国产品的同时，委托托克特萨尔蒙公司调查研究提升美国纤维产业竞争力的方法。随着社会经济的发展，人们的生活水平快速提高，个性化的消费倾向凸显出来，服装行业的表现尤为突出：市场竞争更加激烈，客户需求复杂而变化频繁，依赖于对客户需求快速做出反应。

1985—1986 年，Kurt Salmon 协会进行了供应链分析，结果发现，尽管系统的各个部分具有高运作效率，但整个系统的效率却十分低，于是纤维、纺织、服装以及零售业开始寻找那些在供应链上导致高成本的原因，结果发现供应链的长度是影响其高效运作的主要因素。例如，整个服装业供应链从原材料到消费者购买时间为 66 周，其中 11 周在制造车间，40 周在仓库或转运，15 周在商店，这样长的供应链不仅各种费用大，更重要的是，建立在不精确需求预测上的生产和分销，因数量过多或过少造成的损失非常大。整个服装业供应链系统的总损失每年可达 25 亿美元，其中 2/3 的损失来自于零售或制造商对服装的降价处理以及在零售时的缺货。根据进一步的调查，发现消费者离开商店而不购买的主要原因是找不到合适尺寸和颜色的商品。

这项研究导致了快速反应策略的应用和发展。快速反应是零售商及其供应商密切合作的策略，零售商和供应商通过共享 POS 系统信息联合预测未来需求，发现新产品营销机会等，对消费者的需求做出快速的反应。从运作的角度来讲，贸易伙伴需要用 EDI 来加快信息的流动，并共同重组他们的业务活动，以将订货前导时间和成本极小化。在补货中应用 QR 可以将交货前导时间降低 75%。

所谓快速反应就是为了实现共同的目标，零售商、制造商和供应商之间相互配合，以最快的方式，在适当的时间与地点为消费者提供适当的产品和服务，即以最快的速度，最好地满足消费者需要。

美国纺织服装联合会将其定义为：制造者为了在精确的数量、质量和时间要求的条件下为顾客提供产品，将订货提前期、人力、材料和库存的花费降到最小；同时，为了满足竞争市场不断变化的要求而强调系统的柔性。

我国国家标准（GB/T 18534—2006）中对快速反应的定义是：供应链成员企业面对多品种、小批量的买方市场，不是储备了“产品”，而是准备了各种“要素”，在用户提出要求时，能以最快速度抽取“要素”，及时“组装”，提供所需服务或产品。

QR 要求零售商和供应商一起工作，通过共享 EDI，POS 信息来预测商品的未来补货需求，以及不断地监视趋势以探索新产品的机会，以便对消费者的需求能更快地做出反应。在运作方面，双方利用 EDI 来加速信息流，并通过共同组织活动来使得前置时间和费用最小。

快速响应供应链的内涵其实就是在供应链企业之间建立的战略合作伙伴关系，整个供应链体系能及时对需求信息做出反应，为消费者提供高价值的商品或服务。它以消费者需求为驱动源，供应链企业都可以达到降低供应链总成本，降低库存水平，增强信息共享水平，改善相互之间的交流，保持战略伙伴相互之间操作的一贯性，产生更大的竞争优势，以实现供应链节点企业的财务指标、质量、产量、交货期、用户满意度和业绩改善，并提高自身的利益。

快速反应包含控制（Control）、交流（Communication）和协作（Collaboration）3 个要素：

（1）控制。为了快速反应复杂多变的服装市场，服装公司的各个单位和部门必须具有明确、有效的控制系统，营销计划、日程安排、产品数据管理、产品预测、生产线管理分析、材料管理、产品采购、生产系统、库存管理以及产品销售量都必须通过准确快速的反应系统而得以控制。有效的利用控制系统，可以对所有加工过程进行有效监控，成本和消耗也可以及时被捕获，从而给管理者提供决策的重要信息。

（2）交流。服装公司内部各部门以及供应链上合作伙伴之间的有效沟通和交流是获得供应链收益的重要因素。据分析，供应链中存在的很多等待时间主要是由原材料或产成品的不合理库存引起的。产品的条形码、EDI、UPC（Universal Product Code）等技术，可以在全球范围内快速识别产品并使管理者获得及时、准确的数字信息。

（3）协作。快速反应系统的建立基于服装供应链上所有的节点企业，各成员之间必须共享信息、共同决策，只有有效协作才能获得良好的收益。为了达到有效协作，服装供应链上合作伙伴之间必须使用并行通信（Parallel Communications）以获得及时、多元化的决策信息，而在串行通信（Serial Communication）的条件下，任意一成员必须等待前一成员传递信息。

2. 快速反应的实施要素

美国是 QR 的发源地，有许多企业都已开始实施 QR 并取得了成功。实施 QR 的零售商有：Sears、Wal-Mart、Kmart、JC Penney、Dayton Hudson、Target、Federated Dillards、The Limited Hudson's Bay、Montgomery Ward，以及 Cireuit Lauder 等。实施 QR 的供应商有 Levi Strauss、VF Corp、Arrow Produets、Estee Lauder、Nike、Sara Lee Hosiery、Whirlpool，以及 Panasonic。实施 QR 的承运商有 Roadwa 和 Schneider。

Black Burn 在对美国纺织服装业研究的基础上，认为成功实施 QR 的关键要素为以下几点。

（1）改变传统的经营方式、经营意识和组织结构。首先，企业不能局限于依靠本企业独自的力量来提高经营效率的传统经营意识，要树立通过与供应链各方建立合作伙伴关系，努力利用各方资源来提高经营效率的现代经营意识；其次，零售商在垂直型 QR 系统中起主导作用，零售店铺是垂直型 QR 系统的起始点；再次，在垂直型 QR 系统内部，通过 POS 数据等销售信息和成本信息的相互公开和交换，来提高各个企业的经营效率；再有，明确垂直型 QR 系统内各个企业之间的分工协作范围和形式，消除重复作业，建立有效的分工协作框架；最后，必须改变传统的事务作业方式，通过利用信息技术实现事务作业无纸化和自动化。

（2）开发和应用现代信息处理技术。这些信息技术有条码技术、电子订货系统（EOS）、POS 系统、EDI 技术、电子资金转账（EFT）、卖方管理库存（VMI）、连续补货（CRP）等。

（3）与供应链各方建立战略伙伴关系。其具体内容包括以下两个方面：一是积极寻找和发现战略合作伙伴；二是在合作伙伴之间建立分工和协作关系。合作的目标定为：削减库存、避免缺货现象的发生、降低商品风险、避免大幅度降价现象发生、减少作业人员和简化事务性作业等。

（4）开放企业商业信息。改变传统的对企业商业信息保密的做法，将销售信息、库存信息、生产信息、成本信息等与合作伙伴交流共享，并在此基础上，要求各方在一起发现问题、分析问题和解决问题。

（5）缩短生产周期和降低商品库存。具体来说，供应方应努力做到：缩短商品的生产周期；进行多品种少批量生产和多频度少数量配送，降低零售商的库存水平，提高顾客服务水平，在商品实际需要将要发生时采用 JIT 方式组织生产，减少供应商自身的库存水平。

3. 快速反应的收益

对于零售商来说，大概需要占销售额 1.5%～2%的投入来支持条码、POS 系统和 EDI 的正常运行。这些投入包括 EDI 启动软件、现有应用软件的改进、租用增值网、产品查询、开发人员费用、教育与培训、EDI 工作协调、通信软件、网络以及远程通信费用、CPU 硬件、条码标签打印的软件与硬件等。

然而，实施 QR 的收益是巨大的，它远远超过其投入。它可以节约销售费用的 5%，这些节省不仅包括商品价格的降低，也包括管理、分销以及库存等费用的大幅度减少。Kurt Salmon 协会的 David Cole 曾说过："在美国那些实施第一阶段的公司每年可以节省 15 亿美元的费用，而那些实施第二阶段的公司每年可以节省 27 亿美元。"他提出如果企业能够过渡到第三阶段（联合计划、预计和补库），每年可望节约 60 亿美元的费用。

应用 QR 系统后之所以有这样的效果，其原因如下。

（1）销售额的大幅度增加。应用 QR 系统，可以降低经营成本，从而能降低销售价格。伴随着商品库存风险的减少，商品以低价位定价，增加销售，有效避免缺货现象，从而避免销售的机会损失，易于确定畅销商品，能保证畅销品的品种齐全，连续供应，增加销售。

（2）商品周转率的大幅度提高。应用 QR 系统，可以减少商品库存量，并保证畅销商品的正常库存量，加快商品周转。

（3）需求预测误差大幅度减少。根据库存周期长短和预测误差的关系（见图 10-13），如果在季节开始之前的 26 周进货（即基于预测提前 26 周进货），则需求预测误差（缺货或积压）达 40%左右；如果在季节开始之前的 16 周进货，则需求预测误差为 20%左右；如果在很靠近季节开始的时候进货，需求预测误差只有 10%左右。应用 QR 系统可以及时获得销售信息，把握畅销商品和滞销商品，同时通过多频度小数量送货方式，实现实需型进货（零售店需要的时候才进货），这样使需求预测误差可减少到 10%左右。

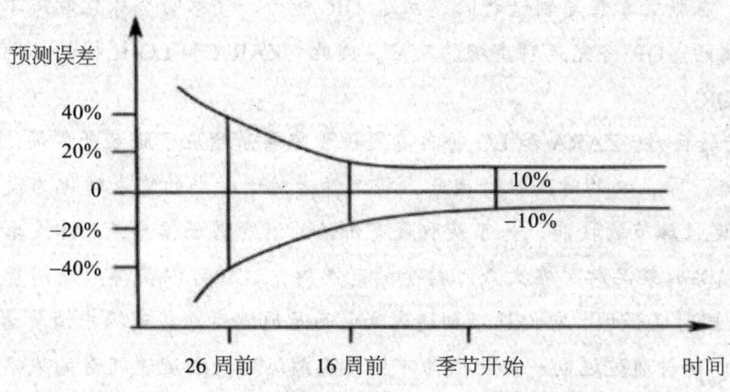

图 10-13　库存周期与预测误差的关系

这里需要指出的是，虽然应用 QR 的初衷是对抗进口商品，但是实际上并没有出现这样的结果。相反，随着竞争的全球化和企业经营的全球化，QR 系统管理迅速在各国企业界扩展，航空运输为国际间的快速供应提供了保证。现在，QR 方法成为零售商实现竞争优势的工具。同时随着零售商和供应商结成战略联盟，竞争方式也从企业与企业间的竞争，转变为战略联盟与战略联盟之间的竞争。

【小资料】

自有品牌服饰专营商店（Specialty Retailer of Private Label Apparel，SPA），是一种企业全程参与商品（设计）企划、生产、物流、销售等产业环节的一体化商业模式，核心企业"全程参与"而不是"全部拥有"。SPA 模式能有效地将顾客和生产联系起来，以满足消费者需求为首要目标，通过革新的供给方式以及供应链的整合和管理，实现对市场的快速反应。作为一种先进的供应链管理思想，快速响应和准确供应是 SPA 模式的核心。

SPA 的销售模式是由美国服装巨头 GAP 公司从快速消费品行业的经营模式中提炼出来，这一模式从 20 世纪六七十年代就成为 GAP 公司业务发展的根本体制，并于 1986 年在公司的年度报告中正式定义 SPA 模式。到了 20 世纪 80 年代末 90 年代初，凭借着这种新业务模式，GAP 公司在美国本土和国际市场成功扩张，SPA 模式在世界范围内也开始得到广泛认可。

SPA 模式随着市场的变迁不断的做着改进和调整，总体上，SPA 的发展阶段分为三代。第一代是美国 GAP 公司提出并发展的 SPA 模式；第二代是以 UNIQLO 品牌为代表的大众基本款日本化 SPA；第三代是将平民快速时尚发展到极致的西班牙 ZARA、瑞典 H&M 这样的欧洲品牌。ZARA、H&M 的经营理念是在吸收美国 GAP 和日本 UNIQLO 的 SPA 模式优势基础上，强调对供应链的整合，开创了"平价快时尚"的模式，并基于高效的生产能力，保障产品的快速更新。

SPA 成功的三大要素如下。

（1）前提：定位于零售商。人们追求潮流和时尚让服装设计师进入"伟大"职业行列，诞生了许多著名设计师品牌。而服装行业，也因此形成自上而下的设计资源垄断竞争模式。归根结底，优秀服装厂商始终追求设计出新时尚，来吸引消费者。这种模式，在"耐克模式"中充分显现，耐克公司的产品设计甚至还融合了生理、医学、化工（新面料）等学科技术。零售商的角色定位对于理解 SPA 模式是至关重要的。①从全球服装生产布局和贸易来看，服装零售商在主要市场上的不断集中是国际贸易增长的主要驱动因素。在过去十年，独立商店逐渐被品牌零售连锁店取代。②大型服装零售商在增强快速反应中发挥着主导作用。在 ZARA 和 LO 起步发展阶段，在西班牙和日本，都提供了这样的发展空间和产业环境，在服装零售与制造之间建立起 QR 能力。③尽管全球化潮流不可逆转，但零售活动依然是高度本土化的。QR 终究是对市场的反应，因此，ZARA 和 LO 这样的品牌零售商从理论上更有可能做到最快的 QR。

（2）核心：时尚转换力。ZARA 和 LO 将自身定位于零售商顺应了服装业发展潮流，但这并不意味着它们能够创造潮流，即服装的时尚性。因此，将消费者对于时尚的需求转化为设计与生产的时尚，则是 SPA 模式中决定性环节的技能。为了获取最有价值的消费需求信息，ZARA 和 LO 都没有将自身定位于价格昂贵的精品时装品牌。在大众可接受的范围内，这样可以获得广泛消费群体和他们的消费信息。ZARA 和 LO 同时还强调，它们从不创造时尚，而是通过对零售市场中消费者需求的理解，以最快的 QR 紧跟时尚。这种通过逆向一体化成为市场反应最迅速的潮流追随者的战略，与传统服装行业由设计师主导的明显超前的设计、生产与销售的方法是完全不同的。

（3）诀窍：门店展示。ZARA 和 LO 并不是时尚创造者，但却成为最有魅力的时尚吸引者。事实上，ZARA 和 LO 用于广告、时装展示会等方面的支出费用较少。它们的时尚性，全部体现在门店展示方面。首先，ZARA 和 LO 对消费者拥有很强的吸引力说明它们的产品是新颖的，创造了一种稀缺感和引人注意的气氛。新颖来自产品迅速更新，每周都有新品到店，而每家门店又都有不同的新品。稀缺感也促进了小批量采购、稀疏的展示架、对单个商品在店内销售时间不超过规定期限的限制和一定程度的故意短缺。希望顾客能够明白，如果他们喜欢某样东西，就必须马上购买，因为下周它可能就不在这里了。这都是为了营造一种稀缺和机会难得的氛围。

10.5.3 高效客户反应

1. 高效客户反应的概念

在 20 世纪六七十年代，美国食品杂货百货业的竞争主要在制造商之间展开，竞争的重心是品牌、食品、经销渠道和大量的广告和促销。在零售商和制造商的交易关系中制造商占支配地位，但进入 20 世纪 80 年代特别是 80 年代以后，在零售商和制造商的交易关系中，零售商开始占据主导地位，竞争的重心转向流通中心、商家的自有品牌、供应链效率和 POS 系统。同时在供应链内部，零售商和制造商之间为取得供应链主导权的控制，同时为商家品牌和厂家品牌占据零售商商店货架空间的份额展开激烈的竞争。这种竞争使供应链的各个环节间的成本不断转移，导致供应链整体的成本上升。

在这期间，从零售角度来看，随着新的零售方式如仓储商店、折扣店的大量涌现，使得他们能以相当低的价格销售商品，从而加剧了食品杂货百货业的竞争。在这种状态下，许多传统超市业者开始寻找对应这种竞争方式的新管理方法。从制造商（生产厂家）来看，由于食品杂货百货业的技术含量不高，大量同质化（无实质性差异）的新商品投入市场，使制造商之间的竞争趋同化。制造商为了获得销售渠道，通常采用直接或间接的降价方式作为向零售商促销的主要手段，这种方式往往会以大量牺牲厂家自身的利益和最终牺牲消费者的利益为代价。从消费者的角度来看，过度竞争往往会使企业在竞争时忽视消费者的利益，通常消费者需要的是商品的高品质、新鲜度、服务和在合理价格基础上的多种选择。然而，在过度竞争环境中，企业往往不是通过提高商品质量、服务和在合理价格基础上的多种选择来满足消费者，而是通过大量的诱导性广告和广泛的促销活动来吸引消费者转换品牌，同时通过提供大量非实质性变化的商品供消费者选择。这样消费者不能得到他们需要的商品和服务，得到的往往是高价、眼花缭乱和不甚满意的商品。对应于这种状况，客观上要求企业从消费者的需求出发，提供能满足消费者需求的商品和服务。

在上述背景下，美国食品市场营销协会（US Food Marking Institute，FMI）联合包括COCA-COLA、P&G、Safeway Stor在内的16家企业与流通咨询企业Kurt Salmon Associates公司一起组成研究小组，对食品业的供应链进行调查总结分析，于1993年1月提出了改进该行业供应链管理的详细报告。在该报告中系统地提出有效客户反应（Efficient Consumer Response，ECR）的概念和体系。经过美国食品市场销售协会的大力宣传，ECR概念被零售商和制造商所接纳，并被广泛地应用于实践。几乎同时，欧洲食品杂货百货业为解决类似问题也采用ECR的管理思想、概念与体系，建立了欧洲ECR委员会（ECR Europe），以协调各国在实施ECR过程中的技术、标准等问题。

ECR的最终目标是建立一个具有高效反应能力和以客户需求为基础的体系，使零售商和制造商以业务伙伴方式合作，提高整个食品杂货供应链的效率（而不是单个环节的效率），以降低整个供应链体系的运作成本、库存储备，为客户提供更好的服务。

【小案例】

2012年7月，知名网上超市1号店在新加坡举行的第13届ECR（高效消费者响应）亚太地区大会上，被组委会授予ECR最高奖项即金奖。来自十余个不同国家的数十家企业，参与ECR亚太地区大会评选，共同角逐最高奖项，最终1号店击败众多知名国际企业获此殊荣，与1号店一起获得金奖的还有宝洁。

在亚太地区，ECR主要的工作是增强各成员单位在物流以及相关流程的能力，通过高效率和高效能的提升为消费者带来更大的价值。1号店CEO刘峻岭先生在获奖感言中表示："我们被誉为中国大陆发展最为迅速的电子商务类企业。2012年7月11日，是1号店创立仅4周年的日子，但是1号店已拥有了一个复杂且多元化的ECR体系。我们的6 000名员工能够独立完成货品挑选、货源的选择和配送，以及整个供应链系统的改进，并做出具有实际意义的创新。"

在此次会议期间，1号店与参会的众多顶尖企业积极分享了其在各个方面的经验。1号店的核心竞争力之一在于开发自己的系统，这套拥有24项专利和100多项软件著作权的系统，极大地帮助1号店降低成本，提高效率。现在1号店每个订单所包含的商品数量平均为16.7件，相当于同行的3~5倍。"我们的优势主要源自出色的供应链管理。"1号店董事长于刚曾表示。"从4年前我们两个人，一间10平方米的办公室和一张办公桌，到现在已经拥有6 000多名团队成员，超过2 000万的注册用户，在线销售近90万品种。我们用创新的商务模式和先进的技术平台为顾客和商家创造价值，让顾客可以享受足不出户便可满足家庭一切所需的新的生活方式。我们的理念得到了顾客的认可。"

（资料来源：Yesky数字家庭频道—天极网）

案例点评：1号店自主开发的客户响应系统给顾客带来了全新的体验，他们从IT系统建设、人员管理等方面不断地调整，以适应电子商务平台上不断扩张的品类的需求。其创新的合单实验，使得不同品牌的商品能够一并发送，减少了用户收货的麻烦，这种在不同仓库之间无缝协同发货的技术使得1号店在ECR方面取得了与众不同的竞争优势。

2. 高效客户反应的实施要素

实施 ECR 管理策略，首先是联合整个供应链所涉及的供应商、制造商、分销商及零售商，整合供应链中的业务流程，使供应链的业务运作合理有效。然后，以合适的成本使这些业务流程自动化，进一步降低供应链的成本和响应的时间。通常实施 ECR 需要将条形码与扫描技术、POS 系统和开放的电子数据交换（EDI）系统集成，在供应链之间建立一个无纸业务处理系统（见图 10-14），确保产品源源不断地从制造商流向最终客户。与此同时，信息流能够在开放的供应链中有效流动，从而提供能够满足客户需求的产品和服务。

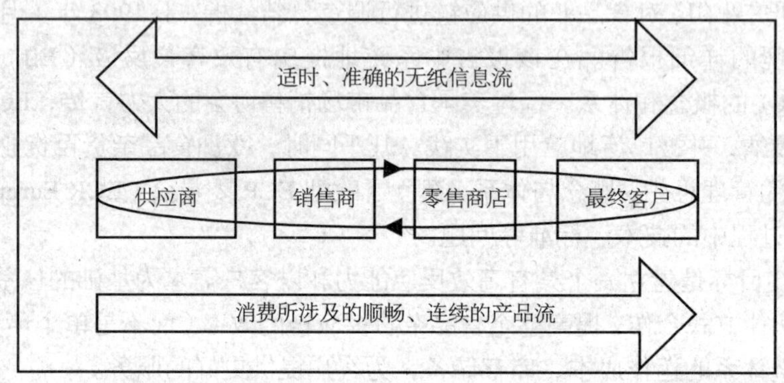

图 10-14　ECR 系统示意图

通过 ECR，利用计算机辅助订货技术，零售商无须签发订购单，即可实现订货；供应商则可利用 ECR 的连续补货技术，随时满足客户的补货需求，使零售商的存货保持在最优水平，从而提供高水平的客户服务，并进一步加强与客户的关系。同时，供应商也可从商店的销售点数据（POS）中获得新的市场信息，改变销售策略；对于分销商来说，ECR 可使其快速分拣运输包装，加快订购货物的流动速度，进而使消费者享用更新鲜的物品，增加购物的便利和选择，并强化消费者对特定物品的偏好。

实施 ECR 的四大要素，如图 10-15 所示，要素间配合形成的运作过程如图 10-16 所示。

（1）高效的产品引进（Efficient Product Introductions）。通过采集和分享供应链伙伴间时效性强的更加准确的购买数据，提高新产品销售的成功率；有效地开发新产品，合理安排产品的生产计划，开拓市场，创造需求。

（2）高效的店铺配置（Efficient Store Assortment）。通过有效地利用店铺的空间和店内布局，来最大限度地提高商品的获利能力，如建立空间管理系统、有效的商品品种等；通过二次包装（如为满足不同订单或商店分类需求），将一个运输包装中的商品进行不同的包装，并赋于不同的包装标识等手段，提高商品的分销效率，使库存和商店空间的使用率最优化。

（3）高效的促销（Efficien Promotion）。通过简化分销商和供应商的贸易关系，使贸易和促销的系统效率最高，如消费者广告（优惠券、货架上标明促销）、贸易促销（远期购买、转移购买）；提高仓储、减少预先购买、供应商库存及仓储费用，使贸易和促销的整个系统效率最高。

（4）高效的补货系统（Efficient Replenishment）。从生产线到收款台，通过 EDI，以需求为导向的自动连续补货和计算机辅助订货等技术手段，使补发系统的时间和成本最优化，从而降低商品的售价。

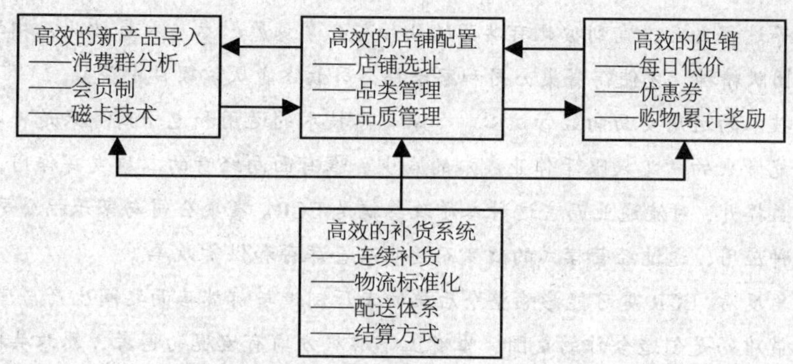

图 10-15　ECR 的 4 个要素

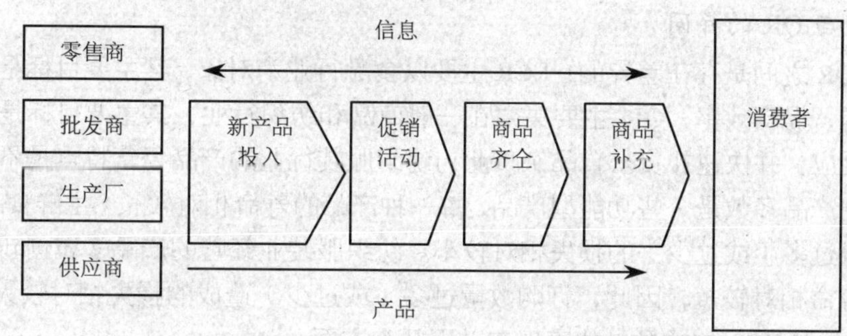

图 10-16　ECR 的运作过程

【小案例】

从 1999 年开始，雀巢公司和家乐福公司在 ECR 方面开展密切合作，在中国台湾等地区的分公司开始进行供应商管理库存示范计划。雀巢与家乐福双方均采用 EDI 网络的方式进行资料传输，雀巢公司的 VMI 管理系统采取外购的方式，选用了 Infule 的 EWR 的产品。

通过建设 VMI 管理系统，在具体目标方面达成了许多显著成果：雀巢对家乐福物流中心的产品到货率由原来的 80%左右提升到 95%；家乐福物流中心对零售店面的产品到货率也由 70%左右提升至 90%左右，而且仍在继续改善中；库存天数由原来的 25 天左右下降至目标值以下；在订单修改率方面也由 60%～70%的修改率下降至 10%以下。

而对雀巢来说最大的收获是建立了与家乐福的战略合作关系，过去与家乐福是单向的买卖关系，家乐福享受着大客户的种种优惠，雀巢公司则尽力推出自己的产品，这样，彼此都忽略了真正的市场需求，从而导致卖得好的商品经常缺货，而不畅销的商品却库存积压。经过这次合作，双方有了更多的相互了解，也有了共同解决问题的意愿，并使原本各项问题的症结点一一浮现，这对从根本上改进供应链的整体效率非常有利。而同时，雀巢公司也开始考虑将 VMI 系统运用到其他销售渠道。

（资料来源：http://cio.icxo.com/htmlnews/2004/08/11/292600.htm）

案例点评：要推动 ECR 的落实，需要把握以下几个关键点才能有预期成效。

首先，一把手是推进 ECR 的前提。在 ECR 的推动过程中，如果没有一把手自上而下关注、发动和督促，在供应商和零售商之间长期以来形成的惯性无法打破，ECR 的理念再好，也将使得 ECR 成为一个不可实现的目标。

其次，团队精神不可或缺。在 ECR 的实施与运用过程中，往往因供应商与零售商的价格对立关系以及系统和运作方式的不同而难以合作，雀巢公司和家乐福公司的 VMI 示范计划参与人员在历经了沉默、争吵与对立等过程之后，直到彼此有共同的认知与分享意愿，参与人员彼此互相学习。正是由于逐步发挥作用的团队精神，才使得雀巢公司和家乐福公司最终能从该项目中获益。

最后，信息技术的运用要面向经营核心。如果信息技术的运用和电子商务只是将即有的作业电子化与自动化，它能带来的意义只限于作业成本的减少。唯有面向经营的本质发挥作用，才能使公司产生较大幅度地效益提升，对流通业而言这种本质改善就是ECR。雀巢公司与家乐福公司的VMI示范计划就是其中的一种应用，通过经营模式的改变而逐步改善库存和供货效率。

从供应链的角度看，ECR更可能影响整个后端的工厂制造与前端店面之间生产与库存效率的提升。所有这些工作中最难的是创造合作的氛围，唯有上下游双方均有宏观的思考，愿意共同合作，才会有进步的可能。

3. ECR与QR的异同

ECR与QR之间是存在差异的：ECR主要以食品行业为对象，其主要目标是降低供应链各环节的成本，提高效率；QR主要集中在一般商品和纺织行业，其主要目标是对客户的需求做出快速反应，并快速补货。食品杂货业与纺织服装行业的产品经营特点是不同的：食品杂货业经营的产品多数是一些功能型产品，每一种产品的寿命相对较长（生鲜食品除外），因此，订购数量过多（或过少）的损失相对较小。纺织服装业经营的产品多属创新型产品，每一种产品的寿命相对较短，因此，订购数量过多（或过少）造成的损失相对较大。

因此，QR与ECR的差异具体表现在以下几个方面。

（1）侧重点不同。QR侧重于缩短交货提前期，快速响应客户需求；ECR侧重于减少和消除供应链的浪费，提高供应链运行的有效性。

（2）管理方法的差别。QR主要借助信息技术实现快速补发，通过联合产品开发缩短产品上市时间；ECR除新产品快速有效引入外，还实行有效商品管理、有效促滚动。

（3）适用的行业不同。QR适用于单位价值高，季节性强，可替代性差，购买频率低的行业；ECR适用于产品单位价值低，库存周转率高，毛利少，可替代性强，购买频率高的行业。

（4）改革的重点不同。QR改革的重点是补货和订货的速度，目的是最大程度地消除缺货，并且只在商品需求时才去采购；ECR改革的重点是效率和成本。

除了存在以上差异，ECR与QR之间也存在一些共同的特征：

（1）共同的外部变化。实施QR和ECR的主要行业受到两种重要的外部变化的影响，一是经济增长速度的放慢加速了竞争，因为零售商必须生存并保持客户的忠诚度；二是零售商和供应商之间发生了变化，在引入QR和ECR之前，供应商和零售商两者往往缺乏信任感，不能满足客户真正的需求。

（2）共同的威胁。对于零售商来说，威胁主要来自大型综合超市廉价店、仓储俱乐部和折扣店等新型零售形式，他们采用新的低成本进货渠道，这些新的竞争者把精力集中在每日低价、绝对的净价采购及快速的库存周转等策略上。对于供应商来说，压力来自于品牌商品的快速增长，因为这些商品威胁了他们的市场份额。

（3）共同的目标和策略。以最低的成本向消费者提供他们真正想要的商品，整个系统高效率运行。它们都重视供应链的核心业务，对业务进行重新设计，以消除资源的浪费。但QR解决的是补货问题，而ECR注重的是过量库存问题。

这两者在合作过程中，表现为超越企业之间的界限，通过合作追求物流效率化。具体表现在：贸易伙伴间商业信息的共享；商品供应方进一步涉足零售业，提供高质量的物流服务；企业间订货、发货业务全部通过 EDI 来进行，实现订货数据或出货数据的传送无纸化。

综上所述，不同供应链 ECR 和 QR 策略的选择是不尽相同的。

对于功能型产品应当侧重于降低物流成本，采用有效性供应链，实施有效客户反应（ECR）策略。提高商品供应的效率入手，与上游供应商和制造商之间利用现代信息技术建立相互协调的供应模式。零售商总部利用 POS 系统提供的商品销售信息，以及对销售量的预测，利用计算机辅助订货系统向供应商订货，并由供应商或区域配送中心向各零售商店提供即时补货，拉动制造商进行产品生产，形成销售和配送的同步运转，共享物流设施和仓库资源，降低配送成本，最大限度地减少生产流通环节可能产生的各种浪费。

对于创新型产品应当侧重于降低商流成本，采用反应性供应链，实施快速反应策略。对于反应性供应链而言，市场的调节成本是绝对重要的，而实物成本是相对次要的。从提高顾客响应的速度出发，与供应链各方建立战略伙伴关系和合作机制，采用 EDI 电子数据交换技术实现供应链各节点企业的分工协作和信息共享，缩短商品的设计和生产周期；实施 JIT 生产方式，进行多品种中小批量生产和高频度小批量配送，降低供应链的库存水平，迅速地满足顾客的个性化和定制化需求，提高整个供应链的反应能力。

【小案例】

2 分 35 秒，优衣库旗舰店销售破亿元，成为 2015 天猫“双 11”最快过亿元的单店。最终，优衣库销售额突破 6 亿元，卫冕“双 11”服装类销售冠军，同时在全品类排名中，由 2014 年的第五名升至第四名。

优衣库核心竞争力之一在于信息分析能力。优衣库的员工从进公司第一天开始就要观察数字、理解数字，感受数字的变化，然后创造出数字来。20 多年来，通过收集每天每时每刻、每款每色每码、每个店铺所有的销售数据，优衣库形成了一个庞大的数据库。所以商品摆到架上两个星期后，当季的销售情况基本上就一目了然。优衣库的市场反应快，一个典型的例子就是，每当门店有滞销品时，店长便会向总部要求申请变价。当天提案，下午就能收到反馈，第二天就可以以变更后的价格进行销售。优衣库对销售数据的跟踪以星期为单位，每天执行数据跟踪，销售数字也实时地反映出了库存的变动，顺势调整生产量和营销方案，季末通过限时打折确保库存清空，基本上做到了“良性”库存。

ECR 模式提升供应链效率：解决库存问题并不意味着零库存，有效的库存管理是品牌企业打通供应链和终端零售的枢纽。正如优衣库全球高级执行副总裁、优衣库大中华区 CEO 潘宁接受媒体采访时表示，我们更希望创造一定的库存率，这个比率我们控制在 3%左右，不要零库存，但也不要高库存。良性库存，保证了重要货品齐全，从根本上做到控制库存和有效清货。

渠道扁平化，是规模化企业必须具备的基本功，无论对中国本土企业还是跨国公司都是如此。优衣库的流通管理和传统的服装业不同，绝大多数服装企业采用的是 QR 系统，QR 侧重于缩短交货提前期，消除缺货带来的影响，快速响应客户需求。优衣库采用的是食品行业常用的 ECR 系统，ECR 侧重于建立消费导向型的零售模式，以高效满足消费者的需求为核心，提升供应链和需求链的效率。

优衣库固有低品类、高库存周转率和低利润率的经营模式，在结合 ECR 系统以后，直接分析零售门店即时数据，清除滞销商品，对空缺商品快速补货，评估潜在有效消费需求，制定工厂订单。通过对下放订单节奏的把控，使工厂大量订单依存于“优衣库”门店，或者说“优衣库”可以更好地发挥其订单下放的权利，实现了工厂供给和市场需求之间的调控转换。优衣库通过选择 ECR 系统，不仅能最大限度地满足消费需求，更能灵活应对追加的订单，改进了周转效率，降低了库存，达到了控制成本的可预期效果。

（来源：中国女装网）

案例点评：优衣库正是通过高效的供应链管理，挖掘到独特的核心竞争力，创建了崭新的运营形态，成就了在全球服饰零售业的领军地位。通过对供应链的有效控制，在消费者看不到的后台，既做到了对源头的控制，又做到了和合作伙伴的协同发展；既做到了流行，又控制了库存，从而赢得了市场竞争力，实现了企业的卓越发展。

10.6 供应链管理的新兴理念

10.6.1 绿色供应链

绿色供应链（Green Supply Chain）的概念，最初是由美国密歇根州立大学的制造研究协会在 1996 年提出的，当时提出这个概念的目的，是基于对环境的影响，从资源优化利用的角度，来考虑制造业供应链的发展问题。也就是说，从产品的原材料采购期开始，就进行追踪和控制，使产品在设计研发阶段，就遵循环保的规定，从而减少产品在使用期和回收期给环境带来的危害。

在当时，绿色供应链只包含了环境保护和能源节约两层含义，就是用最少的能源、最绿色的材料，制造出最环保的产品。而现在，广义的绿色供应链指的是要求供应商其产品与环境相关的管理，亦即将环保原则纳入供应商管理机制中，其目的是让本身的产品更具有环保概念，提升市场的竞争力。

绿色供应链的内容涉及供应链的各个环节，其主要内容有绿色采购、绿色制造、绿色销售、绿色消费、绿色回收以及绿色物流。

【小案例】

宜家（IKEA）是瑞典家具卖场。其大部分的门市位于欧洲，其他的则位于美国、加拿大、亚洲和澳大利亚。每年印刷量高达一亿本的 IKEA 商品目录中，收录有大约 12 000 件的商品，号称是除了《圣经》之外最被广为散布的书籍。宜家除了产品多样性、门市分布广之外，更值得我们关注的是其制定了绿色战略理念：绿色经营意识和价值体系，包括环保战略、低成本战略和绿色产品战略，打造绿色家居理念，满足消费者个性化的需求，同时兼顾对环境的关注和利益的追求。

宜家家居的绿色供应链运作模式如下。

1. 公司绿色供应链的计划和目标

宜家家居很早就已经意识到家具制造与环境保护之间的关系，并在加工过程中尽量降低对环境的影响程度，一个重要标志就是宜家家居通过了 ISO14000 环境标准体系认证。在此基础上，公司设定的绿色供应链的基本内涵是：以可持续发展为管理理念，以清洁生产为主要手段，通过整个供应链的运作，将生产过程中产生的废弃物减量化、资源化、无害化，实现资源综合开发利用与生态环境系统的良性循环，使企业发展目标与社会发展、环境改善协调同步，实现可持续发展。

2. 公司的绿色采购计划

简单地说，从源头出发，首先对供应商有所约束，要求其采用绿色原料、绿色工艺，实现材料、能源的节约，从而满足公众对环保产品的需求，提高产品的竞争力就是绿色的采购计划。宜家在全球拥有近 2 000 家供货商（其中包括宜家自有的工厂），在对这些供应商的筛选，“绿色”成为首要标准。在宜家内部，其对各项指标有一个统一的评估格式，类似与沃尔玛的“模范工厂”项目，宜家的全球采购办公室“买手”深入工厂，考察供应商的产品质量、社会道德和环保体系，依据此情况得出的评估将决定供应商是否入选。

同时，宜家的供应链也对其供应商进行环保宣讲和教育，发起促进绿色运营的各种攻势。在过去两年多时间里，他们联合供应商在全国范围内广泛开展了诸如节能灯推广，消费者节能教育等一系列活动，从中取得显著收效。

3. 公司的绿色制造环节

研究表明，产品性能的 70%～80%是由设计阶段决定的，宜家在设计阶段充分考虑产品对生态和环境的影响，使设计结果在整个生命周期内资源利用、能量消耗和环境污染最小。绿色设计主要从零件设计的标准化、模块化、可拆卸和可回收设计上进行研究。例如，适合货盘大量运输的杯子，或者抽掉空气的枕头，这些都是给予设计者对绿色运输上的考虑。

同时，根据非政府国际自然保护组织世界自然基金会提供的信息称，宜家正在按照“四阶梯”模式，逐步提高对木质原材料的经营要求，以实现长远的认证目标。另外，宜家还提出了用非实木替代实木原料的要求。世界自然基金会总部与宜家家居集团，共同执行一个为期三年的森林项目，通过制定和完善全球林业管理指南，并在优先地区示范经营良好的林业等来实现宜家的林业行动计划和世界自然基金会的森林保护目标。这一点恰恰能够体现宜家的绿色制造。

4. 公司的绿色供应链交付环节

首先，宜家对销售环节注重生态管理，它包含分销渠道、中间商的选择、网上交易和促销方式的评价等。宜家根据自身产品特点，尽量缩短分销渠道，减少分销过程中的污染和社会资源的损失。选用中间商时注意考察其绿色形象。开展网上销售，作为新的商务方式，电子商务是很符合环保原则的，发展前景广阔。在促销方式上，选择最有经济效益和环保效益的方式，还要大力宣传企业和产品的绿色特征。

同时，宜家不可避免地存在着大量的物流活动，由于宜家运输全部由外包负责，即大力发展第三方物流。因为由这些专门从事物流业务的企业提供物流服务，可以从更高的角度、更广泛地考虑物流合理化问题，简化配送环节，进行合理运输，有利于在更广泛的范围内对物流资源进行合理利用和配置，可以避免自有物流带来的资金占用、运输效率低、配送环节烦琐、企业负担加重、城市污染加剧等问题。

5. 公司的绿色供应链回收环节

工业技术的进步使得产品的功能越来越全面，但是同时其生命周期也越来越短，造成了越来越多的废弃物消费品。这不仅造成严重的资源、能源浪费，而且成为固体废弃物和污染环境的主要来源。宜家在产品废弃阶段的绿色性主要体现在回收利用、循环再用和报废处理。

在宜家的废物分类回收中心，不仅各类垃圾被细分成 17 类，还可对危险物品和可回收物品分类处理。在循环利用方面，宜家也走在了行业的前列，在其企业内部设置“有益于生态”的生产线，定期对生产情况进行检查。除此之外，还开发了循环式产品系统，拆卸和循环使用旧的家居部件，以最大限度地节约资源。

（来源：《现代商业》）

案例点评：宜家通过绿色供应链管理的实施，大大提高了其经济效益，也带来了巨大的社会效益，并使经济效益和社会效益协调优化，为企业可持续发展和品牌竞争力的提升奠定了基础。

10.6.2 供应链金融

供应链金融（Supply Chain Finance），是银行将核心企业和上下游企业联系在一起提供灵活运用的金融产品和服务的一种融资模式。即把资金作为供应链的一个溶剂，增加其流动性。

一般来说，一个特定商品的供应链是从原材料采购，到制成中间及最终产品，最后由销售网络把产品送到消费者手中，将供应商、制造商、分销商、零售商直到最终用户连成一个整体。在这个供应链中，竞争力较强、规模较大的核心企业因其强势地位，往往在交货、价格、账期等贸易条件方面对上下游配套企业要求苛刻，从而给这些企业造成了巨大的压力。而上下游配套企业恰恰大多是中小企业，难以从银行融资，结果最后造成资金链十分紧张，整个供应链出现失衡。而在"供应链金融"的融资模式下，处在供应链上的企业一旦获得银行的支持，资金这一"脐血"注入配套企业，也就等于进入了供应链，从而可以激活整个"链条"的运转，而且借助银行信用的支持，还为中小企业赢得了更多的商机。

供应链金融对于供应链的整体健康发展具有重要的意义。

1. 供应链金融实现"物流""资金流""信息流""商流"的四流合一

在供应链中，物流、资金流、信息流、商流是共同存在的，商流、信息流和资金流的结合将更好地支持和加强供应链上、下游企业之间的货物、服务往来（物流）。传统意义上，企业会将注意力集中于加速供应链中物流的流转，但是资金流的流转对企业来说同样很重要。随着市场全球化的发展和新兴市场上的贸易机会的浮现，如何管理好企业的资金流已经成为企业参与供应链重点关注的话题。

2. 有效整合供应链的各个环节

为了确保整条供应链能够顺利进行，企业就必须纵观全局，了解上、下游企业的具体情况，以及与之相关的物流和资金流的信息。在许多案例中，我们可以发现供应链一旦出现了问题，基本上都是由于供应商无法正常按照合约（如质量、数量、日期等）提供产品所引起的，并非是采购商无法支付货款所引起的。因此，作为下游的企业更应当与上游供应商保持紧密联系，及时了解供应商的各种信息，避免因供应商无法及时交货而引起供应链的中断。正如同之前所说的，企业通常会将注意力集中在货物流上，仅仅关注于企业的货物是否按照要求及时地送到，但是值得注意的是，资金短缺是造成供应商不能及时提供货物的重要原因之一，因此作为下游的企业更应该倍加关注整个资金流的状况。

3. 借助金融产品完善供应链管理

目前有一种现象，就是银行和企业之间缺少一定的必要沟通。银行一般不会了解到企业的现金管理和营运资金的情况，在单独开展相应的融资服务的时候，银行就会面临很大的信用风险，企业当然也无法针对自己的资金状况寻求到更为合适的银行产品。开展了供应链金融业务之后，这种局面就会得到很好的改善，因为供应链金融是基于供应链中的核心企业，针对它的上下游企业而开展的一种金融服务。通过供应链金融将上下游企业和银行紧密地联系起来，供应链金融使得整根链条形成了一个闭环模式，银行能够准确地掌握各个环节上企业的信息。银行通过核心企业的优质信誉，为它的上下游提供金融服务，在一定程度上可以降低风险系数。企业通过银行的帮助，也能够做到信息流、物流、资金流的整合。在收到对方支付的款项之后，企业就可以及时地将物流进行跟进，这样就实现了资金收付的高效率，加速了整条供应链的物流和资金流的高速运转，提升了整体价值。

要点回顾

供应链是围绕核心企业，通过对信息流、物流、资金流的控制，从采购原材料开始，制成中间产品以及最终产品，最后由销售网络把产品送到消费者手中的将供应商、制造商、分销商、零售商直到最终用户连成一个整体的功能网络结构模式。

供应链管理有推式和拉式，各有其利弊，目前以推拉式为主，按照产品类型不同进行相应的供应链模式设计。

牛鞭效应的成因主要有需求预测的主观修正、频繁的价格波动、生产订单的批量订货、快速变化的市场环境、失衡的库存情况、与上下游缺少协作等原因，即供货、生产、需求、信息传递及决策的不确定性。

供应商管理库存是一种在接收方与供应方之间签订共识协议的条件下，由供应商负责对库存进行管理，并实时监督和反馈实施情况和不断地完善协议，是一种持续性改进的库存管理的方略。

准时制生产(Just In Time，JIT)、快速反应(Quick Response，QR)和高效客户反应(Efficient Consumer Response，ECR)是供应链管理中的重要管理策略。

本章习题

一、名词解释

供应链　牛鞭效应　VMI　JIT　QR　ECR

二、简答题

1．简述供应链的基本构成。

2．牛鞭效应的成因和缓解方法。

3．供应商管理库存的原理和方法。

4．简述JIT、QR、ECR的作用。

5．简述SPA模式成功要素。

三、案例分析题

富康股份有限公司是一家集现代生物和医药制品研制、生产、营销于一体的高科技企业。公司实行现代企业管理制度，遵循以技术为依托、以产品为载体、以科普为先导、以营销为龙头的发展战略，形成了强有力的全国营销网络。目前已研制生产出富康口服液、富康胶囊、富康西洋参胶囊、富康花粉等一系列产品，其在同类产品中享有很高的知名度，在国内市场上占据领先地位。十多年来，富康口服液一直保持着良好的市场形象，其销售网络已遍布全国各地。

目前，富康口服液已逐渐进入产品成熟期，富康公司通过中间商网络来销售富康口服液，这些中间商代表公司将产品销售给食品零售连锁店。公司生产部门与销售部门之间存在着较大的矛盾，销售部门经常变动订单，使生产部门的生产计划经常被打乱，而销售部门经常供不上货，然而公司的库存却仍然很高。公司现存的主要问题如下。

（1）市场竞争激烈，需求剧烈波动，为抓住市场机遇和维持良好的服务水平，营销部门要求生产部门及时提供产品，导致公司的生产系统承受了巨大的库存压力以及生产不确定性。

（2）公司采用推动式供应链进行生产销售，对市场预测不准，导致整个系统的高库存水平和高缺货水平并存的现象，并且牛鞭效应显著。

（3）为扩展各地市场，将全国市场划分成八大区域，生产厂分八个生产线生产，每批原材料的投料都是针对具体的区域安排的，即在原材料投入时就已确定该批产品的销售区域，而销往各地的富康口服液本质上没有任何差别，其供应链的精益水平比较低。

（4）为了合理公平地考核区域的销售业绩，避免各区域之间发生“冲货”现象，借助包装材料进行产品区分，导致无法用某一地区过高的库存来应付另一地区供不应求的局面，对客户需求的敏捷反应能力较差。

（5）富康口服液的生产周期长，在分装工段之后需要放置两周时间以做检验，而包装材料的生产需要五天左右的时间，产品包装需要一天。与此同时，包装材料供应商提供了 8 种口服液的包装材料，不仅加大公司的成本，还带来众多不便。

请根据本章学习的供应链管理的理论和策略，针对该公司的现状提出有效的改进措施。

四、拓展实践

戴尔、诺基亚、宝洁、IBM、沃尔玛、丰田汽车、强生等十家公司最近被 AMR Research 评选为全球效率最高的 10 大供应链拥有者，请从中选一家上网了解其供应链构建的现状，并分析其成功的原因。

第 11 章　物流问题建模与优化实验

【内容提要】

本章介绍了如何用 Excel 规划求解工具解决物流优化问题，具体包括生产运输优化、转运路径优化、路网流量优化、物流中心选址优化、多目标配送优化等。

学习完本章后，希望读者掌握：

（1）安装和配置 Excel 规划求解工具；

（2）建立物流运输问题优化模型，应用 Excel 规划求解工具进行求解。

引导案例

百胜全球餐饮集团是世界上最大的餐饮连锁集团，总部设在美国肯塔基州的路易斯维尔市。百胜餐饮集团拥有并经营着五大世界著名连锁品牌，包括肯德基、必胜客、塔可钟、艾德熊（A&W）和 Long John Silvers（LJS）。在全球 125 个国家和地区拥有近 41 000 家连锁餐厅，员工人数超过 150 万。2014 年，百胜餐饮集团的收入超过 130 亿美元，名列《财富》500 强第 228 名。

对于连锁餐饮业来说，由于原料价格相差不大，物流成本始终是企业成本竞争的焦点。据有关资料显示，在一家连锁餐饮企业的总体配送成本中，运输成本占到 60%左右，而运输成本中的 55%到 60%又是可以控制的。因此，降低物流成本应当紧紧围绕运输这个核心环节。

近些年，百胜餐饮集团正在挺进中国内陆地区，那里的运输工作常常要比更发达的沿海地区艰苦得多，这就给公司的物流经理们带来了新的挑战。该公司的解决方案是：和在其他许多国家将物流外包给第三方食品服务公司的做法不同，它在中国建立了属于自己的物流公司——百胜物流公司。

作为肯德基、必胜客等业内巨头的指定物流提供商，百胜物流公司抓住运输环节大做文章，通过合理地安排运输、降低配送频率、实施歇业时间送货等优化管理方法，有效地实现了物流成本的“缩水”，给业内管理者指出了一条细致而周密的降低物流成本之路。

合理的运输安排的意义在于，尽量使车辆满载，只要货量许可，就应该做相应的调整，以减少总行驶里程。由于连锁餐饮业餐厅的进货时间是事先约定好的，这就需要配送中心就餐厅的需要，制作一个类似列车时刻表的主班表，此表是针对连锁餐饮餐厅的进货时间和路线详细规划制定的。众所周知，餐厅的销售存在着季节性波动，因此主班表至少要有旺季、淡季两套方案。有必要的话，应该在每次营业季节转换时重新审核运输排程表。安排主班表的基本思路是：计算每家餐厅的平均订货量，设计出若干条送货路线，覆盖所有的连锁餐厅，最终达到总行驶里程最短、所需司机人数和车辆数最少的目的。

（资料来源：《物流与供应链管理案例》）

【案例思考】

在此案例中，百胜全球餐饮集团为了节省物流成本、提高竞争力，建立了属于企业自己的物流公司——百胜物流公司。百胜物流公司抓住运输环节大做文章，通过合理地安排运输、降低配送频率、实施歇业时间送货等优化管理方法，有效地实现了物流成本的“缩水”。那么，企业如何运用运筹学模型解决上述物流优化问题，制订更为科学合理的物流计划和方案呢？本章将对物流相关问题建模与优化进行介绍，具体包括生产运输优化、转运路径优化、路网流量优化、物流中心选址优化、多目标配送优化等。

11.1 Excel规划求解工具配置与应用

11.1.1 安装Excel规划求解工具

使用Excel求解物流模型需要用到其中的“工具——规划求解”选项，此工具不是Excel的标准安装部件，因此需要专门安装才能使用。

在Excel 2007系统中安装“规划求解”工具的方法如下。

第一步：启动Excel 2007，单击左上角Office标志图标，选择Excel选项，如图11-1所示。

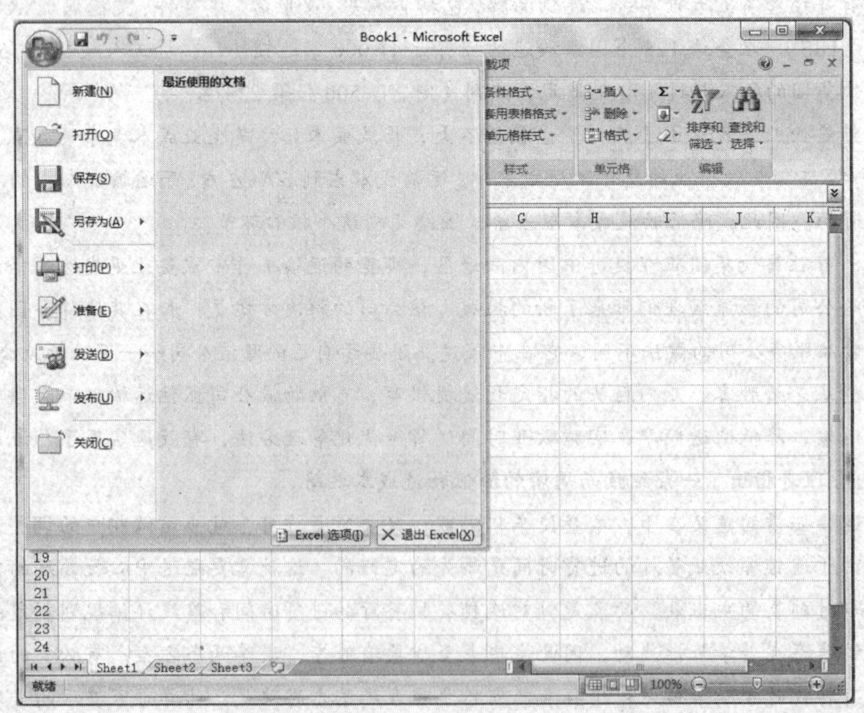

图11-1 单击“Excel选项”按钮

弹出“Excel选项”窗口，如图11-2所示。

图 11-2 “Excel 选项”窗口

第二步：单击“转到”按钮，弹出“加载宏”对话框，选择“规划求解加载项”，单击“确定”按钮，如图 11-3 所示。

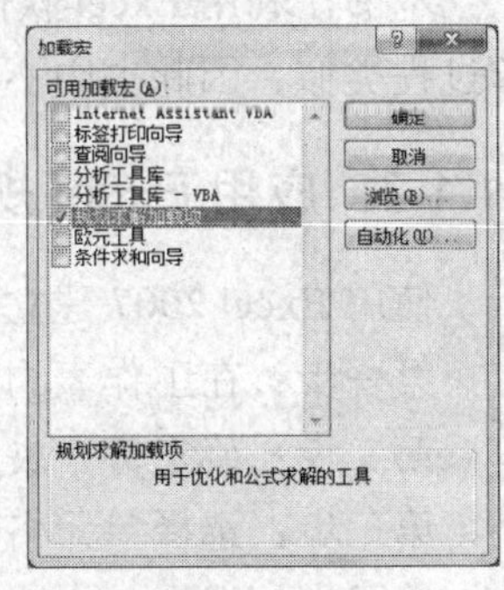

图 11-3 “加载宏”对话框

按照上述步骤进行安装后，Excel 2007“数据”菜单中就出现了“规划求解”选项，如图 11-4 所示。

安装前，“规划求解加载项”在“非活动应用程序加载项”；安装后，“规划求解加载项”在“活动应用程序加载项”，如图 11-5 所示。

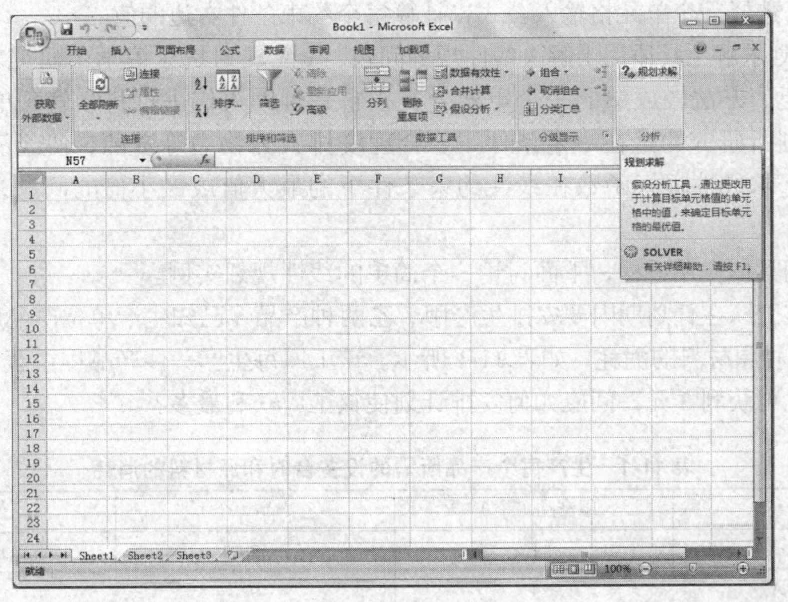

图 11-4 安装成功后的窗口

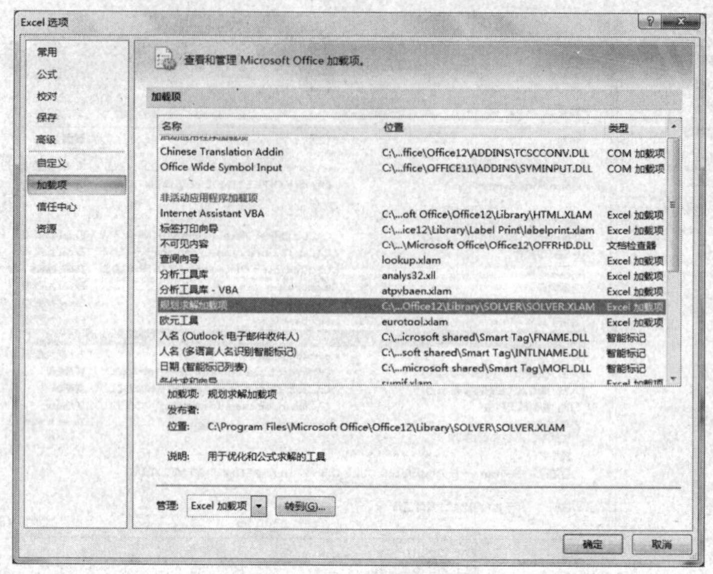

图 11-5 “Excel 选项”窗口

本书在利用 Excel 软件解决物流问题时，是按照 Excel 2007 进行介绍的，其他版本的求解过程类似，因此书中不再做详细介绍。

11.1.2 应用 Excel 规划求解工具

使用 Excel 2007 建立数学公式的基本步骤如下。

第一步：在工作表的顶部输入数据。

第二步：确定每个决策变量所对应的单元格的位置。

第三步：选择单元格输入公式，计算目标函数的值。

第四步：选择一个单元格输入公式，计算每个约束条件左边的值。

第五步：选择一个单元格输入公式，计算每个约束条件右边的值。

Excel 规划求解工具适用于解决线性规划问题，线性规划是运筹学中研究较早、发展较快、应用广泛、方法较成熟的一个重要分支，它是辅助人们进行科学管理的一种数学方法。线性规划所研究的是在一定条件下，合理安排人力物力等资源，使经济效果达到最好。一般地，求线性目标函数在线性约束条件下的最大值或最小值的问题，统称为线性规划问题。

为了说明具体应用过程，下面讨论一个简单的线性规划实例。

例题：某工厂在计划期内要安排生产甲、乙两种产品，已知生产单位产品所需的设备台时及 A、B 两种原材料的消耗，如表 11-1 所示。该工厂每生产一件产品甲可获利 2 元，每生产一件产品乙可获利 3 元，问应如何安排计划使该工厂获利最多？

表 11-1　生产每个产品所需的设备台时和原材料的消耗

	甲产品（个）	乙产品（个）	总量
设备	1	2	8 台时
原材料 A	4	0	16kg
原材料 B	0	4	12kg

解：设 x_1、x_2 分别表示在计划期内产品甲、乙的产量，则该工厂的生产问题可描述为下面的线性规划模型：

$$\max z = 2x_1 + 3x_2$$
$$x_1 + 2x_2 \leqslant 8$$
$$4x_1 \leqslant 16$$
$$4x_2 \leqslant 12$$
$$x_1,\ x_2 \geqslant 0$$

下面按照以上所述 5 个步骤为该工厂的生产问题建立公式工作表。工作表分为两个部分：数据部分和模型部分。模型的 3 个组成部分已经展示在图 11-6 上，为决策变量准备的单元格都已经用边框框起来了。图 11-6 所示是公式工作表，因为它展示了所有已输入的公式，而不是由公式得到的值。应用 Excel 工具解决该问题的具体步骤如下。

第一步：在工作表的顶部输入问题的数据。

单元格 B6：C8 显示的是生产每件产品所需的设备台时及 A、B 两种原材料的消耗；单元格 B10：C10 显示的是这两种产品的单件利润；单元格 D6：D8 显示的是该工厂可用的总的设备台时及 A、B 两种原材料。

第二步：确定每个决策变量所对应的单元格的位置。

单元格 B15 是甲产品的产量，单元格 C15 是乙产品的产量。

第三步：选择一个单元格输入用来计算目标函数值的公式。

在单元格 B18 中输入=B10×B15+C10×C15。

第四步：选择单元格输入公式，计算每个约束条件左边的值。

在单元格 B22 中输入=B6×B15+C6×C15；

在单元格 B23 中输入=B7×B15+C7×C15；

在单元格 B24 中输入=B8×B15+C8×C15。

第五步：选择一个单元格输入公式，计算每个约束条件右边的值。

对于此模型中的 3 个条件，选择相应的单元格输入其条件，即：

在单元格 D22 中输入=D6；

在单元格 D23 中输入=D7；

在单元格 D24 中输入=D8。

为了便于理解，可为工作表添加标签，这将使我们能够很容易地理解每一部分的意思。例如，在第 14 行和第 15 行中分别写上“甲产品、乙产品”和“产量”，以表示单元格 B15 是甲产品的产量，单元格 C15 是乙产品的产量。此外，在单元格 A18 和单元格 B17 中分别写入“最大利润”和“目标函数”，用来说明单元格 B18 表示的是目标函数——最大利润值。在约束条件明确时，可以输入约束条件的关系符号“<=”，用来表示约束条件左右两边的关系。这些标签对解决问题来说不是必要的，但它们可以帮助使用者理解模型，并对最优解做出说明。

下面说明如何利用 Excel 2007 来解决以上例题中提到的生产优化问题。

第一步：选择“数据”菜单。

第二步：选择“规划求解”选项，打开“规划求解参数”对话框，如图 11-7 所示。

第三步：在“规划求解参数”对话框中（见图 11-7），“设置目标单元格”栏输入$B$18，

“等于”后选择“最大值”项（表示目标函数求最大值），在“可变单元格”栏输入$B$15：$C$15。

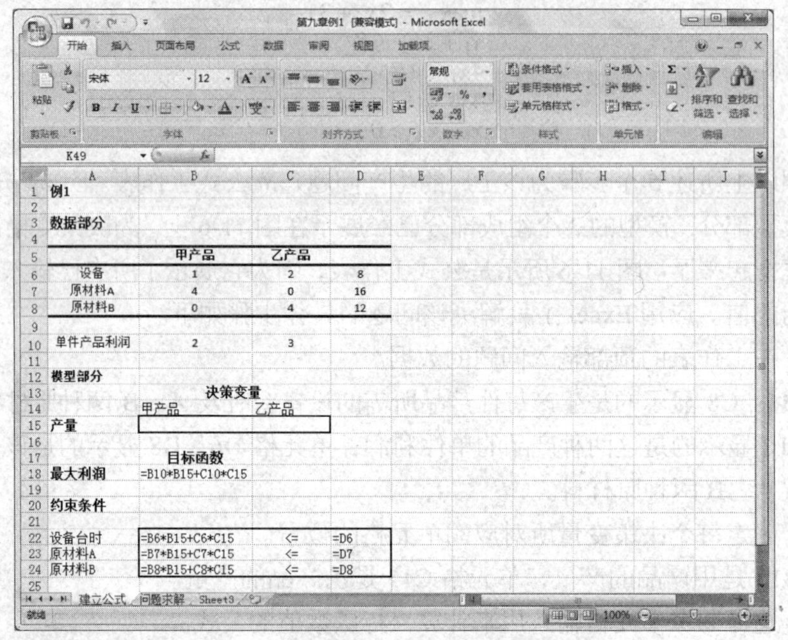

图 11-6 生产优化问题数据输入和公式建立

第四步：在“规划求解参数”对话框中（见图 11-7），单击“添加”按钮，弹出“添加约束”对话框（见图 11-8），在“单元格引用位置”框中输入$B$22：$B$24，选择“<= “，在“约束值”框中输入$D$22：$D$24（此操作同时添加了 3 个约束条件，也可以逐一添加约束条件），然后单击“确定”按钮，返回“规划求解参数”对话框。

第五步：在“规划求解参数”对话框中（见图 11-7），单击“选项”按钮，弹出“规划求解选项”对话框（见图 11-9），选择“假定非负”和“采用线性模型”，单击“确定”按钮。

第六步：完成以上步骤，在“规划求解参数”对话框中（见图 11-7），单击“求解”按钮，弹出“规划求解结果”对话框（见图 11-10），在“规划求解结果”对话框中，选择“保存规划求解结果”，单击“确定”按钮，显示计算结果（见图 11-11）。

图 11-11 表示的是 Excel 2007 工作表中求出的最优解。最优解是生产甲产品 4 个，乙产品 2 个，此时可获得的最大利润为 14 元。

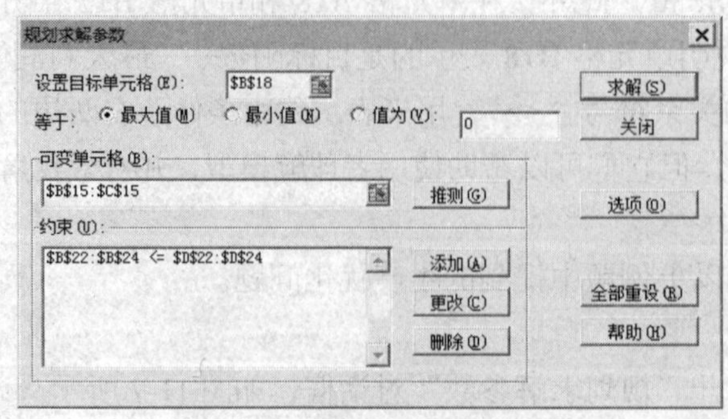

图 11-7 “规划求解参数”对话框

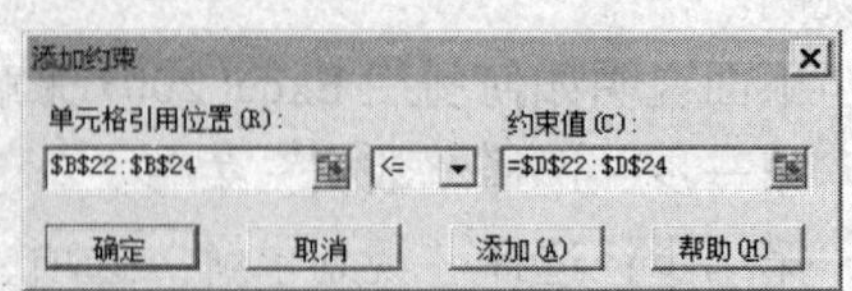

图 11-8 “添加约束”对话框

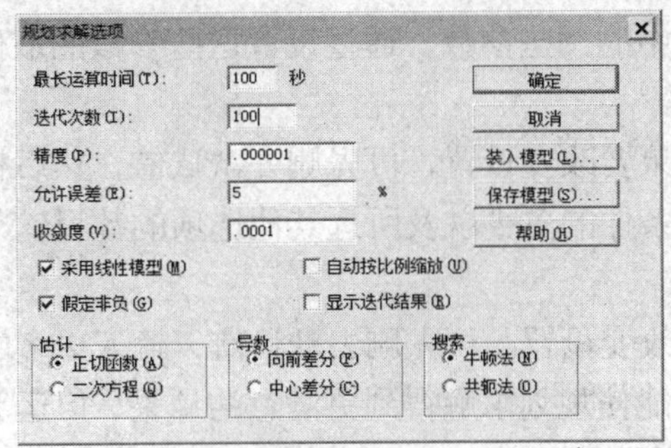

图 11-9 “规划求解选项”对话框

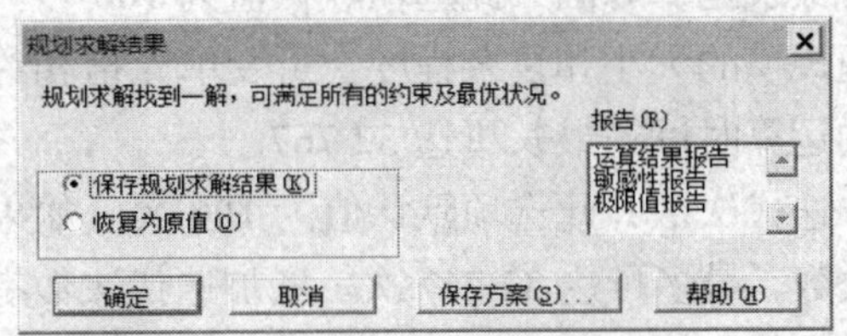

图 11-10 “规划求解结果”对话框

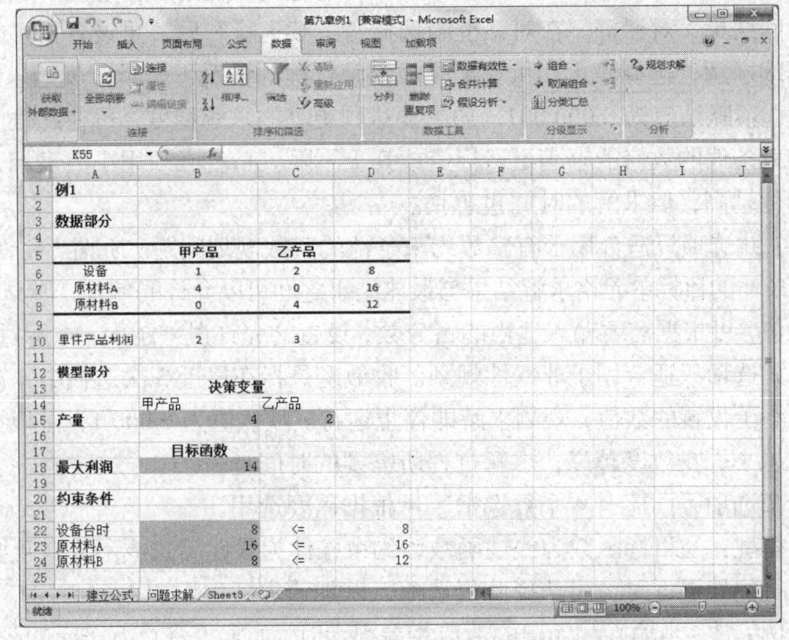

图 11-11 生产优化问题的求解结果

需要说明的是，在“规划求解选项”对话框中选择了“假定非负”(见图 11-9)，这样就不必输入非负性约束了。一般来说，如果要解决的线性规划问题是非负的，都应该选择该条件。此外，在“添加约束”对话框中的“单元格引用位置”中输入$B$22：$B$24，这样就将全部约束条件一次性地输入计算机中去了，当然，也可以一次输入一个约束条件，如图 11-12 所示。

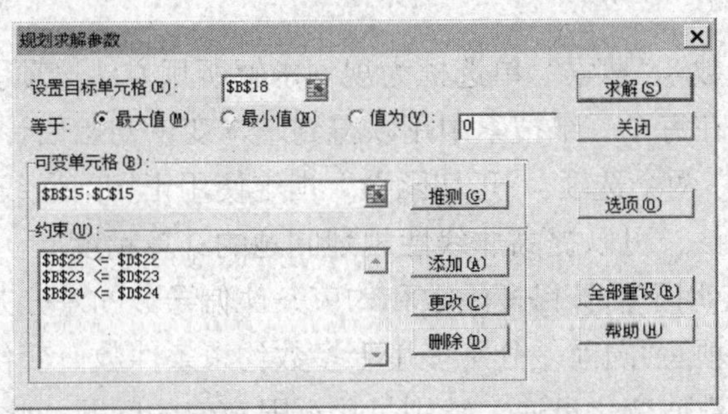

图 11-12 一次输入一个约束条件

对于“规划求解选项”对话框（见图 11-9）中的一些参数，通过设置这些参数的取值，可以控制规划求解过程，下面给出具体说明。

最长运算时间：此选项默认值为 100 秒。如果要改变设置，可先删去默认值，然后根据问题规模的大小和复杂程度、可变单元格和约束条件的多少以及所选其他选项的数目输入适当的运算时间，最长可达 32 767 秒。

迭代次数：此选项默认值为 100 次。如果要改变设置，可先删去默认值，输入更多的迭代次数，最多可达 32 767 次。增加迭代次数有可能使规划求解得到更满意的结果，但运算时间也将相应延长。

以上两项在运算过程中如果尚未找到结果就已经达到设定的运算时间和迭代次数，将会弹出“显示中间结果”对话框。在对话框中选择“继续运行”后，可设置更多的运算时间和迭代次数，继续求解；选择停止，可在未完成求解过程的情况下显示“规划求解结果”。

精度：此选项默认值为 0.000 001。如果要达到更高的求解精度，可在此框中输入所要求的数值，使约束条件的数值能够满足目标值或其上下限。精度必须用小数表示，小数位数越多，达到的精度越高，但求解的时间也越长。

允许误差：此选项只适合用于有整数约束条件的整数规划问题。所谓“允许误差”，是指满足整数约束条件的目标单元格求解结果与最佳结果之间可以允许的偏差，默认值为 5%。如果要改变默认值，可根据需要输入适当的百分数，设置的允许误差越大，求解过程也就越快。

收敛度：此选项只适合用于非线性规划。收敛度是指在最近 5 次迭代中，如果目标单元格数值的变化小于设置的数值，规划求解即停止运行。默认值为 0.000 1，可根据需要改变设置。设置的值越小，收敛度越高，求解过程所需要的时间越长。

在以上 5 个选项下面还有 4 个复选框，可根据需要选用。

采用线性模型：当目标函数为线性函数，约束条件为线性等式或不等式且要求解决线性优化问题或进行线性逼近时，可选择此复选框，以加速求解过程。

自动按比例缩放：当输入和输出的数值相差很大时，如求投资百万美元的盈利百分数时，可选择此复选框，以放大求解结果（即增加小数位数）。

假定非负：在“添加约束”对话框的“约束值”框中输入设置下限的可变单元格时，可选择此复选框，假定其下限为 0。

显示迭代结果：选择此复选框后计算机将单步执行规划求解，即每进行一次迭代后都将求解的数值记入工作表，并弹出“显示中间结果”对话框。如果继续求解过程并显示下次求解结果，可单击“继续执行”按钮；如要结束求解过程并显示“规划求解结果”对话框，可单击“停止”按钮。

另外，“估计”“导数”“搜索”单选框为规划求解所用方法选项。

“估计”单选框指定在每个一维搜索中用以得到基本变量初始估计值的逼近方案，下设“正切函数”和“二次方程”两个选项。“正切函数”指定使用正切向量线性外推法；“二次方程”指定使用二次函数外推法，可以提高非线性规划问题的计算精度。

“导数”单选框指定用于估计目标函数和约束条件偏导数的差分方案，下设“向前差分”和“中心差分”两个选项。“向前差分”多用于多数约束条件数值变化比较缓慢的问题；“中心差分”用于约束条件数值变化迅速，特别是接近限定值的问题。此选项需要较多计算，但有助于规划求解得到有效结果。

“搜索”单选框指定每次迭代算法已确定的搜索方向，下设“牛顿法”和“共轭法”两个选项。“牛顿法”采用准牛顿法进行迭代，占用内存较多，但所需要的迭代次数较少；“共轭法”占用的内存较少，但要达到指定的精度需要迭代的次数较多。当问题规模较大或计算机内存有限，或单步迭代进程缓慢时，应使用“共轭法”。

11.2 生产运输优化

11.2.1 案例描述

沃尔什果汁公司（Walsh’s Juice Company）使用葡萄原汁制造 3 种产品：瓶装果汁、冷冻浓缩汁和果冻。公司从五大湖附近的 3 家葡萄园购买葡萄汁。葡萄在葡萄园采摘下来后，马上在葡萄园的工厂里加工成葡萄汁，储存于冷冻罐中。葡萄汁随后被运输到位于弗吉尼亚州、密歇根州、田纳西州和印第安纳州的 4 个工厂，在那里被制成瓶装果汁、冷冻浓缩汁和果冻。在收获季节，葡萄园的出产每个月都不同，每个工厂的加工能力也都有差异。

在特定的月份，纽约州的葡萄园可以出产葡萄原汁 1 400 吨，而俄亥俄州和宾夕法尼亚州的葡萄园可以出产 1 700 吨和 1 100 吨。弗吉尼亚州的工厂每个月处理葡萄原汁的能力是 1 200 吨，密歇根州、田纳西州和印第安纳州工厂的处理能力分别为 1 100 吨、1 400 吨和 1 400 吨。从葡萄园到工厂运输葡萄原汁的成本如表 11-2 所示。

表 11-2 从葡萄园到工厂运输葡萄汁的运输成本

葡萄园	工厂			
	弗吉尼亚州	密歇根州	田纳西州	印第安纳州
纽约州	850	720	910	750
宾夕法尼亚州	970	790	1 050	880
俄亥俄州	900	830	780	820

每个工厂的新旧程度、设备情况、工资水平都不同，所以加工每吨每种产品的成本也就有如表 11-3 所示的不同。

表 11-3 加工每吨每种产品的成本

产品	工厂			
	弗吉尼亚州	密歇根州	田纳西州	印第安纳州
果汁	2 100	2 350	2 200	1 900
浓缩果汁	4 100	4 300	3 950	3 900
果冻	2 600	2 300	2 500	2 800

这个月公司要在 4 个工厂总共生产 1 200 吨瓶装果汁、900 吨浓缩果汁和 700 吨果冻。然而浓缩果汁的加工过程会导致果汁脱水，果冻的加工工序需要蒸煮使水分蒸发。加工 1 吨冷冻浓缩果汁需要 2 吨原汁，1 吨果冻需要 1.5 吨原汁，1 吨果汁需要 1 吨原汁。

沃尔什的管理者需要决定从每个葡萄园运输多少吨原汁到每个工厂，每个工厂需要加工每一种产品多少吨。因此，需要建立一个包括运输和生产两方面的模型，并求出包括从葡萄园到工厂的运输成本和生产成本在内的总成本的最小值。请帮助沃尔什建立线性规划模型并用计算机求解，从而解决这一问题。

11.2.2 建立模型

设 x_1、x_2、x_3、x_4、x_5、x_6、x_7、x_8、x_9、x_{10}、x_{11}、x_{12} 分别表示从纽约州、宾夕法尼亚州和俄亥俄州 3 个葡萄园运输葡萄汁到弗吉尼亚州、密歇根州、田纳西州和印第安纳州 4 个工厂的运输量。y_1、y_2、y_3、y_4、y_5、y_6、y_7、y_8、y_9、y_{10}、y_{11}、y_{12} 分别表示弗吉尼亚州、密歇根州、田纳西州和印第安纳州 4 个工厂加工果汁、浓缩果汁和果冻 3 种产品的加工量，各变量具体的表示含义如表 11-4 和表 11-5 所示。

表 11-4 决策变量赋值——从葡萄园运输葡萄汁到工厂的运输量

葡萄园	工厂			
	弗吉尼亚州	密歇根州	田纳西州	印第安纳州
纽约州	x_1	x_4	x_7	x_{10}
宾西法尼亚州	x_2	x_5	x_8	x_{11}
俄亥俄州	x_3	X_6	x_9	x_{12}

表 11-5 决策变量赋值——各个工厂加工每种产品的加工量

产品	工厂			
	弗吉尼亚州	密歇根州	田纳西州	印第安纳州
果汁	y_1	y_4	y_7	y_{10}
浓缩果汁	y_2	y_5	y_8	y_{11}
果冻	y_3	y_6	y_9	y_{12}

则沃尔什果汁公司的生产运输问题可描述为下面的线性规划模型：

目标函数：

$$\begin{aligned}\min z = {} & 850x_1 + 970x_2 + 900x_3 + 720x_4 + 790x_5 + 830x_6 + 910x_7 + 1050x_8 + 780x_9 + 750x_{10} \\ & + 880x_{11} + 820x_{12} + 2\,100y_1 + 4\,100y_2 + 2\,600y_3 + 2\,350y_4 + 4\,300y_5 + 2\,300y_6 + 2\,200y_7 \\ & + 3\,950y_8 + 2\,500y_9 + 1\,900y_{10} + 3\,900y_{11} + 2\,800y_{12}\end{aligned}$$

约束条件：每个葡萄园运输葡萄汁的总运输量小于等于该葡萄园能出产的总量。每个工厂获得的葡萄汁总量小于等于该工厂能够处理的量。每种产品的加工量等于公司计划的出产量。每个工厂加工产品所需的葡萄汁小于等于该工厂获得的葡萄汁总量。

$$\begin{aligned} x_1 + x_4 + x_7 + x_{10} &\leqslant 1\,400 \\ x_2 + x_5 + x_8 + x_{11} &\leqslant 1100 \\ x_3 + x_6 + x_9 + x_{12} &\leqslant 1\,700 \end{aligned}$$

$$\begin{aligned} x_1 + x_2 + x_3 &\leqslant 1\,200 \\ x_4 + x_5 + x_6 &\leqslant 1100 \\ x_7 + x_8 + x_9 &\leqslant 1\,400 \\ x_{10} + x_{11} + x_{12} &\leqslant 1\,400 \end{aligned}$$

$$y_1 + y_4 + y_7 + y_{10} = 1\,200$$
$$y_2 + y_5 + y_8 + y_{11} = 900$$
$$y_3 + y_6 + y_9 + y_{12} = 700$$

$$y_1 + 2y_2 + 1.5y_3 \leqslant x_1 + x_2 + x_3$$
$$y_4 + 2y_5 + 1.5y_5 \leqslant x_4 + x_5 + x_6$$
$$y_7 + 2y_8 + 1.5y_9 \leqslant x_7 + x_8 + x_9$$
$$y_{10} + 2y_{11} + 1.5y_{12} \leqslant x_{10} + x_{11} + x_{12}$$
$$x_1、x_2 \cdots x_{12} \geqslant 0 \text{ 和 } y_1、y_2 \cdots y_{12} \leqslant 0$$

11.2.3 模型求解

运用 Excel 的规划求解工具解决该问题的具体操作步骤可参考本章第一节的内容，此处不再做详细描述。图 11-13 至图 11-17 为具体操作步骤的截图，本题还运用了 Excel 中的 SUMPRODUCT 函数，该函数将数组间对应的元素相乘，并返回乘积之和。图 11-17 的灰色区域即为该题求解的最终结果。

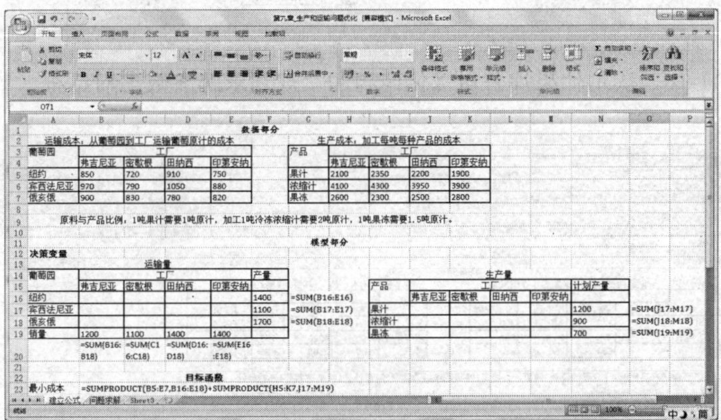

数据部分

运输成本：从葡萄园到工厂运输葡萄原汁的成本

葡萄园	工厂			
	弗吉尼亚	密歇根	田纳西	印第安纳
纽约	850	720	910	750
宾西法尼亚	970	790	1050	880
俄亥俄	900	830	780	820

生产成本：加工每吨每种产品的成本

产品	工厂			
	弗吉尼亚	密歇根	田纳西	印第安纳
果汁	2100	2350	2200	1900
浓缩汁	4100	4300	3950	3900
果冻	2600	2300	2500	2800

原料与产品比例，1吨果汁需要1吨原汁，加工1吨冷冻浓缩汁需要2吨原汁，1吨果冻需要1.5吨原汁。

模型部分

决策变量

运输量

葡萄园	工厂				产量	
	弗吉尼亚	密歇根	田纳西	印第安纳		
纽约					1400	=SUM(B16:E16)
宾西法尼亚					1100	=SUM(B17:E17)
俄亥俄					1700	=SUM(B18:E18)
销量	1200	1100	1400	1400		
	=SUM(B16:B18)	=SUM(C16:C18)	=SUM(D16:D18)	=SUM(E16:E18)		

生产量

产品	工厂				计划产量	
	弗吉尼亚	密歇根	田纳西	印第安纳		
果汁					1200	=SUM(J17:M17)
浓缩汁					900	=SUM(J18:M18)
果冻					700	=SUM(J19:M19)

目标函数

最小成本 =SUMPRODUCT(B5:E7,B16:E18)+SUMPRODUCT(H5:K7,J17:M19)

图 11-13 沃尔什果汁公司优化问题数据输入和公式建立（一）

约束条件

	A	B	C	D
26	条件1	=sum(B16:E16)	<=	1400
27	条件2	=sum(B17:E17)	<=	1100
28	条件3	=sum(B18:E18)	<=	1700
29	条件4	=sum(B16:B18)	<=	1200
30	条件5	=sum(C16:C18)	<=	1100
31	条件6	=sum(D16:D18)	<=	1400
32	条件7	=sum(E16:E18)	<=	1400
33				
34	条件8	=sum(J17:M17)	=	1200
35	条件9	=sum(J18:M18)	=	900
36	条件10	=sum(J19:M19)	=	700
37	条件11	=J17+2*J18+1.5*J19	<=	=sum(B16:B18)
38	条件12	=K17+2*K18+1.5*K19	<=	=sum(C16:C18)
39	条件13	=L17+2*L18+1.5*L19	<=	=sum(D16:D18)
40	条件14	=M17+2*M18+1.5*M19	<=	=sum(E16:E18)

图 11-14 沃尔什果汁公司优化问题数据输入和公式建立（二）

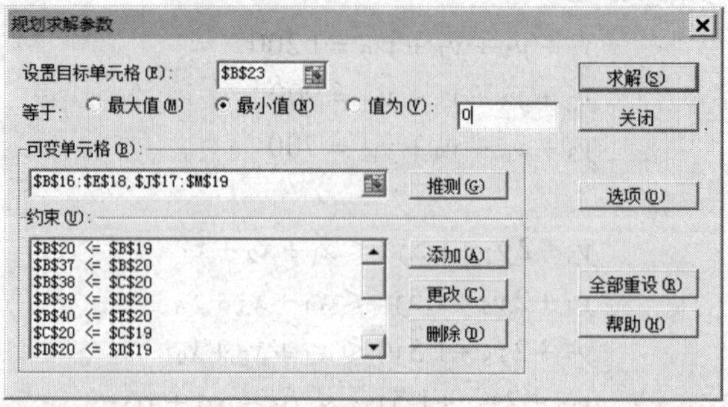

规划求解参数

设置目标单元格(E): $B$23

等于: ○最大值(M) ◉最小值(N) ○值为(V): 0

可变单元格(B):

$B$16:$E$18,$J$17:$M$19

约束(U):

$B$20 <= $B$19
$B$37 <= $B$20
$B$38 <= $C$20
$B$39 <= $D$20
$B$40 <= $E$20
$C$20 <= $C$19
$D$20 <= $D$19

求解(S) 关闭 推测(G) 选项(O) 添加(A) 更改(C) 删除(D) 全部重设(R) 帮助(H)

图 11-15 沃尔什果汁公司优化问题的“规划求解参数”对话框（一）

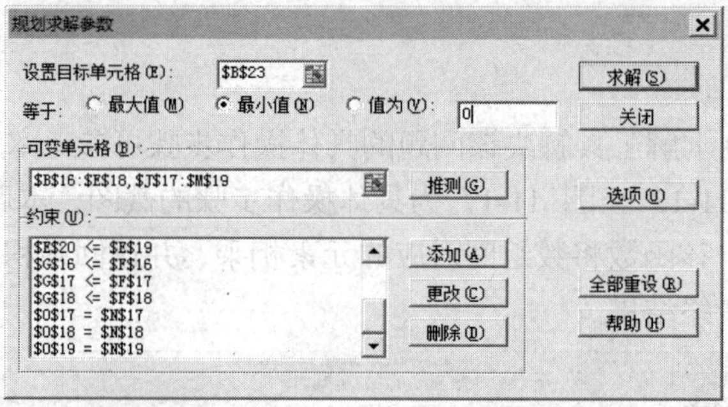

规划求解参数

设置目标单元格(E): $B$23

等于: ○最大值(M) ◉最小值(N) ○值为(V): 0

可变单元格(B):

$B$16:$E$18,$J$17:$M$19

约束(U):

$E$20 <= $E$19
$G$16 <= $F$16
$G$17 <= $F$17
$G$18 <= $F$18
$O$17 = $N$17
$O$18 = $N$18
$O$19 = $N$19

求解(S) 关闭 推测(G) 选项(O) 添加(A) 更改(C) 删除(D) 全部重设(R) 帮助(H)

图 11-16 沃尔什果汁公司优化问题的“规划求解参数”对话框（二）

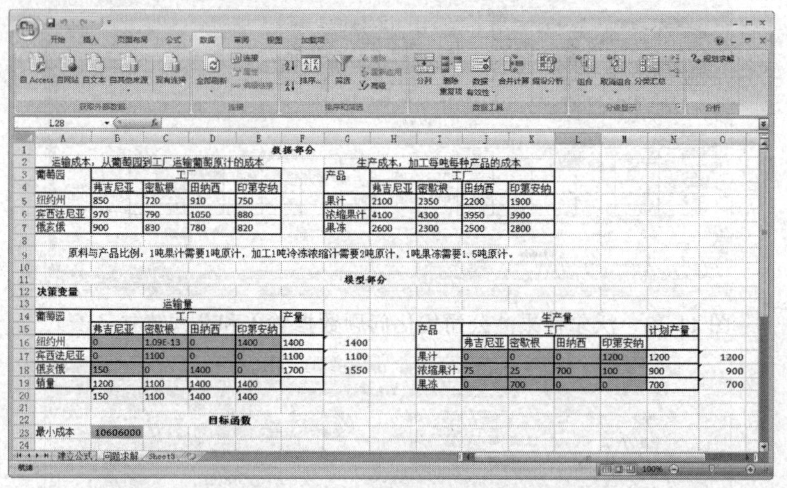

图 11-17 沃尔什果汁公司优化问题的求解结果

11.3 转运路径优化

运输问题优化包括最短路径问题和最大流问题。最短路径问题的目标是确定一个网络内两个节点间的最短路径或路线，我们将通过分析 Gorman 建筑公司所面临的情况来讲解最短路径问题。

11.3.1　案例描述

Gorman 有一些建筑遍布在 3 个县区内。由于从 Gorman 的办事处运送人力、设备和供应物资到这些建筑地点需要好几天的行程，因而与运输活动相关的成本是巨大的。Gorman 的办事处和每一个建筑地点之间的行程选择可以用公路网络来描述，如图 11-18 所示。节点之间的道路距离（单位：英里）显示在相应弧线上面。Gorman 想要确定一条 Gorman 的办事处（坐落在节点 1）和坐落在节点 6 的建筑地点间的总行程距离最短的路径。

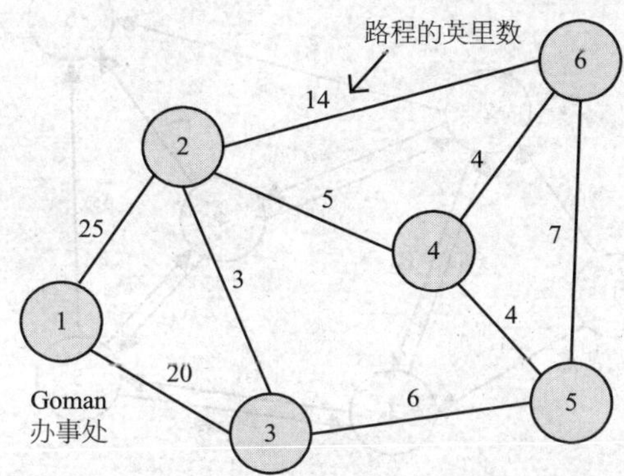

注意：（1）弧旁的权值代表节点之间的行驶距离。
（2）所有的道路都是双向的。

图 11-18　Gorman 公司最短路径问题的公路网络

11.3.2　建立模型

Gorman 最短路径问题可以被看成是一个带有一个起始节点（节点 1）、一个目标节点（节点 6）以及 4 个转运节点（节点 2、节点 3、节点 4 和节点 5）的转运问题。Gorman 最短路径问题的转运网络，如图 11-19 所示。增加到弧线上的箭头显示了货流的方向，他们总是从起始节点出来，并进入目的节点。注意到在成对转运节点之间也存在两个方向的弧线。例如，从节点 2 出来，进入节点 3 的弧线表明最短路径可能从节点 2 到节点 3。从节点 3 出来，进入节点 2 的弧线表明最短路径也可能从节点 3 到节点 2。任何一个方向上，两个转运节点间的距离是相同的。

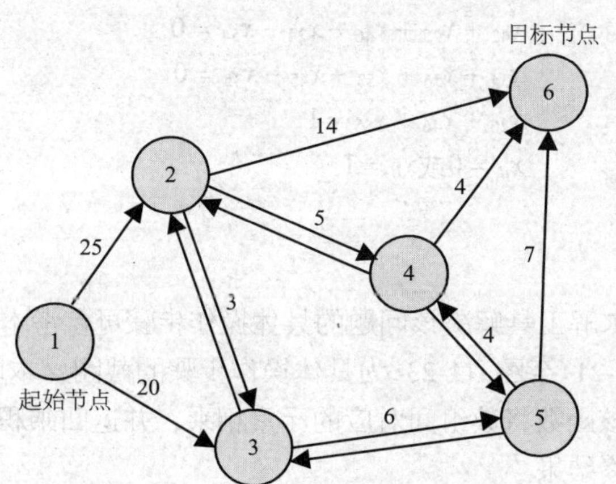

注意：节点2、节点3、节点4、节点5是转运点

图 11-19　Gorman 公司最短路径问题的转运网络

为了找到节点 1 到节点 6 的最短路径，我们认为节点 1 有一单位的供应量，并且节点 6 有一个单位的需求。设 x_{ij} 为从节点 i 到节点 j 流动或被传送的单位数。因为只有一个单位从节点 1 运送到节点 6，所以 x_{ij} 的值是 1，或者是 0。于是有，如果 $x_{ij}=1$，则从节点 i 至 j 的弧线在从节点 1 至节点 6 的最短路径上；如果 $x_{ij}=0$，则从节点 i 至节点 j 的弧线不在该最短路径上。各变量具体的表示含义如图 11-20 所示。

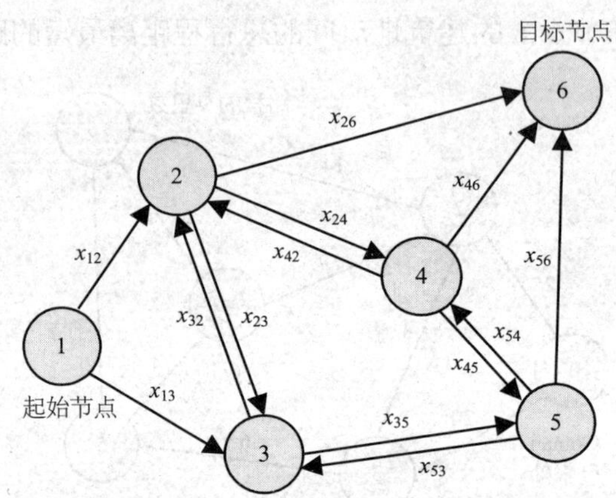

图 11-20　决策变量赋值——从节点 i 到节点 j 流动或被传送的单位数

目标函数：经过所有节点的最短路径。

$$\min z = 25x_{12} + 20x_{13} + 3x_{23} + 3x_{32} + 5x_{24} + 5x_{42} + 6x_{35} + 6x_{53} + 4x_{45} + 4x_{54} + 14x_{26} + 4x_{46} + 7x_{56}$$

约束条件：节点 1 是有 1 单位供应的起始节点，所以从节点 1 出来的货流一定等于 1；节点 2、节点 3、节点 4 和节点 5 为转运节点，从每个节点流出的量必须等于进人每个节点的量，所以流出减去流入一定等于 0；节点 6 是有 1 单位需求的目标节点，所以进入节点 6 的流量必须等于 1；决策变量取值为二进制，即 0 和 1。

$$x_{12} + x_{13} = 1$$
$$x_{23} + x_{24} + x_{26} - x_{32} - x_{42} - x_{12} = 0$$
$$x_{32} + x_{35} - x_{13} - x_{23} - x_{53} = 0$$
$$x_{42} + x_{45} + x_{46} - x_{24} - x_{54} = 0$$
$$x_{54} + x_{56} + x_{53} - x_{45} - x_{35} = 0$$
$$x_{26} + x_{46} + x_{56} = 1$$
$$x_{ij} = 0 或 x_{ij} = 1$$

11.3.3　模型求解

运用 Excel 的规划求解工具解决该问题的具体操作步骤可参考本章第一节的内容，此处不再做详细描述。图 11-21 至图 11-23 为具体操作步骤的截图，本题还运用了 Excel 中的 SUMPRODUCT 函数，该函数将数组间对应的元素相乘，并返回乘积之和。图 11-23 的灰色区域即为该题求解的最终结果。

需要说明的是，在图 11-22 中，需要添加二进制约束条件，其具体操作方法是：在“规划求解参数”对话框中（见图 11-22），单击“添加”按钮，弹出“添加约束”对话框，在“添加约束”对话框中选择 bin 符号，以此添加二进制约束条件。

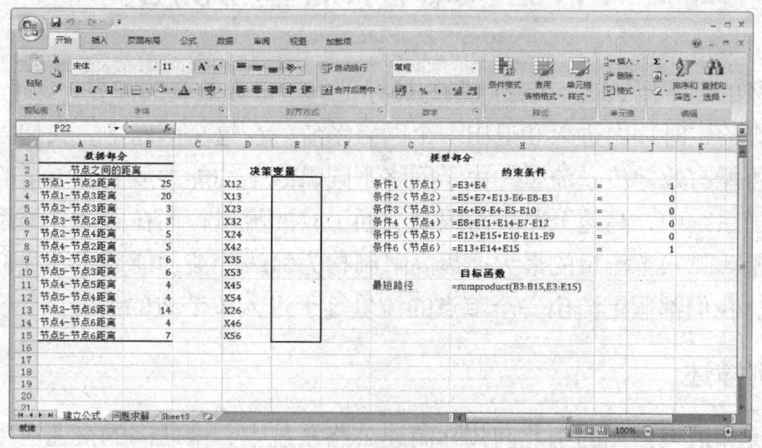

图 11-21　Gorman 公司优化问题数据输入和公式建立

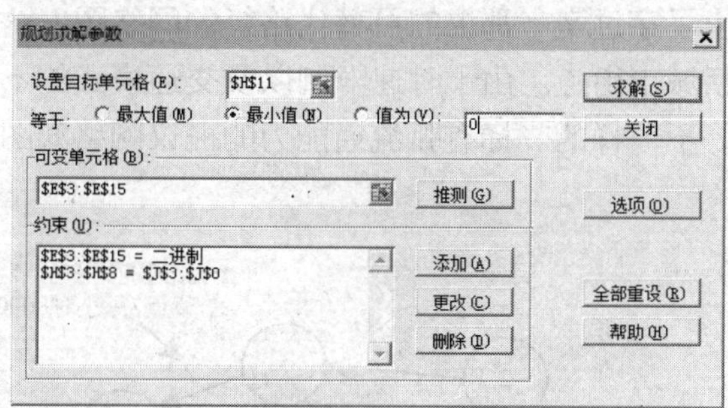

图 11-22　Gorman 公司优化问题的“规划求解参数”对话框

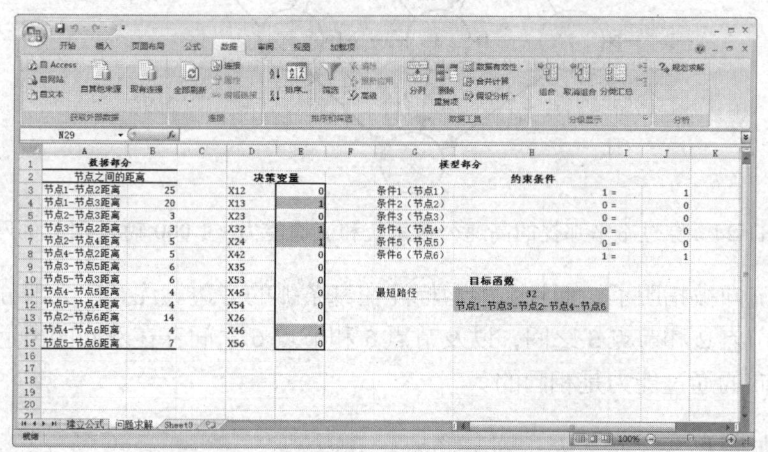

图 11-23　Gorman 公司优化问题的求解结果

在 Gorman 问题中，我们假定网络中所有的路线都是双向的。结果，在这个公路网络中连接节点 2 和 3 的路线，导致在转运网络中产生了两条对应的弧线，我们用两个决策变量 x_{23} 和 x_{32}，表示最短路径可能从节点 2 到节点 3，也可能从节点 3 到节点 2。如果连接节点 2 和节点 3 的路线是一条只允许货流从节点 2 到节点 3 流动的单向路线，决策变量 x_{32} 将不会包含在本模型中。

11.4 路网流量优化

与最短路径问题不同，最大流量问题的目标是确定最大数量的流量（交通工具、液体等），它们能够在一个给定时期内进入和退出一个网络系统。在这个问题中，我们尝试着通过网络的所有弧线尽可能有效地传送流量。由于网络不同弧线上的能力限制，流量的数量也被限制了。例如，交通系统中，高速公路类型限制交通工具的流量；而在石油分配系统中，管道大小限制石油流量。弧线上流量的最大或最高限制称为弧线的流通能力。在我们不明确说明各节点的能力时，我们都假定流出一个节点的流量等于进入该节点的流量。

11.4.1 案例描述

在辛辛那提和俄亥俄州的南北向州际高速公路系统中，南北向的交通流量在高峰时期会达到15 000辆车的水平。由于夏季高速公路的维护计划需要暂时封锁道路并限制更低的时速，交通规划委员会已经提出了穿过辛辛那提的可替代路径的网络图，这些可替代的路径既包括其他的高速公路，也包括城市街道。由于时速限制以及交通模式的不同，因而应用在特定街道和公路上的流通能力是不一样的。标有弧流通能力的提议网络如图 11-24 所示，求该替代路径的最大交通流量。

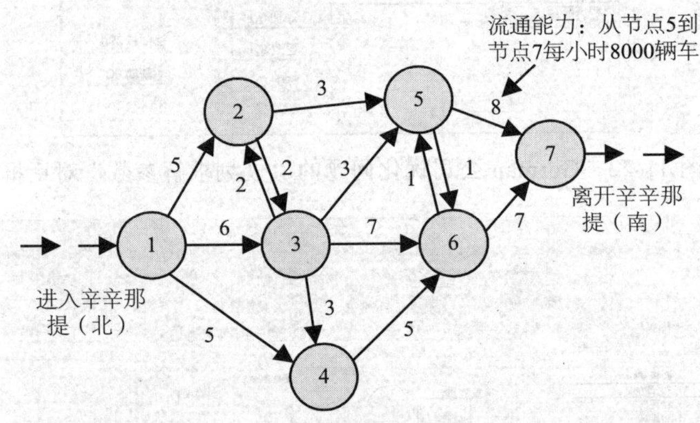

图 11-24 穿过辛辛那提的高速公路系统和流通能力（1 000 辆/小时）的网络

每条弧的流向被指明了，而且弧能力标注在每条弧的旁边。注意，大部分的街道是单向的。然而，在节点 2 和节点 3 之间，以及节点 5 和节点 6 之间存在双向的街道。在这两种情况下，每个方向的通过能力是相同的。

11.4.2 建立模型

设决策变量 x_{ij} 表示从节点 i 至节点 j 的交通流量数，各变量具体的表示含义，如图 11-25 所示。

我们添加一条从节点 7 回到节点 1 的弧线，来表示穿过高速公路系统的总流量。图 11-26 展示了修改后的网络。新增加的弧线没有通过能力限制，事实上，我们希望最大化通过那条弧线的流量。最大化节点 7 至节点 1 弧线的流量等于穿过途径辛辛那提的南北向高速公路系统的汽车数量。

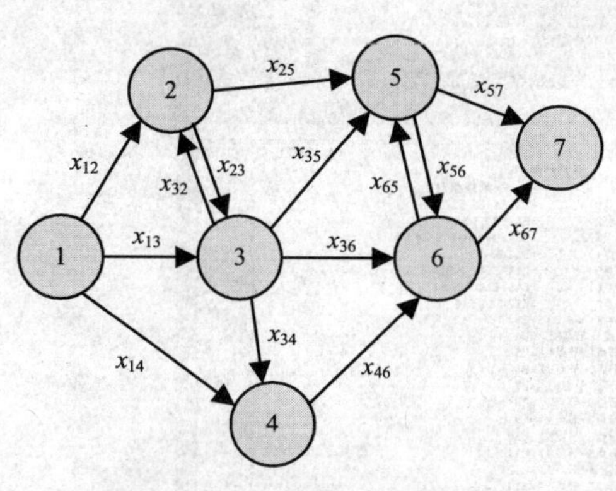

图 11-25　决策变量赋值——从节点 i 至节点 j 的交通流量数

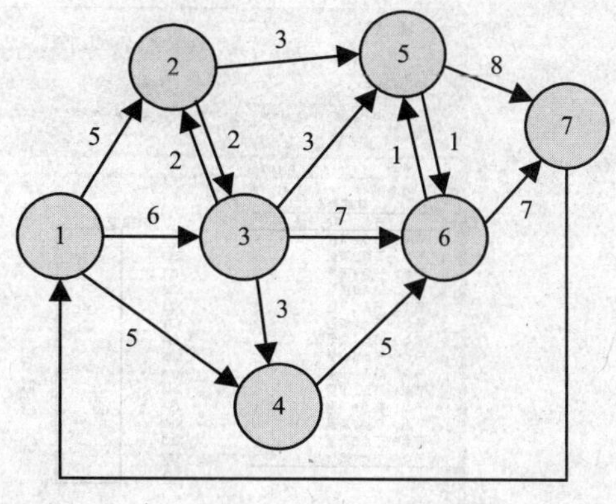

图 11-26　表示穿过辛辛那提高速公路系统的总流量从节点 7 至节点 1 的弧流向

目标函数：最大化高速公路系统流量。

$$\max z = x_{71}$$

约束条件：节点流量守恒；弧的通过能力限制。

对于所有的转运问题，每个弧产生一个变量，并且每个节点产生一个约束。对于每一个节点，流量守恒约束表示需要流出必须等于流入。或者用另一种方式陈述是，流出减去流入必须等于 0。

$$\begin{aligned}
&x_{12}+x_{13}+x_{14}-x_{71}=0\\
&x_{23}+x_{25}-x_{12}-x_{32}=0\\
&x_{32}+x_{34}+x_{35}+x_{36}-x_{13}-x_{23}=0\\
&x_{46}-x_{14}-x_{34}=0\\
&x_{56}+x_{57}-x_{25}-x_{35}-x_{65}=0\\
&x_{65}+x_{67}-x_{36}-x_{46}-x_{56}=0\\
&x_{71}-x_{57}-x_{67}=0
\end{aligned}$$

$$\begin{aligned}
&x_{12}\leqslant 5\quad x_{13}\leqslant 6\quad x_{14}\leqslant 5\\
&x_{23}\leqslant 2\quad x_{25}\leqslant 3\\
&x_{32}\leqslant 2\quad x_{34}\leqslant 3\quad x_{35}\leqslant 3\quad x_{36}\leqslant 7\\
&x_{46}\leqslant 5\\
&x_{56}\leqslant 1\quad x_{57}\leqslant 8\\
&x_{65}\leqslant 1\quad x_{67}\leqslant 7\\
&x_{ij}\geqslant 0
\end{aligned}$$

注意，从节点 7 到节点 1 添加的弧线没有能力限制。

11.4.3　模型求解

运用 Excel 的规划求解工具解决该问题的具体操作步骤可参考本章第一节的内容，此处不再做详细描述。图 11-27 至图 11-29 为具体操作步骤的截图，图 11-29 的灰色区域即为该题求解的最终结果。

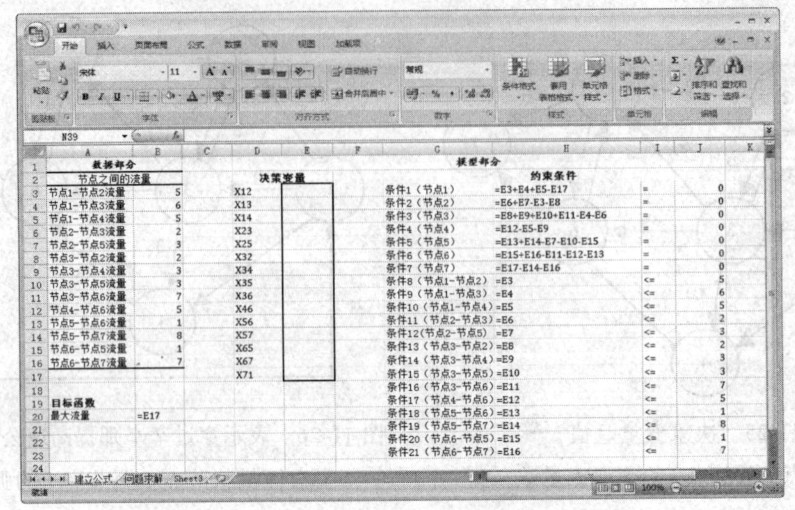

图 11-27　辛辛那提的高速公路系统优化问题数据输入和公式建立

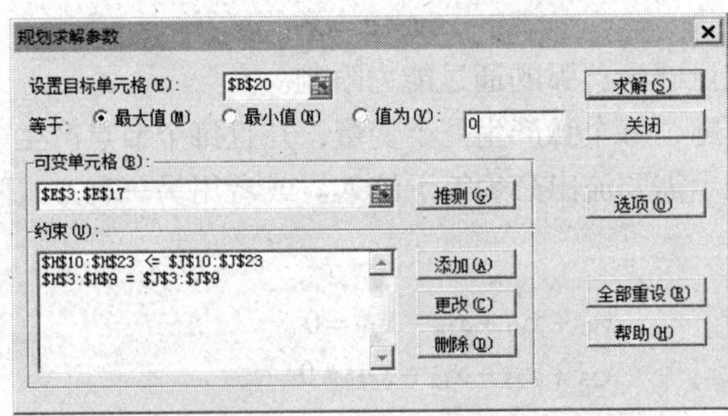

图 11-28　辛辛那提的高速公路系统优化问题的“规划求解参数”对话框

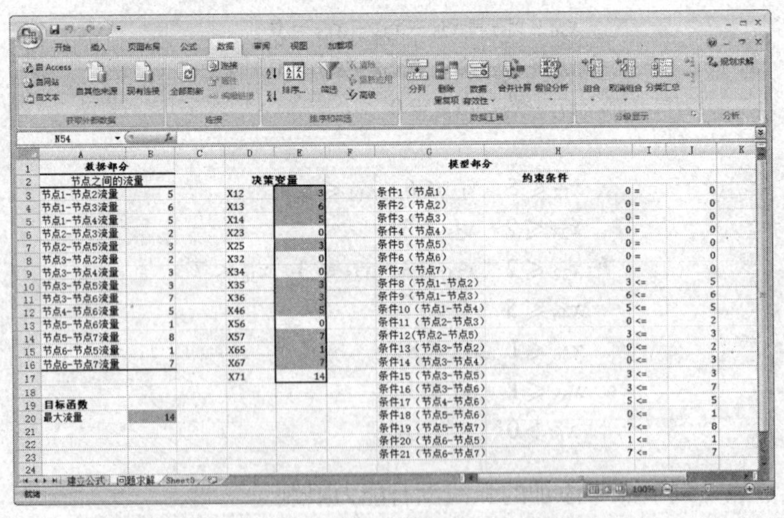

图 11-29　辛辛那提的高速公路系统优化问题的求解结果

最终结果表明，穿过高速公路系统的最大流量是 14 000 辆车，高速公路网络中车流的分布如图 11-30 所示。例如，我们注意到每小时有 3 000 辆车在节点 1 和节点 2 之间驶过，以及每小时有 3 000 辆车在节点 2 和节点 5 之间驶过等。

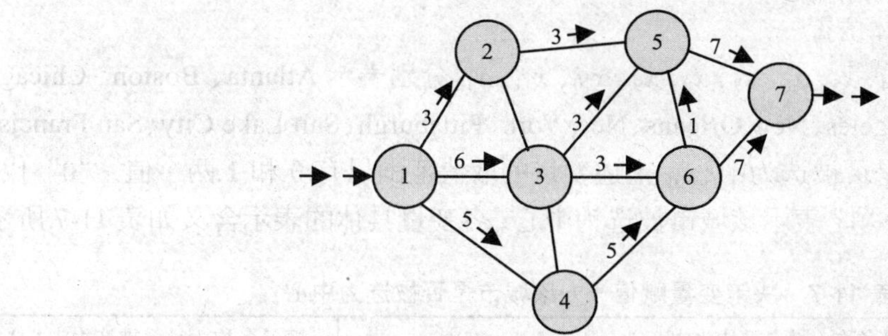

图 11-30 最终结果——辛辛那提高速公路系统网络的最大流模式

最大流分析的结果表明，计划的高速公路网络系统不能够满足每小时 15 000 辆车的峰值流量。交通规划员不得不扩展高速公路网络，增加当前弧的流通能力，否则就准备好去应对严重的交通问题吧。

11.5 物流中心选址优化

11.5.1 案例描述

西部航空公司决定在美国设计一套“中心”系统。每个中心用于连接 1 000 英里范围内城市之间的来往飞行。该公司在下列城市之间开通着飞行航班：Atlanta、Boston、Chicago、Denver、Houston、Los Angeles、New Orleans、New York、Pittsburgh、Salt Lake City、San Francisco 和 Seattle。该公司希望确定覆盖所有这些城市所需中心的最少数量，某个城市被覆盖指的是该城市在至少一个中心的 1 000 英里范围之内，各城市之间的距离如表 11-6 所示。

表 11-6 各城市之间的距离

城市	距离 1 000 英里（1 英里约 1.609 344 千米）以内的城市
Atlanta （AT）	AT、CH、HO、NO、NY、PI
Boston （BO）	BO、NY、PI
Chicago （CH）	AT、CH、NY、NO、PI
Denver （DE）	DE、SL
Houston （HO）	AT、HO、NO
Los Angeles （LA）	LA、SL、SF
New Orleans （NO）	AT、CH、HO、NO
New York （NY）	AT、BO、CH、NY、PI
Pittsburgh （PI）	AT、BO、CH、NY、PI
Salt Lake City （SL）	DE、LA、SL、SF、SE
San Francisco （SF）	LA、SL、SF、SE
Seattle （SE）	SL、SF、SE

请帮助西部航空公司确定最优的“中心”设置方案。具体回答：（1）所需中心的最少数

量；（2）各个中心的具体位置。

解：设 x_1、x_2、x_3、x_4、x_5、x_6、x_7、x_8、x_9、x_{10}、x_{11}、x_{12} 分别表示 Atlanta、Boston、Chicago、Denver、Houston、Los Angeles、New Orleans、New York、Pittsburgh、Salt Lake City、San Francisco 和 Seattle 共 12 个城市是否被选为中心，上述变量的取值范围只有 0 和 1 两个值，"0" 代表该城市没有被选为中心，"1" 表示该城市被选为中心，各变量具体的表示含义如表 11-7 所示。

表 11-7　决策变量赋值——该城市是否被选为中心

城市	变量名称（是否被选为中心）	城市	变量名称（是否被选为中心）
Atlanta （AT）	x_1	New Orleans （NO）	x_7
Boston （BO）	x_2	New York （NY）	x_8
Chicago （CH）	x_3	Pittsburgh （PI）	x_9
Denver （DE）	x_4	Salt Lake City （SL）	x_{10}
Houston （HO）	x_5	San Francisco （SF）	x_{11}
Los Angeles （LA）	x_6	Seattle （SE）	x_{12}

11.5.2　建立模型

根据案例描述，西部航空公司的物流中心选址优化问题可描述为下面的线性规划模型。

目标函数：覆盖所有这些城市所需中心的最少数量。

$$\min z = x_1 + x_2 + x_3 + x_4 + x_5 + x_6 + x_7 + x_8 + x_9 + x_{10} + x_{11} + x_{12}$$

约束条件：每个城市在至少一个中心的 1 000 英里范围之内。

$$x_1 + x_3 + x_5 + x_7 + x_8 + x_9 \geqslant 1$$
$$x_2 + x_8 + x_9 \geqslant 1$$
$$x_1 + x_3 + x_7 + x_8 + x_9 \geqslant 1$$
$$x_4 + x_{10} \geqslant 1$$
$$x_1 + x_5 + x_7 \geqslant 1$$
$$x_6 + x_{10} + x_{11} \geqslant 1$$
$$x_1 + x_3 + x_5 + x_7 \geqslant 1$$
$$x_1 + x_2 + x_3 + x_8 + x_9 \geqslant 1$$
$$x_1 + x_2 + x_3 + x_8 + x_9 \geqslant 1$$
$$x_4 + x_6 + x_{10} + x_{11} + x_{12} \geqslant 1$$
$$x_6 + x_{10} + x_{11} + x_{12} \geqslant 1$$
$$x_{10} + x_{11} + x_{12} \geqslant 1$$

$$x_1、x_2 \cdots x_{12} = 0 \text{ 或 } x_1、x_2 \cdots x_{12} = 1$$

11.5.3　模型求解

运用 Excel 的规划求解工具解决该问题的具体操作步骤可参考本章第一节的内容，此处不再做详细描述。图 11-31 至图 11-33 为具体操作步骤的截图，图 11-33 的灰色区域即为该题求解的最终结果。

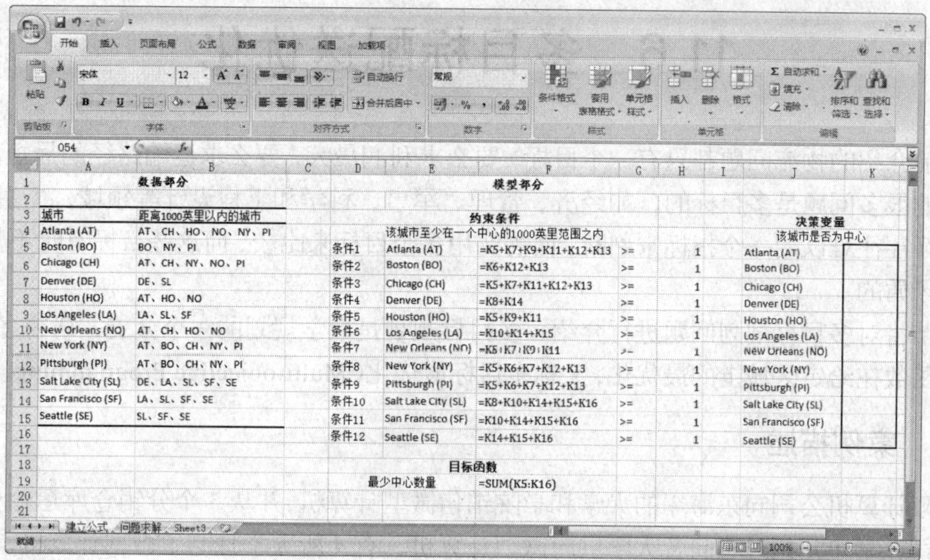

图 11-31 西部航空公司中心选址优化问题数据输入和公式建立

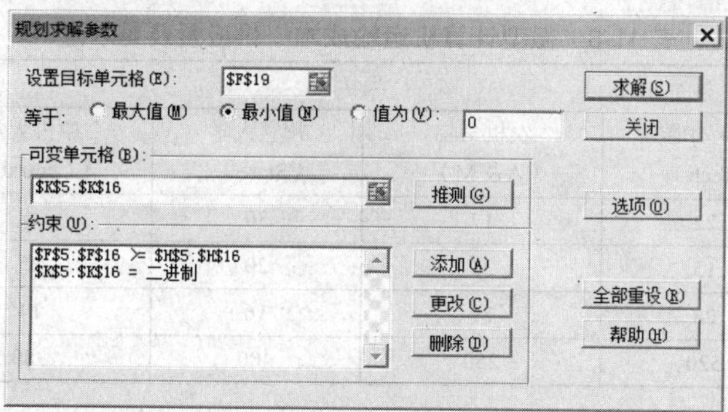

图 11-32 西部航空公司中心选址优化问题的“规划求解参数”对话框

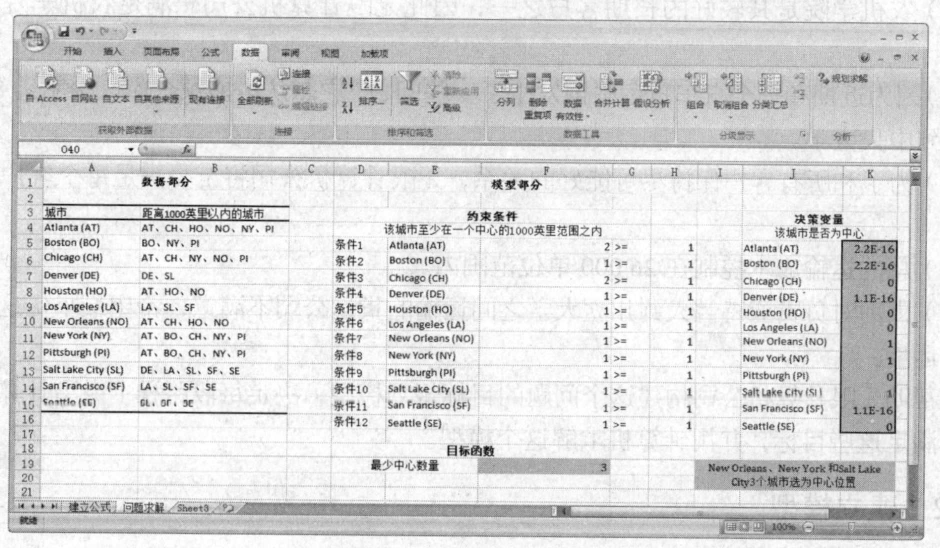

图 11-33 西部航空公司中心选址优化问题的求解结果

11.6　多目标配送优化

之前介绍的物流问题都只有一个目标，要么求利润最大，要么求运输路径的最短。然而，现实中的很多问题是多目标的，如经济、管理、军事、科学和工程设计等领域，衡量一个方案的好坏往往难以用一个指标来判断，而需要用多个目标来比较，而这些目标有时不甚协调，甚至是矛盾的。

本节将对多目标规划问题进行介绍，多目标规划是数学规划的一个分支，研究多于一个的目标函数在给定区域上的最优化，又称多目标最优化（Multi-objective Programming，MOP）。

11.6.1　案例描述

无限计算机公司向东海岸的大学和学院销售微型计算机，并从 3 个分销仓库运输计算机。

公司在学年开始时可向各大学供应微型计算机，有 4 所大学订购了微型计算机，这些微型计算机必须在学年开始之前运到各个大学并安装好，具体如表 11-8 所示。

表 11-8　微型计算机运输成本、供应量及需求量

仓库	大学				供应量
	工程学院（Tech）	农机学院（A & M）	州立大学（State）	中央大学（Central）	
里士满	22	17	30	18	420
亚特兰大	15	35	20	25	610
华盛顿	28	21	16	14	340
需求量	520	250	400	380	

无限计算机公司指出了一些目标，按其重要程度排序如下。

（1）农机学院是其较好的长期客户之一，因此无限计算机公司想满足农机学院的所有需求。

（2）因为近期和一个汽车货运联盟发生了一些问题，它想从华盛顿仓库最少船运 80 单位的货物到中央大学。

（3）为了和所有客户保持尽可能好的关系，无限计算机公司将至少满足每个客户 80%的需求。

（4）总的运输成本控制在 26 000 单位范围内。

（5）因为对负责亚特兰大到州立大学之间运输的货运公司不满意，希望最小化这段路程上的船运量。

请帮助无限计算机公司构建这个问题的目标规划模型，决定每段路程上微型计算机的运量，以满足这些目标，并用计算机求解这个模型。

11.6.2　建立模型

根据案例描述，设决策变量 x_{11}、x_{12}、x_{13}、x_{14}、x_{21}、x_{22}、x_{23}、x_{24}、x_{31}、x_{32}、x_{33}、x_{34} 分别表示无限计算机公司从里士满、亚特兰大和华盛顿 3 个分销仓库向东海岸的工程学院、农

机学院、州立大学和中央大学 4 所学校运输微型计算机的运输量。d_1^-、d_1^+、d_2^-、d_2^+、d_3^-、d_3^+、d_4^-、d_4^+、d_5^-、d_5^+、d_6^-、d_6^+、d_7^-、d_7^+分别表示多目标规划中各级目标的正负偏差变量，各决策变量具体的表示含义如表 11-9 所示。

表 11-9 决策变量赋值——从分销仓库运输微型计算机到各所大学的运输量

仓库	大学				供应量
	工程学院（Tech）	农机学院（A & M）	州立大学（State）	中央大学（Central）	
里士满	x_{11}	x_{12}	x_{13}	x_{14}	420
亚特兰大	x_{21}	x_{22}	x_{23}	x_{24}	610
华盛顿	x_{31}	x_{32}	x_{33}	x_{34}	340
需求量	520	250	400	380	

则无限计算机公司的运输问题可描述为下面的多目标规划模型：

目标函数：$\min z = p_1(d_1^- + d_1^+) + p_2 d_2^- + p_3(d_3^- + d_4^- + d_5^-) + p_4 d_6^+ + p_5 d_7^+$

约束条件：由于供应量小于需求量，每个分销仓库运输微型计算机的总运输量等于其供应量，各仓库运往大学的运输量之和小于或等于大学的需求量；满足农机学院的所有需求；从华盛顿仓库最少船运 80 单位的货物到中央大学；至少满足每个客户 80%的需求；总的运输成本控制在 26 000 单位范围内；最小化亚特兰大到州立大学这段路程上的船运量；各个路线的运输量为非负整数。

$$\begin{aligned}
&\text{条件1：} x_{11} + x_{12} + x_{13} + x_{14} = 420 \\
&\text{条件2：} x_{21} + x_{22} + x_{23} + x_{24} = 610 \\
&\text{条件3：} x_{31} + x_{32} + x_{33} + x_{34} = 340
\end{aligned}$$

$$\begin{aligned}
&\text{条件4：} x_{11} + x_{21} + x_{31} \leqslant 520 \\
&\text{条件5：} x_{12} + x_{22} + x_{32} \leqslant 250 \\
&\text{条件6：} x_{13} + x_{23} + x_{33} \leqslant 400 \\
&\text{条件7：} x_{14} + x_{24} + x_{34} \leqslant 380
\end{aligned}$$

$$\begin{aligned}
&\text{条件8：} x_{12} + x_{22} + x_{32} + d_1^- - d_1^+ = 250 \\
&\text{条件9：} x_{34} + d_2^- - d_2^+ = 80
\end{aligned}$$

$$\begin{aligned}
&\text{条件10：} x_{11} + x_{21} + x_{31} + d_3^- - d_3^+ = 520 \times 80\% \\
&\text{条件11：} x_{13} + x_{23} + x_{33} + d_4^- - d_4^+ = 400 \times 80\% \\
&\text{条件12：} x_{14} + x_{24} + x_{34} + d_5^- - d_5^+ = 380 \times 80\%
\end{aligned}$$

$$\begin{aligned}
\text{条件13：} & 22x_{11} + 17x_{12} + 30x_{13} + 18x_{14} + 15x_{21} + 35x_{22} + 20x_{23} \\
& + 25x_{24} + 28x_{31} + 21x_{32} + 16x_{33} + 14x_{34} + d_6^- - d_6^+ = 26\,000
\end{aligned}$$

$$\begin{aligned}
&\text{条件14：} x_{23} + d_7^- - d_7^+ = 0 \\
&\text{条件15：} x_{ij} = \text{int (整数类型)}
\end{aligned}$$

11.6.3 模型求解

运用 Excel 的规划求解工具解决多目标规划问题时，需要分阶段求解：首先，对第一个目标求解，以第一个目标作为目标函数，求最小，此时的约束条件为初始模型中的全部约束条件，如果目标函数等于 0，则意味着第一个目标可以满足；然后，对第二个目标求解，以第二个目标作为新的目标函数，求最小，在这个阶段中要把第一个目标作为一个新的约束条件加进来（约束条件：第一个目标=0），此时约束条件的数量增加一个；之后的阶段以此类推，如果某个阶段目标值不为零，则运算结束，得到多目标规划的满意解。

根据上文描述的多目标规划的求解方法，本题的求解过程最多需要经过 5 个阶段。

第一阶段：目标函数为 $\min z = d_1^- + d_1^+$，约束条件：条件 1～条件 15，判断目标值是否等于 0。

第二阶段：目标函数为 $\min z = d_2^-$，约束条件：条件 1～条件 15，以及 $d_1^- + d_1^+ = 0$（条件 16），判断目标值是否等于 0。

第三阶段：目标函数为 $\min z = d_3^- + d_4^- + d_5^-$，约束条件：条件 1～条件 15，以及 $d_1^- + d_1^+ = 0$（条件 16）和 $d_2^-=0$（条件 17），判断目标值是否等于 0。

第四阶段：目标函数为 $\min z = d_6^+$，约束条件：条件 1～条件 15，以及 $d_1^- + d_1^+ = 0$（条件 16）、$d_2^-=0$（条件 17）和 $d_3^- + d_4^- + d_5^-=0$（条件 18），判断目标值是否等于 0。

第五阶段：目标函数为 $\min z = d_7^+$，约束条件：条件 1～条件 15，以及 $d_1^- + d_1^+ = 0$（条件 16）、$d_2^-=0$（条件 17）$d_3^- + d_4^- + d_5^-=0$（条件 18）和 $d_6^+=0$（条件 19），判断目标值是否等于 0。

运用 Excel 的规划求解工具解决该问题的具体操作步骤可参考本章第一节的内容，此处不再做详细描述。图 11-34 所示为建立无限计算机公司多目标配送优化模型的截图，本题还运用了 Excel 中的 SUMPRODUCT 函数，该函数将数组间对应的元素相乘，并返回乘积之和。

需要说明的是，在前四个阶段的计算中，每个阶段的目标值都为 0，也就是说，在满足前 4 个目标的基础上，我们开始了第五阶段的计算。由于篇幅限制，书中没有放置第一阶段、第二阶段、第三阶段、第四阶段的求解结果截图，图 11-35 的灰色区域为第五阶段的求解结果，即该问题求解的最终结果。

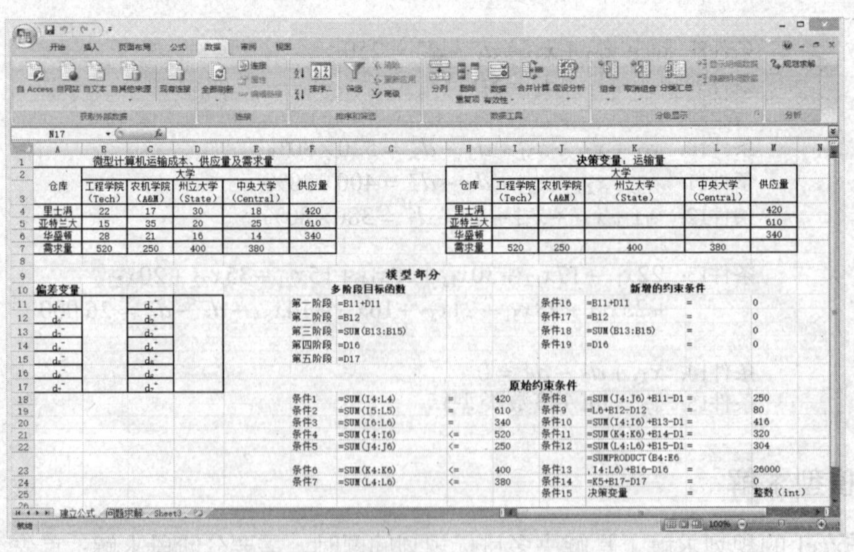

微型计算机运输成本、供应量及需求量

仓库	大学 工程学院（Tech）	农机学院（A&M）	州立大学（State）	中央大学（Central）	供应量
里士满	22	17	30	18	420
亚特兰大	15	35	20	25	610
华盛顿	28	21	16	14	340
需求量	520	250	400	380	

决策变量：运输量

仓库	大学 工程学院（Tech）	农机学院（A&M）	州立大学（State）	中央大学（Central）	供应量
里士满					420
亚特兰大					610
华盛顿					340
需求量	520	250	400	380	

模型部分

偏差变量

d_1^-		d_1^+	
d_2^-		d_2^+	
d_3^-		d_3^+	
d_4^-		d_4^+	
d_5^-		d_5^+	
d_6^-		d_6^+	
d_7^-		d_7^+	

多阶段目标函数

第一阶段	=B11+D11
第二阶段	=B12
第三阶段	=SUM(B13:B15)
第四阶段	=D16
第五阶段	=D17

新增的约束条件

条件16	=B11+D11	=	0
条件17	=B12	=	0
条件18	=SUM(B13:B15)	=	0
条件19	=D16	=	0

原始约束条件

条件1	=SUM(I4:L4)	=	420	条件8	=SUM(J4:J6)+B11-D1	=	250
条件2	=SUM(I5:L5)	=	610	条件9	=L6+B12-D12	=	80
条件3	=SUM(I6:L6)	=	340	条件10	=SUM(I4:I6)+B13-D1	=	416
条件4	=SUM(I4:I6)	<=	520	条件11	=SUM(K4:K6)+B14-D1	=	320
条件5	=SUM(J4:J6)	<=	250	条件12	=SUM(L4:L6)+B15-D1	=	304
条件6	=SUM(K4:K6)	<=	400	条件13	=SUMPRODUCT(B4:E6,I4:L6)+B16-D16	=	26000
条件7	=SUM(L4:L6)	<=	380	条件14	=K5+B17-D17	=	0
				条件15	决策变量	=	整数（int）

图 11-34　无限计算机公司优化问题数据输入和公式建立

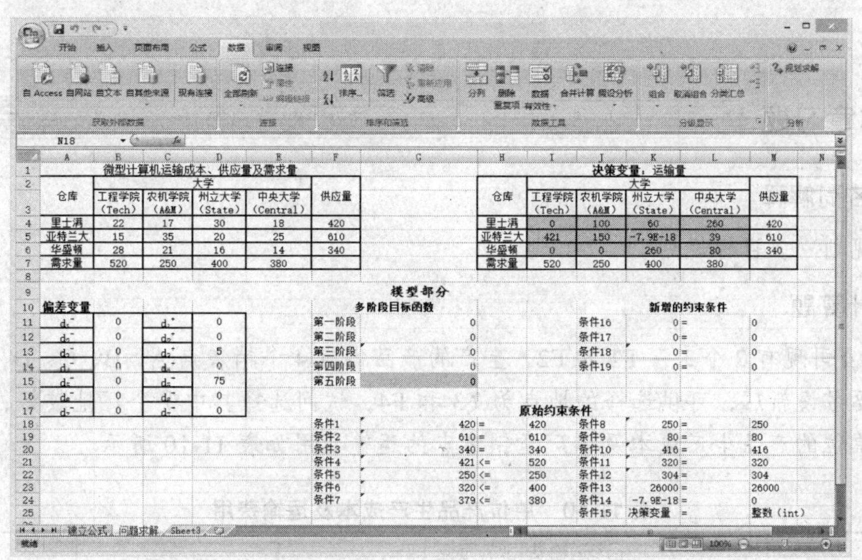

图 11-35　无限计算机公司优化问题的最终求解结果

根据图 11-35 的计算结果，5 个阶段的最小目标值均为 0，因此，该运输方案满足了无限计算机公司的全部目标要求。

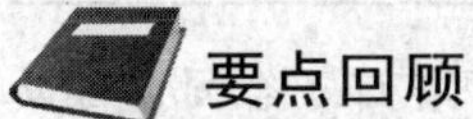

要点回顾

使用 Excel 2007 规划求解工具解决物流问题的基本步骤包括两个阶段：准备阶段和求解阶段。

（1）准备阶段，具体包括以下几步。

第一步：在工作表的顶部输入数据。

第二步：确定每个决策变量所对应的单元格的位置。

第三步：选择单元格输入公式，计算目标函数的值。

第四步：选择一个单元格输入公式，计算每个约束条件左边的值。

第五步：选择一个单元格输入公式，计算每个约束条件右边的值。

（2）求解阶段，具体包括以下几步。

第一步：选择“数据”菜单。

第二步：选择“规划求解”选项，打开“规划求解参数”对话框。

第三步：在“规划求解参数”对话框中，设置“目标单元格”和“可变单元格”。

第四步：在“规划求解参数”对话框中，单击“添加”按钮，弹出“添加约束”对话框，设置“约束条件”。

第五步：在“规划求解参数”对话框中，单击“选项”按钮，弹出“规划求解选项”对话框，选择“假定非负”和“采用线性模型”。

第六步：完成以上步骤，在“规划求解参数”对话框中，单击“求解”按钮。

本章习题

一、名词解释

线性规划　多目标规划

二、计算题

1．某公司现有 2 个工厂 F1 和 F2，生产的产品供应 4 个销售点 A、B、C、D，由于需求量增加需要另设新厂，可供选择的地点为 F3 和 F4，试问选择其中哪个厂址较好；各生产厂以千箱为单位的产品生产成本及各厂至销售点的运输费用如表 11-10 所示。

表 11-10　单位产品生产成本及运输费用

工厂	生产运输费用/（万元）				月产量/（千箱）	生产成本/（万元）
	A	B	C	D		
F1	0.48	0.29	0.41	0.33	6	7.7
F2	0.39	0.44	0.39	0.19	6.5	7.2
F3	0.22	0.65	0.25	0.62	10.5	7.4
F4	0.56	0.37	0.80	0.77	10.5	7.5
月需求量/（千箱）	3	7	8	5		

2．PAWV 能源电力与一家政府运营的位于内华达州的核废料处理厂签订了合同，可以从宾夕法尼亚州核电站得到核废料。废料必须要用加固的集装箱卡车运输，并且整个旅程要被限制在州际高速公路上。政府坚持垃圾必须在 42 小时之内完成运输，并且卡车要尽量在污染少的地方行驶。图 11-36 显示了从匹兹堡到内华达州垃圾场卡车可以选择的不同的州际高速公路以及每条路需要花费的时间（小时）。

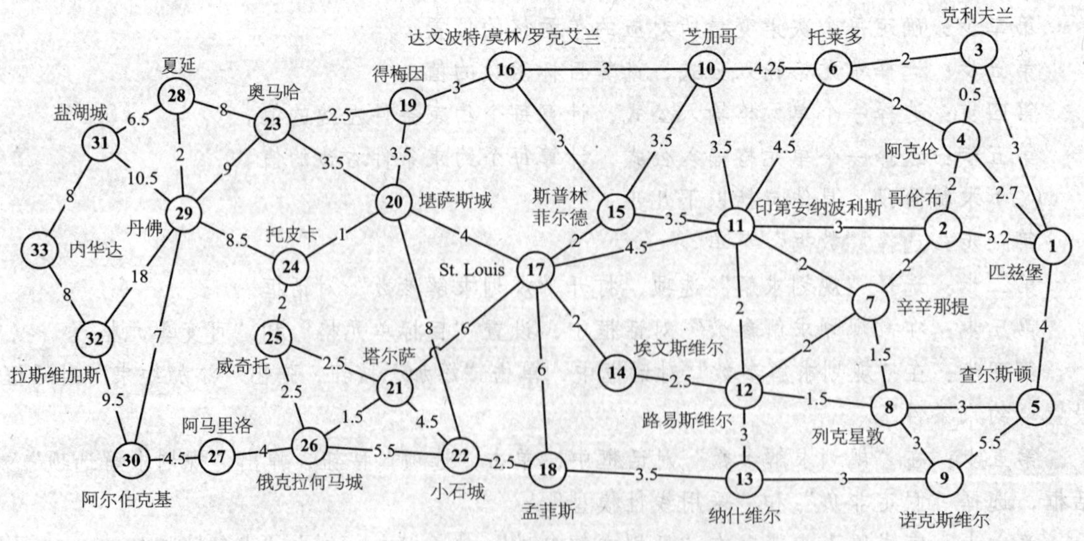

图 11-36　卡车通过每条州际高速公路花费的时间

卡车可能经过的大城市地区的人口数量如下。

城市	人口（1 000 000）	城市	人口（1 000 000）
阿克伦	0.50	诺克斯维尔	0.54
阿尔伯克基	1.00	拉斯维加斯	1.60
阿马里洛	0.30	列克星敦	0.50
查尔斯顿	1.30	小石城	0.60
夏延	0.16	路易斯维尔	0.93
芝加哥	10.00	孟菲斯	1.47
辛辛那提	1.20	纳什维尔	1.00
克利夫兰	1.80	俄克拉荷马城	1.30
哥伦布	0.75	奥马哈	1.40
达文波特/莫林/罗克艾兰	1.00	盐湖城	1.20
		斯鲁林菲尔德	0.36
丹佛	2.20	圣路易斯	2.00
德梅因	0.56	托莱多	0.76
埃文斯维尔	0.30	塔尔萨威奇托	0.30
印第安纳波利斯	1.60	托皮卡	1.00
堪萨斯城	2.10	威奇托	0.73

请帮助 PAWV 能源电力确定卡车在 42 小时内从匹兹堡到内华达行使的最佳路径，卡车应尽可能在人口少的地区活动。

三、拓展实践

目前可用于解决定量化决策模型的计算机软件有很多，Excel 只是其中一个常用的应用软件之一。除了 Excel 之外，还有 LINDO、LINGO、WinQSB、Management Scientist 等。请同学们课后阅读《数据、模型与决策（第 12 版）》《物流运筹学方法求解软件与应用案例》和《运筹学实验教程——典型的建模计算方法及软件使用》等书籍，了解其他软件是如何解决物流优化问题的，并对比其优缺点。

参考文献

[1] B. Wernerfelt. A Resource-based View of the Firm [J]. Strategic Management Journal, 1984(5):171-181.

[2] Barney, J. Firm resources and sustained competitive advantage [J]. Journal of Management, 1991.17(1):99-122.

[3] Collis, David J. , Montgomery, Cynthia A. Competing on resource strategy in the 1990s[J]. Harvard Business Review, 1995: 118-129.

[4] Donald Bowersox ,David Closs, M. Bixby Cooper. Supply Chain Logistics Management (4th edition) [M]. Irwin/McGraw-Hill, 2013.

[5] ERP 应用教程编委会. ERP 供应链管理应用教程[M]. 上海：立信会计出版社，2011(9).

[6] James R. Stock, Douglas M. Lambert. Strategic Logistics Management (4th edition) [M]. McGraw - Hill, 2001.

[7] Mathews, J. A. Competitive dynamics and economic learning: An extended resource-based view[J]. Industrial and Corporate Change, 2003(1): 115–146.

[8] RFID 技术在交通中的典型应用案例[EB/OL]. RFID 世界网，2013. http://success.rfidworld.com.cn/2013_07/8271237b868195b1.html.

[9] S.Christian Albright, Wayne L.Winston. Excel 数据建模与应用[M]. 北京：清华大学出版社，2007.

[10] 巴罗. 企业物流管理——供应链的规划、组织和控制（第 2 版）[M]. 王晓东，等译. 北京：机械工业出版社，2006.

[11] 鲍尔索克斯. 供应链物流管理（原书第 4 版）[M]. 马士华，等译. 北京：机械工业出版社，2014.

[12] 毕娅. 电子商务物流[M]. 北京：机械工业出版社，2015.

[13] 别文群. 物流运筹学方法求解软件与应用案例[M]. 广州：华南理工大学出版社，2007.

[14] 伯纳德 W. 泰勒. 数据、模型与决策[M]. 北京：机械工业出版社，2009.

[15] 菜鸟网络 VS 京东 究竟是谁的物流模式棒[EB/OL]. 卡车之家，2016. http://www.360che.com/news/160720/61296.html.

[16] 陈春锋，姚冠新. 经济定货批量研究[J]. 工业工程，2005(1): 41-45.

[17] 陈丹晖，刘红. 条码技术与应用[M]. 北京：化学工业出版社，2007.

[18] 陈启申. 成功实施 ERP 的规范流程：知理·知己·知彼·知用（第 2 版）[M]. 北京：电子工业出版社，2009(10).

[19] 陈修齐. 电子商务与物流管理（第 2 版）[M]. 北京：电子工业出版社，2011.

[20] 陈庄等. ERP 原理与应用教程（第 2 版）[M]. 北京：电子工业出版社，2006(9).
[21] 程控，革杨. MRP Ⅱ/ERP 原理与应用（第 3 版）[M]. 北京：清华大学出版社，2013.
[22] 戴定一. 物流信息化的发展与趋势[EB/OL]. 新华网，2014. http://news.xinhuanet.com/info/ttgg/2014-05/16/c_133337921.htm.
[23] 戴维 R. 安德森，丹尼斯 J. 斯威尼，托马斯 A. 威廉姆斯，基普・马丁. 数据、模型与决策（第 12 版）. 北京：机械工业出版社，2011.
[24] 邓爱民，沈文. 国内外物流经典案例——企业家之桥. 北京：人民交通出版社，2003.
[25] 董淑华. 电子商务物流管理[M]. 北京：国防工业出版社，2012.
[26] 杜文. 物流运输与配送管理[M]. 北京：机械工业出版社，2007.
[27] 二维码发展的优点和缺点[EB/OL]. 地创网，2016. http://www.582808.com/news/shihuibaitai/8911.html.
[28] 佛雷德里克・S.希利尔. 数据、模型与决策[M]. 北京：中国财政经济出版社，2005.
[29] 高连周. 大数据时代基于物联网和云计算的智能物流发展模式研究[J]. 物流技术，2014, 11:350-352.
[30] 郭涛. 供应链视角下基于 JIT 的库存模型研究[D]. 上海交通大学，2013.
[31] 郝渊晓. 物流管理学[M]. 广州：中山大学出版社，2007.
[32] 何沽，王则柯. 信息经济学浅说[M]. 北京：中国经济出版社，2000.
[33] 何黎明. 转变方式提高质量努力开创十二五物流业发展新局面——我国物流业“十一五”发展回顾与“十二五”展望[J]. 中国物流与采购，2011(3):24-P33.
[34] 胡燕灵. 电子商务物流管理[M]. 北京：清华大学出版社，2010.
[35] 黄中鼎. 现代物流管理学（第 2 版）[M]. 上海：上海财经大学出版社，2010.
[36] 霍红. 现代物流管理[M]. 北京：对外经济贸易大学出版社，2008.
[37] 贾平. 现代物流管理[M]. 北京：清华大学出版社，2012.
[38] 解构 SPA 模式 ZARA、UNIQLO 的秘诀[EB/OL]. 期刊，2010. http://qk.laicar.com/Home/Content/791981.
[39] 黎继子. 供应链管理[M]. 北京：机械工业出版社，2012.
[40] 李红霞，李琰. 电子商务物流[M]. 北京：中国铁道出版社，2012.
[41] 李键. 企业资源计划（ERP）及其应用（第 2 版）[M]. 北京：电子工业出版社，2009(6).
[42] 李牧南. 运筹学实验教程——典型的建模计算方法及软件使用[M]. 广州：华南理工大学出版社，2008.
[43] 李泉林，郭龙岩. 综述 RFID 技术及其应用领域[J]. RFID 技术与应用，2007.
[44] 李学工. 现代物流方案策划与设计[M]. 北京：机械工业出版社，2012.
[45] 李岩峰，张丽娟. 现代物流管理[M]. 大连：东北财经大学出版社，2005.
[46] 李吟龙. 物流基础[M]. 北京：人民交通出版社，2004.
[47] 利丰的全球供应链管理模式[EB/OL]. 中国物流与采购网，2016. http://www.chinawuliu.com.cn/xsyj/201205/15/182444.shtml.
[48] 梁彦飞，苏含秋. B2C 电子商务的物流配送模式分析——以京东商城与当当网为例[J]. 科技视界，2012，35:64.
[49] 林玲玲. 供应链管理[M]. 北京：清华大学出版社，2006.

[50] 刘斌．物流配送营运与管理[M]．上海：立信会计出版社，2003.
[51] 刘伟．物流与供应链管理案例[M]．成都：四川人民出版社，2010.
[52] 刘兆．现代物流案例与实践[M]．北京：北京理工大学出版社，2012.
[53] 卢红霞，吴雨晨．京东自营物流模式分析[J]．物流工程与管理，2015.
[54] 罗鸿．ERP 原理设计实施（第 3 版）[M]．北京：电子工业出版社，2006.
[55] 罗秋科，傅泽田．EPC 系统及其在现代物流中的应用研究[J]．中国物流与采购，2007.
[56] 罗闻泉．电子商务与物流[M]．北京：机械工业出版社，2006.
[57] 罗小琼．物流电子商务[M]．北京：清华大学出版社，北京交通大学出版社，2012.
[58] 马士华，林勇．供应链管理[M]．北京：机械工业出版社，2011.
[59] 毛华扬，刘永梅，陈丰．ERP 原理与应用教程（第 2 版）[M]．北京：电子工业出版社，2007.
[60] 美的集团 EDI 应用案例[EB/OL]．中国物流与采购网，2012．http://www.chinawuliu.com.cn/zhuanti/201202/09/178587.shtml.
[61] 聂福全，杨文莉．JIT 采购模式的原理和实施过程．机电信息，2005(5)：11-16.
[62] 牛鱼龙．现代物流经典案例[M]．深圳：海天出版社，2004.
[63] 牛鱼龙．亚洲物流经典案例[M]．重庆：重庆大学出版社，2008.
[64] 彭云飞，邓勤．现代物流管理[M]．北京：机械工业出版社，2012.
[65] 钱廷仙．现代物流管理[M]．北京：高等教育出版社，2010.
[66] 曲昊月，初建环．JIT 模式对供应链采购管理的优化[J]．商业经济，2004(4):18-20.
[67] 雀巢与家乐福的 ECR 管理[EB/OL]．世界商业评论，2004．http://cio.icxo.com/htmlnews/2004/08/11/292600.htm.
[68] 任登魁．第四方物流：21 世纪财富的新金矿[M]．北京：机械工业出版社，2008.
[69] 汝宜红，宋伯慧．配送管理[M]．北京：机械工业出版社，2012.
[70] 闪四清．ERP 系统原理和实施（第 2 版）[M]．北京：清华大学出版社，2008(11).
[71] 申纲领．物流案例与实训第 2 版[M]．北京：北京大学出版社，2014.
[72] 沈家骅．现代物流运筹学[M]．北京：电子工业出版社，2005.
[73] 孙小婷．中国冷链物流模式选择与发展对策研究[D]．东北农业大学，2011.
[74] 唐东平．ERP 原理与应用：基于价值网的供应链整合观点[M]．广州：华南理工大学出版社，2012(5).
[75] 王道平，王煦．现代物流信息技术[M]．北京：北京大学出版社，2011.
[76] 王钧，李红桃．ERP 实操指导书[M]．深圳：暨南大学出版社，2010(10).
[77] 王术峰，龙涛．第五方物流枢纽服务商运营模式探析[J]．中国流通经济，2015(6):36-44.
[78] 王小萃．城市物流中心选址问题研究[D]．武汉理工大学，2008.
[79] 王小静．B2C 电子商务企业自营物流精准营销研究[D]．北京交通大学，2015.
[80] 王小云，杨玉顺，李朝晖．ERP 企业管理案例教程[M]．北京：清华大学出版社，2007(7).
[81] 王晓东．现代物流管理[M]．北京：对外经济贸易大学出版社，2008.
[82] 王晓平．物流信息技术[M]．北京：清华大学出版社，2012.
[83] 王转．配送与配送中心[M]．北京：电子工业出版社，2011.
[84] 奚程．浅谈宜家家居的绿色供应链运作模式[J]．商业流通，2011(5):12-13.

[85] 谢世诚．菜鸟携手阿里云 物流云造福全球物流企业[EB/OL]．DOIT，2016．http://www.doit.com.cn/p/257705.html.
[86] 辛明珠．图解 ERP——轻松跟我学企业管控[M]．北京：清华大学出版社，2011(12).
[87] 熊励，李昱瑾．企业信息化融合——基于 SCM、ERP、CRM 集成[M]．北京：清华大学出版社，2012(7).
[88] 熊伟．运筹学[M]．武汉：武汉理工大学出版社，2008.
[89] 严冬梅．城市物流中心选址问题研究[D]．天津大学，2004.
[90] 燕春蓉．电子商务与物流[M]．上海：上海财经大学出版社，2007.
[91] 张铎，林自葵．电子商务与现代物流[M]．北京：北京大学出版社，2009.
[92] 张铎，周建勤．电子商务与物流管理（第 2 版）[M]．北京：高等教育出版社，2007.
[93] 张红星，傅杰．RFID 与现代物流[J]．商品储运与养护，2006.
[94] 张建勇，李军．电子商务运营管理[M]．北京：清华大学出版社，2016.
[95] 张磊，吴忠．物流信息技术概论[M]．北京：北京大学出版社，2012.
[96] 张维迎．博弈论与信息经济学[M]．上海：上海三联书店，上海人民出版社，2003.
[97] 张照贵．管理决策模型、方法与应用[M]．成都：西南财经大学出版社，2007.
[98] 郑承志，夏名首．电子商务与现代物流[M]．大连：东北财经大学出版社，2009.
[99] 中国标准出版社．企业资源计划第 1 部分：ERP 术语 GB/T 25109．北京：中国标准出版社，2010(11).

读者意见反馈

亲爱的读者：

感谢您一直以来对人民邮电出版社的支持，您的信赖是我们进步的不竭动力。在使用本书的过程中，如果您有好的意见和建议，或者遇到了什么问题，我们真诚地希望您能抽出一点宝贵的时间，反馈给我们。打造高品质的教材是我们的不懈追求，您的意见是我们最宝贵的财富。

地址：北京市丰台区成寿寺路 11 号邮电出版大厦 305 室

邮编：100164　　电子邮件：sunyanyan@ptpress.com.cn

电话：010-81055239

教材名称：电子商务物流管理（第 2 版）

ISBN：978-7-115-45125-5

个人资料

姓名：　　年龄：　　所在院校/专业：

文化程度：　　通信地址：

联系电话：　　电子信箱：

您使用本书是作为：□指定教材　□选用教材　□辅导教材　□自学教材

您对本书封面设计的满意度：

□很满意 □满意 □一般 □不满意 改进建议

您对本书印刷质量的满意度：

□很满意 □满意 □一般 □不满意 改进建议

您对本书的总体满意度：

从语言角度 □很满意 □满意 □一般 □不满意 改进建议

从知识角度 □很满意 □满意 □一般 □不满意 改进建议

本书最令您满意的是：

□逻辑清晰　□内容充实　□讲解详尽　□实例丰富

您希望本书在哪些方面进行改进？（可附页）

教学资源支持

敬爱的老师：

为了配合课程的教学需要，助力教学活动的开展，人民邮电出版社致力于立体化教学资源的开发建设，老师可以登录人民邮电出版社人邮教育社区（www.ryjiaoyu.com）查询并免费下载与本书配套的教学资源，也可以与编辑联系了解资源情况。